変容する
スポーツ政策と
対抗点

棚山　研・市井吉興
山下高行 編

新自由主義国家とスポーツ

創文企画

はじめに──本書のねらいと概要

　本書は日本の政治全般に表れている新自由主義的政策への転換を、スポーツの場面ではどのように表れてきているのかを分析し、その対抗点をどのように考えるか検討するものである。このような検討はスポーツの領域では世界レベルでもあまり進められていない。ごく最近でもいくつかの著作の一節として触れられているものの、そのことを主題とした著作は未だ数例にとどまる。榎本聡子、オリビエ・ブティジャンの著書で紹介されているように、すでに Re-claiming Public Service として各国の民営化を中心とする国家政策に対して再公営化という巻き返しの運動が顕在化してきているのを見ても、その検討の動きは遅きに失しているとも言える（『再公営化という選択：世界の民営化の失敗から学ぶ』堀之内出版，2019）。Jリーグばかりではなく、私たちが 80 年代 90 年代に目指していたヨーロッパの地域スポーツの展開は、今日の新自由主義的な政策転換の中でどのような状況にあるのだろうか。それもまた十分に議論されてきているわけでもない。

　このなかで一定の限界があることを承知の上で、本著では、まず日本の現状を検討することとした。ただし、本書は、福祉国家からの転換としてポスト福祉国家という分析枠組みで行ってきており、新自由主義国家への転換という枠組みは論者で必ずしも一様に焦点づけられているわけではない。それゆえ、論者によりその分析枠が幅広いものとなっているのはそのためでもある。それは、果たしてスポーツの領域で新自由主義国家という転換が具体的にどのように見られるかが、本書を作り上げていく過程では当初明らかではなかったからでもある。そのため本書では、福祉国家からの転換、新自由主義国家の形成とスポーツとの結びつきを、ポスト福祉国家の動向として総体的に捉えるまでには十分に詰め切れてはいない。

　しかしそのことは、スポーツ領域の新自由主義的な政策転換が、この領域での初の「基本法」の設定と、それに関わる、ともすれば従来のナショナリズムの傾向性も含めた議論や、他方これまでの人権議論を集成する傾向も含めて生み出された議論、またそれに続くスポーツ庁の新設、2015 年の経済再生会議で新たに設定されたスポーツの新市場領域としての位置づけ、および 2020 東京オリンピックの開催、このような一挙に降ってわいた、それぞれはそのもの

画期となるようなファクターが、それぞれの利害と力学に基づいて十分な整合性を持ち得ずに進められてきたという特殊な歴史的事情も反映していると言っても良いかもしれない。だがこうやってオリンピック直前の時期を迎え、他方で日常圏のスポーツのPPP/PFI方式による市場化が進んできているのを見ると、日本のスポーツの場においても着実に新自由主義的転換が推進されてきていることが浮き上がってくる。各章の執筆者も書き終えてみて、あらためて振り返るとそのような感慨を覚えるものである。

　さてその意味ではこのスポーツ領域での福祉国家政策からの転換、ポスト福祉国家施策の形成の本質をおおよそ新自由主義的転換と言うことができるであろうが、それを捉えるにあたって私たちは二つの方向を想定している。一つは日常圏のスポーツに表れる「する」スポーツの動向に顕れる施策と、他方ではそれとも関わった契機としての東京オリンピックの位置である。本書の前半はまずこの日常圏でのスポーツの変化について検討されている。

　第1章棚山論文では、まず政策として表れている、近年のスポーツ政策全般の特徴とその動向について詳細にまとめられている。これはこれまでの研究からして基本的な流れであるが、第4章山下論文ではそれとも異なる流れが表れてきていることが示されている。このスポーツ政策から離脱したスポーツの展開が表れてきているところに今日的な大きな特徴が表れていると言え、このことは次の展開を生み出す大きな矛盾を含むこととなろう。その意味でもこれまでのスポーツ政策がどのような流れの上に立ってきたのかを基本的に理解することは極めて重要であり、本稿はそれに寄与するものである。

　だがその展開を明確にする上でもこれまでのスポーツがどのように構成されてきたかについての正確な像が必要である。このことを第2章笹生論文ではかなり精緻な分析によって、レジーム論として分析している。レジームとして捉える意味はこれまでの「する」スポーツの「供給構造」を、「体育」として教育や社会教育の営みの供給に限定するのではなく、企業スポーツや民間のビジネスも含め今日構成されている全体的構造として捉える上で有効だからである。事実教育的な営みの供給は今日において、構造的にはすでにその一部であることが示される。しかしレジーム論において重要なのは、その基盤となるアンデルセンの主張にしめている「脱商品化」という指標の意味である。本稿でもこの点についての主張がなされているが、このことは「公共サービスの市場化」やスポーツビジネスの展開として、ポスト福祉国家の方向へ著しく変容の進む今日のサービス供給の状況を捉える上でも極めて重要であろう。

　他方、福祉国家から新自由主義国家への転換は、単なる制度の転換にとどまらず価値観の転換であると共にそれが態度として浸透していく必要性を持っている。この部分は新自由主義的な社会の形成において決定的な軸になるが、この分析は無形のものであるだけに極めて困難であり、他でも様々な試みが行われている。この部分を第3章青野論文では、スケジュール管理という態度の形成を中心に象徴的な変化の分析を試みている。このようなモノグラフをいくつも積み上げていく必要があるが、近年のカルチュラルスタディーズに依拠したオリンピック分析のなかにも、その断片が見られはじめている。青野論文はこの中でもディシプリンから自己管理という新自由主義的な転換の核心部分を語っているが、それはスポーツでこれまで焦点が当てられてきたディシプリン権力とは異なった権力様式であることに注意を払う必要がある。このようなモノグラフはスポーツにおいても、今後積み上げられていく必要があるであろう（これに関しては本巻に続き予定されている続巻においても引き続き検討していくこととしたい）。

　第4章山下論文は、現実に進行している「構造改革」を中心に、以上の章で述べられてきたことを総括的に扱う性格を持っている。90年代以降開始される「構造改革」とは、まさしく新自由主義国家への転換を推し進めるものとして表れているが、その柱の一つは「分権化」と「公共サービスの市場化」である。この中にスポーツの公共サービスも位置づけられるが、このことはまさに私たちの「する」スポーツの基盤として存在してきた、社会的なスポーツの条件整備と公共性が劇的に変容していくことを意味する。ここではそのプロセスと性格を全体的に示し、そこでどのような矛盾や問題が生み出されているのかを分析することを通し、それに対する対抗点の方向や課題を幾ばくか示していくこととしたい。

　以上までが、日常圏のスポーツの状況とその変容について分析を試みたものである。それと重なり合い、2020東京オリンピックそのものとそれを契機としたスポーツの変容が進められて来ているのを見ることができる。これについて以下5章、6章で分析される。

　第5章川口論文は、関東大震災や大戦後の都市設計・復興計画のもとで進められた東京の都市開発において、スポーツ・レクリエーション施設がどのように位置づけられてきたのかを検討するものである。なかでも、川口論文は東京の公園行政に注目し、革新都政の美濃部知事時代とそれを打ち破った鈴木知事時代の公園行政を比較している。川口論文が指摘するように、公園行政における

美濃部都政と鈴木都政との大きな違いは、公園行政を立案、具体化していくうえで住民がどの程度参加できるかという点にあった。美濃部都政は、住民参加のもとで公園をスポーツ等のレクリエーションで使用可能なものにしていく施策を進めていった。

　しかし、鈴木都政は都市公園整備における民間事業者の参入を大いに活発化させ、都市公園の公共性が脅かされる状況を推し進めていった。まさに、鈴木都政は美濃部都政時代に整備された都市住民の健全で文化的な生活や公共の福祉にかかわる法律や住民参加を軽視し、民間委託の公園運営・管理を進めていった。このような東京の公園行政の変遷を追う一方で、川口論文はシカゴにおける公園行政とコミュニティ形成に注目し、コミュニティ主体の運動によってスポーツ・レクリエーション施設を含めた公共空間が整備されてきた歴史を紐解くことで、都市空間の形成における住民参加・協議の重要性を指摘している。まさに、川口論文は、2020東京オリンピック招致活動と招致決定後の競技会場建設を含む東京の都市再開発に、住民がどのように関わったのかを検証していくパースペクティブを提示していると言えよう。

　第6章市井論文は、2020東京オリンピック招致のポリティクスを1990年代から強力に進められた日本の新自由主義的な構造改革という政治的なプログラムに位置づけ、さらに、オリンピックを機にどのような新自由主義的な構造改革が継続させられていくのかを検討している。その際、市井論文は2020東京オリンピック・パラリンピック招致委員会─招致決定後、「東京オリンピック・パラリンピック組織委員会」と改称─が掲げた「復興五輪」というスローガンに示された「復興」という言葉に付与される意味に注目していく。なかでも、市井論文は「復興五輪」に示された「復興」を1995年1月17日に発生した阪神淡路大震災後の復興計画立案に際して、当時の兵庫県知事貝原俊民によって創出された「創造的復興」と位置づけている。事実、2011年3月11日に発生した東日本大震災後の政府や経済団体が提案した復興計画にも「創造的復興」という言葉が躍った。この言葉をめぐる分析は本文に譲るが、ひとまず、この言葉の要点を「災害以前の状態に戻るのではなく、政治的・経済的な状況に対応させて、地域社会を再開発すること」とまとめておきたい。

　また、市井論文は、クライン（Naomi Klein）の「惨事便乗型資本主義」やボイコフ（Jules Boykoff）の「祝賀便乗型資本主義」という分析枠組みを用いながら、オリンピック招致と開催を「正統化」するポリティクスを分析していく。さらに、市井論文は、この「創造的復興」なる言葉を被災地の神戸や「東北」

の復興を対象とするだけではなく、この言葉が誕生した 1995 年当時の日本の社会統合様式—企業社会型統合と福祉国家型統合—の再編や 2020 年東京オリンピックを節目とした日本社会の構造的な転換を目指す「新自由主義的な構造改革」との関係にも注目し、分析を試みている。

やはり、2020 東京オリンピック招致を可能にした政治的なコンテクストを理解するためには、1990 年代から進められた日本における新自由主義型的な構造改革の要点整理が必要となる。なかでも、市井論文は 1990 年代型の新自由主義的な構造改革と 2000 年代型の新自由主義的な構造改革との差異を近年の新自由主義研究の到達点をふまえ、2000 年代型の特徴を「国家介入型の新自由主義」としている。

この点は、山下論文が分析を試みるスポーツ領域の新自由主義的な政策転換を分析するうえで、非常に重要な視点となる。ただし、日常圏のスポーツの PPP/PFI 方式による「市場化」という視点に分析の力点を置いてしまうと、市井論文で紹介されているハーヴェイ（David Harvey）が指摘するように、1980 年代と 1990 年代に実行された規制緩和、民営化、市場化、金融化といった新自由主義的な経済政策に注目するだけでは、新自由主義国家を「小さな政府」と国家の規制から解放された 19 世紀的な「自由放任」の政策とみなすことになる。

たしかに、「新自由主義」という言葉は、私たちに「小さな政府」という印象を与えてきた。しかし、市井論文で紹介されている若森章孝は「（新自由主義は）実際には社会政策や移民統治、治安や国際紛争においてしばしば『強い国家』として介入する」（カッコ内筆者補足）と指摘する。それゆえに、ハーヴェイが指摘したように、「理論における新自由主義国家（個人的自由としての市場秩序）」と「実践における新自由主義国家（国家介入による資本の階級的権力の回復）」との「ギャップ」の把握とそれを乗り越えていく「展望」や「実践」の提起が必要となる。まさに、本書に収められた諸論稿は、それぞれの切口や論調はあるにせよ、このような課題に対する示唆を含んでいる。

しかも、オリンピック招致は、新自由主義的な言説と新保守主義的な言説とが手を携えて、さらなる日本の新自由主義的な構造改革を加速させることを「成功」させた。やはり、1990 年代から本格化した日本の新自由主義的な構造改革は、日本社会の安定化をもたらしてきた社会統合様式—企業社会型統合と福祉国家型統合—を解体、もしくは、それに揺さぶりをかけることであったので、国民に与えるショックも大きかった。それゆえに、タカ派的で新保守主義的な

言説、たとえば安全保障上の観点から述べられる中国、北朝鮮、韓国を非難する政府の見解や福祉依存への抑制を意図して振り撒かれる復古的な家族観や道徳観などは、新自由主義的な構造改革が国民に与えたショックを癒す役割を一定程度、担った。

　一方で、このような新保守主義的な言説は、新自由主義的な構造改革を一時的にストップさせるというジレンマに陥っていた。つまり、ハーヴェイが指摘するように、イギリス・サッチャー政権とアメリカ・レーガン政権は、新自由主義的な構造改革を新保守主義的な言説を巧みに操りながら進められたが、日本ではそのようにはならなかった。しかし、市井論文が分析したように、震災復興を大義名分に掲げて開始されたオリンピック招致は、震災後の創造的復興の名のもとの新自由主義的な資本蓄積体制の再編を新保守主義的な言説を巧みに操りながら進めていく。

　この点を別の視点から見れば、地政学的リスクとグローバリゼーションへの対応が迫られる「日本」は、オリンピックを開催する「東京」や創造的復興が進められる被災地「東北」への資本の投資や企業の進出にとって、安心、安全が治安上の意味のみならず、資本の投資先として確実な「利潤」を約束する社会空間の形成と管理に責任を持つ。そのために、地政学的リスクへの対応という観点から、安全保障政策を強化し、テロ対策を口実としているものの、その実態は「思想の処罰と監視」という「共謀罪」によって、国民をオリンピック体制に動員してきた。しかも、オリンピック閉幕後も、強力な国家権力のもとで実施された新自由主義的な「働き方」改革と「休み方」改革によって、私たちの「生」は、さらなる資本蓄積体制のもとに再編されようとしている。まさに、惨事と祝賀が生み出す例外状態と正統化のポリティクスは、オリンピック開幕前から、すでに熾烈な様相を提示している。

　たしかに、オリンピックを招致しなくても、日本の新自由主義的な構造改革は進められたであろう。しかし、その過程にオリンピック招致と開催を組み込むことは、新自由主義的な構造改革を新保守主義的な言説によって補強し、強力に進めることを可能にした。まさに、本書が関心を向けるスポーツ領域の新自由主義的な政策転換も、新自由主義的な国家介入と新保守主義的な言説との共同関係として読み解く必要がある。それでは、以下で検討を試みたい。

山下　高行

市井　吉興

変容するスポーツ政策と対抗点 ―新自由主義国家とスポーツ―

CONTENTS

第1章

新自由主義の下でのスポーツ
―「スポーツ市場 15 兆円」計画とスポーツ政策の過去・未来―

棚山　研

はじめに

　スポーツ界の悲願を受け、スポーツ振興法制定から 50 年後、2011 年に制定されたスポーツ基本法は「前文」を以下の一文で締めくくっている。「ここに、スポーツ立国の実現を目指し、国家戦略として、スポーツに関する施策を総合的かつ計画的に推進するため、この法律を制定する」。「スポーツ立国」とはいかなる国づくりなのか、翌年策定されたスポーツ基本計画（第 1 期　以下、スポーツ基本計画を「基本計画」、第 1 期スポーツ基本計画を「第 1 期基本計画」と略記　第 2 期スポーツ基本計画も同様）を見ても今一つ明確ではない。しかし、日本政府が国家としてスポーツの価値を認め、国民全てに「基本的人権としてのスポーツ」を保障する、高らかなマニュフェストであったと言える。

　スポーツ基本法は第 9 条に文部科学大臣に基本計画を定めるよう義務づけ、第 1 期基本計画は「国際競技大会の招致・開催」を一大政策に掲げた。その成果が 13 年に決定した 20 年東京オリンピック・パラリンピック（以下、「東京オリ・パラ」）の招致である。この招致決定がスポーツ政策を量質ともに大きく変えた。もちろん、東京オリ・パラの招致活動も 16 年に向けて一度は取り組まれたし、00 年に「スポーツ振興基本計画」、10 年には「スポーツ立国宣言」が策定され、政府は系統的にスポーツ政策に取り組んできた。しかし、東京オリ・パラ招致決定後の大きな変化として、設置が難航していたスポーツ庁が 15 年 10 月に立ち上った。そして、スポーツ庁が設置した数多くの審議会から大量の政策答申文書が発出され、現在はそれらに基づきスポーツ行政や団体が一斉に動き出し

ている段階と言える。

　その審議会や答申類のなかで、とりわけスポーツ政策のコンセプトを変える
ものが、16年6月に発表された「スポーツ未来開拓会議中間報告」（以下、「ス
ポーツ未来開拓会議」を「未来開拓会議」、「スポーツ未来開拓会議中間報告」
を「未来中間報告」）と、それを受けて策定された第2期基本計画（17年3月）
である。未来中間報告は「スポーツ産業ビジョンの策定に向けて」とのサブタ
イトルにもあるように、東京オリ・パラの招致・開催を契機にしてスポーツの
本格的な市場開拓と「基幹産業化」を目指し、12年には5.5兆円であったスポー
ツ市場を25年には15.2兆円の規模に拡大する方針を打ち出した。未来開拓会
議はこの中間報告を発表しただけで最終答申はしていないが、審議内容は第2
期基本計画に引き継がれた。

　もちろん第2期基本計画は未来開拓会議の内容だけで策定されているわけで
はないが、発想の土台をかたち作っている。そして、その発想は16年6月に
閣議決定された安倍内閣の成長戦略文書「日本再興戦略2016」にルーツを持つ。
日本再興戦略2016は突如として「スポーツの成長産業化」をGDP600兆円達
成を担う「新たな有望成長市場」の一分野として取り上げた。その中には未来
中間報告に通じる新自由主義的政策、すなわちスポーツ界の経営的自立を促す
項目が並べられている。

　本稿では、成長市場としてスポーツを取り上げた「アベノミクス」の政策内
容を踏まえつつ、未来中間報告や第2期基本計画の要点および周辺政策につい
て述べたうえで、それらを日本のスポーツ産業政策の「元祖」である1986年
発行の「スポーツビジョン21」、さらにその後四半世紀に展開された諸政策と
比較検討することによって、日本のスポーツ政策に通底する課題意識を指摘し
たいと考える。

1.「アベノミクス」から「スポーツ未来開拓会議中間報告」へ

1-1.「アベノミクス」とスポーツ政策
1-1-1.「日本再興戦略」と「スポーツの成長産業化」
「アベノミクス」とは、2012年12月に就任した安倍晋三首相が「日本のデフ
レを解決するために、日本銀行による無期限の金融緩和」を打ち出したのを手
始めに、「異次元緩和という第一の矢、公共事業拡大による第二の矢、成長戦
略という第三の矢からなる」とされる経済政策である（服部，2014，p.iv）。ま

た、アベノミクスの特徴として、「日本再興戦略」、「骨太の方針」、「未来投資戦略」のような政策文書を立て続けに発行することが挙げられる。本節では、アベノミクスのなかにスポーツ分野がいかに位置づけられているのかを見ていきたい。

アベノミクスが始まって以来、安倍政権の経済政策、特に成長戦略は年次ごとの「日本再興戦略」にまとめられてきた。まず、13 年に「日本再興戦略 JAPAN is BACK」が策定され、以降 14、15 年に改訂されてきたが、スポーツが独自の項目として取り上げられることはなかった。

ところが「日本再興戦略 2016」（16 年 6 月　以下、「再興戦略 16」）では内容の抜本的改定が行われた。第二次安倍政権が発足して 3 年が経過し、この間 14 年に消費税率を 8％に引き上げた影響もあり、賃金が上昇せず、アベノミクスが掲げた「2％の物価上昇」も達成できない状況での改定であった。再興戦略 16 では、改めて「戦後最大の名目 GDP600 兆円の実現」（14 年度現在 490 兆円、過去最高 97 年度 523 兆円）を目指すことを掲げた。

そこで、新たに「官民戦略プロジェクト 10」を策定し、それぞれ目標とする市場規模を打ち出している（詳細は表 1）。スポーツは「新たな有望成長市場の創出」の「④スポーツの成長産業化」として掲げられ、12 年現在 5.5 兆円である市場規模を 25 年に 15 兆円に拡大するとしている。その理由を再興戦略 16 では以下のように述べている。

> スポーツには、人を夢中にさせ、感動させる魅力がある。世界では、スポーツが産業として目覚ましい発展を遂げている例もある。2020 年に、東京オリンピック・パラリンピック競技大会を迎えようとする今、我が国のスポーツは、その魅力に相応しい経済的な価値を生み出しているだろうか。
>
> 人を惹きつける力があるということは、ビジネスで言えば集客力がある、ということである。単に、観戦して帰る、ということで終わらせるのではなく、持てる集客力をどういかすのか、マーケティングの視点を持てば、我が国でもスポーツを成長産業へと転換させていくことが可能である（首相官邸，2016, p.10）。

この立場から、鍵となる施策を「①スポーツ施設の魅力・収益性の向上」、「②スポーツ経営人材の育成・活用とプラットフォームの構築」、「③スポーツと IT・健康・観光・ファッション・文化芸術等の融合・拡大」の 3 点にまとめ

表 1 「日本再興戦略 2016」における「官民戦略プロジェクト 10」

（カッコ内金額は 2025 年市場拡大目標）

【新たな有望成長市場の創出】
　①第 4 次産業革命 (IoT、ビッグデータ、人工知能)（30 兆円）
　②世界最先端の健康立国へ（26 兆円）
　③環境・エネルギー制約の克服と投資拡大（28 兆円）
　④スポーツの成長産業化（15 兆円）
　⑤既存住宅流通・リフォーム市場の活性化（20 兆円）
【ローカルアベノミクスの深化】
　⑥サービス産業の生産性向上
　⑦中堅・中小企業・小規模事業者の革新
　⑧攻めの農林水産業の展開と輸出力の強化
　⑨観光立国の実現
【国内消費マインドの喚起】
　⑩官民連携による消費マインド喚起策等

ているが、内容は未来中間報告で詳細に展開されている。また、再興戦略 16 とほぼ同時に「経済財政運営と改革の基本方針 2016」（いわゆる「骨太の方針 2016」16 年 6 月閣議決定）、「ニッポン一億総活躍プラン」（16 年 6 月閣議決定）、「まち・ひと・しごと創生基本方針 2016」（16 年 6 月閣議決定）に同様の内容が書き込まれ、さらに 17 年 6 月閣議決定の「未来投資戦略 2017―Society5.0 の実現に向けた改革―」では、いわゆる「第 4 次産業革命」等との関係で施策が先鋭化されたかたちで提案されている。直近の「経済財政運営と改革の基本方針 2018」（「骨太の方針 2018」）については、今後の政策的方向性との関連性があるので、「むすびにかえて」で触れる。

　ところで、なぜ突然「スポーツの成長産業化」が掲げられたのか、その経緯を直接説明する文書は見当たらないが、明らかにモチーフの一つになったのは、㈱日本政策投資銀行による政策調査レポートである（以下、㈱日本政策投資銀行を「政投銀」）。東京オリ・パラ招致決定を前後して、政投銀は大量のスポーツ政策レポートを表 2 の通り発表している。その中でも、特に大きな影響力を発揮したレポート「2020 年を契機とした国内スポーツ産業の発展可能性および企業によるスポーツ支援」について、次に検討していきたい。

1-1-2. ㈱日本政策投資銀行地域企画部「2020 年を契機とした国内スポーツ産業の発展および企業によるスポーツ支援～スポーツを通じた国内経済・地域活性化～」（2015 年 5 月　以下、「政投銀文書」）について

表 2　㈱日本政策投資銀行によるスポーツ関連レポート一覧
（2013〜16 年、主なものに限定）

2013 年 8 月：スポーツを核とした街づくりを担う「スマート・ベニュー®」〜地域の交流空間としての多機能複合型施設〜
2014 年 6 月：アジアから見たスポーツツーリズムの可能性―アジア 8 地域・訪日外国人旅行者の意向調査より―
2014 年 7 月：欧米スタジアム・アリーナにおける「スマート・ベニュー®」事例
2015 年 3 月：東京オリンピック前後のインフラ整備・都市開発の動向はじめ社会経済情勢の変化と、産業・地域の発展・成長に向けた方策に関する調査報告
2015 年 5 月：2020 年を契機とした国内スポーツ産業の発展可能性および企業によるスポーツ支援〜スポーツを通じた国内経済・地域活性化〜
2016 年 5 月：ラグビーワールドカップ 2019 開催による経済波及効果および各開催都市の取り組みについて―経済波及効果推計 2,330 億円―

　表 2 の通り、政投銀はスタジアム・アリーナを軸にした街づくりを掲げる「スマート・ベニュー」論と、スポーツツーリズムの展開を主として政策提言を行ってきた。それらを踏まえ、2020 年にむけて本格的なスポーツ産業の成長可能性について検討したレポートが政投銀文書である。

　政投銀文書では、まず「第 1 章 スポーツを通じた地域および経済活性化への期待」で 1964 年の東京オリンピックも回想しつつ、スポーツを通じた日本経済活性化への期待が語られ、国民の関心の高まりによるスポーツ産業の拡大可能性が述べられている。そして、今次東京オリ・パラや 19 年のラグビーワールドカップ、21 年の関西ワールドマスターズゲームズなどのビッグイベントがさらなるスポーツ機運を高揚させることにより、今後のスポーツ振興を以下のように見通している。

　　国や自治体の財政状況を踏まえると、これまでのスポーツ振興のように官の資金や人材だけで取り組んでいくことは難しく、企業をはじめとする民の人材や資金も官と連携して活用していくことが重要である。
　　そして、企業側の視点に立てば、スポーツ振興への各種取り組みを行うことが、単なる支援活動にとどまらず産業（ビジネス）の活性化や企業価値の向上に結び付くと言えれば、今まで以上に多くの人材や資金をスポーツ分野に投下すると思料される（政投銀，2015，p.8）。

そして、「第 2 章　国内スポーツ産業の規模および可能性」では、国内スポー

ツ産業の現状評価について、早稲田大学スポーツビジネス研究所が「スポーツ白書2006」（笹川スポーツ財団）で提唱した「国内スポーツ総生産（GDSP）」概念を利用して、試算を行っている。この試算によると表3の通り、スポーツ市場は02年に比して12年に縮小していることが確認された（GDSP試算額の内訳と対比は表3）。

さらに、政投銀文書は「2002年当時からGDPの成長率は4.8％下落したのに対して、GDSPの下落率は18.4％となっており、"失われた20年"とされる日本経済の低迷以上に国内スポーツ産業は低迷している懸念がある」（政投銀, 2015, p.27）と評価している。

それにもかかわらず、改めて次項「GDSPの成長予測」で2020年までの試算を行い、12年に11兆4085億円であったGDSPが、20年に13兆676億円まで拡大すると予測している。その根拠は内閣府が15年2月に発表した「中長期の経済財政に関する試算」であり、そこで示される名目GDP成長率（「中長期的に経済成長率は実質1％弱、名目1％半ば程度」）と同じ伸び率でGDSPの推移を仮定している。まさに、アベノミクスとともに成長するスポーツ産業である。スポーツ側の成長の根拠としては、オリ・パラなどのビッグイベントへの期待が語られているに過ぎない。

しかしながら、政投銀文書は未来中間報告や第2期基本計画に大きな影響を

表3　国内スポーツ総生産（GDSP）の試算結果と、2002年および2012年の比較表

項目	2002年当時 名目GDSP（億円）	構成比 （％）	2012年時点 名目GDSP（億円）	構成比 （％）
小売	19,186	13.0	16,670	14.6
興行	1,222	0.8	2,843	2.5
施設	32,961	22.3	21,148	18.5
賃貸	283	0.2	270	0.2
旅行	8,356	5.7	7,419	6.5
教育	17,091	11.6	15,682	13.7
放送・新聞	4,937	3.3	4,175	3.7
書籍・雑誌	1,875	1.3	1,257	1.1
ゲーム・ビデオ	469	0.3	288	0.3
その他	380	0.3	973	0.9
公営競技	60,770	41.2	43,360	38.1
計	147,510	100.0	114,085	100.0

政投銀, 2015, p.13より抜粋

与えたと言える。それは内容面にとどまらず、未来開拓会議の第 1 回会合（16年 2 月 2 日）で、政投銀取締役執行役員の橋本哲実が「わが国のスポーツ産業の発展可能性とスポーツを核とした街づくりを担う『スマート・ベニュー』®」と題して政投銀文書の内容を報告し、委員に加わっていることからも明らかである。あるいは、GDSP を提唱した早稲田大学スポーツビジネス研究所の中心メンバー、間野義之が委員であることも影響したであろう。

1-1-3. スポーツ庁・経済産業省「スポーツ未来開拓会議中間報告〜スポーツ産業ビジョン策定に向けて〜」（2016 年 6 月　以下、「未来中間報告」）について

（本節の引用ページは特記しない限り、スポーツ庁・経産省 2016 による）

　2016 年 2 月に始まった未来開拓会議の最大の特徴はスポーツ庁と経済産業省（以下、「経産省」）が協同して開催したところにある。過去には、1986 年に当時の通商産業省が「スポーツビジョン 21」を策定したことがある。「スポーツビジョン 21」は未来中間報告との対比でも興味深い論点があるので、4. で詳述したい。

　政投銀文書では根拠が弱かったスポーツ産業の成長可能性に関して、未来中間報告の「1. はじめに」では、欧米諸国のスポーツビジネスの巨大産業化や一部新興国の「スポーツが有する経済的な力を各国の成長につなげる動き」を指摘した上で、以下のように述べる。

　　これまで我が国においては、スポーツ政策を主に教育政策の一環として捉えてきた影響もあってか、十分なスポーツ産業振興を行ってきたとは言いがたく、諸外国に後れを取っているとの指摘もある。しかし、我が国においても、2020年東京オリンピック・パラリンピック競技大会（「2020 年東京大会」）の開催決定等を契機にスポーツを通じた地域・経済の活性化への期待が高まりつつあるとともに、ヘルスケア・健康などの文脈でも大きな期待を集め出しており、今はまさにスポーツを産業として振興する絶好の機会である（p.4）。

　さらに、「2.2 スポーツ政策の拡幅〜コストセンターからプロフィットセンターへ〜」では、今後のスポーツ振興の考え方について以下のように述べている。

表4　我が国スポーツ市場規模の拡大について【試算】　　（単位：兆円）

スポーツ産業の活性化の主な政策			現状	2020年	2025年
（主な政策分野）	（主な増要因）	計	5.5	10.9	15.2
①スタジアム・アリーナ▶	スタジアムを核とした街づくり		2.1	3.0	3.8
②アマチュアスポーツ　▶	大学スポーツなど		－	0.1	1.1
③プロスポーツ　　　　▶	興行収益拡大(観戦者数増加など)		0.3	0.7	1.1
④周辺産業　　　　　　▶	スポーツツーリズムなど		1.4	3.7	4.9
⑤IoT活用　　　　　　 ▶	施設、サービスのIT化進展とIoT導入		－	0.1	0.3
⑥スポーツ用品　　　　▶	スポーツ実施率向上策、健康経営促進など		0.3	0.7	1.1

「現状」は2012年時点。「スポーツ未来開拓会議中間報告」p9より転載

　スポーツ産業の活性化を通じたスポーツの振興とは、スポーツで稼いだ収益をスポーツへ再投資することを促し、スポーツ界が自律的に成長を遂げるための資金循環のシステムを実現することであり、我が国のスポーツ文化が深化するために、スポーツに「産業」というエンジンを組み込んでいくことを目指すものである（p.5）。

　スポーツに対する既成概念を壊し、これまでの公的資金中心の負担の対象（コストセンター）から、官民協働による収益を生みだす対象（プロフィットセンター）への転換を目指すべきである（p.6）。

　以上の基調を踏まえて、「3. スポーツ産業の現状と課題」ではスポーツ市場規模の試算から検討を始めていく。ここではまず政投銀文書の GDSP 試算を参照して、「我が国のスポーツ産業は、2002 年当時約 7 兆円だったものが、2012 年時点では約 5.5 兆円と縮小傾向にある」(p.7) と評価する[1]。その上で、「新しいスポーツビジネスの創出に取り組むことが必要不可欠である」(p.9) として、6 つの具体的分野を設定し、「2020 年で 10.9 兆円（現状の約 2 倍）、2025 年で 15.2 兆円（現状の約 3 倍）の市場規模への拡大を目指し、具体的な政策を進める必要がある」(p.9) と述べる（表 4 参照）。この目標設定については「諸外国のスポーツ産業市場の GDP 比をメルクマールに」する (p.9) と述べるが、具体的な国名や数値が挙げられているわけではない[2]。

　市場拡大目標を達成するための「4. 具体的な課題」として、「スタジアム・アリーナ改革」、「スポーツコンテンツホルダーの経営力の強化、新ビジネス創出の促進」、「スポーツ人材の育成・活用」、「他産業との融合等による新たなビ

ジネスの創出」、「スポーツ参加人口の拡大」の5点を挙げて、それぞれ検討を加えているので、具体的に見ていきたい。

a. スタジアム・アリーナ改革

「スタジアム・アリーナ改革」もまた、政投銀レポート「スポーツを核とした街づくりを担う『スマート・ベニュー』」（2013年8月）がベースとなっていて、今後20年間のスタジアム・アリーナ等の改築・新規需要は2兆円以上との推計を行っている。「スタジアム・アリーナは、スポーツを成長産業として活性化させるための核となるインフラ」（p.12）であり、アメリカやヨーロッパ、さらには東京ドーム、吹田サッカースタジアム、北九州スタジアム、広島市民球場などの事例を検討している。その上で、「①収益源の多様化（公共施設や商業施設など）、②興行の活発化、③利用用途の多様化、④利便性の高い立地戦略が必要である」と指摘し、「スタジアム・アリーナに収益の上がる仕組みを組み込むことにより、その収益からスポーツ振興に係る次なる投資につなげる循環をつくり出すことが重要である」（p.12）と結論づけている。

　さらに、「効率的かつ効果的なスポーツ施設の整備を進めるためには、民間の資金や経営能力、技術的能力を活用していくことが重要であり、多様なPPP/PFI[3] 手法の中から、地域や施設の実情に応じた適切な手法を用いるべきである」（p.18）とも述べていて、そのための「スタジアム・アリーナ推進のための施設整備ガイドライン」を策定するとしている（その後、スポーツ庁によって「スタジアム・アリーナ改革ガイドブック」（17年5月）および「スタジアム・アリーナ整備に係る資金調達手法・民間資金活用プロセスガイド」（17年6月）として策定済み）。

b. スポーツコンテンツホルダーの経営力の強化、新ビジネス創出の促進

　次いで「ii）スポーツコンテンツホルダーの経営力の強化、新ビジネス創出の促進」では、収益の抜本的な拡大に向けて以下の提言を行っている。

　　コンテンツホルダー自身が、改めてスポーツの価値を発掘ないしは把握するし、事業コンセプトの策定からビジネスモデルの設計・実行・効果検証・改善までをマネジメントできる体制を整えることが必要であり、十分なビジネスリテラシー（例えば、ファイナンスやマーケティング、ブランディングなどの専門的な知識や経験・スキル等）を備えている人材の獲得が必要不可欠である。

（略）

　収益拡大に向けた取組においても、後述のアスリート個々人に対するコンプライアンスの確保を含め、団体のガバナンス・透明性の確保の徹底を、大前提に位置づける必要があり、関係機関で連携を取り、対処していくべきである（p.20）。

　そして、具体的取組としては「中央競技団体（NF）の収益力強化とガバナンス体制の充実」と「大学スポーツの振興に関する検討会議の開催」の2点にまとめられている。その後の動きを見ると、前者は専らガバナンス・コンプライアンスの確保・強化に力点が置かれている。後者は全米大学体育協会（NCAA）について、「NCAAビジネスにおける成功は、徹底したコスト削減、カンファレンス・大学間の競争主義、統一ブランディングやプロ・アマの共存といった共存戦略により得られた収益を、教育やスポーツに再投資することで、更にスポーツの価値を向上させるという好循環を構築できている」（p.23）と高く評価し、日本でも「学生スポーツ全体のガバナンスを行い、収益性を高める統括組織のモデルについて検討が必要である」（p.23）としている。実際に「大学スポーツの振興に関する検討会議」が2016年度に開催され、答申も出されているので3.で詳述する。

c. スポーツ人材の育成・活用
　未来中間報告では、既存のスポーツ組織・人材に対して厳しい視線を注いでいることが一つの特徴である。

　スポーツというコンテンツは多様な産業的価値を有しているが、これまで競技団体等のスポーツ団体はこの価値を生かした組織経営が十分にできていない現状がある。スポーツビジネスを推進する上で、マーケティング活動はもとより、ガバナンスの向上、スタジアム等の施設運営、興行等で必要となる様々な専門性や国際的な視野のある人材、また、それらを総合的にマネジメントする経営人材が各団体等に圧倒的に不足している。（略）
　これまで各団体の入職経路は、その多くが縁故によるものであったため、現在のスポーツ界の人材の硬直化につながり、新たなアイデアや取組が生まれにくい環境となっている（p.30）。

　既存のスポーツ人材について、リクルート過程も含めて強い不満が示された文章と言えよう。さらに、指摘はアスリートへの社会的教育・経験の必要性、セカンドキャリアに向けた教育、大学等での実践的スポーツマネジメント教育の必要性などに及んでいる。

　具体的取り組みとしては、スポーツ経営の即戦力となる実践型人材育成システムを検討する「スポーツ経営人材プラットフォーム協議会」が 2016 年度に開催されている。また、「学生への教育の充実」は先述の「大学スポーツの振興に関する検討会議」で取り扱われている。ともに 3-2. で詳述する。

d. 他産業との融合等による新たなビジネスの創出

　ここでは事例として「観光とスポーツの融合」、「食とスポーツの融合」、「新たな観戦アプローチ」、「スポーツを『する』楽しみの拡張」、「データ分析で、スポーツが見える・わかる」の各分野が取り上げられ、具体的には、「スポーツツーリズムの拡充」、「他産業とのビジネスマッチング」、「データアナリストカンファレンス（仮）の開催」、「スポーツメディア協議会（仮称）の開催」に取り組むとされている。しかし、その後スポーツツーリズムを除いて本格的な検討がされた形跡はない。

　スポーツツーリズムに関しては、好調なインバウンド、さらには「地域スポーツコミッション」（官民連携でスポーツツーリズム等を推進する組織）が既に全国的に結成されていることもあり、表 4 の市場規模でも現状の 3 倍増を見込む高い期待がかけられている。スポーツ庁も「スポーツツーリズム需要拡大のための官民連携協議会」を 2017 年度に開催し、18 年 3 月には「スポーツツーリズム需要拡大戦略」を打ち出している。

e. スポーツ参加人口の拡大

「スポーツ参加人口の拡大は、スポーツ市場の拡大にもつながる」（p.41）との書き出しから始まるこの項は、まず「成人の週 1 回以上のスポーツ実施率」が「この 30 年増加傾向にあったが、直近の 2015 年度調査では前回調査から減少している。特に学生から社会人となる 20 歳代や仕事・子育てで忙しくなる 30 歳代のスポーツ実施率は 30％弱にとどまっている」（p.41）ことを指摘する。実際、「成人の週 1 回以上のスポーツ実施率」は 13 年 47.5％が 15 年には 40.4％に低下している[4]。また、「我が国の国民医療費が約 40 兆円にも達する中、健康寿命を平均寿命に限りなく近づけることができる社会の構築を目指すこと

が重要である」（p.42）との観点も示している。

　その上で、フィットネス産業の展開やゴルフ産業の活性化を事例として挙げ、具体的な取り組みとして「スポーツ医科学等の知見に基づく運動プログラムの開発と展開」、「参加しやすい新しいスポーツの開発と普及」、「職域における運動習慣の構築」、「運動部活動指導の工夫・改善支援」、「障害者スポーツの普及、用具の開発と整備支援」、「スポーツツーリズムの拡充（再掲）」といった項目が挙げられている。

　しかし、本来この分野での政策展開は、第2期基本計画で生涯スポーツ振興の観点から行われるべきものであり、この項と関連が深い表4の「スポーツ用品」の市場規模は現状から2倍以上の拡大目標でありながら、未来中間報告としては政策領域を絞り込んで限定的な叙述になっている。ただし、この分野は急激なビジネス化が難しい領域でもあり、スポーツ政策において「プロフィットセンター」化しにくい領域をいかに取り扱うのかという課題を暗に示したものとも言えよう。

　本節のまとめとして、未来中間報告は「スポーツ産業ビジョン（仮）」を17年度中に作成するとしていたが、実際には作成されていない。また、未来開拓会議も18年3月の第7回を最後に中断されたままである。「スポーツ産業ビジョン（仮）」に書き込まれるべき内容は、同時並行で進められていたスポーツ審議会の手による第2期基本計画に引き継がれたと言える。

2.「第2期スポーツ基本計画」（2017年3月）を読み解く　　―「スポーツ未来開拓会議中間報告」との関連を中心に

（本章の引用ページは特記しない限り、スポーツ庁 2017c による）
「スポーツ基本計画」は第1期が2012～16年度に、第2期が17年3月に策定され、東京オリ・パラ開催後の21年度まで取り組まれる。言い換えれば、ポスト東京オリ・パラ、「オリンピック・レガシー」の観点からも注目される計画である。

　本章では第2期基本計画に関して、未来開拓会議の影響の観点に絞って読み解いていきたい。ただし、「大学スポーツの振興」、「総合型地域スポーツクラブのあり方」、「スポーツ施設のストック適正化」については、今次スポーツ政策の性格が色濃く表れているので、別途 3. で検討していく。

2-1. 第2期基本計画の基調をめぐって

　第2期基本計画では、まず第1期基本計画の検証・評価を「①子供のスポーツ機会の充実」、「②ライフステージに応じたスポーツ活動の推進」、「③地域スポーツ環境の整備」、「④国際競技力の向上」、「⑤国際競技大会等の招致・開催等を通じた国際交流・協力」、「⑥スポーツ界の透明性、公平・公正性の向上」、「⑦スポーツ界における好循環の創出」の各項目に沿って行っている。

　特に注目される点では、②について「成人の週1回スポーツ実施率」が42.5％に留まり、第1期基本計画の数値目標（65％程度）を達成できなかったこと、③では総合型地域スポーツクラブが財政的な自立を含め質的な充実が必要であること、⑤では東京オリ・パラの招致実現およびレガシーの継承の必要性、⑥ではスポーツ界のさらなるガバナンス強化が指摘されている。

　また、第2期基本計画では「スポーツの価値」[5]を全国民にわかりやすく説明し、「スポーツ参画人口」[6]を拡大し「一億総スポーツ社会」の実現に取り組むこととした。そして、「第2期スポーツ基本計画が目指すもの」を以下のように述べる。

> 　スポーツ基本計画は，国の施策を中心に国が定めるものであるが，あくまでもスポーツの主役は国民であり，また，国民に直接スポーツの機会を提供するスポーツ団体等である。
> 　スポーツの価値は，国民や団体の活動を通じて実現されるものであり，第2期計画に掲げられた施策は，国や地方公共団体がこれらの活動を支援し，スポーツの価値が最大限発揮されるためのものであることに留意する必要がある。（p.2）

　この叙述に関連して、興味深い文章が存在する。かつて14年5月に、超党派スポーツ議員連盟が「今後のスポーツ政策のあり方検討とスポーツ庁創設に向けたプロジェクトチーム有識者会議報告書」（座長：河野一郎（独法）日本スポーツ振興センター理事長）を発表しているが、その「提言」のなかに以下の一文がある。

> 　スポーツ庁の創設にあたって、政策立案を行う「国（スポーツ庁）」、立案された政策を具体化し、執行する「スポーツ政策執行機関（政府への説明責任を

有する独立行政法人）」（筆者註：（独法）日本スポーツ振興センターを指すと思われる）、および配分された公的資金を活用して関連事業を推進する「スポーツ団体」の３つの<u>階層</u>に分類し、それぞれの役割を明確化し、今後、スポーツ行政の一元化をはかるとともに、スポーツ政策・施策を効果的・効率的に推進することが重要である（超党派スポーツ議員連盟，2014，p.16 下線は筆者）

「第２期スポーツ基本計画が目指すもの」はこの文章をアレンジしたものとも読み取れる。

　穿った見方をすれば、スポーツ基本法前文の「日常的にスポーツに親しみ、スポーツを楽しみ、またはスポーツを支える活動に参画することのできる機会」の確保を国の責務で、いかに行うのかという論点は不明確なままで、あくまで「スポーツの主役」は国民やスポーツ団体であり、国はそれを「支援」＝指示する立場に過ぎないとの主張と読むこともできる。したがって、以下では第２期基本計画におけるその「支援」、特に国の施策内容を具体的に検討していかねばならない。

2-2.「第３章　今後５年間に総合的かつ計画的に取り組む施策」について

　第３章では、「スポーツを『する』『みる』『ささえる』参画人口の拡大とそのための人材育成・場の充実」、「スポーツを通じた活力があり絆の強い社会の実現」、「国際競技力の向上に向けた強力で持続可能な人材育成や環境整備」、「クリーンでフェアなスポーツの推進によるスポーツの価値の向上」に分けて施策が掲げられている。以下、各項目に沿って検討したい。

2-2-1.「スポーツを『する』『みる』『ささえる』参画人口の拡大とそのための人材育成・場の充実」をめぐって

　ここでは政策目標として、まず「成人のスポーツ実施率を週１回以上が65％程度（障害者は40％程度），週３回以上が30％程度（障害者は20％程度）となること」が掲げられ、以下の二つの分野で施策が述べられている。

a. スポーツ参画人口の拡大

　第１期基本計画の「成人のスポーツ実施率」の数値目標を達成できなかった原因について、「仕事・家事・育児が多忙、面倒くさい、年をとったなど世代によって異なる」（p.7）と指摘した上で、国は「スポーツ未実施者への働きかけやス

ポーツの継続的実施のための方策等について整理した『ガイドライン』の策
定・普及、「スポーツに対するニーズや阻害要因等に関する調査や顕彰制度等」
の実施、「健康寿命の延伸に効果的な『スポーツプログラム』」の策定・普及を
実施するとしている（以上 p.8）。

　また、「学校体育をはじめ子供のスポーツ機会の充実による運動習慣の確立
と体力の向上」では、子ども世代に「運動習慣の二極化」傾向があり、「自主
的にスポーツをする時間を持ちたいと思う中学生を 80％（平成 28 年度現在
58.7％→ 80％）にすること、スポーツが『嫌い』・『やや嫌い』である中学生を
半減（平成 28 年度現在 16.4％→ 8％）すること」（p.8）を目標として掲げた。
大きな問題として、「運動部活動の顧問のうち、保健体育以外の教員で、かつ
担当競技の経験がない者が中学校で 45.9％、高等学校で 40.9％である（平成 25
年度現在）」と指摘し、運動部活動対策として「運動部活動の在り方に対する
総合的なガイドラインを策定」し、「運動部活動指導員（仮称）を総合型地域
スポーツクラブ（以下、「総合型クラブ」）や民間事業者とも連携して配置する」
こととした（以上 p.8）。

　成人のスポーツ実施率を伸ばすには、「ビジネスパーソン、女性、障害者の
スポーツ実施率の向上と，これまでスポーツに関わってこなかった人へのはた
らきかけ」（p.9）が必要である。それゆえ、冒頭のスポーツ実施率目標に加えて、
「成人のスポーツ未実施者（1 年間に一度もスポーツをしない者）の数がゼロ
に近づくことを目指す」（p.10）とした。ただ、具体的には「通勤時間や休憩
時間等に気軽にスポーツに取り組める環境づくりに向けたプロモーション活動
の展開や民間事業者の表彰」、「民間事業者における『健康経営』[7]」の促進（p.11）
など、情報提供や意欲向上の取り組みにとどまっている。

b. スポーツ環境の基盤となる「人材」と「場」の充実

　ここでは「スポーツに関わる多様な人材の育成と活躍の場の確保」、「総合
型地域スポーツクラブの質的充実」、「スポーツ施設やオープンスペース等のス
ポーツに親しむ場の確保」、「大学スポーツの振興」の 4 項目が掲げられている
が、総合型クラブと大学スポーツに関しては 3-1. と 3-2. で検討する。

　まず「スポーツに関わる多様な人材の育成と活躍の場の確保」では、総じて
スポーツ界が人材不足であり、そもそも人材の育成システムが確立していない
ことを問題にしている。まず、スポーツ指導者の育成に関しては、（公財）日
本体育協会（以下、「日体協」[8]）とともに「グッドコーチ育成のための『モデル・

コア・カリキュラム』⁹⁾を大学やスポーツ団体等へ普及することにより，指導内容の質を確保」（p.11）し，日体協が運動部活動を含めて「体系的で効果的なスポーツ指導者育成制度を構築するとともに，原則として，指導現場に立つ全ての指導者が資格を有する」よう求めていく。また，複数の指導現場を掛け持ちすることで「スポーツ指導者が『職』として確立する環境を醸成」していくとしている（以上 p.12）。そして，この項の最後に，「国は，スポーツ経営人材の育成・活用のための仕組みを構築することにより，スポーツ団体のガバナンスや収益性を向上させる」と結んでいる（p.13）。

「スポーツ施設やオープンスペース等のスポーツに親しむ場の確保」については，「人口減少，財政難等によりスポーツ施設数の減少が見込まれ」，また「スポーツ施設の中には，老朽化が進んだものや耐震診断未実施のものも多く，今後利用できなくなる施設も想定される」（p.15）と評価する。そして，地方公共団体は「施設の長寿命化，有効活用及び集約化・複合化等を推進しスポーツ施設のストックの適正化」を行い，「スポーツ施設の新改築，運営方法の見直しにあたり，コンセッション¹⁰⁾をはじめとした PPP/PFI 等の民間活力により，柔軟な管理運営や，スポーツ施設の魅力や収益力の向上による持続的なスポーツ環境の確保」（p.15）を図るとしている。また，学校体育施設の社会体育施設への転用も促進する。

　第 2 期基本計画での指摘を踏まえて，スポーツ庁は 2018 年 3 月に「スポーツ施設のストック適正化ガイドライン」を策定している。「ストック適正化」の意味も含めて、3-3. で改めて論じることにする。

2-2-2.「スポーツを通じた活力があり絆の強い社会の実現」について

　ここでの内容は主として「スポーツを通じた共生社会等の実現」と「スポーツを通じた経済・地域の活性化」に大別されるが、前者は 2-2-1. の政策を主に障害者、健康、女性に向けて詳細に展開しており、後者は未来開拓会議の検討内容を受けたものとなっている。

a. スポーツを通じた共生社会等の実現

　ここではまず、「障害者スポーツの振興等」について具体的な政策が 2 ページ以上にわたって展開され、過去の政策文書にはないボリュームとなっている。しかし、推進の中心の「障害者スポーツ団体は，事務局体制や運営資金等活動の基盤が極めて脆弱である」と指摘されている。それにも関わらず、「国

は，支援を求める障害者スポーツ団体と支援の意向を持つ民間事業者とのマッチング等により、障害者スポーツ団体の財政基盤の強化を促進する」（以上 p.19）と直接的支援には消極的である。全国で「障害者が専用又は優先的に使用できるスポーツ施設は 114 カ所」（p.17）しかないにも関わらず、既存施設の「施設管理者に対し障害者スポーツへの理解を啓発」（p.18）する方針以外の政策はない。

「スポーツを通じた健康増進」でも、「健康寿命の延伸に効果的な『スポーツプログラム』及びスポーツの習慣化や健康増進を推進する『ガイドライン』の策定・普及」（p.19）に留まっている。

「スポーツを通じた女性の活躍促進」では、「幼少期から高齢期を通じ、女性のニーズや意欲に合ったスポーツ機会を提供する」（p.20）としていて、2017年 8 月からは「スポーツを通じた女性の活躍促進会議」が開催されているが、19 年 2 月現在成案を見ていない。

b. スポーツを通じた経済・地域の活性化

まず「スポーツ産業の成長産業化」の「施策目標」として、「スポーツ市場を拡大し，その収益をスポーツ環境の改善に還元し，スポーツ参画人口の拡大につなげるという好循環を生み出すことにより，スポーツ市場規模 5.5 兆円を2020 年までに 10 兆円，2025 年までに 15 兆円に拡大することを目指す」（p.21）と掲げられており、未来中間報告の内容をそのまま要約した内容となっている。

以下、項目を列挙すると「スポーツの成長産業化及び地域活性化を実現する基盤としてのスタジアム・アリーナづくりを推進」、「スポーツ経営人材の育成に向けたカリキュラム作成支援」、「スポーツ団体のガバナンスや収益性を向上」、「スポーツ団体における中長期の経営ビジョン・事業計画の策定」、「スポーツ団体が実施する各種スポーツ大会へのビジネス手法の導入による新たな収益事業の創出」、「IT 等を活用した新たなメディアビジネスの創出を促進」、「スポーツ市場規模の算定手法を構築」等々である。

その中で、「スポーツを通じた地域活性化」は未来中間報告の「他産業との融合等による新たなビジネスの創出」を発展させたものである。施策目標として、「スポーツツーリズムの活性化とスポーツによるまちづくり・地域活性化の推進主体である地域スポーツコミッションの設立を促進し，スポーツ目的の訪日外国人旅行者数を 250 万人程度（平成 27 年度現在約 138 万人）、スポーツツーリズム関連消費額を 3,800 億円程度（平成 27 年度現在約 2,204 億円）、地

域スポーツコミッションの設置数を170（平成29年1月現在56）に拡大することを目指す」（p.22）として、スポーツツーリズムの推進を中心に取り組みを進めるとしている。また、「スポーツによる地域活性化を持続的に実現できる体制を構築する」ために、「地域における様々なスポーツ関連組織の中には，補助金等に依存しない経営的に自立した事業体が生まれてきている」（以上p.23）ことにも注目して、その収益モデルを研究し、成果を普及啓発するとしている。

2-2-3.「国際競技力の向上に向けた強力で持続可能な人材育成、およびクリーンでフェアなスポーツの推進によるスポーツの価値の向上」について

　ここでは主に競技スポーツ政策が展開されており、東京オリ・パラに向けて優先的に施行されるものが列挙されているが、部分的には未来開拓会議と共通の発想に立つ施策もある。

　まず、「中長期の強化戦略に基づく競技力強化を支援するシステムの確立」（p.26）では、競技力評価機関としての国の立場を確立させようとしている。「国は，JSC，JOC及びJPCが相互に連携して得た知見を，ターゲットスポーツの指定に活用する。また，この知見は各種事業の資金配分に関する中央競技団体の評価に活用するものとする」（p.26）（JSCは（独法）日本スポーツ振興センター、JOCは（公財）日本オリンピック委員会、JPCは（公財）日本パラリンピック委員会 以下同じ）。また、あわせて「国は，JSC，JOC，JPC及び中央競技団体と連携し，将来メダルの獲得可能性のある競技や有望アスリートをターゲットとして（略）、集中的な育成・強化に対する支援を実施する」（p.27）とした。

　また、「コンプライアンスの徹底、スポーツ団体のガバナンスの強化及びスポーツ仲裁等の推進」（p.30）では、国は「スポーツ団体の組織運営に係る評価指標を策定するとともに，必要な体制を整備して継続的にモニタリング・評価し，支援が必要な団体に対し必要な助言等を行う」（p.31）として、スポーツ団体の自治に介入していく姿勢を明らかにした。

2-3. 小括—第2期基本計画のスポーツ施策のパターン

　以上、第2期基本計画を俯瞰してきたが、後述する総合型クラブや大学スポーツ、「ストック適正化」の諸施策も含めて、その特徴を2点ほど指摘しておきたい。

　まず第一に、基本計画は改めて「スポーツ市場規模5.5兆円を2020年まで

に 10 兆円，2025 年までに 15 兆円に拡大」する目標を掲げたように、未来開拓会議の影響を色濃く受けている。「スポーツ市場を拡大し，その収益をスポーツ環境の改善に還元し，スポーツ参画人口の拡大につなげるという好循環」をつくり出し、稼げるスポーツは「プロフィットセンター」として行政から自立すべきであり、自立できない「コストセンター」型スポーツは整理・統合、消滅もやむを得ないスタンスである。

　第二に、基本計画ではスポーツ施策に明確な役割分担が見出せる。国は政策立案を行い、「スポーツ政策執行機関」（JSC を想定）が政策と補助金・助成金配分等の執行・管理を担い、実行主体はあくまで地域の「スポーツ団体」である。そして、政策実行の状況を国やスポーツ政策執行機関が把握・評価し、スポーツ団体への補助金等の配分に反映させる仕組みをつくっていく（いわゆる「PDCA サイクル」）。ただし、一方的な評価の結果、補助金等が減額されるのかもしれないし、ましてや政策実行のための初期費用すら補助されるかも不透明である。

　むしろ、「はじめに補助金ありき」のような発想は「コストセンター」時代のものであって、「プロフィットセンター」化に向けてはこのような発想は捨て去らねばならないというのが、未来開拓会議を踏まえた第 2 期基本計画の立場であろう。

3. 第 2 期スポーツ基本計画の周辺施策をめぐって ―総合型地域スポーツクラブ、大学スポーツ、「ストック適正化」

　ここでは第 2 期基本計画策定に関わって、第 1 期基本計画から大幅に方針を変えた三つの分野を検討することで、スポーツ政策における新自由主義的傾向を描き出したい。

3-1. 総合型地域スポーツクラブの「質的」充実
（本節の引用ページは特記しない限り、スポーツ庁 2016 による）

　総合型地域スポーツクラブ（以下、「総合型クラブ」）とは、「多種目・多世代・多志向」を特徴とする地域スポーツクラブであり、1995 年度の文部省「総合型地域スポーツクラブ育成モデル事業」、さらには 2000 年の「スポーツ振興基本計画」（以下、「振興基本計画」）で「全国展開を最重点施策として計画的に推進」（文科省，2000[11]）すると位置づけられて以降、政策的に育成が図ら

れてきた。

　その当初の意図として、振興基本計画では「我が国では、学校と企業を中心にスポーツが発展してきた。このため、地域のスポーツクラブを中心にスポーツ活動が行われているヨーロッパ諸国などと違って、学校を卒業するとスポーツに親しむ機会が減少する傾向」にあり、地域の「スポーツクラブの約9割が単一種目型であることに代表されるように、これらのスポーツクラブは性別、年齢、種目が限定的であったりするため、誰もが、いつでも、いつまでも各自の興味・目的に応じてスポーツに親しめるようにはなっているとは言い難い」。そこで、「多世代、多様な技術・技能レベル、多様な興味・目的の者が参加できる地域スポーツクラブの育成が必要である」としている（以上、文科省，2000）。

　しかし、本音のところでは「従来の単一種目・小規模型のクラブの場合、何年活動を続きていても、そのクラブの中心となる人物や社会状況に何か問題・変化が生じた場合、すぐに立ちいかなくなってしまう」（黒須，2002, p.6）こと、あるいは「ある個人が私財を用いて、昼夜問わず労力を提供しクラブを運営する、あるいは補助金や助成金のみでクラブを運営することは"仕組み"ではない」（日本体育協会，2012, p.31）といった課題を克服する観点もあったと言える。

　その後、総合型クラブは愛知県半田市の「ソシオ成岩スポーツクラブ」のような成功例をつくりつつ順調に増加し、15年度に3,550まで設立数を伸ばしてきた。しかしながら、10年代に入って設立数は伸び悩み、振興基本計画で掲げられていた「全国の各市区町村において少なくともひとつは総合型地域スポーツクラブを育成する」目標は80.8％（15年現在）に留まっている。

　さらに、文科省・スポーツ庁「平成27年度総合型地域スポーツクラブに関する実態調査結果」（以下、「実態調査結果」）によると、廃止・統合したクラブが187（15年現在）あり、廃止の主たる理由は「クラブの運営スタッフの確保が困難になったため」（36.7%）、「財源の確保が困難になったため」（28.6%）、「会員数が減少したため」（24.5%）、となっている（p.5）。

　このような状況下で、スポーツ庁は16年度に「総合型地域スポーツクラブの在り方に関する検討会議」を設立し、同年11月に「総合型地域スポーツクラブの今後の在り方に関する提言」（以下、「提言」）を発表した。そこでは「総合型クラブの課題等」として、最初に「会員、自己財源、指導者の確保等」が課題であるとして、とりわけ「自己財源率が50％以下のクラブが約4割を占めている」ことを問題視している（p.8）。さらに、「行政等が公的な支援を行

うべき対象となる総合型クラブを明確化する必要が生じて」おり、日体協において「今後の総合型クラブがより公益性の高い『社会的な仕組み』として定着していくことを目指した、総合型クラブ登録制度の創設に関する検討が進められている」としている。

その上で、「総合型クラブに関する今後の基本的方向性と具体的方策等」として、主に 4 点の基本的方向性と具体的方策を打ち出している。

第一に、「人口減少・少子高齢化社会においても、住民が多様なスポーツに親しむことのできる環境の持続的な発展を図る」（p.16）とあるが、この点ではさして目新しい内容はない。ただし、恒常的な参加人員や運営活動人員に関する「成果目標・指標」の設定が強調され、それを市町村行政が評価する仕組みを推奨している。

第二に、「総合型クラブが地域課題に応えるための『社会的な仕組み』として定着していくことを目指す」として、「自立的な運営体制を構築した総合型クラブ」が「次のステップとして、少子高齢化や人口減少、地域コミュニティの希薄化等が進み、多様な地域課題が生じている状況」に対して、解決に向けて取り組むことを重要視している（p.20）。具体的には、「運動・スポーツによる介護予防事業」、「地域包括ケアシステムなど地域支援等の枠組みに参画」、「子育て支援」、学校部活動の代替、「学校の体育に関する活動等を支援」などがあげられている。そして、国や都道府県がこれらの取り組みに参画する総合型クラブの数や割合、事業実施の効果について成果目標を設定するとしている。

第三に、「総合型クラブの持続可能な運営体制の構築、財政的な自立、ガバナンスの確保などの『質的な充実』に重点を置いて施策や取組等を展開していく」として、まず「総合型クラブが自主的・自律的に運営され、持続的に活動していくためには（略）、多様な財源を確保することにより、自己財源率を高めていくことが必要」であり、会費・参加費の設定で「受益者負担の原則をより一層促進する」ことが望ましいとされる（以上 p.24）。「多様な財源」としてイメージされているのは、「ヘルスケア分野」の民間事業者との連携である。

この「質的な充実」に関しては、特に「登録・認証等の制度の整備」が強調されている。その評価軸は「地域スポーツ環境の充実やスポーツを通じた地域課題解決などの公益的な取組の実施」状況である。それらの取り組みを行う上では、「行政をはじめ公的機関とパートナーシップを構築して、連携・協働して取り組むことが必要」だが、現在の総合型クラブについては「公的機関・組織がパートナーシップの構築や支援を行う際の判断基準がない」ことが問題で

あり、そのために「登録・認証等の制度を整備する」としている（以上 p.25）。国は「登録・認証等の整備されている都道府県の割合を指標として成果目標を設けて」推進していくとしていて、この制度の推進主体としては都道府県を想定している。

第四に、「総合型クラブへの支援について、より効率的・効果的なものにしていくため、各支援主体の役割分担を明確化して再構築等を図る」とあり、その役割分担として「地域の課題解決に向けた支援」については行政、「自立的な運営の促進」については「体育協会などのスポーツ団体が中心となって担っていくことが必要」としている（以上 p.30）。また、スポーツ団体による支援については「登録・認証等の制度において登録・認証を受けたクラブにより構成される組織への移行」も想定されている（p.34）。

ここで特筆されるのは、「スポーツ振興くじ助成等による支援の在り方」（pp.34-35）である。実態調査結果でも、「以前 toto（スポーツ振興くじ）助成を受けたことがある」、「現在 toto 助成を受けている」を合わせて 51.2％、また4 年以上スポーツ振興くじ助成（以下、「くじ助成」）を受けている総合型クラブは 56.9％に達している。このデータからもわかるように、くじ助成は従来「個別の総合型クラブの創設や自立、クラブマネジャーの設置に対して財政的な支援」（p.34）を行ってきたが、大幅に方向転換することが明記されている。

具体的には、「総合型クラブの登録・認証等の制度や中間支援組織の整備状況等を踏まえつつ、中間支援組織に対する財政的支援や（略）、地域の課題解決に向けた取組を担える主体に育成する事業に対する財政的支援に重点」（p.34）を置くとしている。言い換えるならば、財源的な自立を果たし地域の課題解決にも取り組んでいる総合型クラブを登録・認証し、それを中間支援組織が掌握して、くじ助成を集中的に流すしくみと言えよう。

総合型クラブ施策の方向転換は第 2 期基本計画に、「クラブ数の量的拡大から質的充実により重点を移して施策を推進する」（スポーツ庁，2017c，p.14）として一層明確に書き込まれている。特に、登録・認証制度や中間支援組織の全都道府県への設置を目標とし、「総合型クラブによる地域課題解決に向けた取組を推進する事業を支援する」（スポーツ庁，2017c，p.14）としている。他方で、なぜ総合型クラブが全市区町村の 80.8％（16 年現在）にしか設立されなかったのか、また、今なお「総合型クラブの認知度は 31.4％」（15 年現在）にとどまるのか、さらに言えば、総合型クラブの取り組みにも関わらず、全国的な「クラブ加入率」[12) が 10％台に低迷し続ける原因など、振興基本計画等

で掲げられた目標に対する総括はない。

　実態調査結果における「クラブの現在の課題」のトップ 3（複数回答）は「会員の確保（増大）」（76.1％）、「財源の確保」（69.1％）、「指導者の確保（養成）」（65.3％）で、回答率で他の項目を引き離している。総合型クラブの現場では、この 3 項目が相互に影響しあって悪循環に陥っていることが想像できる。この状況の下で、「自立的な運営体制と適切な受益者負担」すなわち会費・参加費の値上げや、人手が足らないにも関わらず「地域課題解決に向けた取組」を行わなければ、登録・認証もしないし、くじ助成金も引き揚げるということでは、総合型クラブの未来は大いに暗いというべきであろう。何のために総合型クラブを推進したのか、地域スポーツ振興の原点に立ち返って総括すべきであると考える。

3-2. 大学スポーツへの着目―ポスト 2020 の布石としての「日本版 NCAA」
3-2-1. 未来中間報告から第 2 期基本計画へ―大学スポーツ振興策の骨組み

　1. で述べたように、未来中間報告で「新ビジネス創出」の一分野、そして「スポーツ人材の育成」の場としてクローズアップされた大学スポーツであるが、改めてその基本的視点について確認しておきたい。

　未来中間報告では、日本のスポーツ界がスポーツを未だ教育の一環として扱っていて、産業化への抵抗感を持っていると述べ、その認識を前提に「スポーツ市場拡大に向けた方向性」の一つとして、大学等のスポーツを以下のように位置づける。

　　高校野球、箱根駅伝や六大学野球等の我が国のアマチュアスポーツは、視聴率や観戦者数等の観点からは既に人気コンテンツとも言えるため、ビジネスの手法を活用することにより収益を拡大させ、スポーツ環境の充実につなげることが重要である。

　　特に大学スポーツは、米国では 4 大プロスポーツ（NFL、MLB、NBA、NHL）に対して 3 割程度の市場があることから、我が国においても大学スポーツを産業の力で活性化させることを通じて、プロスポーツ市場の 3 割程度の大学スポーツ市場を創出できる可能性がある。（スポーツ庁・経産省，2016，p.10）

　さらに第 2 期基本計画では、「(2) スポーツ環境の基盤となる『人材』と『場』の充実」の一分野として「④大学スポーツの振興」が位置づけられている。そ

こでは「具体的施策」が 4 点にわたり述べられている。

　まず、第一に大学スポーツの政策的重要性について「広く大学関係者全体の理解を促進することにより、大学スポーツ振興の機運を醸成する」（スポーツ庁, 2017c, p.16）としている。

　第二に、「国は，大学におけるスポーツ分野を戦略的かつ一体的に管理・統括する部局の設置や人材の配置を支援する」（スポーツ庁, 2017c, p.16）として、「大学アドミニストレーター」を 100 大学に置くことを目標とする。

　第三に、大学側の取り組みを推進させるために、「学生アスリートのキャリア形成支援・学修支援」や「スポーツボランティアの育成」、「資金調達力の向上」などの先進事例を支援する。

　第四に、「大学横断的かつ競技横断的統括組織（日本版 NCAA）の創設を支援する」としている。

3-2-2. 「大学スポーツの振興に関する検討会議最終とりまとめ〜大学のスポーツの価値の向上に向けて〜」（文部科学省 2017 年 3 月）について
（以下、本節の引用ページは特記しない限り、文部科学省 2017 による）

　未来開拓会議は具体的な取り組みの一つに、「大学スポーツの振興に関する検討会議の開催」を位置づけた（以下、「大学スポーツの振興に関する検討会議」を「検討会議」、「大学スポーツの振興に関する検討会議最終とりまとめ」を「最終とりまとめ」と略記）。検討会議は 2016 年 4 月以降 5 回にわたって開催され、最終とりまとめを第 2 期基本計画とほぼ同時に発表した。

　したがって、第 2 期基本計画の大学スポーツ施策は最終とりまとめのエッセンスを示しているといえるが、最終とりまとめでは教育機関におけるスポーツの実情に合わせて、未来中間報告ほど露骨に収益を追求する方向性を打ち出していない。むしろ、大学でのスポーツ活動には「教育課程」、「学問体系」、「課外活動」といった側面があり、それぞれに重要な意義があることが強調されている。

　最終とりまとめを俯瞰すると大きく二つの側面に分けることができる。その一つは未来中間報告からの流れを汲む「日本版 NCAA を含む収益の上がる大学スポーツの振興」であり、もう一つは広い意味での「スポーツ人材の育成・供給」と言えるだろう。そして、前者がもたらすリスクに歯止めをかけるための後者という関係性も見えてくる。以下、この二つの側面から最終とりまとめの内容を整理したい。

a. 収益の上がる大学スポーツの振興

　先述のように、最終とりまとめでは収益追求の方向性は抑制的に取り扱われている。しかし、第 1 回の検討会議から、㈱電通による「スポーツ産学連携＝日本版 NCAA ～スポーツマーケティングの立場から見た大学スポーツの重要性」が報告され、その内容は最終とりまとめに至るまで、検討会議の議論の基調をつくってきたと言える。

　最終とりまとめでは、概ね以下の論理で「大学横断的かつ競技横断的統括組織」＝日本版 NCAA の性格および必要性が論じられている。

　　スポーツを通じた社会発展のため、大学スポーツの振興を図る必要があるが、大学の運動部活動については部活動が課外活動であることから教育研究と比較して大学からの支援が必ずしも手厚いとは言えず、我が国において大学の持つスポーツ資源の潜在力が十分に発揮されているとは言い難い（p.3）

　　運動部活動の現状は、各大学で学内の体育会組織への関与の在り方が異なる上に（略）、各学生連盟が競技種目別に設立されており、運動部活動全体での一体性を有していない。一方、大学スポーツ先進国のアメリカでは、NCAA（全米大学体育協会：National Collegiate Athletic Association）という大学横断的かつ競技横断的統括組織が存在し、大学スポーツ全体の発展を支えている。(p.3)

　　各競技（団体）や各大学が抱える課題のうち、大学・学連単独では実現できない、又は共同で取り組む方が効果的・効率的であるものについて検討を行い、その実現を目指す（p.19）

　以上の論述を見るとき、社会発展の観点からの大学スポーツの振興やさらなる部活動への支援の必要性は理解できるが、なぜ種目別学連組織ではだめで「大学横断的かつ競技横断的統括組織」なのか、いまひとつ明確ではない。結局、第 1 回検討会議から提示されている大学スポーツビジネスモデルの NCAA がはじめにありきの発想になっている。ちなみに未来中間報告では、「健全な<u>大学スポーツビジネスの確立</u>等を目指す大学横断かつ競技横断的統括組織（日本版 NCAA）」（スポーツ庁・経産省，2016，p.25 下線は筆者）と性格付けされている。

日本版 NCAA は何をするのか。最終とりまとめでは「①学生アスリートの育成」、「②学生スポーツ環境の充実」、「③地域・社会・企業との連携」の３点に分けて具体的な内容が書き込まれているが、その多くはどうしても「大学横断的かつ競技横断的統括組織」でなければ出来ないとは言えないもので、むしろ従来、学連組織や個別大学で行われてきたものも多い[13]。スポーツビジネスに関わるものは②や③の中に含まれており、「企業・団体との契約に関するルールの設定」や「大学スポーツ全体のブランディング」、「大学スポーツ市場創出に係る企業との調整」、「放映権、肖像権等の管理と調整」、「登録者、観戦者等の情報のデータベース化と適正な利活用」など（以上 p.20）、大学スポーツの外部から新たなノウハウを持ち込まねばならない項目が多く、この点ではNCAA 化するメリットがあると言える。

　結局、最終とりまとめとしては、「大学横断的かつ競技横断的統括組織」の必要性を強調するとはいえ、日本とアメリカの大学スポーツの歴史的経過の違いや、各大学や従来の学連の活動を尊重せざるをえず、性急な導入や統合を回避する内容となっている。

b. スポーツ人材の育成・供給

　未来中間報告ではスポーツ市場拡大の期待をかけられた大学スポーツであるが、最終とりまとめでは大学が教育研究機関であることを鑑み、大学スポーツも「教育課程」、「学問体系」、「課外活動」の重要な効用があると言わざるを得ず、未来中間報告でもむしろ人材の育成・供給には教育研究面での期待をかけている。

　最終とりまとめでの大学のスポーツ人材政策には、育成と供給の二つの側面がある。まず人材育成に関しては、未来中間報告が既存のスポーツ組織や人材に厳しい視線を注ぎ、大学等での実践的スポーツマネジメント教育の必要性を指摘していたが、最終とりまとめでは、課題の２番目に「スポーツマネジメント人材育成・部局の設置」があげられており、その位置づけの高さが伺える。

　その内容として、アメリカの大学のように学生アスリートの管理やスポーツを通じた大学ブランド化などを一体的に扱う部局をつくる必要があり、まずは「大学スポーツ・アドミニストレーター」を 100 大学を目標に配置するとしている。そこで求められる能力とは以下のようなものである。

　教育、研究、課外活動及び社会貢献を含め学内のスポーツ活動に一定の知識・

経験を有しつつ、大学スポーツの事業開拓とブランド力の向上を推進する能力を有する者の配置が求められている（p.6）。

　未来中間報告と最終とりまとめを受けて、「スポーツ経営人材プラットフォーム協議会」が 2016 年度に開催されている。そこでは「人材育成講座におけるカリキュラム構築の方向性」、「スポーツ MBA 等修了資格付与（専門職大学院の設置等）の可能性」を検討するとしているが第 2 回を最後に開催されず、人材育成の具体的な方向性は打ち出されていない。

　また人材供給の側面では、「小学校・中学校・高等学校への学生派遣」、「スポーツボランティアの育成」、「大学のスポーツ資源を活用した地域貢献・地域活性化」（総合型クラブ等との連携）などがあげられており、これらは教育的効果を期待しつつも、総じて地域レベルでのスポーツ人材不足を学生派遣によって補充する意図が強いと言える。

　この項の最後に、「学生アスリートのデュアルキャリア支援」について触れておきたい。デュアルキャリアとは、競技力向上面でのキャリア育成と学業を含む社会的キャリア準備の両立を指す言葉であるが、学生アスリートでは前者に力点が置かれる一方、後者が放置される状況もあると指摘している。そこで、アメリカ・スタンフォード大学の例も出して、大学側の修学上の配慮を提言している。NCAA でも名門のスタンフォード大学では、スポーツ活動停止や退学処分も伴う成績基準を設けていて、NCAA 全体を見ても「ほとんどの学生選手は学業面も熱心である。単位の取りやすい科目に集中するといった安易な学生像は不正確である」（p.24）といったことが強調されている。

　デュアルキャリア支援が強調される理由として、検討会議設立以降、本家 NCAA の商業主義的かつ勝利至上主義的実態からくる教育上の懸念が様々に指摘されたことがあげられる（たとえば友添、清水編 2017 所収の諸論文）。この懸念は「健全な大学スポーツビジネスの確立」の核心に関わる問題であり、結局は川井圭司が NCAA での法的紛争を検討して、「学校スポーツをめぐる教学上（教育面）の成功とビジネス上（興行として）の成功は二律背反の関係にある」（川井，2017，p.92）と指摘した課題の克服という根本的問題に突き当たっていくと思われる。

c. 今、なぜ大学スポーツなのか？―ポスト 2020 へむけての布石？

　日本版 NCAA は早くも 2018 年 10 月に「一般社団法人大学スポーツ協会

（UNIVAS）」として発足が決定し、19年3月に正式発足することになった。最終とりまとめでは「大学スポーツ振興の意義」として、まず第1期基本計画で「地域スポーツと企業・大学等との連携が掲げられ」たとしているが、実際はわずかに触れられているに過ぎず、スポーツビジネスという文言は全く見当たらない。また、検討会議発足以降、大学スポーツ振興に関わって様々な文章が発表されているが（代表的なものとして有賀，2017；友添・清水編，2017；大学スポーツコンソーシアム関西編, 2018）、それらを見ても、今なぜ大学スポーツ（ビジネス）なのかという問いに十分に答えるものになっていない。

　たとえば、中村哲也は「なぜ、競技団体ではなく政府が大学スポーツのビジネス化を推し進めようとしているのであろうか」と問い、その答えとして文部科学省の直近の大学政策を参照して、「財政支出の削減と大学における教育・研究のための資金の確保を目指す政策の一環として打ち出されているのが日本版NCAA構想なのであり、最も重要なポイントは、大学が『教育を充実させるためにスポーツで稼ぐ』ことなのである」（中村，2017，p.63）と結論づけている。

　確かに、最終とりまとめでも以下の記載がある。

　　大学は、従来のように授業料や公費だけでは、各大学の機能を発揮し続けることは困難となっており、大学によっては、既に基金制度を設け、寄附金や協賛金を募って社会からも支援を得ながら運営している場合もある。(p.2)

　　大学の運動部活動が潜在的に持つ「観る」スポーツとしての価値を高め、そこで得た収益を、大学の教育、研究、施設、指導等に還元し、競技力の向上や競技スポーツ全体の価値はもとより、大学の名声を高める起爆剤となるような好循環を創造する。(p.19)

　そして、直近の大学政策（たとえば中央教育審議会「2040年に向けた高等教育のグランドデザイン（答申)」）でも、「高等教育機関の財源を安定的に確保していくためには（略）、事業収入等の民間からの投資も意欲的に確保し、財源を多様化することが重要である」（中央教育審議会，2018，p.47）と改めて強調されている。したがって、中村の指摘は基本的に首肯できるものだが、スポーツ政策における大学スポーツの位置づけに比して、大学政策ではスポーツに一言も触れられていない点も気になるところである。

　そこで、先述の㈱電通「スポーツ産学連携＝日本版 NCAA 〜スポーツマーケティングの立場から見た大学スポーツの重要性」を検討したい。この内容については報告者の花内誠（㈱電通スポーツ局部長）によって、いくつかの文章が書き起こされている（花内，2017，2018）。そこで花内は、「『日本版 NCAA』というワードは、提案したかった『スポーツ産学連携』を表すワードとしては適切でなかったかもしれない。しかしながら、人によって異なるイメージを膨らませて、結果として活発な議論を誘発させるには適切なワードであった」（花内，2017，p.67）などと述べている。

　その上で、世界の競技スポーツが高度化し「『スポーツする場』が大学の研究所や研究室」になってきていて、「NCAA 加盟大学からはリオデジャネイロ五輪に 1018 名以上が 107 か国の代表として 223 大学から出場し、94 人の金メダリスト、39 人の銀メダリスト、85 人の銅メダリストを輩出した」（花内，2017，p.67）と指摘する。この背景として、NCAA 加盟大学の豊かな資金力とスポーツ環境を指摘し、「日本のスポーツ界が世界と戦うために、どうしていくのか？高度なトレーニング拠点をどこに作るのか？それがこの議論の出発点である」（花内，2017，p.68）と述べている。さらに、「高い競技力（『する』）を持続可能的に維持するためには、同様に高い『みる』『ささえる』」（花内，2017，p.69）が必要であり、それが大学スポーツでは実現可能であるという実例が NCAA であると論じている。

　花内の報告は競技スポーツの維持発展の観点から、日本版 NCAA が提案されていると言える。これが当初から検討会議の基調を成していたのだから、スポーツ庁もこの観点を支持していたと言えよう。すなわち、東京オリ・パラ招致決定後、競技スポーツ関連政府予算は膨張し続けているが、2021 年度以降にそれが続くとは考えられず、むしろ縮小こそが現実的であり、企業スポーツの拡大もよほど経済情勢が好転しない限り困難であろう [14]。そのような見通しの下で期待をかけられるのは、既に一定のスポーツ資源の蓄積がある大学ぐらいでしかありえない。今日、企業がキャリア教育の名の下に、大学に人材育成を担わせているのと同じく、大学が自らのスポーツ資源を活用して稼ぎ、その資源と資金で自らアスリートを支え育てることを、競技スポーツ側も期待しているとみることができる。ポスト 2020 の日本の競技スポーツのあり方を考える意味で、メダル量産システムとしての NCAA は手本に値するのである。

3-3.「スポーツ施設のストック適正化」をめぐって

スポーツ基本法第 12 条では、「国及び地方公共団体は、国民が身近にスポーツに親しむことができるようにするとともに、競技水準の向上を図ることができるよう、スポーツ施設（スポーツの設備を含む。以下同じ。）の整備、利用者の需要に応じたスポーツ施設の運用の改善、スポーツ施設への指導者等の配置その他の必要な施策を講ずるよう努めなければならない」と定めている。

しかし、2012 年以降「スポーツ施設の整備」が進んでいるのかと言えば、たとえば 15 年の『しんぶん赤旗』連載記事「地域スポーツの危機」で以下の指摘がなされている（しんぶん赤旗，2015）。

文部科学省「体育・スポーツ施設現況調査」の 96 年と 08 年との結果を指摘すると、公共スポーツ施設の数が 11,796 か所も減少し、高度成長期に建てられ建て替え期を迎えた施設が自治体の財政難を理由に廃止されるケースが今も相次いでいる。また、公共スポーツ施設で民間委託や経費削減等が原因となった事故も相次いでいる。文部科学省「体力・スポーツに関する世論調査」（2013 年）によると「公共スポーツ施設についての要望」（複数回答）で「身近で利用できるよう、施設数の増加」が 34.2％で最も多かったが、実際に進められている政策は 14 年から総務省による公共施設「大削減計画」であり、それに基づきスポーツ施設も含め各自治体で具体化が進められている、といった内容である。

この公共施設の「大削減計画」とは、総務省が 14 年 4 月に各地方自治体に対して発出した「公共施設等総合管理計画の策定要請」のことであり、その前段階には安倍内閣による「経済財政運営と改革の基本方針〜脱デフレ・経済再生〜（骨太の方針 2013）」（2013 年 6 月）および「インフラ長寿命化基本計画」（2013 年 11 月）がある。

まず、骨太の方針 2013 では「21 世紀型の社会資本整備に向けて社会資本整備に当たっては、財政制約、人口構造等の変化、巨大災害・社会資本の老朽化への対応等の課題に直面しており、これまでとは違う新しい発想と仕組みで取り組む必要がある」と述べた上で、「『施設ありき』ではなく、真に必要なサービスは何かという観点から、選択と集中を徹底」や「新しく造ることから賢く使うこと」（以上、首相官邸，2013b，p.29）といった表現が使われている。

さらに、「インフラ長寿命化基本計画」の「予算管理」の項では以下の方針が示されている。

　既存インフラのみならず、今後新たに整備されるインフラも含め、総合的かつ計画的見地から維持すべきインフラの機能の適正化を図り、それらを賢く使うことで、維持管理・更新等に係るインフラ投資の効率化を図る。
　また、費用や効果に関する知見の蓄積を図るとともに、人口減少・少子高齢化の進展等の社会情勢の変化等に鑑み、必要に応じて受益と負担のあり方等についても再考し、必要な取組を推進することで、投資の持続可能性を確保する（首相官邸，2013a，p.12）。

　このような発想の下で「公共施設等総合管理計画の策定要請」が発出されたのであり、既に15年段階で公共スポーツ施設の廃止が進められていたのである。
　第2期基本計画では2-2-1.で参照した「スポーツ施設やオープンスペース等のスポーツに親しむ場の確保」のなかで「ストック適正化」に触れていたが、スポーツ庁はさらに18年3月に「スポーツ施設のストック適正化ガイドライン」（以下、「適正化ガイドライン」）を発表した。適正化ガイドラインでは、まずスポーツ施設の現状認識について、16年に行われた「体育・スポーツ施設現況調査」のデータを示し、公共スポーツ施設の減少について分析を行っている。そこではあえて1996年の結果との数的比較を避け、08年からの減少数が1,013にとどまっていて「公共スポーツ施設の減少が5％」などと指摘している。ちなみに96年と比較すると、減少数は12,809、減少数に占める割合では25.6％を占めている。また、公共スポーツ施設のうち社会体育施設の数は減少しておらず、主に減少したのは社会教育施設やその他文教施設に付随するスポーツ施設[15]であることを強調し、都市公園内の運動施設数は増加傾向にあると指摘するなど、スポーツ・運動施設が減少していない印象をつくり出すために腐心している。その上で、スポーツ庁としての「適切なスポーツ環境の整備とストック適正化の必要性」の認識を以下のように述べている。

　　地域には一定数のスポーツ施設があるにも関わらず，一般利用の予約ができない，大会の開催場所が確保できないなど，スポーツ施設が足りないとの声は大きい。新規整備に取り組む前に，既存施設が本当に最大限活用できているか，十分な質のサービスを提供できているかなどを検証し，既存施設の運用改善を図るとともに，利用者の仲間づくりの促進，学校開放等を継続的に図ることが必要であり，安全なスポーツ環境を持続的に提供するために，地方公共団体ご

とに，どのような施設がどの程度必要になるのか，将来の人口動態やスポーツの実施状況，スポーツ施設の利用状況等を踏まえた計画を策定する必要がある（スポーツ庁，2018a，p.7）。

　ここで重要な点はまず「スポーツ施設が足りないとの声は大きい」との認識を示したことである。しかし、あたかもスポーツ施設が減少していないような現状認識や、前提である政府全体のインフラ長寿命化等の方針があるために、基本的に「新規整備に取り組む前に ...」、あるいは「ストック適正化」という表現にならざるを得ないとみることができる。
　その他、適正化ガイドラインでは、様々なテクニカルな適正化手法が示されているが、基本的には「インフラ長寿命化基本計画」の枠組みを社会体育施設に適用するかたちで策定されている [16]。その基調はあくまでも既存施設の徹底活用であり、さらなるコスト削減のための「民間ノウハウの活用」である。施設の安全面で「指定管理者制度の採用や業務委託を行っていたとしても，施設の所有者である地方公共団体が施設の安全確保に努めなければならない」（スポーツ庁，2018a，p.8）とは言うものの、「スポーツ施設については，既に民間事業者によるビジネスが成立していることも踏まえ，民間ノウハウを更に活用できるよう施設運用等における自由度を認めることにより，利用者に対するサービスの向上と財政負担の軽減を図ることが可能である」（スポーツ庁，2018a，p.12）と述べている。
　ある程度積極的と言える施策としては、学校体育施設の開放に関する手引きの策定を行うことや、「地方公共団体が保有するスポーツ施設全体の総合的な考え方や方針」の策定に際して、「地域における人口構成を踏まえて地域ごとに求められるスポーツのニーズを検証し、必要な施設を設定する方法等が考えられる」（スポーツ庁，2018a，p.32）ことがあげられる。しかし、たとえ必要な施設であっても「新規整備」は適正化ガイドラインに、あらゆる代替施設の検討の後に位置づけられている。しかも、PPP/PFI の導入を前提として「新規整備や改築の際には，施設の設計段階において，民間事業者へのヒアリング等により，どういったプログラムを提供するのか，そのために使いやすい施設とはどのような設計とすべきなのか，十分に検討しておく必要がある」（スポーツ庁，2018a，p.12）としている。

3-4. 小括

　以上、三つの分野の政策的共通性に留意してまとめると、総合型クラブでは「量的拡大」から「質的充実」への名目で、「自立的な運営体制と適切な受益者負担」や「地域課題解決に向けた取組」（ボランティア的な動員）を登録・認証やくじ助成金交付の条件にすることによって誘導し、地域スポーツそのものの振興という目的から撤退しつつある。大学スポーツでは、NCAA を成功モデルとして、教育機関の課外活動であるスポーツにビジネスの手法を持ち込むために日本版 NCAA を設立し、そこで得た利益を大学経営や競技スポーツに還流させようとしている。そして、ストック適正化計画ではスポーツ施設の不足を否定し、必要な施設であっても「新規整備」を極力回避し、全体的に「民間ノウハウの活用」によって財政負担の削減に努めるとしている。

　総じて、共通する傾向はスポーツに必要な財政コストの削減と、スポーツ界が自ら稼ぐビジネス的発想である。そして、国はあくまでも指針や基準を策定し、その実行を評価するに過ぎない。実行主体は個別の総合型クラブ、大学、地方自治体である。実行のための費用を誰がいかに確保するのかも明確でなく、基準に合わせることができない実行主体がどうなるのかについては、文書ではあえて触れられていないのである。

4. 「スポーツビジョン 21」からの四半世紀 　　―スポーツ政策に通底する課題意識

　通商産業省（当時）は 1990 年に「スポーツビジョン 21―スポーツ産業研究会報告書」（以下、「ビジョン 21」）を発表した。ビジョン 21 は未来中間報告でも日本に「スポーツ産業」の概念を定着させたルーツとして取り上げられており、ビジョン 21 が作成された歴史的社会的背景、その後四半世紀の政策的経過を概括することによって、未来中間報告および第 2 期基本計画に至るスポーツ政策の到達点と基本的性格を見ていきたい。（72 年以降の主要スポーツ政策と関連する政治経済事項については表 5 を参照）

4-1. ビジョン 21 に至るまで

　日本のスポーツ政策に一大画期をなした 1972 年の保健体育審議会答申（以下、保健体育審議会答申を「保体審答申」と略記）は初めて「日常生活圏域における体育・スポーツ施設の整備基準」（保体審, 1972, p.39）を策定し、「体育・

表5 72年保体審答申以降の主要スポーツ政策（第2次スポーツ基本計画まで）、および主要政治経済関連事項

年	主要スポーツ・余暇政策	政治経済関連事項
1972	72年保体審答申 経済企画庁余暇開発室設置	
73		オイルショック
79		第2次オイルショック
81		第2次臨時行政調査会（「第二臨調」）
86		国際協調のための経済構造調整研究会報告書（「前川リポート」）
87	リゾート法制定	経済審議会建議「構造調整の指針」年労働時間1,800時間目標
89	スポーツ産業研究会設置（10月） 89年保体審答申（11月）	史上最高株価3万8915円を記録（12月29日）
90	「スポーツビジョン21」（9月） スポーツ振興基金設置（12月）	
91		バブル崩壊の始まり（3月）
92	日体協・IOC、スポーツ議連へ「スポーツくじ」創設の要望書提出	
98	スポーツ振興投票法成立	
2000	スポーツ振興基本計画（9月） スポーツ振興投票発売開始（10月）	
02		長期景気拡大（「いざなみ景気」）の開始（1月〜08年2月）
07	「遠藤リポート」	
08	自民党「『スポーツ立国』ニッポンを目指して―国家戦略としてのスポーツ」（6月）	「リーマンショック」（9月）
09		民主党政権（9月〜12年12月）
10	スポーツ立国戦略―スポーツコミュニティ・ニッポン	
11	スポーツ基本法	
12	第1期スポーツ基本計画（3月）	
13	2020東京オリ・パラ招致決定	
15	政投銀レポート「2020年を契機とした国内スポーツ産業の発展可能性および企業によるスポーツ支援」（5月） スポーツ庁設置（10月）	
16	スポーツ未来開拓会議設置（2月） 同中間報告（6月）	日本再興戦略2016（6月　スポーツ市場15兆円目標）
17	第2期スポーツ基本計画	

筆者作成。表記は通称を使用。

スポーツ施設整備に必要な資金」は「基本的には国、地方公共団体の行政課題として進められなければならない」（保体審，1972，p53）と述べた。また、国民の自発的・自主的なスポーツ活動については「必要な施設・設備の充実、スポーツ教室の開設、指導者の養成確保などの経費については、国や地方公共団体は積極的に公費投入すべきである」（保体審，1972，p.54）とも述べている。その影響もあり、1971 年に 7,146 か所であった社会体育施設が、89 年保体審答申前の 87 年までに 32,011 か所に大幅増加している（スポーツ庁「体育・スポーツ施設現況調査」）。

　しかし、実に 17 年後に策定された 89 年保体審答申「21 世紀に向けたスポーツの振興方策に向けて」では、72 年保体審答申の施設整備基準を「市区町村の人口規模別といった画一的なものではなく」として退け、「地方公共団体が実情に即して計画的な整備を行う」として、地域スポーツ施設の整備責任を国から地方自治体に転嫁した。財源については、地方自治体が「財政事情を考慮しつつ、所要の財源の確保に努める」と努力目標に後退し、「スポーツ施設の効果的な管理運営」では「業務の委託、適切な受益者負担の設定」を提案し、「企業とスポーツ」の項では「今後、我が国スポーツの一層の振興を図るためには、経済界の支援が不可欠である」ので、「今後、スポーツ団体において経済界との適切な連携を強化する方策を検討することが望まれる」としている（以上、保体審，1989[17]）

　この経済界との連携について、89 年保体審答申ではビジョン 21 を策定した「スポーツ産業研究会」の動向に触れていない。ただ、ビジョン 21 と唯一の共通政策が「スポーツ振興基金」の設置の提唱である。振興基金は 90 年に設立されたが、後述のようにバブル崩壊によって十分な効果を発揮することができず、「スポーツくじ」導入の議論へとつながっていく。

4-2.「スポーツビジョン 21」

（以下、本節カッコ内の引用ページは特記しない限り、通商産業省 1990 による）

　通商産業省（以下、「通産省」）は 1989 年 10 月、「スポーツ産業研究会」（座長：中村金夫　日本興業銀行会長）を設置し、ほぼ 1 年間かけて検討を行い作成された文書が「スポーツビジョン 21」である。

　89 年保体審答申がスポーツへの財政支援の姿勢を後退させたのと合わせるかのように、ビジョン 21 は「スポーツ産業」の概念を提唱して、スポーツを産業として展開する意義を以下のように述べた。

スポーツ産業は「スポーツ需要」を的確にとらえ、国民のスポーツの文化的享受の実現のために、このような「モノ」「場」「サービス」を提供する産業として、公共サービスのみでは量的にも質的にも対応が困難となってきている国民の多種多様なニーズに的確にこたえ、かつ、常に新たな「モノ」「場」「サービス」を提供することによって、国民生活の豊かさ・質の向上に寄与し、生活大国へ向けての重要な役割を果たすものである。(p.31)

　時代はバブル景気の真っただ中にあって、消費社会化が進展し「モノの豊かさから心の豊かさへ」といった言葉が声高に言われるなかで、多様化する国民のスポーツニーズに公共サービスだけでは応えられないというのが、スポーツ産業を提唱する理由であった。

　それゆえ、あくまで「文化の担い手としてのスポーツ産業」であり、「現代社会において健康で文化的な生活の理想を求めるために、スポーツは必要不可欠な機能と意義を持っており、その振興は基本的に社会の共通の関心事となっている」(p.47)と述べたうえで、「スポーツ産業は、スポーツの豊かな発展を支援することによって、国民生活の充実と発展に寄与しなければならないという社会的使命を有している」(p.47)と、その「公益性」も強調している。

　あらためて、ビジョン21のコンセプトを特徴的内容に絞って触れておきたい。ビジョン21は大きく「Ⅰ.スポーツ産業の理念と役割」、「Ⅱ.スポーツ産業の現状と課題」、「Ⅲ.スポーツ産業振興の基本指針」の章立てに分かれている。

4-2-1.「Ⅰ.スポーツ産業の理念と役割」

　Ⅰ章では、「1.ゆとりと豊かさの時代におけるスポーツの重要性」と「2.文化の担い手としてのスポーツ産業」でビジョン21の基調について述べている。ビジョン21のスポーツ認識を引用しておく。

　スポーツの肉体的性格を強調し体力の向上と訓練の機能を重視した時代から、スポーツの社会的性格を強調し競争と教育の機能を重視した時代を経て、ようやく現在スポーツの文化的性格を強調し身体活動の楽しみの追求による人間性の向上と発展が重視される時代に入っていると言うことができる。(p.29)

　また、スポーツ産業の主要業域として「スポーツ用品製造業」、「スポーツ用

品流通業」、「スポーツサービス業」をあげ、残余のスポーツスペース業などを「その他のスポーツ産業」として分類した上で、「スポーツ産業は、産業・生活・文化の三者を高次元で融合したものとして、21世紀産業のモデルとなるべきことが期待されている」（p.47）と、その重要性を強調している。

4-2-2.「Ⅱ．スポーツ産業の現状と課題」

　Ⅱ章の注目される点は「1. スポーツ産業の規模と将来見通し」で、（財）余暇開発センターが調査した「スポーツ市場規模」は1980年に2兆円に過ぎなかったが、89年には4.3兆円に成長すると指摘したうえで、10年後の2000年には15兆円近くに達すると予測したことである（p50）[18]。

　その前提に立って、「2. スポーツ施設の現状と課題」では西ドイツのゴールデンプランの例も示し日本の施設の不十分さを指摘しつつも、施設は「量的には整備されつつある」（p.73）として「今後の我が国においては、単に数量的な施設不足を埋める形でのスポーツ環境整備ではなく、日常圏、週末圏、休暇圏といった各レベルの完成度を高める必要がある」（p.59）と、この点では89年保体審答申と歩調を合わせる表現となっている。

　また、「スポーツによる地域活性化」として、「大規模スポーツ施設」および「中規模スポーツ施設」[19]を建設した場合の「地域への経済波及効果」も試算されている。これらの施設建設は具体的にⅢ章で「全天候型多目的大型施設」、「スポーツコンプレックス」の整備として提言されている。

　続いて「3. スポーツマネジメントの現状と課題」では、まだ「プロフェッショナルな考え方として定着していない」（p.124）スポーツマネジメントの概念について、「スポーツの可能性を最大限に発揮するための関連資源の合理的活用に係わる営み」と定義し、さらに「産業として営まれるスポーツに係るもの」を「スポーツ産業のマネジメント」、「スポーツを商品化して消費者に供給する事業の営み」を「スポーツサービスマネジメント」として整理している（以上p.125）。

　しかし、「4. 人材育成の現状と課題」では「スポーツサービス経営スタッフの育成」について、「経営サイドのマネジメント部門では、他業種に比較して人材が少なく、かつ新規卒業者の採用も困難」で「マネジメント部門に係わる人材の不足が憂慮されている」（以上p.151）と指摘されている。この点が後述の「5. スポーツ産業と大学の連携の現状と課題」の内容にも反映している。「4. 人材育成の現状と課題」でも、冒頭「スポーツサービス産業の発展の条件

は質の高いインストラクターがいかにして多く供給されるかという点にある」
（p.141）と指摘した上で、「大学における教育は、あくまで理論的・学術的な教育・
研究が主体であって、企業側の要望にこたえ切れない面も多く、依然としてイ
ンストラクター教育の中心は、企業内教育になっている」（p.142）と大学教育
への不満が述べられている。

「5. スポーツ産業と大学の連携の現状と課題」では、まずスポーツ産業の立場
からの大学への期待が以下のように述べられている。

> スポーツ産業側から見ると、大学は三つの意味をもっている。第一に人材養
> 成・供給機関であるということ、第二に施設・機器・用具の技術研究機関であ
> るということ、第三にスポーツの理念やサービスプログラム、施設の運営手法
> 等の経営システムの研究機関であるということである。これらの要請・研究に
> ついては、産業側の努力だけでは限界があることから、産業と大学の連携が要
> 請されている。（p.162）

以下この三つの観点に基づいて、「伝統的に教員養成、学校教育のための教
育と研究」（p.167）を行う大学の問題点が指摘され、スポーツ産業の動きに呼
応して、いくつかの大学で「生涯スポーツ専攻」、「スポーツマネジメントコー
ス」といったカリキュラム改編の動きが始まっていることが紹介されている。

4-2-3.「Ⅲ. スポーツ産業振興の基本指針」

Ⅲ章では、Ⅱ章で指摘された現状と課題に即して、14項目にわたって具体
的な方向性が示されている。多岐にわたるため、今日的視点から見て注目すべ
き点のみ紹介していきたい。

まず「1. スポーツ享受のための基礎的条件の整備」で、今日のスポーツ政策
ではほぼ言及されない「スポーツ実施時間の確保」について、「スポーツの実
施に当たっては、所得よりもむしろ時間が制約要因となっており、スポーツ実
施時間確保の問題は極めて重要である」（p.176）と指摘している。具体的には、
サマータイム導入や就業時間のフレックスタイム化の促進、さらには長期休暇
（サバティカル）制度の導入など踏み込んだ提言もなされている。

そして「2. スポーツ産業の基盤整備」では、「（1）収益構造の重層化」とい
うかたちで基本的な考え方が示されている。「必ずしもスポーツ単独では採算
を図りにくい場合についても、他の事業と併せて総合的に採算を図ることによ

り、身近な生活圏へのスポーツ施設の展開を図る必要がある」(p.178) と述べた上で、この考え方は「4. 高地価下におけるスポーツ施設整備の在り方」で典型的に展開されている。

　すなわち「高地価下の我が国において、スポーツ施設の採算性を図るためには、施設の高稼働率を維持することが不可欠であり」(p.184)、「見るためのスポーツ施設」としての「全天候型多目的大型施設」、「するためのスポーツ施設」としての「スポーツコンプレックス」の双方を整備すべきとしている。共通する特徴としては、ホテルやショッピングセンター、アミューズメント施設、フィットネス、クリニックといった施設との複合化を目指すことがあげられる。

　また、注目すべきは「(3) 民活による施設設備の推進」として、「今後、スポーツ施設の所有・経営・運営を分離してとらえていく必要があり、公有地を民間事業者に賃貸し、民間事業者はそこに建設する複合施設内に公共スポーツ施設を設置・運営するが、所有権自体は自治体に譲渡する等」(p.195) といった、今日の PPP/PFI につながる問題意識が示され、「5. 多様な場と機会の提供」では「民間への運営委託が必要」として、「K 市」のスポーツ関連施設の運営を民間業者に委託している例をあげて、以下のようにメリットを指摘している

- 顧客サービス等のノウハウの蓄積は民間の方が進んでいる。
- ライフスタイルの多様化に伴う施設利用時間の拡大（年中無休、時間延長等）等に柔軟な対応がしやすい。
- トレーナー等専門家を始めとする人材確保は、民間の方が複数クラブを運営している場合が多く、欠員補充等に弾力的に対応しやすい（p.200）。

ほぼ、今日の指定管理者制度のメリットとして語られることと共通していると言える。

　そして、ビジョン 21 の締めくくりの文章として、「(5) スポーツ振興のための資金の充実」が置かれ、「スポーツ振興基金」や「スポーツくじ」導入の重要性が強調されているのが印象的である。

4-2-4. ビジョン 21 を前後する社会的背景と評価

　牧野暢雄は『余暇生活論』のなかで、1972 年に経済企画庁余暇開発室が設置されたように、70 年代前半に進展した余暇政策がオイルショックで失速し、80 年代後半に入ってから再び推進されたことを指摘している（牧野, 1994,

p.220)。その背景には「バブル景気」があり、ビジョン21発表直前の89年12月に史上最高の3万8915円という株価を記録した。同時期に「日米貿易摩擦」が生じ、それを受け86年に発表された「国際協調のための経済構造調整研究会報告書」（「前川リポート」）が決定的な影響を与えた。そこでは、当時の日本の莫大な貿易黒字がアメリカ等諸外国からの批判を浴びたために、個人消費の拡大を軸にした内需主導型の経済へと転換する必要があり、「労働時間の短縮により自由時間の増加を図るとともに」、「自由時間の増大と消費構造の多様化に伴うサービス産業の発展」（国際協調のための経済構造調整研究会, 1986）を図るとされていた。そして、87年の経済審議会の建議「構造調整の指針」では、2000年に向けて年間総実労働時間1,800時間程度を短縮目標として掲げたのである。同年には「総合保養地域整備法」（「リゾート法」）も施行された。

　スポーツ政策も、保体審答申は72年の次が89年策定、ビジョン21が90年策定で、余暇政策の盛衰と見事に軌を一にしている。72年と状況が異なるのは、81年に発足した第二次臨時行政調査会（「第二臨調」）の流れも受けて、税金の投入ではなくあくまで内需拡大としてのスポーツ・余暇政策をはかるという点である（以上、表5も参照）。

　ビジョン21の後年の評価について、『スポーツ白書2017』では「わが国のスポーツ産業振興について初めて見通しを立てた」とした上で、この政策によってスポーツ健康産業団体連合会や日本スポーツ産業学会が設立されたものの、「実際にはバブル経済が崩壊し、平成不況に陥り、企業スポーツの休・廃部が続き（略）、スポーツ産業は予測のような成長は成し遂げられなかった」（笹川スポーツ財団, 2017, p.71）と述べている。

　バブル景気の崩壊後、ビジョン21のようなスポーツ産業振興策は長期にわたって途絶えていた。しかし、それは突如今日アベノミクスの経済戦略として甦ったのであり、4-5.、4-6.でその復活の発想について触れることにする。

4-3. スポーツ財源確保への模索と「スポーツ振興基本計画」策定
4-3-1. スポーツ振興基金の「不振」からスポーツ振興投票導入へ

　ビジョン21に関しては前節の社会的背景もあったが、競技スポーツの側では、当時の五輪やアジア大会における日本のメダル争いの不調が政治的に大きな反響を呼び、それが1989年保体審答申につながっていった[20]。保体審答申、ビジョン21ともにスポーツ振興基金（以下、「振興基金」）には触れていたが、本格的に設置に向かう契機は90年4月に日体協が文部大臣に、選手強化に向

けた振興基金設置の陳情を行ったことから始まっている。

　それらの働きかけの結果、振興基金は 90 年 12 月に発足したが、バブル景気の崩壊は振興基金にも大きな影響を与えた。振興基金は当初、国庫出資金 250 億円と民間出捐金 100 億円の計 350 億円を (財) 日本体育・学校健康センター（現 JSC）に出資し、国債・銀行預金等の運用益から助成金を支出する予定であったが、民間出捐金が 40 億円に留まり、さらに低金利化で充分な運用益が確保できない状態が続くことになった。

　そこでさらなる財源を求めて、92 年に日体協と IOC は超党派の国会議員で構成されるスポーツ議員連盟に対し、「スポーツくじ」制度創設の要望書を提出している。その後、国会等においてスポーツのギャンブル化への危惧や青少年への悪影響の懸念などが長期にわたって議論された。97 年にスポーツ議員連盟が議員立法として提出し、98 年第 142 回国会で「スポーツ振興投票の実施等に関する法案」（以下、「振興投票法案」）が可決され、2000 年 10 月に第 1 回の「スポーツ振興投票」（以下、「振興くじ」）の発売が行われた。

　注目されるのは、振興投票法案の可決の際、付帯決議として「スポーツ振興基本計画」（以下、「振興基本計画」）の策定が明記されたことである。法案審議の際、スポーツ振興法が第 4 条で定める振興基本計画の長年にわたる未整備が指摘され、振興くじの収益の使途としてその整備が求められた。言い換えれば、振興投票法が成立し、スポーツ界が振興基金と併せようやく「独自」の財源を確保したことによって、振興基本計画を策定しうる展望が切り拓かれたと言えるだろう。振興基本計画はスポーツ振興法制定から 34 年後、振興くじ第 1 回発売の直前の 2000 年 9 月に初めて策定された。

4-3-2.「スポーツ振興基本計画」

（以下、本節カッコ内の引用部分は特記しない限り、保健体育審議会 2000 による [21]）

　振興基本計画は 2001 年から概ね 10 年間の政策目標を掲げ、5 年後に計画全体の見直しを行うべく策定された。

　主な柱は 3 点あるが、第一に「生涯スポーツ社会の実現に向けた、地域におけるスポーツ環境の整備充実方策」が掲げられ、振興投票法可決の付帯決議で「スポーツ振興投票の収益の配分に当たっては（略）、地域のスポーツクラブなど民間スポーツ団体の果たす役割の重要性に十分留意すること」と指摘された点に配慮している。ここでは、初めて「できるだけ早期に、成人の週 1 回以上

のスポーツ実施率が 50%」、および「2010 年（平成 22 年）までに、全国の各市区町村において少なくともひとつは総合型地域スポーツクラブを育成する」ことを数値的な政策目標として掲げた。

　総合型クラブは 95 年度の文部省「総合型地域スポーツクラブ育成モデル事業」から取り組まれてきたが、振興基本計画では、総合型クラブが「会員である住民の会費により自主的に維持、運営されるもの」であり、中長期的には「地方公共団体のスポーツ事業やスポーツ施設の管理運営を受託するなど、地域のスポーツの中核組織」の役割を果たすよう期待されている。また、「スポーツ施設の充実」の項でも、総合型クラブによる「スポーツ施設の管理運営に関する先進事例を調査し（略）、PFI 事業による民間活力を導入したスポーツ施設の建設、管理運営についての調査を行う」としている。

　第二に、振興くじ実施の主要目的と言える「我が国の国際競技力の総合的な向上方策」が掲げられている。ここでは、96 年のオリンピックアトランタ大会でのメダル獲得率が 1.7% まで低下していることを踏まえて、早期にメダル獲得率を 3.5% に引き上げることを目標としている。そのために、「ナショナルレベルの本格的なトレーニング拠点を早期に整備」とし、「スポーツ医科学の活用」として国立スポーツ科学センターへの期待が述べられていることも特徴的である。

　第三に、「生涯スポーツ及び競技スポーツと学校体育・スポーツとの連携を推進するための方策」では、特に「子どもたちの豊かなスポーツライフの実現に向けた学校と地域の連携の推進」を強調し、具体的には「運動部の活動を地域のスポーツ活動と連携して実施」、「運動部と地域スポーツクラブに同時に所属」の承認、「地域のスポーツ指導者を学校教育へ活用」などがあげられている。

　そして、「本計画に掲げる施策の推進に必要な財源の確保」では、直接的な予算措置を求めず、振興基金とともに振興投票法の成立が特記されていて、「特にスポーツ振興投票の収益については、その安定的な確保に努めることとする」と強調されている。

4-4.「スポーツ立国」をめぐる動き―ナショナリズム的傾向からプロモーション指向、そしてスポーツ産業へ

4-4-1. 2000 年代後半における自由民主党の「スポーツ立国」論

　振興基本計画は 2006 年に中間的見直しを行ったが、その動きとは別に 07 年、文部科学副大臣（当時）の遠藤利明による私的会議「スポーツ振興に関する懇

話会」が開催され、レポート「『スポーツ立国』ニッポン―国家戦略としてのトップスポーツ」(以下、「遠藤レポート」)が発表された。そこではスポーツが「いま、なぜ国家戦略なのか」について、冒頭に「国際社会における真の先進国「日本」の『国力』と『プレゼンス』を高めるために」と書き出され、「我が国は、現在、国力としてのスポーツ力、とりわけオリンピック競技大会におけるメダル獲得数などが構成要素となる国際社会対応力に乏しく、真の先進国が備えるべき国力のバランスがとれていない」(遠藤, 2007, p.1) と問題提起している。また、「国民の健全育成」にとっても「国際競技大会における日本人選手の戦いほど、日本人に強力な同胞意識をもたせるものはない」(遠藤, 2007, p.1) といった具合に、もっぱら競技スポーツ強化の観点からナショナリズム的な提言がなされている。

　ユニークな点としては、「財政基盤の確立」として「当面の目標として文化庁予算と同等の 1,000 億円」の投資、あるいは「我が国のスポーツ振興の施策・事業の執行に対する全責任」を持つ「日本スポーツコミッション(仮称)の設立」が提言されている (以上、遠藤, 2007, p.3)。前者の実現はともかく、後者は (独法) 日本スポーツ振興センターが今日「JAPAN SPORTS COUNCIL」と名乗り、スポーツ振興助成業務を背景にして大きな影響力を発揮してきている。

　遠藤レポートを受けて、自由民主党 (以下、「自民党」) は 08 年に「スポーツ立国調査会」(会長：麻生太郎、名誉顧問：森喜朗、事務局長：遠藤利明) を立ち上げて、報告書「『スポーツ立国』ニッポンを目指して―国家戦略としてのスポーツ」を発表する。ここでは「国家戦略としてのスポーツ」の意義について、以下のように具体的に説明している。

　　自国の選手が国際競技大会で優れた成績を上げるために世界のスポーツ先進国が国を挙げたトップスポーツの育成・強化を進める中、我が国では国際競技力向上に本当に力を入れてきたのだろうか。残念ながら、選手や指導者といった個人、また一競技団体・一企業の努力や創意工夫に依存し、共通の理念と戦略に基づいた国としての取組はなかった。熾烈な国際競争の時代になった今、その場しのぎで個人任せの取組では、強い国づくりに大きく貢献する国際競技大会での成果は到底獲得できない。このままでは、21 世紀における豊かで活力ある社会に不可欠なスポーツ振興は右肩下がりを続けることになってしまう。(自民党, 2008, p.1 下線は筆者)

遠藤レポートと比べても、よりナショナリズム的な色合いを強めた表現となっている。具体的な内容は「競技力の向上に国を挙げて取り組む」、「国際競技大会の招致に国として取り組む」、「地域のスポーツ環境の整備を支援する」の３点が掲げられているが、遠藤レポートや振興基本計画と比べて新味はない。しかし、「スポーツ予算の拡充」は「国策としてスポーツを振興する第一の条件」（自民党，2008，p.6）として、文化予算と同水準の1,000億円拡充の主張は維持していた。

4-4-2. 民主党政権下での方針転換と、第１期スポーツ基本計画
　しかし、2009年に自民党が総選挙で大敗し、上記の提言が政策化されることはなかった。その後の民主党政権下で策定された10年の「スポーツ立国戦略—スポーツコミュニティ・ニッポン」（以下、「立国戦略」）では、国のかかわり方について以下のスタンスが表明されている。

　　スポーツの振興は、スポーツ界の自主性が尊重されるべきであり、国は、スポーツ振興を支える民間のスポーツ団体・関係者等との健全なパートナーシップの下、連携・協働して我が国のスポーツ振興に取り組むことが肝要である。
　　このため、統括団体である日体協、JOCをはじめとするスポーツ団体のスポーツ振興に向けた主体的な取組を期待する（文部科学省，2010，p.19）。

　スポーツ振興の主体はスポーツ団体とする傾向は振興基本計画でもみられたが、それをさらに進めて「スポーツ界の自主性の尊重」の名の下で、後述の財源の考え方も含め、一歩退いた国の姿勢がうかがわれる。
　立国戦略は「5つの重点戦略」を掲げているが、「世界で競い合うトップアスリートの育成・強化」は2番目の位置づけとなり、第一の戦略として「ライフステージに応じたスポーツ機会の創造」が掲げられている。スポーツ立国の意味も「我が国の『新たなスポーツ文化』の確立」となり、「基本的な考え方」も「人（する人、観る人、支える(育てる)人)の重視」とスポーツ界全体の「連携・協働の推進」となり、全体的にプロモーション的色合いの強いものになっている。
　そして、「地域スポーツ環境の整備」にあたっては「これまでの無償の公共サービスから脱却し、地域住民が出し合う会費や寄附により自主的に運営するNPO型のコミュニティスポーツが主体となった『新しい公共』を形成する

ことを進める」（文部科学省，2010，p.5）とし、競技スポーツ強化に関しても、自民党政権下のスポーツ立国論のような明確な予算確保は掲げられず、「スポーツ振興財源の効率的な活用」として、まず「寄附文化の醸成を通じたスポーツ振興基金の原資拡充やスポーツ振興くじの売上げ向上」（文部科学省，2010，p.19）が言われるにすぎない。

　他方で、振興基本計画にはなかった「スポーツ界における透明性や公平・公正性の向上」が重点目標に登場した。そこでは、「スポーツ団体のガバナンスを強化し、団体の管理運営の透明性を高める」ために、「団体の組織運営体制の在り方についての指針となるガイドラインを策定」し、「ガイドラインに基づく体制整備の状況を国庫補助やスポーツ振興基金・スポーツ振興くじ助成の内容等に反映する」（文部科学省，2010，p.16）という、今日まで続く議論が提起されている。

　翌11年にはスポーツ基本法が制定され、日本のスポーツ史上初めて「スポーツを通じて幸福で豊かな生活を営むことは、全ての人々の権利」（前文）であることが謳われた。また、前文では国家戦略としてスポーツを位置づけ、スポーツ立国を目指すことも書き込まれた。その上で、第八条で「政府は，スポーツに関する施策を実施するため必要な法制上、財政上又は税制上の措置その他の措置を講じなければならない」と定め、第九条でスポーツ基本計画の策定を義務づけた。しかし、「第五章 国の補助等」は旧スポーツ振興法とほぼ同一のものとなり、立国戦略の財源への消極的姿勢が法律に反映されたかたちになった。

　再び自民党へ政権が戻った12年には第1期基本計画が策定されたが、基調は民主党政権時代の立国戦略の内容を引き継いでいると言える。冒頭で「スポーツを通じてすべての人々が幸福で豊かな生活を営むことができる社会の創出」を提唱し、活力ある地域社会や長寿社会、青少年の健全育成などと並んで「国民が自国に誇りを持ち、経済的に発展し、活力ある社会」、「平和と友好に貢献し、国際的に信頼され、尊敬される国」といった社会像が掲げられているが、いずれの項目も具体的な内容の説明はない（文部科学省，2012，p.3）。

　第一次基本計画のコンセプトとして、子どもを含めた生涯スポーツ政策が前半に打ち出され、競技スポーツ政策は後半に位置づけられている。「住民が主体的に参画する地域のスポーツ環境の整備」の項では、総合型クラブが依然「新しい公共」を担うコミュニティの核として位置づけられており、各市区町村に1つ以上の総合型クラブの育成方針を堅持している。「新しい公共」とは、財源的には会費や寄附等により自立的に運営するという意味である。そして、地

方公共団体も「民間の資金や経営手法等の導入による多様な手法を活用し、学校体育施設や公共スポーツ施設等の整備又は管理運営を工夫すること」（文部科学省，2012，p.31）が求められている。

　競技スポーツの分野でも、「ドーピング防止やスポーツ仲裁等の推進によるスポーツ界の透明性、公平・公正性の向上」の項で、スポーツ団体の組織運営ガイドラインを策定し、それに基づく整備状況を国庫補助や振興基金・振興くじ助成に反映する仕組みを検討するなど、やはり立国戦略の内容を色濃く引き継いでいると言える。

4-5. スポーツ産業への回帰―「スポーツビジョン 21」との類似性

　自民党が 2000 年代後半に 1,000 億円ものスポーツ財源目標を掲げた理由として、景況的には 02 年 1 月から 73 か月（08 年 2 月）にわたる長期の「景気拡大」（「いざなみ景気」）があったからと考えられる。逆に言えば、08 年 9 月の「リーマンショック」で景気が急速に冷え込み、09 年の税収がバブル景気初期の 86 年を下回るなどの状況を受けて、10 年に提案された立国戦略もスポーツ財源の拡大ではなく「効率的な活用」という表現にとどめ、「スポーツ界の自主性が尊重されるべき」との名の下で、スポーツ団体の「主体的な取組」が強調されるようになっていったと言える。

　第 1 次基本計画策定後の 13 年 9 月に 20 年東京オリ・パラの招致が決定し、これを契機に国内スポーツ産業発展の可能性を検討した政投銀文書が 15 年 5 月に発表され、16 年 6 月に「GDP600 兆円の実現」、「スポーツ市場 15 兆円」を掲げた再興戦略 16 が閣議決定された。この動きを受けて、スポーツ庁と経産省が未来開拓会議を立ち上げ、16 年 6 月に未来中間報告が発表され、17 年 4 月に第 2 期基本計画が決定された（表 5 参照）。

　1. で述べたように、再興戦略 16 でスポーツ産業が言及されることには唐突感が否めないが、ここでは未来中間報告とかつてのビジョン 21 のコンセプトが発想的に類似していることを指摘しておきたい。

　もちろん、バブル景気の最中に策定されたビジョン 21 と、好況感無きアベノミクス下の未来中間報告とが同じであるはずはない。たとえば、ビジョン 21 は 109 名の委員を擁して 23 回もの会合を開催したのに対して、未来開拓会議はオブザーバー含め 20 名で 6 回の会議に過ぎない。報告書のページ数はビジョン 21 が 360 頁に対して中間報告が 51 頁であり、強調しておきたいのは「学識経験者」がビジョン 21 では 29 名（重複あり）なのに対して、未来開拓会議

ではわずか 3 名であるという点である。

　しかし、スポーツ産業研究会では㈱日本興業銀行会長が座長となり、未来開拓会議では政投銀が主導権を握ったように、ともに金融界主導であると言えるし、スポーツの捉え方も従来のスポーツが教育的であると批判し、スポーツ欲求の多様化の下での産業化の可能性を指摘する点で共通していると言える。

　以下、共通点を列挙すると、第一に、スポーツ市場規模の試算に取り組んでいることがあげられる。ビジョン 21 では 1989 年から 2000 年の 11 年間で約 10 億円の成長、未来中間報告では 12 年から 25 年の 13 年間で 9.7 億円の成長を見込んでいて、偶然に見込額もほぼ一致している。

　第二に、ビジョン 21 ではスポーツ施設の整備をめぐって「全天候型多目的大型施設」や「スポーツコンプレックス」の全国展開を掲げていたが、特に前者の発想は政投銀の「スマートベニュー」および未来中間報告の「スタジアム・アリーナ改革」のコンセプトと酷似している。また、今日の PPP/PFI につながる考え方が「民活による施設整備の推進」として提起されていたのは先述の通りである。

　第三に、スポーツ人材の育成と大学への着目があげられる。特にビジョン 21、未来中間報告ともにマネジメント人材の不足を指摘し、その養成を大学に求めている。

　そして第四に、スポーツ参加人口の拡大について、ビジョン 21 では「多様な場と機会の確保」を行うとして、「既存施設の有効活用」と「民間スポーツクラブのノウハウの活用や民間への運営委託」が強調されている。それに対して、未来中間報告では「スポーツ実施率拡大を通じた産業活性化のためには、行政が保有、運営するスポーツ施設や学校施設の民間による活用など、これら多くの企業群と連携した施策展開が不可欠である」（スポーツ庁・経産省, 2016, p.47）と述べている。

4-6. 小括―スポーツ政策に通底する課題意識

　ビジョン 21 以来の四半世紀、さらには 72 年保体審答申からのスポーツ政策の流れを概観してきたが、そこに通底する課題意識とは、ありきたりだが「スポーツの財源をいかに安定的に確保するのか」という言葉に尽きる。国家財政に頼ることができずに、常に様々なかたちでの財源的自立を迫られてきたという意味で、スポーツ界はバブル崩壊以降、他分野の政策に比しても新自由主義的政策を先取りせざるを得なかったと言えよう。

表5に見られるように、高度成長下の72年保体審答申がオイルショック以降の臨調行革路線で失速し、ビジョン21のスポーツ産業振興もバブル崩壊で立ち消えになった。振興基金も力強い存在にはならず、ようやく振興くじが制度化されて振興基本計画を策定する口実になった。振興くじは発売当初売上が低迷したが、その後射幸性を高め収益が安定したことで、スポーツ界の国家財政への期待をある程度緩和する効果をもたらしたと言えるだろう[21]。そして、2000年代後半に自民党によって国家財政への期待がかけられた時期もあったが、これまたリーマンショックで霧消し、民主党政権下の立国宣言では振興くじの収益も含めスポーツ財源の効率的活用が強調されるようになっていった。特に、生涯スポーツでは「新しい公共」のもと、総合型クラブに代表される自力更生的な取り組みが推奨されるようになった。これらの基調はスポーツ基本法、第1期と第2期の基本計画にも引き継がれた。そして、中間報告や第2期基本計画のベースとなった政投銀文書は「オリ・パラ・トリクルダウン」[23]ともいうべき発想でかたちづくられている。

　それを裏付ける文書が18年3月に政投銀と同志社大学が発表したレポート「わが国スポーツ産業の経済規模推計～日本版スポーツサテライトアカウント」のなかに存在する。この文書はタイトルを見てもわかるように、先述の政投銀文書の続編と言える文書である。そこでは、スポーツ産業成長のシナリオを以下のように描いている。

　　スポーツ産業経済規模成長に向けての一つのシナリオとして以下のようになると考えられるのではないだろうか。
　①　国際ビッグスポーツイベントの招致・開催
　②　①をきっかけにスポーツ活動など国民のスポーツ分野への関心が上昇
　③　スポーツ産業成長に向けた政府の推進施策実施
　④　②の状況下で③を実施することにより、関心層を捉えた企業等からのスポーツ分野への新たな事業参入が行われるようになる（スポーツ関連産業の伸長）。
　⑤　国民や企業のスポーツ分野への関心が減退するようなことがあれば、国際スポーツイベントの誘致や政府によるさらなるスポーツ産業の成長推進施策を実施
　⑥　①～④（⑤）を繰り返していくことで、スポーツ産業（関連産業）の将来的な成長・自立に結び付く。関心層も増え、さらに新たなスポーツ分野の拡

がりも期待できる（一例としてeスポーツ）。（政投銀・同志社大学 2018：
p69）

　特に注目すべきは⑤で、③である程度政府からの財政的なテコ入れを図るとはいえ、国民のスポーツへの関心の減退があった場合には、国際的イベントの誘致を繰り返す主張になっている。国際的イベントを通じて財政投入し成長を図ろうとするパターンは今回の東京オリ・パラ招致決定→政投銀文書→未来中間報告→第 2 次基本計画の流れと同じである。

　しかし、このような発想では底辺的なスポーツ人口の拡大が図れない限り、いつまでも国際イベント頼みのスポーツ振興にならざるを得ない。世界的に見ればオリ・パラ開催立候補都市が減少し続けるなかで、また東京オリ・パラでも開催費用の膨張が批判を浴びているなかで、日本だけがこのようなパターンを繰り返せる可能性は極めて乏しいと言えるだろう。

　他方、自民党の「スポーツ立国」論で高揚を見たナショナリズム的論調はその後どのようになったのか。

　既に述べたように、立国戦略はスポーツ団体への自治介入的政策、すなわち団体のガバナンス強化のための運営ガイドラインを策定し、運営の整備状況を国庫補助や振興基金・振興くじ助成等に反映するプランをスポーツ政策として初めて提起した。そのプランは第一次および第二次の基本計画でも掲げられていたが進展はなかった。しかし、近年相次ぐスポーツ団体の不祥事に力を得て、18 年 12 月にスポーツ庁が「スポーツ・インテグリティの確保に向けたアクションプラン」を発表し、具体化に向け大きな一歩を踏み出した。

　その内容は、19 年春頃を目途にスポーツ団体が遵守すべき原則・規範を定めた「スポーツ団体ガバナンスコード」（以下、「ガバナンスコード」）を制定・公表し、各スポーツ団体はガバナンスコードを「自己説明─公表」する。（公財）日本スポーツ協会（以下、JSPO）、（公財）日本障がい者スポーツ協会（以下、JPSA）は 20 年より 4 年に 1 度ガバナンスコードへの「適合性審査」を行うとするものである。それらの実施状況をスポーツ庁長官が主宰し、JSPO、JOC、JPSA、JSC による「スポーツ政策推進に関する円卓会議」（以下、「円卓会議」）が審査する。そして、「スポーツ庁及び JSC は、競技力向上事業助成金の配分において、適合性審査の結果を適切に活用することとし」、その他の「公的支援での活用の在り方についても検討を行う」としている（以上、スポーツ庁,
2018[24]）。

ガバナンスコードがどのような内容なのかは 19 年 3 月現在明らかでないが、助成金等の配分に「適合性審査」が影響するのであれば、円卓会議を主宰するスポーツ庁長官や、特に振興くじ助成金等の配分を決める JSC の影響力は非常に大きくなる。これら一連の施策を推進したのは、スポーツ議員連盟のプロジェクトチームであり、その座長は遠藤利明である。自民党の「スポーツ立国」論はここに一定の実現を見たのであり、審査権限と助成金・補助金配分を握れば、国がスポーツ団体をどのように導くのかは、80 年モスクワ五輪ボイコットを想起するまでもなく、後からどうにでも出来るという見方も可能である。

むすびにかえて─現在進行形のスポーツ界「改革」

　本来ならば、「まとめ」としてこれまでの内容を要約すべきだが、本論を書いているあいだにもスポーツガバナンス施策の具体化、日本版 NCAA の発足決定など、次々と大きな動きが進んでいて、その動きがどこまで進むのか、行き着く先がどうなるのかについては全く予断を許さない状況である。政策の意図する通りの結果が得られるのか、あるいはオリ・パラ招致決定後のスポーツ実施率低下のような予期せぬ問題が生じるのか。そして、「スポーツ市場 15 兆円」は果たして達成されるのか。その消長はおそらく東京オリ・パラ開催の数年後に見えてくるだろう。

　しかし、「スポーツ市場 15 兆円計画」が打ち出されてから 3 年が経過し、発信源である安倍内閣の経済政策文書からは、特に重視する政策がはっきりと表れてきた。たとえば、「経済財政運営と改革の基本方針 2018」（以下、「骨太の方針 18」）では、「第 2 章　力強い経済成長の実現に向けた重点的な取組」のなかの「④スポーツ立国の実現」として、以下のようにまとめられている。

　　ポスト 2020 年を見据え、スポーツ市場を拡大し、その収益をスポーツ環境の改善に還元し、スポーツ参加人口の拡大につなげる好循環を生み出す。スタジアム・アリーナ改革等を通じたスポーツの成長産業化、日本版 NCAA 創設等の大学スポーツの振興、スポーツツーリズムをはじめとするスポーツを核とした地域活性化など、スポーツ全般にわたって民間資金の活用を推進する。また、総合的な障害者スポーツの振興、国際競技力の強化、スポーツ実施率の向上、スポーツを通じた健康増進や国際貢献を図るとともに、これらが相互に影響し合う好循環につなげる。さらに、スポーツ・インテグリティ確保のためスポー

ツ団体のガバナンス強化等を推進する。（首相官邸，2018，p.35 下線は筆者）

　要するに、いかに民間資金をスポーツに投資させるか、そこからスポーツ振興が起動するという発想（トリクルダウン的発想）が一層鮮明になってきたと言える。

　そして未来中間報告で、ひとつの節目とされる 2020 年が目前に迫ってきた。表4にあるように 20 年には、スポーツ市場が 12 年の 5.5 兆円の 2 倍の 10.9 兆円に拡大しているはずである。しかし『レジャー白書』の「余暇市場」の「スポーツ部門」を参照すると、12 年が 3.9 兆円なのに対して 17 年現在 4.8 兆円と、市場規模が 2 倍になるような勢いは全く感じられない（日本生産性本部，2018，p.69）。さらに「スポーツ参加人口の拡大は、スポーツ市場の拡大にもつながる」（スポーツ庁・経産省，2016，p.41）はずであるが、スポーツ参加率は 15 年から 16 年にかけて急速に悪化している[25]。

　また、スポーツ市場拡大の柱であったはずの「スタジアム・アリーナ改革」は骨太の方針 18 によると「2018 年 3 月までに新たに設計・建設段階に入った案件は数件程度」であり、政投銀も 18 年 5 月のレポートで「日本国内のスタジアム・アリーナの整備状況を見ると必ずしもスマートベニュー型の施設整備が進んでいるとは言い切れないのが現状である」（政投銀，2018，p.3）と停滞を認めている。進展が見られる政策は大学スポーツやスポーツガバナンス確立、総合型クラブのあり方の見直し、施設のストック適正化など、ただちに大きな市場拡大効果が得られる分野とは言えない。東京オリ・パラの開催効果を見込んでも、20 年の市場拡大目標に向けて黄信号が灯っている状態と言えるだろう。

　もし、本当に「スポーツ参加人口の拡大は、スポーツ市場の拡大にもつながる」（スポーツ庁・経産省，2016，p.41）という認識があるならば、スポーツ庁など政権側は「オリ・パラ・トリクルダウン」のような発想をやめて、「する」「みる」「かかわる」を問わず、底辺のスポーツ人口をいかに拡大するかという発想に転換すべきである。そして、その取り組みは国や政治主導のガバナンス（ガバメント？）ではなく、個々のスポーツ団体の民主的なガバナンスの確立と、その主体性すなわち創意工夫に任せることによってこそ、効果的に推進されるものであろう[26]。

【注】

1) 2002 年当時の GDSP 試算は早稲田大学スポーツビジネス研究所が笹川スポーツ財団「スポーツ白書 2006」で行ったものである。

2) ただし、スポーツ庁・経産省（2016, p.8）には「英国の産業統計との比較」があり、2012 年ロンドンオリンピックの影響により市場拡大効果があったことが触れられている。

3) 「PPP（Public Private Partnership）」とは、公共施設等の建設、維持管理、運営等を行政と民間が連携して行うことにより、民間の創意工夫等を活用し、財政資金の効率的使用や行政の効率化等を図るもの。
   PFI（Private Finance Initiative）とは、PFI 法に基づき、公共施設等の建設、維持管理、運営等を民間の資金、経営能力および技術的能力を活用して行う手法のこと（スポーツ庁、2017c, p.15）。

4) 内閣府・文部科学省「体力・スポーツに関する世論調査」（2013 年度）および内閣府「東京オリンピック・パラリンピックに関する世論調査」（2016 年度）による。なお、「週 3 回以上スポーツ実施率」も 24.4% から 19.6% へ低下している。

5) スポーツ庁、2017c を参照。第 2 章の「中長期的なスポーツ政策の基本方針」として、「スポーツの「楽しさ」「喜び」こそがスポーツの価値の中核である」（p.3）と述べている。その上で、「スポーツで「人生」が変わる！」、「スポーツで「社会」を変える！」、「スポーツで「世界」とつながる！」、「スポーツで「未来」を創る！」の 4 つのスローガンを打ち出し、「一億総スポーツ社会を実現する」（p.6）と述べて、第 2 章を締めくくっている。

6) スポーツを「する」「みる」「ささえる」全ての人口を指す。スポーツ庁、2017c, pp.4-5 を参照。

7) 「健康経営とは、従業員の健康保持・増進の取組が、将来的に収益性等を高める投資であるとの考えの下、健康管理を経営的視点から考え、戦略的に実践すること」（経産省、2018, p.13）。

8) 2018 年 4 月より（公財）日本スポーツ協会に改称。

9) 「モデル・コア・カリキュラムは、スポーツ指導者に求められる資質能力（思考・態度・行動・知識・技能）を確実に取得するために必要な内容を「教育目標ガイドライン（講義概要・目的やねらい・到達目標・時間数）」として国が策定したものである」（スポーツ庁、2017c, p.11 註 12 から引用）。

10) コンセッションとは、利用料金の徴収を行う公共施設について、所有権を公共が有したまま、民間事業者に当該施設の運営を委ねる方式」（スポーツ庁、2017c, p.15 註 16 から引用）。

11) スポーツ振興基本計画は文部科学省 HP からの閲覧となっているので、引用についてページを指定することはできない。以下を参照。http：//www.mext.go.jp/b_menu/shingi/old_chukyo/old_hoken_index/toushin/1314696.htm（最終確認日 2019 年 5 月 3 日）

12) 内閣府（旧総理府）「体力・スポーツに関する世論調査」（1972 〜 2009）、文部科学省「体力・スポーツに関する世論調査」（2013）によると、「スポーツクラブ加入率」は 1972 年の 7.4% からピークとなった 91 年の 17.7% を経て、2013 年の 16.2% まで概ね 15 〜 17% の範囲に収まっている。なお 13 年以降、この項目での調査は行われていない。

13) 日本版 NCAA の「期待される役割」を全て紹介することはできないが、従来学連組織や個別大学で行われてきたものをあげれば、「競技力向上のためのスポーツ活動の支援」、「競技団体やプロスポーツチーム等との調整」、「競技会の主催、共済、サポート（近隣住民との調整等）」、「表彰制度の創設」、「大学スポーツのスケジュール管理」、「競技会会場の調整」などがあげられる。
   また、「統一的な学業成績要件の設定」や「学修支援の充実（競技特性や競技水準を考慮）」などは、各大学の教学に与える影響もあり、画一的に行われると混乱をもたらす可能性がある。

14) たとえば、佐伯 2017 は経団連が 2013 年に行った企業スポーツの調査を参照して、今後の方向性について「現状維持」が圧倒的に多く、「多くの企業がスポーツ支援の現状に満足しているか、スポーツ支援の改善の可能性が見えないかのいずれかである。それはまた、企業によるスポーツ支援の効用についての企業の期待度が低いことの表れでもあろう」（佐伯、2017,

p.64）と指摘している。

15）「公共スポーツ施設は社会体育施設と公共社会教育施設等に付随するスポーツ施設の合計値」と述べているが、1996 年に公共スポーツ施設が 65,528、社会体育施設が 41,997 であるのに対して、2015 年には公共スポーツ施設が 52,719（12,809 減）、社会体育施設が 47,536（5,539 増）となっている。それゆえ指摘は当たらないわけではないが、社会体育施設が 5,539 も増えていながら、公共スポーツ施設全体ではその倍以上の減少となっている現状は看過すべきではないであろう。

16）適正化ガイドラインは首相官邸 2013a に基づき、「文部科学省が所管している公立社会教育施設のうち社会体育施設に関し、個別施設計画の策定のための指針・手引として策定するもの」（スポーツ庁、2018a, p.13）であり、首相官邸, 2016, p.38 の「上下水道，文教施設，都市公園，公営住宅について，集約化・複合化等を実効性をもって進めるための具体的なガイドライン」の一環として行われるものであるとされる。

17）保体審 1989 は文部科学省 HP からの閲覧となっているので、引用についてページを指定することはできない。以下を参照。http：//www.mext.go.jp/b_menu/shingi/old_chukyo/old_hoken_index/toushin/__icsFiles/afieldfile/2011/12/27/1314686_001.pdf（最終確認日 2019 年 5 月 3 日）

18）その前提条件として、「1989 年～ 2000 年の平均増加率」を「名目 GNP6.0%」、「年間労働時間 2000 年で 1800 時間」などの想定をあげている（通商産業省，1990，p.56）。実際には、1989 ～ 2000 年の平均経済成長率を名目 GDP で見ると約 1.9%となり、大幅な誤算となっている。また、年総実労働時間も 1989 年の 2088 時間に対して、2000 年に 1859 時間（厚生労働省「毎月勤労統計調査」）となっており、短縮されたとはいえ想定時間は達成されていない。

19）「大規模スポーツ施設」と「中規模スポーツ施設」のコンセプトは通商産業省，1990，p.99 の「図表Ⅱ -42」に示されており、大規模スポーツ施設は床面積 169,500㎡のスタジアム、ホテル、デパート、シネマコンプレックス、小ホール、フィットネスクラブ、駐車場を想定している。総建築費用は一棟 705 億円。

中規模スポーツ施設は床面積 15,000㎡の多機能ドーム、フィットネスクラブ、クリニック、コミュニティ施設を想定している。総建築費用は一棟 57 億円。

ちなみに、未来中間報告におけるスマートベニューの実例としてあげられている東京ドームシティは 1988 年竣工で建築費 350 億円、広島市民球場が 2009 年竣工で建設費が 50 億円と紹介されている（スポーツ庁・経産省，2016，pp.15-16）

20）関 1997、田中 2007、加藤 2009 を参照。とりわけ 1986 年ソウル・アジア大会において、金メダル獲得数が中国、韓国についで 3 位になったことが衝撃的であったといわれている。

21）スポーツ振興基本計画は文部科学省 HP からの閲覧となっているので、引用についてページを指定することはできない。以下を参照。http：//www.mext.go.jp/b_menu/shingi/old_chukyo/old_hoken_index/toushin/1314696.htm（最終確認日 2019 年 5 月 3 日）

22）スポーツ振興くじは売上のうち、まず半額を払戻金、さらに発売経費、国際競技大会の開催施設助成などを引いた後を収益として、その 3/4 をスポーツ振興のための助成金として活用できるようになっている。

助成金額は 2007 年度には 7,900 万円まで低迷したが、06 年の totoBIG の発売、さらに海外リーグやワールドカップも対象にするなどによって通年発売が可能となり、16 年には 236 億 4300 万円に成長した（スポーツ庁、2017c, p.61）。なお、totoBIG は当せん金が最高 3 億円（キャリーオーバー発生時は最高 6 億円）であり、1 口あたりの当せん金が宝くじを含む日本のくじの史上最高額の商品として発売された。

23）「オリ・パラ・トリクルダウン」とは筆者の造語だが、トリクルダウンとは経済用語で「企業の利益を賃金上昇に結び付ける」という意味がある（服部，2014，p.155）。また、「骨太の方針 2018」では政府をあげて「生産性の向上により経済のサプライサイドを強化」し、「生産性の向上を分配面においても力強く持続的な賃金上昇、所得の拡大に」つなげるとしている（首相官邸，2018）。

国際競技大会開催が直接生産性向上に結び付くわけではないが、スポーツ市場拡大のために大会誘致を国をあげて繰り返し、巨額の費用を注ぎ込む発想はトリクルダウンと同様であるといえるだろう。

24）「スポーツ・インテグリティの確保に向けたアクションプラン」はスポーツ庁 HP からの閲覧となっているため、下記を参照。http://www.mext.go.jp/sports/b_menu/sports/mcatetop10/list/detail/1412109.htm（最終確認日 2019 年 5 月 4 日）

25）註 4 でも触れたが、2016 年の成人の週 1 回以上スポーツ実施率は 42.5 %、週 3 回以上は 19.7 %と 15 年と大差ない。しかし、18 年の週 1 回以上実施率は 55.1 %、週 3 回以上実施率が 27.8 %と、17 年以降 2 年続けて過去最高を更新している。ただし、調査方法は 16 年までの調査員による個別面接聴取（標本数 3,000 人）から、17 年以降「楽天インサイト」登録モニター（総数 220 万人）を対象とした WEB アンケート調査（標本数 20,000 人）に変更している（スポーツ庁、2019）。

　　なお、「楽天インサイト」登録モニター（任意登録制）はアンケートに回答すると買い物で使える「楽天スーパーポイント」がもらえる仕組みとなっていて、有効回答数に人口構成比を割り付けて、2 万件に合わせる手法がとられている。220 万人の「楽天インサイト」登録モニターがどの程度国民を代表するのか、科学的検証が必要な調査手法となっている。（https://member.insight.rakuten.co.jp/explanation/point_exchange/ を参照。最終確認日 2019 年 5 月 5 日）。

26）「民主的なガバナンス」について筆者の所見は他日を期したいが、本書山下高行論文、さらに川口・山下高行 2018 を参照のこと。

　　なお、山下秋二の次の指摘も参考になる。「これまでのスポーツ・ガバナンスの中心的な役割を果たしてきたのは、いうまでもなく「スポーツ行政」（筆者註：すなわちスポーツガバメント）である。（略）スポーツ経営の多くは国や自治体の立法によって形成された業務の執行作用という意味合いが非常に濃かったわけである」（山下秋二，2006，p.79）。さらに、スポーツ経営への商業資本の関与の強化に触れた後に、「スポーツ・ガバナンスも一般のコーポレート・ガバナンス（企業統治）と同様、機能的には①株主（所有者）価値中心型ガバナンスと、②ステークホルダー（利害関係者）型ガバナンスの 2 種類にタイプ分けできるようである」。「スポーツ・ガバナンスは誰のためにあるかと問えば、答はすべてのステークホルダーに対する義務を履行するためにある、というのが正しい」（山下秋二，2006，p.80）と指摘する。なお、その後に「ステークホルダー型ガバナンスの政策は企業においては未だ十分に体系化されているとは言えない」とも指摘している（山下秋二，2006，p.80）。

【引用・参考文献】

有賀郁敏、2017、「スポーツ政策小考—スポーツの成長産業化と大学スポーツのゆくえ—」、立命館産業社会学会『立命館産業社会論集』第 53 巻第 3 号。

超党派スポーツ議員連盟、2014、「今後のスポーツ政策のあり方検討とスポーツ庁創設に向けたプロジェクトチーム有識者会議報告書」。

中央教育審議会（文部科学省中央教育審議会）、2018、「2040 年に向けた高等教育のグランドデザイン（答申）」。

大学スポーツコンソーシアム関西編、2018、『大学スポーツの新展開 日本版 NCAA 創設と関西からの挑戦』、晃陽書房。

遠藤利明、2007、「『スポーツ立国』ニッポン—国家戦略としてのトップスポーツ」（「遠藤レポート」）。

花内誠、2017、「スポーツの産学連携をめぐって」『現代スポーツ評論』36（「大学スポーツの産業化」）、創文企画．

花内誠、2018、「日本版 NCAA の出発点」大学スポーツコンソーシアム関西編『大学スポーツの新展開　日本版 NCAA 創設と関西からの挑戦』、晃陽書房。

服部茂幸、2014、『アベノミクスの終焉』、岩波書店。

保健体育審議会（保体審 文部省保健体育審議会）、1972、「保健体育審議会答申」。

保健体育審議会（保体審 文部省保健体育審議会）、1989、「保健体育審議会答申」。

保健体育審議会（保体審 文部省保健体育審議会）、2000、「スポーツ振興基本計画」。

自民党（自由民主党）、2008、『「スポーツ立国」ニッポンを目指して―国家戦略としてのスポーツ」。

加藤大仁、2009、「『スポーツ振興くじ法』の立法過程」『体育研究所紀要』48 巻 1 号慶應義塾大学体育研究所。

川井圭司、2017、「アメリカ大学スポーツのアマチュア規定はなぜ違法とされたのか」、『現代スポーツ評論』36（「大学スポーツの産業化」）、創文企画。

川口晋一、山下高行、2018、『『東京オリンピック・パラリンピックに関する研究』プロジェクトの中間報告」、立命館大学産業社会学会『立命館産業社会論集』第 54 巻第 1 号。

経済産業省（経産省）、2018、「健康経営の推進について」。

国際協調のための経済構造調整研究会、1986、「国際協調のための経済構造調整研究会報告書」（前川リポート）。

黒須充、2002、「プロローグ　地域スポーツの未来を考える」、特定非営利活動法人クラブネッツ監修『ジグソーパズルで考える総合型地域スポーツクラブ』、大修館書店。

牧野暢男、1994、「余暇生活の条件づくり（4）―余暇政策をめぐって」、一番ケ瀬康子、園田碩哉、牧野暢男『余暇生活論』、有斐閣。

文部科学省（文科省）、2010、「スポーツ立国戦略―スポーツコミュニティ・ニッポン」。

文部科学省（文科省）、2012、「スポーツ基本計画」（第 1 期基本計画）。

文部科学省（文科省）、2017、「大学スポーツの振興に関する検討会議最終とりまとめ～大学のスポーツの価値の向上に向けて～」。

文部科学省・スポーツ庁（文科省・スポーツ庁）、2015、「平成 27 年度総合型地域スポーツクラブに関する実態調査結果」。

内閣府、2015、「中長期の経済財政に関する試算」。

中村哲也、2017、「日本版 NCAA 構想の問題点と課題」、『現代スポーツ評論』36（「大学スポーツの産業化」）創文企画。

日本体育協会、2012、『公認アシスタントマネジャー養成テキスト』（第 2 版）。

日本生産性本部、2018、『レジャー白書 2018』。

二宮浩彰・菊地秀夫・守能信次・江橋慎四郎・山本英毅・藤田紀昭、1997、「スポーツ振興の財源確保を目指した「サッカーくじ」の導入をめぐる諸問題」、Leisure & Recreation 自由時間研究 17。

佐伯年詩雄、2017、「企業スポーツの現在を考える―変化する経営課題と企業スポーツの展望」、独立行政法人労働政策研究・研修機構、『日本労働経済雑誌』No.688。

笹川スポーツ財団、2017、『スポーツ白書 2017』。

澤田大祐、2011、「スポーツ政策の現状と課題―「スポーツ基本法」の成立をめぐって―」、『調査と情報』第 722 号国立国会図書館。

スポーツ庁・経済産業省（スポーツ庁・経産省）、2016、『スポーツ未来開拓会議中間報告～スポーツ産業ビジョン策定に向けて～』。

政投銀（日本政策投資銀行地域企画部）、2013、「スポーツを核とした街づくりを担う『スマート・ベニュー』」。

政投銀（日本政策投資銀行地域企画部）、2015、「2020 年を契機とした国内スポーツ産業の発展および企業によるスポーツ支援～スポーツを通じた国内経済・地域活性化～」。

政投銀（日本政策投資銀行地域企画部）、2018、「持続可能なスマートベニューの実現に向けて～ミクニワールド北九州の整備前後での比較調査を通じて～」。

政投銀（日本政策投資銀行地域企画部）・同志社大学、2018、「わが国スポーツ産業の経済規模推計～日本版スポーツサテライトアカウント」。

関春南、1997、『戦後日本のスポーツ政策―その構造と展開』、大修館書店。

しんぶん赤旗、2015、「地域スポーツの危機」（連載）4 月 6、7、8、9、11、14、16、17、18 日掲載。

首相官邸、2013a、「インフラ長寿命化基本計画」。

首相官邸、2013b、「経済財政運営と改革の基本方針～脱デフレ・経済再生～」（骨太の方針 2013）。

首相官邸、2016a、「経済財政運営と改革の基本方針 2016 ～ 600 兆円経済への道筋～」（骨太の方針 2016）。

首相官邸、2016b、「日本再興戦略 2016」。

首相官邸、2018、「経済財政運営と改革の基本方針 2018」（骨太の方針 2018）。

総務省、2014、「公共施設等総合管理計画の策定要請」。

スポーツ庁、2016、「総合型地域スポーツクラブの今後の在り方に関する提言」。

スポーツ庁、2017a、「スタジアム・アリーナ改革ガイドブック」。

スポーツ庁、2017b、「スタジアム・アリーナ整備に係る資金調達手法・民間資金活用プロセスガイド」。

スポーツ庁、2017c、「スポーツ基本計画」（第 2 期基本計画）。

スポーツ庁、2018a、「スポーツ施設のストック適正化ガイドライン」。

スポーツ庁、2018b、「スポーツツーリズム需要拡大戦略」。

スポーツ庁、2018c、「スポーツ・インテグリティの確保に向けたアクションプラン」。

スポーツ庁、2019、「平成 30 年度『スポーツの実施状況等に関する世論調査』について」（報道発表 2019 年 2 月 28 日）。

友添秀則、清水諭編、2017、『現代スポーツ評論』36（「大学スポーツの産業化」）創文企画。

通商産業省（通産省）、1990、『スポーツビジョン 21―スポーツ産業研究会報告書』。

山下秋二、2006、「スポーツの統治機構とポリシーメーキング」、山下秋二・中西純司・畑攻・冨田幸博編『改訂版スポーツ経営学』、大修館書店。

山下高行、2009、「企業スポーツと日本のスポーツレジーム」日本スポーツ社会学会編『スポーツ社会学研究』17 巻 2 号、創文企画。

第2章

ポスト福祉国家における
スポーツ施設の整備とその利用
—公私ミックスの観点から—

笹生心太

はじめに

　私たちの身の周りには、公共施設、学校施設、民間施設などの様々なスポーツ施設が存在する。これらのうち、誰でも、比較的容易に、そして安価に利用できるのは公共施設である。日本におけるスポーツ政策の歴史の中では、かつてこの公共施設を多く整備し、人々のスポーツ参加を促そうとした時期があった。それは1960年代から70年代初頭における、いわゆる福祉国家的再分配の機運が最高潮に達した時期である。その象徴は、1972年の保健体育審議会答申「体育・スポーツの普及振興に関する基本的方策について」に示された、日常生活圏の人口規模に応じた公共施設の設置基準数の策定であった。ところが実際には、その直後のオイルショックによる経済環境の変化などの理由からこの基準は次第にうやむやにされ、全国的に達成されることがなかった[1]。

　当時、日本の社会政策はケインズ型福祉国家政策を志向しており、経済成長を前提として国民に対して社会政策を通じて再分配を行うことが焦点とされていた。そうした発想が上記のようなスポーツ政策の性格にも反映していたと言える。ところが近年では、この社会政策のあり方が大きく変わりつつあり、中央政府が人々の生活に直接的に介入する場面が減少した[2]。このことは、社会政策全般においても、スポーツ政策においても同様である。

　ポスト福祉国家[3]では、経済の競争力を高め、同時に多様な人々の必要や欲求に細かく応えることが中央政府に求められる。そこでは、中央政府が主体となって何らかの政策を実施するというよりも、市場やNPOなどの活力を利

用するために、それらの諸主体の調整を行い、それらと協同して政策を実施することが求められるようになっている。すなわち、politics against markets ではなく politics with markets という考え方で、市場やその他の部門 [4] の力も含めた社会政策が必要とされているのである（松田，2016，p.6）。近年、社会政策の担い手として期待されている主体は、市場のほかに家族、地方自治体、NPOなどが挙げられるが（筒井，2017 など）、ポスト福祉国家期のスポーツ施設整備に関する政策の文脈でも、これらの諸部門の力、特に市場の力を活用するような方策が採られてきた。

　福祉国家の限界が露呈した 1980 年代の日本の国家戦略は、増税なき財政再建を目標とした行政改革が大きな柱であった。そうした流れの中で、スポーツ施設整備に関する社会政策にも合理化が強く求められた。たとえば総合研究開発機構が 1980 年に発表した『社会サービスの産業化』（総合研究開発機構，1980，p.3）は、「文化、教育、福祉、医療、健康・スポーツ等の社会サービス分野は、今後（中略）民間部門により供給されるのが望ましい」とし、スポーツのような「幼稚産業」である社会サービスに対して政策的な助成措置をもって産業化させることが目指された。

　そして 1980 年代半ばから 1990 年代初頭の時期には、より積極的に市場を活用したスポーツ施設整備が求められた。たとえば 1989 年の保健体育審議会答申「21 世紀へ向けたスポーツの振興方策について」では、民間スポーツ施設に関して「施設内容、運営方法や指導体制の面において優良な施設を公的に認定する等の奨励策を検討する」とされ、民間施設を公的な領域に位置づけようとする志向性が現れた。また通商産業省産業政策局が発表した『スポーツビジョン 21』（通商産業省産業政策局，1990）の中では、今後のスポーツ施設整備について、公共部門がインフラ面を整備するが運営は民間部門に委託するという構想が見られた。なおこの時期は、バブル経済の後押しを受けて民間スポーツ施設が増加した時期でもあった。

　さらに、社会政策全体の中で規制緩和と地方分権が掲げられた 1990 年代半ば以降には、上記の『スポーツビジョン 21』に示された内容を裏付けるような法整備がなされた。たとえば 1999 年には民間資金等の活用による公共施設等の整備等の促進に関する法律（通称 PFI 法）が制定され、また 2003 年には地方自治法が改正されて公共施設に対する指定管理者制度が導入された。

　そして近年では、2017 年にスポーツ庁が打ち出した第 2 期スポーツ基本計画の中で、施設整備についても言及されている。その基本的姿勢については後

述するが、スポーツ施設の整備・運用について、公共以外の部門の活力を利用することが大いに期待されている。

　以上、ごく簡単に日本のスポーツ施設整備に関する政策のあらましを述べてきたが、総じて公共部門による直接的な整備から、それらの権限を他の部門、とりわけ市場に移すという方向に向かってきたことが分かる。こうした公共部門の役割の変化は、一方では市場の活力を活かしつつ多様化する細かな必要や欲求に応えるための施策と評価され（間野，2007 など）、もう一方では公共部門の責任放棄と評価される（森川，2011 など）。確かに、公共部門が責任主体とならなければ、人々のスポーツ権の保障は難しい。だが、こうした公共部門からその他の主体への権限移譲という潮流は社会政策全般の流れであり、今後それが逆流することは考えにくい。また、スポーツ施設整備に関する政策のみが社会政策全般の潮流に抗える可能性も高くないだろう。重要なことは、こうした潮流を十分に把握したうえで、人々のスポーツ権を保障できるようなスポーツ施設整備のあり方を構想することではないだろうか。

　以上のような問題関心のもと、本稿では、市場を中心とした現状のスポーツ施設整備のあり方のオルタナティブを考想したい。スポーツ権の保障のためには、公共部門によって多くの公共施設が整備されることが最良の手段と考えられる。だがすでに述べたように、ポスト福祉国家において、公共部門が直接施設整備を行うような社会政策は実現が難しい。それは主に財政的・資源的な限界に起因する。近年では、社会福祉をはじめとした社会サービスの分配について、財政的基盤を無視した理念を語る議論は強い批判にさらされている[5]。このことは、スポーツ施設整備の議論にも妥当するだろう。そこで本稿は、公共施設の増加に代わる方策を考えるための手がかりを提出することを目的とする。このことは、さらなる公共施設整備の必要性を否定するものではない。

　ここまで見てきたように、ポスト福祉国家期のスポーツ施設整備のあり方を考えるうえでは、従来のように公共部門の役割のみに着目していては不十分である。そうでなく、様々な主体を含めて社会政策の担い手とみなすべきである。そして当然、それぞれの主体の持つ志向性や特徴も同時に把握する必要がある。近年の社会福祉政策に関する議論では、公共部門に限らず、多様な部門をトータルに福祉の供給者とみなす見方が主流になりつつあり、それは公私ミックスや福祉ミックスなどと呼ばれる。スポーツ施設整備に関する政策も、こうした発想を援用し、公共部門のみでなくその他の部門も含めたミックスという視点で捉える必要があるだろう。以下では、スポーツ施設整備の状況について公私

ミックスという観点から考察していく。

1. 公私ミックスの視角

1-1. 福祉レジーム論

　社会福祉における公私ミックス論の代表例は、イエスタ・エスピン＝アンデルセンによる福祉レジーム論（Esping-Andersen, 1990; 1999）である。福祉レジーム論とは、簡潔に整理するならば、国家のみでなく市場、家族、共同体といった他のアクターとの相互作用の中で福祉供給の体制を見る視角である。たとえば、一般的にアメリカの医療保険のあり方は国家による支出が少ない「未熟」な体制と見られがちだが、福祉レジーム論ではそうではなく、あくまで国家の代わりに市場が強いという一つのパターンとみなす。すなわち、単純に国家による福祉供給の強弱を見るのではなく、人々の安心できる生活を実現するために、どのような主体が福祉を提供しているのかを質的に見るものと言える。

　エスピン＝アンデルセンは、その初期の研究（Esping-Andersen, 1990）において、脱商品化と階層化という二つの指標を用いて欧米諸国の状況を3種の福祉国家レジームに分類した。

　脱商品化とは、人々が自らの生活を成り立たせるうえで市場に依存しない程度を意味する。資本制社会においては、多くの人々は生活を成り立たせるために自らを「商品」として市場に提供し、その対価として賃金を得る。だが、たとえば労働者が何らかの理由で失業した場合、賃金を得ることができず、生活を成り立たせることができなくなる。そうした事態を防ぐために、生活費の補助や失業保険などの労働以外の形で金銭を得ることのできる仕組みが必要となる。それが実現したとき、労働者の「商品」としての度合いが下がったと言える。これが脱商品化である。このように脱商品化とは、福祉給付の仕組みがどれだけ市場と切り離されているかの度合いを示す概念である。

　また資本制経済は、人々の所得に偏りをもたらす。そして、国家による所得の再分配によってその偏りが是正されたり、逆に固定・拡大されることもある。こうした階層的偏りが、同研究が着目した第二の指標である。なお、ここで言う階層とは、単純な人々の所得の大小という意味に限定されず、職域や身分などにかかわらず社会的市民権がどれだけ普遍的に認められているかという意味を含む。

　同研究はこうした二つの指標に関する各国の状況を定量化し、福祉国家を三

つのレジームに分類した。第一は自由主義レジームと呼ばれるもので、アメリカやイギリスなどがこれに該当する。このレジームは脱商品化の度合いがもっとも低く、また階層化の度合いが高い[6]。第二は保守主義レジームと呼ばれるもので、脱商品化の度合いが中程度、階層化が高位のレジームであり、フランスやドイツなどの大陸ヨーロッパ諸国がここに属す。そして第三は、北欧諸国などに見られる社会民主主義レジームである。このレジームでは、脱商品化が高位で、階層化は低位となる。

　こうした Esping-Andersen（1990）による福祉国家レジームの分類は世界中で大きな反響を呼んだが、批判も少なくなかった。とりわけ重要だったのはフェミニストからの批判で、この類型は国家と市場の役割を中心に検討しており、家族の役割を軽視しているというものであった。つまり、たとえば保守主義レジーム各国において脱商品化が進んでいる要因は国家による調整ではなく、男性稼得者を支える家族の役割が非常に大きいと批判したのである。こうした批判を受け、エスピン＝アンデルセンは後の研究（Esping-Andersen, 1999）にて脱家族化という指標を組み込み、再度の検定を行ったが、この 3 区分の変更は不要と判断した。だがこの研究以降、彼は「福祉国家レジーム」ではなく、「福祉レジーム」という表現を用いるようになった。このことは、国家の果たす役割が絶対的ではなく、その他のアクターのオルタナティブに過ぎないということを示すものである[7]。こうして彼は、各レジームを主要な役割を果たす部門という視点から再定義し、自由主義レジームは市場が、保守主義レジームは家族が、そして社会民主主義レジームは国家が、それぞれ中心的役割を果たすものと捉えた。さらに、この福祉レジーム論の視角を応用したその後の研究では、国家、市場、家族に加えて、伝統的地域共同体や NPO などの主体も福祉供給の担い手として位置づけるべきという議論も生まれている（新川，2015；西山，2015 など）。

1-2. 福祉レジーム論のスポーツ研究への応用可能性

　以上のような福祉レジーム論の視角を日本におけるスポーツ施設整備の文脈に応用するならば、どのような方法が考えられるか。それには 3 種の道が考えられる。

　第一は、Esping-Andersen（1990）同様、異なるレジームに属する三つの社会を取り上げ、それらの特色を比較する方法である。スポーツ施設整備に限定してはいないが、スポーツ環境の分析にこうした方法を導入する研究はすでにい

くつか見られる。Houlihan and Rommetvedt（2006）は、社会民主主義レジーム
の代表としてノルウェー、保守主義レジームの代表としてドイツ、自由主義レ
ジームの代表としてカナダおよびイングランドを挙げ、各国の中央政府と地方
自治体の関係性および権力関係、スポーツ政策が行政府によって施行されてい
るか立法府によって施行されているか、スポーツ政策における各部門の役割の
強さ、スポーツの政策ネットワークの強さ、スポーツ政策の主眼などについて
国際比較を行っている。さらに内海（2013）も、社会民主主義レジームの代表
としてスウェーデン、保守主義レジームの代表としてドイツ、そして自由主義
レジームの代表としてイギリスのスポーツ政策を挙げ、3ヶ国の福祉政策の変
遷、スポーツ政策およびそれを支える組織の変遷、そしてスポーツ施設やクラ
ブの整備という観点から比較し、3者の類似性と相違性をまとめている。

　福祉レジーム論を活かす第二の方法は、日本のスポーツ施設整備の状況に限
定し、それを多様なアクターとの関わりの中で時系列的に分析していくことで
ある。山下（2009）は、日本のスポーツ環境をスポーツレジームと呼び、とり
わけ企業の影響力の強さという文脈からその歴史的推移を分析している。そも
そも日本では、競技スポーツにおいても大衆スポーツにおいても、公共部門よ
りも民間部門、特に企業の果たす役割が大きかった点に重要な特徴がある。こ
うした日本のスポーツの構造的特質に着目した山下は、戦後の日本のスポーツ
レジームの変化を、社会全体がスポーツにまで手が回らなかった第1期（1945
年〜1955年）、公共部門と市場が未発達な中で、高度経済成長を背景として拡
大した企業がその役割を代替した第2期（1955年〜1970年代）、新自由主義
的な社会政策が打ち出される中で市場が発達し、同時にスポーツにコミュニ
ティ機能が求められる中で公共部門が発達する一方で、企業内福利厚生の見
直しの機運の中で企業の役割が縮小した第3期（1980年代）、そしてグローバ
ル化の中で企業文化が変化し、ますますスポーツ供給における企業の役割が縮
小する一方で、引き続き市場が肥大化していった第4期（1990年代以降）の4
期に分類した。同研究は、こうした企業というアクターを導入した見方によっ
て、単純に公共対市場の二項対立とするのではない方法で日本のスポーツ環境
の変化を論じることができた。

　そして、日本のスポーツ施設整備の状況に福祉レジーム論の知見を活かす第
三の方法は、脱商品化指標に焦点化することである。武川（2007, p.171）に
よれば、福祉国家論に対する福祉レジーム論の真の理論的貢献は福祉国家を三
つのレジームに分類したことではなく、脱商品化という変数を導入することで

福祉国家と資本制の関係性を明確に示した点にある。すなわち、労働力の商品化は資本制経済の本質的な部分であり、労働力をいかに脱商品化するかは福祉国家における社会政策の根幹の問題である。そしてこのことを考えるならば、真に問題とされるべきは中央政府による社会保障への財政出動規模の大小ではなく、人々の実際の脱商品化の度合いということになる。つまり、人々を脱商品化させようとする「原因」としての社会保障の供給ではなく、「結果」としての人々の脱商品化度を見ることが重要なのである。両者は厳密に区別されねばならない。なぜなら、確かに一般的に社会保障への公的支出が大きい国家では人々の脱商品化が進むように考えられるが、場合によってはその社会保障への公的支出が逆進的な効果を持っており、人々の商品化を促進する場合もあり得るからである。また、同様に新川（2015, p.2）も、ある国家を福祉国家か否か判定する際の基準は社会保障支出額の大小ではなく、福祉が社会権として保障されているかどうかだと述べる。

　このように考えたとき、脱商品化の視点は現在の日本のスポーツ施設整備の状況を分析するうえできわめて重要な視点と言える。なぜなら、スポーツ施設は市場との相性が良いと考えられてきたし、すでに述べたように、実際に公共部門がスポーツ施設整備の中心的役割から退きつつあるからである。こうした状況を批判的に捉えるためには、スポーツ施設整備の状況を脱商品化という見方から、すなわち人々のスポーツ参加やスポーツ施設利用をどれだけ市場に頼らずに保障できているかという観点から分析・評価していくことが有効と考えられる。脱商品化という概念は、いわば市場の失敗を想定し、それが起こった際に人々の生活をいかに保障するかという考え方を含んだ概念である。スポーツ施設の文脈においてもこうした観点から捉え直すことで、市場の失敗が起こった際、いかに人々のスポーツ参加の権利を保障できるかを考えることができるだろう。日本のスポーツ施設整備の状況を分析した研究の中で、こうした視角をもって分析したものは管見の限り見当たらない[8]。

　以上のように、日本のスポーツ施設整備の状況について福祉レジーム論の知見を応用するには、レジームの国際比較分析、レジームの構造変化の分析、そして脱商品化度の分析という三つの道が考えられる。本稿では、第二、第三の方法をもって、日本のスポーツ施設整備の状況を分析していきたい。それは本稿の関心、すなわち日本のスポーツ施設整備が市場に任される度合いが次第に高まっているという状況を批判的に捉えるために、これらの方法が有効と考えられるからである。

以下では、日本におけるスポーツ施設整備の体制をスポーツ施設レジームと呼ぶ。そして、上記第二の方法に倣い、公共部門による供給のみでなく、その他の部門による供給や管理という点も含めて、その実態を総合的に捉え直す。そして日本のスポーツ施設レジームがどのように変化し、また歴史的状況の中で現在のレジームにはどのような特徴があるのかを明らかにする。

　また上記第三の方法を応用して、人々のスポーツ施設利用において脱商品化がどの程度進行しているのかを検討する。なお、脱商品化とは福祉の供給の程度ではなく実際に人々がそれを受け取る程度を示す概念であると述べたが、以下ではスポーツ施設の供給における脱商品化度合いも併せて見ていくこととする。

　ところで、エスピン＝アンデルセンが各国における年金や医療保険といった指標を数値化して脱商品化度を比較したように、特定の社会における脱商品化の度合いは国際比較をしなければ評価できない。このことは、当然スポーツ施設レジームにおける脱商品化でも同様である。しかし、スポーツ施設供給・利用に関する各国のデータを収集し、比較分析することはきわめて困難であり、筆者の力量を超えている。本稿では、国際比較によって日本のスポーツ施設供給・利用の脱商品化度合いを判定するのではなく、経年的変化を見る中で、日本のスポーツ施設供給・利用が脱商品化の方向に進んでいるのかどうかという点を分析していきたい。

2. スポーツ施設レジームの変化

　初めに、スポーツ施設供給に関する統計調査[9]の結果から、日本のスポーツ施設レジームの変化について見ていく。日本におけるスポーツ施設レジームは、大きく分けて公共施設、学校（小・中・高校）施設、大学・高専（高等専門学校）施設、職場施設、民間施設によって構成されてきた（図1）。これらのうち、人々のスポーツ施設利用を脱商品化する性質を持っているのは、公共施設、学校施設、大学・高専施設、そして職場施設である。

　図1を見ると、まず目に付くのは学校施設の多さである。その数がもっとも多かった1990年には、全国に約15万7,000もの施設が整備されていた。だが、1990年をピークに次第にその数は減少し、2015年には約11万7,000に減少している。とはいえ、依然として日本でもっとも多く存在するスポーツ施設である。

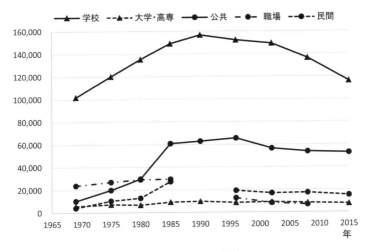

図1　各種施設数の推移

出典：「体育・スポーツ施設現況調査」から筆者作成

注：1990 年の職場・民間施設、2015 年の職場施設のデータは欠損

　学校施設は、主としてその学校の児童・生徒によって利用されるものである。近年では学校施設を一般市民に開放する学校開放制度が浸透し、地域住民にとって重要な施設になりつつあるが、この制度が十分広まっていない点に重要な欠点がある。たとえば、「体育・スポーツ施設現況調査」から 2014 年度の実績を見てみよう。これによると、学校開放事業の実施率は 95.2％と、ほとんどの学校施設が学校開放事業を行っている。だがこの数値は割り引いて考える必要がある。たとえば自校の児童・生徒のみに開放する割合や学区を限定する割合は、計 22.2％にのぼった。さらに、学区に無関係に開放する場合でも、登録した団体のみに開放する割合が全体の 55.3％と非常に高く、組織的にスポーツを実施する人以外は学校施設を利用することが非常に難しい。さらに、年間を通じて定期的に曜日を決めて開放している割合は、月〜金曜日は 60.0％、土曜日は 64.1％、日曜日は 61.7％であり、開放事業は毎日行われているわけではない。

　このように、学校施設はその学校で学ぶ児童・生徒にとってはスポーツ参加のための重要な拠点であるが、学校開放制度のもとで一般市民が利用するという視点から見たときには、十分な拠点とはなっていない。実際、澤井（2012, p.37）によると、2012 年時点で過去 1 年間にスポーツを実施した者のうち、公共施設利用者は 21.2％、民間施設利用者は 27.6％いたのに対して、学校施設利

用者は 8.3％に過ぎなかった。このように学校施設は、スポーツ施設レジーム
の中でその数においては圧倒的なインパクトを持つものの、実際の利用という
意味では重要な位置を占めているわけではない、いわば「埋もれた資源」となっ
ている。

　また、以上の学校施設とは小・中・高校施設のことであったが、同じく学校
組織である大学・高専施設は、そもそもその数が少ないうえに、小・中・高校
施設とは異なり、一般市民に開放する制度は確立されていない。そのため、ス
ポーツ施設レジームの中では周縁的な位置にいる。

　残る公共施設、民間施設、職場施設の 3 種に焦点化して、レジームの歴史的
変化を簡単に見ていこう。1970 年代に中心的な位置を占めていたのが、職場
施設である。本稿が執筆された 2019 年現在でこそ福利厚生の一環としてスポー
ツ施設を建設し、自社従業員に利用させる企業はほとんどなくなったが、1970
年代ごろまではスポーツ施設レジームの中心的存在であった。実際に当時のス
ポーツ施設利用率を見ても、職場施設を利用する割合は学校施設利用率や公共
施設利用率よりも高かった（内閣総理大臣官房広報室，1963；1965）[10]。この
時期には民間施設はまだほとんど未発達であり、また公共施設も数的な面で不
足していたうえに、照明などの設備が不十分であったため、人々の利用はあま
り進んでいなかった。

　1980 年代に入ると、レジームに大きな変化が起こる。その最たるものは、
公共施設の大幅な増加である。この背景には、当時の各省庁のスポーツ施設建
設関連予算の高まりがある（内海，2005，pp.39-41）。すなわち、この時期には
公共事業の一環として全国各地に多くのいわゆる「箱モノ」が作られ、その一
環として公共スポーツ施設が建設されたのだ。施設建設に用いられた金額を反
映したデータの一つとして、「地方財政統計」における体育施設費等に用いら
れた支出額[11]の推移を見てみたい（図 2）。これを見ると、1990 年代半ばにか
けて右肩上がりに費用が増加し、1980 年からの 10 年間でほぼ倍増していたこ
とが分かる。また、1980 年代には民間施設もその数を大きく伸ばした。すで
に述べてきたように、1980 年代以降のスポーツ政策は総じて市場への期待を
高めてきたため、それが民間施設増加の後押しとなったと考えられる。

　そして 1990 年代以降は、長い不況の中で職場施設が壊滅的と言ってよいほ
ど減少し、民間施設と公共施設も微減した。職場施設については、従業員の雇
用流動化によって、各企業が福利厚生の一環として自社従業員向けにスポーツ
施設を整備する必然性が低下したことが大きな要因であった。そして民間施設

図 2　地方財政における体育施設費等の支出

出典：「地方財政統計」から筆者作成

は、長引く不況の中で採算を取ることが難しくなり、閉鎖せざるを得ないものが出てきた。上述のように、この時期のスポーツ政策は市場への期待をますます高めていたが、実態として市場による施設供給は減少していたのである。一方の公共施設は、すでに見た図 2 に見られるように、各地方自治体の施設整備のための予算が減少し、新たに施設を整備することが難しくなった。

　以上のように、日本におけるスポーツ施設レジームの歴史的変遷を見ると、現在のレジームには以下のような特徴があると言える。第一に、量的に圧倒的な存在感を持つ学校施設が有効に活用されず、「埋もれた資源」となってしまっている点である。ただし、これは近年に特有の傾向ではなく、むしろ学校開放制度が広がりを見せている中で改善の方向に向かってはいる。しかし、現実的に現在、人々のスポーツ参加を十分に支えるほど有効に活用されてはいない。第二に、かつてレジームの中心だった職場施設はすでにレジームから退場したに等しい状況だということである。第三に、近年の民間施設はスポーツ政策の潮流に乗って増えるどころか、むしろ減少傾向にあることだ。これは日本社会の経済的低迷によるところが大きい。そして第四に、以上の職場施設と民間施設の減少の中で、公共施設が相対的に重要な位置を占めるようになったことである。公共施設も近年減少傾向にあるものの、その数は依然として民間施設の 3 倍近い。なお図 2 を改めて見ると、ここ数年は公共施設に対する支出額が増加しつつある。この動向が今後のスポーツ施設レジームのあり方を大きく左右すると考えられる。

3. スポーツ施設供給・利用の脱商品化

　以上のような日本のスポーツ施設レジームの変化を踏まえたうえで、次にスポーツ施設供給・利用における脱商品化の度合いを見ていく [12]。

3-1. 施設数と利用者数の脱商品化

　まず、施設供給における脱商品化の度合いを見ていく。図3は、1987年から2015年における、公共施設数と民間施設数 [13] の推移、そしてそれらの合計に占める公共施設の割合（脱商品化度）の推移を示したものである。このように見てみると、実は1990年代以降、施設供給の脱商品化の度合いにはほとんど変化がないことが分かる。

　それでは、施設利用についての脱商品化度合いはどうだろうか。1995年度から2014年度における公共施設と民間施設 [14] の総利用者数の推移、そしてそれらの合計に占める公共施設利用者の割合（脱商品化度）の推移を示したものが、図4である。これを見ると、実は民間施設利用者数は伸びていないどころか近年ではむしろ減少している一方、公共施設利用者数は順調に増加している。そのため、脱商品化度はやや高まっている。これはなぜなのだろうか。

　図5は、公民それぞれについて、1施設当たりの平均年間利用者数の推移を示したものである [15]。まず民間施設については、1995年度の時点で約8,700名だったものが、1998年には約11,000名とピークを迎えた。しかしそれから減少傾向を見せ、2014年度には約8,200名となっている。このように、近年では

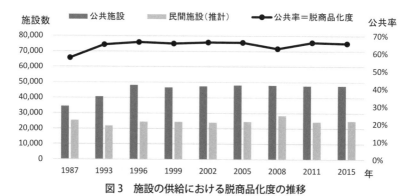

図3　施設の供給における脱商品化度の推移

出典：「社会教育調査」から筆者作成

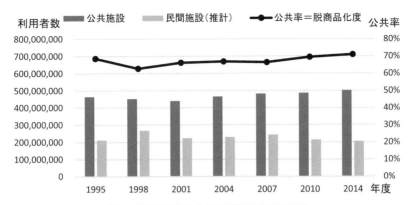

図 4　施設の利用における脱商品化度の推移

出典：「社会教育調査」から筆者作成

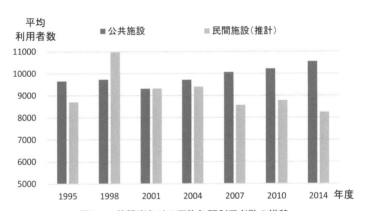

図 5　1 施設当たりの平均年間利用者数の推移

出典：「社会教育調査」から筆者作成

すでに見たように民間施設の数が減少していることに加え、平均利用者数も減少していることから、民間施設利用者総数が大幅に減少しているのである。一方の公共施設の 1 施設当たりの平均年間利用者数については、民間施設とは対照的に順調に上昇している。公共施設の平均利用者数は、1995 年度には約 9,700 名だったものが順調に上昇を続け、2014 年度には約 10,600 名となっている。一般的に公共施設よりも民間施設のほうが多様なサービスで人々を惹きつけることができ、平均利用者数も多いと考えられている。実際、1990 年代まではそのような傾向があったものの、実は近年では、そうした 1 施設当たりの平均利用者数において公民の逆転現象が起こっているのである。これは、後に見る

ような公共施設の管理者の変化に伴う利用の利便性向上に要因があると考えられる。

　このように、スポーツ政策の潮流とは反対に、人々の施設利用は脱商品化されているように見える。ところが、それは単純に施設数やその利用者数を見た場合のみであり、現実に人々が施設利用に費やしている費用は高騰している。図6は、「家計調査」から見た、1970年以降の家計におけるスポーツ関連支出額の推移である[16]。注目すべきは、二重線で示したスポーツ観覧・ゲーム代（〜1989年）および実線で示したスポーツ施設使用料（1990年〜）である。前者にはスポーツ観覧に関する支出も含まれているが、1990年以降のスポーツ観覧料が非常に低いことを考えれば、その大部分がゲーム代、すなわち施設利用料金と見てよいだろう。これを見ると、スポーツ施設利用にかかる家計負担額は1980年代以降年々高まっていることが分かる。従来、スポーツ関連支出額の中では運動用具支出額がもっとも多かったが、近年ではスポーツ施設利用料がそれをしのごうとしている。

　なぜスポーツ施設利用料負担が右肩上がりに増えているのだろうか。確かにスポーツをする人が増えているため、国民全体としてスポーツ施設を利用する機会は増えているだろう。その影響は、確かに大きいと考えられる。とはいえ、そのことだけでは、従来スポーツ関連支出の中でもっとも割合の高かった運動用具支出額が近年減少しつつあることと整合性がとれない。スポーツに関連する支出の中では、施設利用にかかる金額の上昇が非常に目立っている。このこ

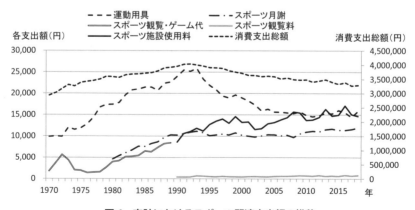

図6　家計におけるスポーツ関連支出額の推移

出典：「家計調査」から筆者作成

とは、スポーツ施設を利用するための金銭的負担が重くなっており、人々の（施設を利用した）スポーツ参加行動が商品化されつつあることを意味する[17]。

3-2. 公共以外の部門による公共施設の管理

　以上のように、ここ 20 年間ほどの動向を見ると、施設の供給という面では相対的に公民の割合はほとんど変わっていなかった（図 3）。そして利用者数という面では、一般的に高額の金銭がかかる民間施設の利用者は減り、逆に一般的に利用料金の安い公共施設の利用者が増えていた（図 4）。これらの点から、スポーツ施設利用は脱商品化の方向に進んでいるように見えた。しかし、人々が施設利用に費やす金額という面から見ると、明らかに施設利用負担額は増大していた（図 6）。こうした矛盾はなぜ生まれるのだろうか。

　ここまでの議論から見落とされてきたものは、公共施設の管理者という視点である。近年では公共以外の部門が管理する公共施設が増え、それに伴って施設の利用料金が高まっていることが、人々の施設利用負担額の増大の要因と考えられる。

　まず、公共施設の管理者に関する法制度の変化をごく簡単に述べる。1963年に地方自治法が改正されると、従来直営が原則であった公共施設の管理を公共的団体に委託することが可能となった。この制度は、管理委託制度と呼ばれる。こうした規定をさらに進めたのが 1991 年の同法改正で、これによって地方自治体が出資した法人が公共施設を管理できるようになるとともに、利用料金制度が導入された。この制度は、各地方自治体の条例の範囲内で施設利用料金を見直すことができるというものである。このように、管理委託制度の改正によって、公共以外の部門が公共施設の管理を行うことが可能となると同時に、施設利用料金を上げる余地が生まれた。

　こうした管理委託制度は、公共施設のサービス向上をもたらした。すなわち、従来「場所貸し」としての性格が強かった公共施設に「運営」という発想が生まれ、専属の事務員を雇用したり、魅力的なプログラムを実施することが可能となったのである（間野, 2007, p.15）。一方、同制度にはデメリットもあった。関（1997, p.411）によると、それは人件費抑制によるサービス低下[18]、特定の団体の独占的利用、事故の責任所在の曖昧さ、自主的活動の制限、そして利用料金高騰などである。とりわけ重要な点は利用料金の高騰で、たとえば東京都立多摩スポーツ会館（現昭島市総合スポーツセンター）は、管理委託制度導入後の 1 年半の間で利用料金が 19,000 円から 23,000 円に高騰したという（関，

1997, p.422）。

　そして、2003年の地方自治法改正に伴って施行された指定管理者制度は、従来公共的団体や地方自治体出資団体に限定されていた公共施設の管理者の範囲を、民間事業者にまで拡大した。こうして、公共施設を民間企業が管理できるようになった。また、時期は前後するが、1999年にPFI法が施行され、公共施設の管理・運営のみならず、施設の設計・建設・増改築までも民間企業が行うことが可能となった。

　以上のような法制度の改正のもとで、公共施設の管理者も多様化していった。図7は、公共施設全体のうち、直営施設の割合の推移を示したものである。これを見ると、直営施設の割合はほぼ右肩下がりになっていることが分かる。すなわち、年を経るごとに管理委託制度や指定管理者制度などを利用して公共以外の部門が管理する施設が増加していったということである。次に図8は、直営ではない施設が、どのような団体によって管理されているかの内訳の推移を示したものである。これを見ると、まず管理者としては民法第34条法人（公益法人）[19]の割合が非常に高いことが分かる。指定管理者制度導入までは、毎年右肩上がりにその割合は高まっていた。さらにもう1点着目すべきは、指定管理者制度導入後に、会社、すなわち民間企業が管理する公共施設の割合が急激に高まっていることである。

　管理委託制度や指定管理者制度は、管理者がうまく事業を実施すれば行政コストを引き下げることができるという大きなメリットがある。しかも利用者にとってのサービス、たとえば開館時間やトレーニング器具などが改善される場

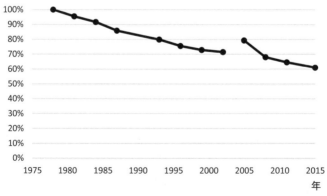

図7　公共施設の直営率

出典：「社会教育調査」から筆者作成

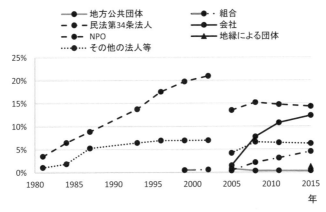

図 8　公共施設全体に占める直営以外の施設の割合

出典：「社会教育調査」から筆者作成

合が多い。しかし上記のように、これらの制度のもとでは、条例を改正すれば利用料金を引き上げることができる。よって、公共以外の部門が管理する公共施設の多くにおいて、管理を外部に委託すると同時に利用料金が高まったと考えられる。さらに管理者が民間企業であれば、その他の事業主体よりもそうしたインセンティブは高いだろう。図 8 に見られるように、近年ではそうした施設の割合が急増しており、指定管理者制度導入以降、高額の利用料金のかかる公共施設が増加したと推察できる。このように、公共施設の管理が民間部門に委託されるようになったことが、図 6 で見たような人々のスポーツ施設利用負担額の増加、すなわちスポーツ施設利用の商品化の重要な要因と考えられる。

4. スポーツ施設利用の商品化によって何が起こるか

　以上のように、人々のスポーツ施設利用にかかる金銭負担は年々増大しており、スポーツ施設利用の商品化が進行していると言えた。その大きな要因は、管理委託制度や指定管理者制度などの導入によって、公共以外の部門の管理する公共施設が増加していたためと考えられた。特に近年では民間企業が管理者となる施設が増えており、そのことが人々のスポーツ施設利用における負担額の増大を生んでいるものと考えられる。

　こうしたスポーツ施設利用の商品化が今後も進むとすると、どのようなことが起こるだろうか。もっとも強く危惧されることは、支払い能力に由来するス

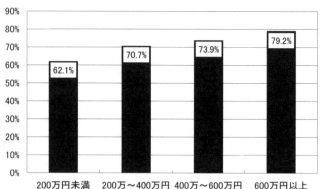

図 9　世帯年収ごとの過去 1 年間のスポーツ参加者の割合
出典：笹川スポーツ財団からデータ提供を受け筆者作成

ポーツ施設利用の格差、つまりスポーツ施設利用の階層間格差である。

　それでは、実際にスポーツ参加およびスポーツ施設利用において階層間の格差は生じているだろうか。図 9 は、笹川スポーツ財団が 2016 年に実施した「スポーツライフに関する調査」の結果を再集計し、過去 1 年間に何らかのスポーツを行ったと回答した者の割合を階層ごとに示したものである[20]。これを見ると、年収が高いほど何らかのスポーツに参加した割合が高い。カイ 2 乗検定を行った結果、この傾向には 0.1％水準で有意な差があった。このように、スポーツ参加率と階層の間には関係性がある。

　ただし、こうしたスポーツ参加率と階層の間の関係性は、近年に特有の傾向ではない（丸山・日下，1988 など）。この関係性には、たとえば低所得者ほどスポーツ欲求が低い、低所得者ほど労働時間が長いなど様々な要因が介在しており、施設利用料金の高騰がスポーツ参加の階層間格差にどの程度影響しているかを測定することは難しい。だがやはり、スポーツ施設利用に対する支払い能力の有無は、スポーツ施設利用における重要な要因と考えられる。

　次に、スポーツ参加行動ではなく、スポーツ施設利用行動についての階層間の差を見てみたい。再び笹川スポーツ財団が 2016 年に行った調査の結果を再集計すると[21]、1 年間に何らかの施設を利用してスポーツを行った平均回数は、世帯年収 200 万円未満で 40.6 回、200 万〜 400 万円で 48.7 回、400 万〜 600 万円で 51.7 回、600 万円以上で 52.8 回であった。しかし、図 9 で見たように、そもそも低所得者はスポーツ参加の回数が少ないのだから、必然的に施設を利用

しての参加回数も少ないだろう。つまり、単純に回数で比べるのでは正確な比較とはならない。よって次に、人々のスポーツ参加全体の中に占める施設を利用したスポーツ参加の比重を見るために、参加総回数で施設利用総回数を統制した。

　図10は、階層別に見た、人々の1年間のスポーツ参加総回数に占めるスポーツ施設利用総回数の割合を見たものである。これを見ると、明らかに階層の高い者ほど施設を利用してスポーツを実施する割合が高い。一元的配置分散分析の結果、この差異は0.1％水準で有意なものであった。つまり、低階層の者ほど施設を使わずに公園や自宅などでスポーツを行う割合が高く、高階層の者ほど施設を利用してのスポーツ参加の割合が高いということである。

　このように、スポーツ参加率と階層の間には関係があり、またスポーツを行う際に施設を利用する割合と階層の間にも関係があった。このことがスポーツ施設利用の商品化によるものと一概には言えないものの、今後この傾向がさらに進んでいけば、階層間の格差はより広がっていく可能性がある。

　そして現実的に、近年では高階層向けのスポーツ文化と呼ぶべきものが生まれつつある。たとえば、近年では一部のビジネスマンの間でトライアスロンが流行している。『週刊東洋経済』（2014年9月6日号）によると、ビジネスとトライアスロンの間には、成功する要件に共通点が多いという。それは、時間管理能力が問われる点や体力・精神力が求められる点などである。そして、トライアスロンを行っていることが信頼感につながり、ビジネス上の人脈作りにも役立つという。よく知られているように、トライアスロンのレースに参加す

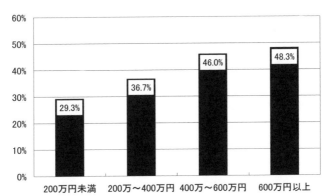

図10　世帯年収ごとの平均施設利用割合

出典：笹川スポーツ財団からデータ提供を受け筆者作成

るには一般的に 10 万円以上する自転車を購入・維持する必要があり、高額な金銭を支払うことのできる者以外には参加が難しい。実際、レース参加者には高額所得者が多く[22]、トライアスロンはそうした高階層の人々同士の交流の機会として利用されている。

このように、近年では高階層向けのスポーツ文化と呼べるようなものが発達しつつあり、それに合わせてスポーツ関連企業も高価格商品を大量に供給している。たとえば『週刊東洋経済』（2013 年 8 月 3 日号）は、「高くても売れる！沸騰アウトドア市場」と題し、近年のアウトドアブランド各企業が商品の安易な値下げをするのではなく、付加価値を付けた高額商品を次々に開発していること、そして購買力のある人々がそれらを購入していることをレポートしている。

以上のように、スポーツ参加の商品化は現実のものとなろうとしているし、市場はそうした状況に着目し、高階層をターゲットとして商品開発を行っている。こうした傾向が続くならば、スポーツ参加における階層間の分断と呼べるような状況が起こるだろう。

5. スポーツ施設利用の脱商品化に向けて

それでは最後に、以上のスポーツ施設レジームの状況を踏まえ、今後、人々のスポーツ施設利用を脱商品化するための課題を整理する。

すでに述べてきたように、近年の社会政策全般の潮流として、中央政府が直接的に社会サービスの提供を行うことは難しくなっている。それはスポーツ政策においても同様であり、スポーツ環境の充実に向けて、地方自治体、市場、NPO、そして地域住民などの積極的な役割が期待されている。しかし、スポーツ施設利用の脱商品化のためには、公共部門が中心となってそれを主導する必要がある。そこで、スポーツ環境の充実に向けた公共部門の役割を整理した政策文書として、2017 年に策定された第 2 期スポーツ基本計画を参照し、公共部門がスポーツ施設整備に向けてどのような志向性を有しているのかを、本稿の議論と照らし合わせながら検討してみたい[23]。

まず、同計画の基本的性格については、「第 2 期スポーツ基本計画が目指すもの」として、「スポーツ基本計画は、国の施策を中心に国が定めるものであるが、あくまでもスポーツの主役は国民であり、また、国民に直接スポーツの機会を提供するスポーツ団体等である。スポーツの価値は、国民や団体の活動

を通じて実現されるものであり、第 2 期計画に掲げられた施策は、国や地方公共団体がこれらの活動を支援し、スポーツの価値が最大限発揮されるためのものであることに留意する必要がある。このことを踏まえ、第 2 期計画が指針となり、国民、スポーツ団体、民間事業者、地方公共団体、国等が一体となってスポーツ立国を実現できるよう、国が責任を持って取り組むとともに、以下の点を期待する」（傍点引用者）と記されている。ここに見られるのは、中央政府はスポーツ環境の充実に向けてその指針は示すものの、直接的に何かを実施することは極力避け、その他の部門を積極的に活用するという方針である。こうした方針はまさに、これからのスポーツ政策が中央政府主導ではなく、様々な主体のミックスとして構想されていることを示している。この点において、本稿の分析視角は今後のスポーツ政策を分析・評価していくために有効なものとなり得るだろう。

　このように多様な部門のミックスとして今後のスポーツプロモーションを考えている同計画であるが、スポーツ参加人口の増大のために、ビジネスパーソン、女性、障害者といったこれまでスポーツに関わってこなかった人たちへの働きかけをうたっている。だがそのための具体的な施策は、様々な部門と連携しながら、「ビジネスパーソンのスポーツ習慣づくり」、「女性のニーズや意欲に合ったスポーツ機会を提供する」、「障害者スポーツに取り組みやすい環境を整備する」、「スポーツに関心がなかった人の意欲向上を図る」といったものにとどまっており、障害者スポーツを除けば、積極的にスポーツ環境を整備するような志向性は有していない。また、ここでスポーツ参加人口の拡大のために働きかけるべき対象として、低階層の人々は視野に入っていない。このように、階層性の問題に目を配っていない点は、同計画の重要な限界と言える。

　一方、本稿の関心から見た際に、注目に値する施策も見られる。本稿の焦点であるスポーツ施設の整備や管理について見ていくと、スポーツ施設の実体把握、学校施設の有効活用、施設のユニバーサル化、施設のストック適正化、民間活力を利用した施設運営、大規模施設の効率的な施設整備、施設以外のオープンスペースの有効活用、施設の安全確保などが挙げられている。ここで注目すべきは、スポーツ施設レジームの中で「埋もれた資源」となっている学校施設に対する言及である。具体的には、「国は、我が国のスポーツ施設の 60％強を占める学校体育施設について、社会体育施設への転用や、担い手や利用料金設定等の開放事業の運用の在り方に関する手引の策定を行い、既存施設の有効活用を促進する」と定められている。同計画は、総じて市場を利用したスポー

ツ施設の整備や管理といった価値観が強い一方で、このように「埋もれた資源」としての学校施設の有効活用も視野に入れているのである。

本稿の議論では、あくまで統計的な把握が容易であった公共施設と民間施設の対比でスポーツ施設利用の脱商品化を論じてきたが、安価に利用できる学校施設が増えれば、人々のスポーツ施設利用を脱商品化できる可能性がある。すなわち、中央政府や地方自治体の財政が厳しいならば、「埋もれた資源」を有効活用すればよいという発想である。また学校施設は、単純にその数がきわめて多いのみでなく、地域間での偏在性も低いという点で、スポーツ施設利用の階層間格差のみでなく、地域間格差の是正も期待できる。

当然、これまでも学校開放制度の進展を通して人々のスポーツ参加を促進しようとする議論がなされてきた。学校施設が十分に活用されていない状況は、「学校体育施設（とくに小・中学校）については、全般的に開放率はかなり高いにもかかわらず、開放事業の認知率や利用率は低いことが従来から指摘されている。これは、同じ人、同じグループが繰り返し利用していることに起因すると思われる」（作野，2007，p.30）などと、様々な論者から長らく批判されてきたものである。

そうした状況を改善するために、たとえば八代（2002）は学校の授業時間にも様々な施設を開放すること、図書館や音楽室などの多様な空間を開放すること、運営委員会による自治的な運営、単なる場所の提供のみでなくプログラムサービスなどを実施すること、地域住民による会員制を敷くことなどを提案しているが、それらの実現のためには、根本的に学校開放制度に関する諸法令における「学校教育上の支障がない限り」という発想を取り除くことが求められるとしている。しかし、これらの提案は 15 年以上経った現在でもほとんど実現していない。

一方で、近年では、地方自治体が NPO と協同しながら学校開放事業を行い、成果を残している事例も生まれている。それはたとえば、NPO が地方自治体より執行権限の一部を得ることで、利用者間の調整を行って施設を有効活用できるようになったり、NPO が地域の教育委員会の許可を得て学校のグラウンドにナイター設備を設置して利用可能時間が大幅に伸びるなどの例である（松橋・金子，2012）。これらの事例は、いわば学校施設における「管理委託制度」の導入事例であり、第 2 期スポーツ基本計画が示す既存の学校施設の有効活用の例と言える[24]。

こうした民間部門や非営利部門の活力を活かしたうえで既存の学校施設を有

効活用するという方策は、確かに人々のスポーツ施設利用の商品化につながり得るものである。しかし、こうした方策は、スポーツ政策に限らず社会政策全般の潮流に従ったものであり、時機にかなったものと言える。すでに見たように、公共施設も指定管理者制度導入に伴って 1 施設当たりの利用者数が急激に伸びている。学校施設についても、これだけの施設数があるにもかかわらず利用率がきわめて低いという現状を考えれば、民間部門や非営利部門の活力を有効に利用することで、人々のスポーツ施設利用を推進することは可能ではないか。

　ただしここで重要なことは、公共施設における管理委託制度や指定管理者制度導入の結果を分析し、その成果を学校開放制度の改良に活かすことである。すなわち本稿で指摘してきたように、公共施設に関するこれらの施策は 1 施設当たりの利用者の数を大幅に伸ばした一方で、施設利用料金の高騰を引き起こした要因の一つと考えられた。学校開放制度の場合も、民間部門や非営利部門の活力を活かした結果、公共施設同様に利用料金の高騰を招いてしまえば、スポーツ施設利用が脱商品化されない。学校開放制度の改善の中では、利用料金に関する規定を十分に吟味し、人々が安価に利用できるような制度設計が不可欠である。

まとめ

　以上、本稿ではスポーツ参加の基盤であるスポーツ施設の整備について、公共部門の役割のみに着目するのではなく、社会福祉政策論におけるレジームという発想を応用し、他部門との関係性という見方から現状を分析してきた。こうした発想は、第 2 期スポーツ基本計画などの近年のスポーツ政策の内容を分析する際に有効な視角と言える。

　レジームという発想から見えてくるのは、スポーツ施設供給における民間部門の伸張がすなわちスポーツ施設利用の商品化をもたらすわけではないということだ。もちろん、一般的に施設供給における民間部門の役割の伸張は人々のスポーツ参加の商品化を促し得るし、逆に公共部門の役割の伸長は人々のスポーツ参加の脱商品化を促し得る。しかし、見てきたように、現在のスポーツ環境においては、施設数においても利用者数においても公共部門の存在感は高まりつつあるものの、現実的に人々のスポーツ施設利用にかかる金銭負担は増大していた。それは、公共施設の管理を民間部門が担う割合が高まっているた

めと考えられた。真に問題とされるべきは、人々のスポーツ施設利用の商品化であり、施設供給や管理における民間部門の役割の伸張（や縮小）そのものではない。両者は区別されるべきである。社会政策全体の潮流を見ても、今後、民間部門の役割はますます高まるだろう。そのような潮流は、人々のスポーツ参加の階層間格差を拡大し得る。そうならないよう、今後、人々のスポーツ施設利用を脱商品化させるような方策を考える必要がある。

　本稿では、スポーツ施設利用の階層間格差を縮小するための具体的な案として、スポーツ施設レジームの中で「埋もれた資源」となっている学校施設の有効利用、具体的には民間部門や非営利部門の活力を利用した学校開放という案を提案した。これは、第2期スポーツ基本計画でも視野に入れられていた方策である。当然、この案も、当該校の児童・生徒たちに対する教育上の配慮をどうするか、そして利用料金が高騰しないためにはいかなる方策が必要かといった、具体的な論点は棚上げとされたままである。このように、本提案はあくまで試論に過ぎず、議論の余地は多いに残されている。だが、こうした多様な部門の活力を活かして人々のスポーツ施設利用を脱商品化するという発想は、昨今の社会政策全般に通底するものであり、一考の価値があるだろう。

付記

　本稿では、笹川スポーツ財団が実施した「スポーツライフに関する調査」の結果の元データを譲り受け、分析を行った。データをご提供いただいた笹川スポーツ財団に、深く謝意を表したい。

【注】
1)　たとえば1990年の文部省体育局通知「スポーツ振興対策の改善について」は、全国20都道府県のうちの79市町村のスポーツ施設整備状況を調査し、この設置基準の達成率を試算している。それによると、この基準をクリアした市町村は、運動広場で88.6％、コート（テニスコートおよびバレーコート）で72.2％、体育館で69.6％、柔剣道場で57.0％、水泳プールで60.8％に過ぎなかった。また草深（1973, pp.62-63）は、そもそも設置基準となる基礎数字に不備があり、都市部も地方部も含めた全人口のうちの50％程度しかこの計画中に含められていないと指摘する。
2)　その変容の理由について様々な要因が指摘されているが、ここでは加藤（2016, pp.25-28）を参考として、ごく簡単に2点のみ挙げる。第一は、経済のグローバル化である。すなわち、ヒト・モノ・カネなどの国際的移動が容易になるにつれて、中央政府が自国民のみの生活を保障することの正当性が揺らぐと同時に、自国企業の国際競争力の強化が政策目標として掲げられるようになり、諸資源がそちらに振り向けられるようになった。第二に、ポスト工業社会への移行である。これは、具体的には製造業中心経済からサービス業中心経済への移行、人口

構造の変化、社会政策プログラムの成熟化、女性の社会進出による男性稼得者モデルの変容といったものである。これらの要因によって、実態としても理念としても、国民に対する再分配を軸とした社会政策のあり方が変容せざるを得なくなった。

3)　変容圧力を受けた後の福祉国家をどのように呼称するかは、論者によって様々である。たとえば加藤（2016）は「競争志向の福祉国家」と呼んだが、他にも二宮（2013）は、税制、再分配の方法、社会保障の方法という観点から、その理論・政策面での志向性ごとに「グローバル競争国家」、「ポスト福祉国家」、「新福祉国家」と呼び分け、前者ほど新自由主義路線に親和的な国家と規定した。本書では、二宮のような国家の性格という意味合いを含めず、単純に 1970 年代までの福祉国家とは変質した現代的国家という意味で「ポスト福祉国家」という表現を用いる。

4)　本稿では、中央政府や地方自治体などを「公共部門」、市場や家族などを「民間部門」、そして共同体や NPO などを「非営利部門」と呼び分ける。なおスポーツ施設の場合には、市場によって供給された施設に加えて、企業が自社従業員のために整備する施設も存在する。広い意味ではいずれも民間部門による施設ということになるが、一般的な語法に従い、前者を「民間施設」、後者を「職場施設」と呼ぶ。

5)　たとえば成熟社会論の立場をとる碇井（2014, pp.59-60）は、社会サービスの供給の主体を国家から地方自治体、住民へと移行していくことによって、国家の財政的困難と社会サービス供給の非効率を克服する提案をしている。一方、公共部門による十分な社会サービスの分配を実現するための財政的裏付けを強める方向性の議論としては、法人税率を引き上げることで大企業の負担を求める議論（二宮, 2012；後藤, 2012 など）や、中央銀行が国債を買い取り、それを雇用に投資することで完全雇用を達成し、需要を喚起することで経済成長を促すという議論（松尾, 2018 など）など、様々な議論が存在する。また、本稿が執筆された 2019 年現在の自由民主党政権下で実際に進行しているのは、消費増税による社会サービスのための財政的裏付けの強化である。

6)　ただし新川（2009, p.62）は、自由主義レジームは社会福祉の供給を市場に任せるのみであって、国家が積極的に階層化を推し進めるわけではないとし、このレジームにおける階層化は低位であるとしている。

7)　新川（2015, p.2）は、福祉国家とは国家の役割が強いという福祉レジームの一つの類型であり、福祉レジームという発想は、厳密には福祉国家と呼べない国々を論じるうえで都合が良いと述べる。そしてそのことは、福祉国家が目指すべき範型としての輝きを失ったポスト福祉国家期における福祉供給を考えるうえで、重要な視点を提供できると考えている。

8)　本稿の取り扱う対象に比較的近接した、住宅というインフラの供給を脱商品化の視点から分析した研究の例として、佐藤（2009）を挙げることができる。佐藤は、日本における住宅供給の仕組みを日本型住宅保障システムと呼び、近年の住宅政策が脱商品化の方向性に逆行していることを示した。すなわち、従来住宅供給を脱商品化する役割を果たしてきた都市基盤整備公団や住宅金融公庫といった組織が近年改組・廃止され、住宅供給や住宅金融において公共部門の役割が大幅に後退した。近年の住宅政策においては、市場がその中心となり、公共部門はその補完に役割を限定されるようになった。

9)　日本におけるスポーツ施設の供給・利用状況を知ることができる統計調査として、「社会教育調査」と「体育・スポーツ施設現況調査」がある。前者は社会体育施設（公共スポーツ施設）および民間体育施設（民間スポーツ施設）について調査し、それぞれの施設数やその利用者数、そして公共施設の管理者の内訳などを知ることができる。後者は、前者の結果も一部活用しつつ、学校施設、大学・高専施設、民間施設、職場施設などの数を調査している。

　　これらの調査結果を用いる際には、いくつか注意すべき点がある。まず、公共スポーツ施設の定義が曖昧であり、流動的なことだ。つまり、「社会教育調査」では、調査年によって社会体育施設に加えて社会体育関係施設も個別に集計していたり、社会教育施設の付帯施設も集計する場合がある。さらに同調査では、同じ所在地にあるスポーツ施設は同一の調査票に

記入されるため、たとえばトレーニングルームと武道場とアリーナを併設した総合体育館は1ヶ所と集計されてしまう。また「体育・スポーツ施設現況調査」においても、従来は単体の施設のみを公共スポーツ施設として集計していたが、1990年調査より、公民館などの社会教育施設の付帯施設の数を合算するようになった。このように、主に公共施設の実数について、調査対象にぶれがある点に限界がある。

　またこれらの調査では、公共スポーツ施設の実数を調べるために、各市区町村の教育委員会に対して調査票を配布している。確かに、日本の公共スポーツ施設の多くは社会教育のために作られた教育施設であるが、実はそれ以外にも「公共スポーツ施設」は存在する。それは、都市公園として整備された運動公園や、障害者スポーツ施設などである。こうした教育委員会が所管していない施設については、調査から漏れた可能性が高い（笹川スポーツ財団,2013，p.4）。

　そしてそもそも、統計調査への信頼性の問題がある。本稿の草稿執筆後に、基幹統計における多くの不備が指摘された（朝日新聞，2019年1月25日など）。基幹統計の一つに指定されている「社会教育調査」は公表期日の遅延のみの不備とされてはいるものの、点検結果も含めてどこまで行政の発表を信頼してよいのかに疑義が残る。

10) ただし、大企業は自前で職場施設を整備できたが、小規模な企業にはそれが不可能であったり、また職種によっても職場施設の整備割合に差があった。こうして、当時は一部の大企業従業員のみに職場施設の利用可能性があり、その他の層の人々は職場施設を利用してスポーツを行うことがほとんどできなかった（笹生，2013）。

11) 同費用は、体育施設の建設・運営や体育振興のための予算とされており、厳密には施設整備のためだけの費用ではない。だが、一般的にインフラ整備がもっとも多くの予算を必要とすることから、この費用の大半は施設建設費であったと推察できる。

12) 脱商品化に関する分析では、より短い周期で調査が実施されている「社会教育調査」の結果を主に用いて、公共施設と民間施設を対比させる形で脱商品化度を算出した。その他の部門を除いた理由は、まず単純に「社会教育調査」においてその他の部門の施設が集計されていないことと、学校施設、大学・高専施設、職場施設は利用者が非常に少なく、スポーツ施設利用に占める割合が低いことによる。

13) 「社会教育調査」では、施設側より回答のあった数字のみを集計しており、実際にはさらに多くの民間施設が存在すると考えられる。たとえば2015年調査では、回答回収数14,987、回収率60.4％となっており、実際には14,987÷0.604≒24,813ヶ所の民間施設が存在すると推計できる。ここで示した数値は以上のように推計したものであるため、「体育・スポーツ施設現況調査」の結果と数値が異なっている。

14) ここで示した民間施設利用者数も、注13と同様に、各年度の調査結果として示された数値を回収率で除したものである。

15) 「社会教育調査」では、施設数は当該年の10月時点のものが集計されるが、施設利用者数はその前年度の実績が集計される。ここで示した1施設当たりの平均年間利用者数は、前年度の総利用者数÷当該年の総施設数で算出した。

16) ここで示した結果は、2人以上の世帯における、1世帯当たりの年間支出額である。ただし、1999年までは農村漁家を含めず、2000年以降はそれを含めた。物価の変動を統制するため、2010年を基準とする消費者物価指数で実質化して表した。また、2009年までスポーツ施設使用料として計上されていた金額は、2010年以降、ゴルフプレー料金、スポーツクラブ使用料、他のスポーツ施設使用料に細分化されたが、ここではこれらの合計を示した。

17) ただし、現在の人々のスポーツ参加においては、施設を利用しない種目の占める割合が非常に大きい。笹川スポーツ財団による「スポーツライフに関する調査2016」では、過去1年間における参加率の高い種目上位は、1位が散歩（31.7％）、2位がウォーキング（23.5％）、3位が体操（17.0％）であった（笹川スポーツ財団，2016，p.14）。これらはいずれも路上や自宅などで実施し、施設を利用しない場合が多い種目である。施設を利用しないスポーツ参加を脱

商品化されたスポーツ参加と判断するかどうかは、議論が分かれると思われる。この点は別稿で論じることとし、本稿では施設を利用したスポーツ参加に議論を限定する。本稿ではむしろ、こうした施設を利用しない種目に人気が集まっているにもかかわらず、施設利用の金銭負担が高まり続けているのはなぜなのかを問いたい。

18）ここで言うサービスとは住民の福祉増進という面から見たサービスの意味であり、間野（2007）の挙げた魅力的なプログラムの実施という意味でのサービスとは意味合いが異なる。

19）これらの団体は、一般的には「スポーツ振興事業団」などの名称が付された、地方自治体が設立し、地方自治体から出資を受けた団体が多い。

20）世帯年収を「分からない」と答えた者および無回答者は分析の対象外とした。

21）同調査では、対象者に対して最大 5 件まで、もっともよく実施するスポーツ種目を尋ねている。そこでは、実施した種目に加え、過去 1 年間の活動回数、その実施施設の設置種別（公共施設、民間施設、施設は利用しないなど）なども併せて聞いている。ここでは、各回答者が過去 1 年間にそれぞれの設置種別施設に何回足を運んでスポーツを実施したのかを整理し、施設を利用してスポーツを行った回数を算出した。なお、この計算方法には、6 種目以上のスポーツを実施した者について集計に漏れがあるという限界があるが、全回答者 3,000 名中 2,561 名が第 5 種目に回答をしなかったことから、大多数の回答者が 6 種目以上のスポーツに参加していなかったと考えられる。

22）日本トライアスロン連合と早稲田大学スポーツビジネスマネジメント研究所が 2014 年に実施した調査によると、トライアスロン大会参加者の平均自由裁量所得は月に 56,937 円であり、トライアスロンにかかった過去 1 年間の平均費用は 475,632 円であった（公益社団法人日本トライアスロン連合，2015，p.45）。

23）ここでは、人々のスポーツ参加の権利を十分に保障するために、中央政府を中心とした公共部門は何ができるかを問題としている。だが、そもそもこうした前提は、公共部門が人々の生活に介入する点において、公共部門の役割を縮減すべきとする立場から批判され得るものである。スポーツ論においてもこうした批判はあり、たとえば佐伯ほか（2018，p.31）は「スポーツプロモーションに政治の側の行政施策が明確に打ち出されていくことは、それ自体たいへん大切なことである。しかし一方で、本来自由な活動として自己の欲求を充足させる文化的な身体活動であるスポーツが、行政施策の積極的な対象となることは、半面（ママ）スポーツがどのような意味であれ、政治的課題の対象として一方的にコントロールされることをも意味している」と指摘する。こうした、そもそも公共部門が政策としてスポーツ施設整備に関与すべきかどうかという点も、今後議論されるべき課題であろう。ここでは、あくまで公共部門が主体となって人々のスポーツ参加を促進する場合の可能性について検討している。

24）民間部門が学校開放事業の運用を担うことは、制度上可能である。2004 年の文部科学省通知「公立学校における外部の人材や資源の活用の推進について」では、「学校施設の警備、清掃、プールや体育館等の保守、給食の調理などの業務や、学校施設の時間外一般開放の管理などについては、現行制度下においても、民間事業者に委託して実施することが可能となっています」とされている。こうした学校開放制度の運用における民間活力の利用可能性は広く知られてはいないが、本稿が執筆された 2019 年現在、学校教員の「働き方改革」の文脈でこの点が再度注目されている。たとえば 2019 年の文部科学省通知「学校における働き方改革に関する取組の徹底について」では「学校施設の地域開放に当たっては、地域の実態に応じ、（中略）業務委託や指定管理者制度による民間事業者等も活用した官民連携等の工夫により、管理事務における学校や教師の負担軽減を図りつつ、地域の財産である学校施設の地域開放を推進すること」とされている。

【文献】

Esping-Andersen, Gøsta, 1990, *The Three Worlds of Welfare Capitalism*, Oxford: Polity Press（= 2001、岡沢憲芙・宮本太郎訳『福祉資本主義の三つの世界』ミネルヴァ書房）。

Esping-Andersen, Gøsta, 1999, *Social Foundations of Postindustrial Economies*, Oxford: Oxford University Press（= 2000、渡辺雅男・渡辺景子訳『ポスト工業経済の社会的基礎：市場・福祉国家・家族の政治経済学』桜井書店）。

後藤道夫、2012、「構造改革が生んだ貧困と新しい福祉国家の構想」、渡辺治・二宮厚美・岡田知弘・後藤道夫『新自由主義か新福祉国家か：民主党政権下の日本の行方』旬報社、315-417。

Houlihan, Barrie and Rommetvedt, Hilmar, 2006, Comparing sport policies in economically developed countries, Research paper for presentation at The European Consortium for Political Research Joint Sessions of Workshops (Workshop 16, Sport, Politics and Public Policy) Nicosia, Cyprus, April 25-30, https://ecpr.eu/Filestore/PaperProposal/7bd9c6bb-0ce4-4e72-874c-57453de55d70.pdf, 2019 年 9 月 17 日参照。

加藤雅俊、2016、「福祉国家の変容から見る公私ミックス：経済的繁栄の実現と政治的正統性の確保を通じた社会統合」、松田亮三・鎮目真人編著『社会保障の公私ミックス再論：多様化する私的領域の役割と可能性』ミネルヴァ書房、17-41。

公益社団法人日本トライアスロン連合、2015、「2015 JTU Magazine」1、http://www.jtu.or.jp/magazine/pdf/2015JTUM_vol1.pdf, 2019 年 9 月 17 日参照。

草深直臣、1973、「国のスポーツ・レク政策の今日的課題：とくに『施設倍増緊急五ヶ年計画』とその財政的基盤」、『月刊社会教育』17(10)、60-67。

間野義之、2007、『公共スポーツ施設のマネジメント』体育施設出版。

丸山富雄・日下裕弘、1988、「一般成人のスポーツ参与と社会階層」、『仙台大学紀要』20、19-36。

松田亮三、2016、「社会保障の公私ミックス：新たな検討に向けて」、松田亮三・鎮目真人編著『社会保障の公私ミックス再論：多様化する私的領域の役割と可能性』ミネルヴァ書房、1-14。

松橋崇史・金子郁容、2012、「学校体育施設の有効的活用を実現するための『共有地のジレンマ状態』の解決：NPO 法人格を持つ総合型地域スポーツクラブの事例研究」、『体育・スポーツ経営学研究』26、35-51。

松尾匡、2018、「日本の左派がとるべき道：欧米反緊縮左翼台頭の背景とその政策」、『週刊金曜日』26（18）、20-23。

森川貞夫、2011、「スポーツにおける『新しい公共』：子どものスポーツを支えるのは誰か？」、『スポーツ社会学研究』19（2）、19-32。

内閣総理大臣官房広報室、1963、『調査報告書 スポーツに関する世論調査』。

内閣総理大臣官房広報室、1965、『調査報告書 スポーツに関する世論調査』。

二宮厚美、2012、『新自由主義からの脱出：グローバル化のなかの新自由主義 VS. 新福祉国家』新日本出版社。

二宮厚美、2013、「競争国家か福祉国家かの対抗関係」、二宮厚美・福祉国家構想研究会編著『福祉国家型財政への転換：危機を打開する真の筋道』大月書店、1-22。

西山隆行、2015、「自由主義レジーム・アメリカの医療保険・年金・公的扶助」、新川敏光編著『福祉レジーム』ミネルヴァ書房、95-105。

佐伯年詩雄・中澤眞・菊幸一、2018、「社会の中のスポーツ」、財団法人日本スポーツ協会『公認スポーツ指導者養成テキスト 共通科目 II』（第 17 刷）、13-31。

作野誠一、2007、「地域スポーツ経営研究の課題：環境認識から環境醸成へ」、『体育・スポーツ経営学研究』21、27-32。

笹川スポーツ財団、2013、『公共スポーツ施設の整備財源と維持補修費に関する研究』。

笹川スポーツ財団、2016、『スポーツライフ・データ：スポーツライフに関する調査報告書』。

笹生心太、2013、「高度経済成長期における労働者間のスポーツ参加格差に関する一考察：職場スポーツ施設整備とスポーツ参加率に着目して」、『スポーツ社会学研究』21(2)、79-88。

佐藤岩夫、2009、「『脱商品化』の視角からみた日本の住宅保障システム」、『社會科學研究』60（5・6）、117-141。

澤井和彦、2012、「運動・スポーツを行う場所：公共スペース利用の拡大」、笹川スポーツ財団『スポーツライフ・データ：スポーツライフに関する調査報告書』、34-40。

関春南、1997、『戦後日本のスポーツ政策：その構造と展開』大修館書店。

新川敏光、2009、「福祉レジーム分析の可能性：戦後日本福祉国家を事例として」、『社会政策』1（2）、
　　49-63。

新川敏光、2015、「福祉レジーム論の視角」、新川敏光編著『福祉レジーム』ミネルヴァ書房、1-6.

総合研究開発機構、1980、『社会サービスの産業化』。

武川正吾、2007、『連帯と承認：グローバル化と個人化のなかの福祉国家』東京大学出版会。

筒井淳也、2017、「市民社会と公共性」、盛山和夫・金明秀・佐藤哲彦・難波功士編著『社会学入門』
　　ミネルヴァ書房、49-63。

通商産業省産業政策局、1990、『スポーツビジョン 21』。

内海和雄、2005、『日本のスポーツ・フォー・オール：未熟な福祉国家のスポーツ政策』不昧堂出版。

内海和雄、2013、「スポーツ・フォー・オールと福祉国家」、『広島経済大学研究論集』35(4)、29-
　　61。

碓井敏正、2014、「成熟社会と革新運動：憲法・福祉・労働・教育・組織論」、碓井敏正・大西広編著『成
　　長国家から成熟社会へ：福祉国家論を越えて』花伝社、49-79。

山下高行、2009、「企業スポーツと日本のスポーツレジーム」、『スポーツ社会学研究』17(2)、16-
　　31。

八代勉、2002、「古くて新しい学校体育施設開放事業の意味を問い直す」、『みんなのスポーツ』
　　279、11-14。

第3章

「新しい統治性の主体」の萌芽
―自由時間政策から時間と健康の自己管理へ―

青野桃子

はじめに

　本稿では、日本において、余暇が自由時間へと政策的に読み替えられてきたことと、その活用目的に注目する。そして、自由時間が生活全般を覆うものになり、生活における選択や消費といった場面で、自ら生活の質を高めるような決断を強いられている「新しい統治性の主体」が表れはじめていることを明らかにする。

　最初に、1970年代後半から1990年代後半にかけての自由時間政策の流れと、その特徴を概観する。その際、新自由主義型自由時間政策の議論を参照し、生活全体に拡大した自由時間が、新自由主義的社会を支える主体の形成に利用されていることを確認する。次に、近年のワーク・ライフ・バランスの議論から、自由時間が引き続き「活用」すべき個人の資源として、とらえられていることを指摘する。その後、健康管理の実践の一つとしてのウォーキングと、生活自体を「主体的」に管理するものとしての手帳について、それぞれ検討する。最後に、ナンシー・フレイザーの「新しい統治性の主体」の視点から考察を試みる。

1. 労働時間の区分の変化―賃金との対応関係の消滅

　2018年6月に、「働き方改革関連法」が成立した。なかでも争点になっていたのが、高度プロフェッショナル制度（以下、「高プロ」）の導入についてである。労働法の立場からは、「今の労働時間規制では、上級の管理職は『管理監督者』

と扱われ、規制が緩められています[1]。（中略）高プロは経営者に近いとは限らない労働者を規制から外すという意味で、全く新しい制度」だと指摘されている。そして、次のような理由で、労働時間の規制が重要であるという。

　労働契約は「私の労働力をあなたに売る」契約ですが、「私」は家族や友人との生活、地域との関わりを通じて人生を豊かにする自由と権利を持つ人間でもあります。<u>「私の時間」と「あなたのための時間」を区別するのが労働時間規制の役割</u>であり、労働時間の管理は使用者の基本的義務です。裁量労働制でも高プロでも働き手が労働時間を管理することになりますが、<u>仕事の量を決められない働き手は、二つの時間を区別するきっかけを失ってしまう</u>（朝日新聞 2018.3.12。以下、下線、〔　〕内は引用者付記）。

　高プロでは、労働者自身のための時間と雇用主のための時間の境界がきちんと定められておらず、地続きになってしまうことが問題視されている。また、高プロに関して撤回を主張する弁護士の棗一郎は、高プロが「過労死促進法案」であると指摘し、「定額働かせ放題」になることを懸念している（東京新聞 2018.6.21）[2]。

　詳細については今後省令で定められるため、展開を注視していく必要があるが、この法案は突然提案されたものではない。内容としては、第一次安倍晋三内閣時、2007 年に導入が目指されていた「ホワイトカラー・エグゼンプション」と、ほとんど同じものである。その原型とされているのが、2005 年 6 月 21 日に一般社団法人日本経済団体連合会（以下、「経団連」）が出した、「ホワイトカラーエグゼンプションに関する提言」であった。そこでは、労働時間概念と労働時間管理について、以下のような意見が表明されている。

　ホワイトカラーの仕事の特性を考えると、<u>賃金と労働時間の長さとを関連させている現行の労働時間法制には大きな限界があり</u>、ホワイトカラーについては、こうした労働時間と賃金の直接的な結びつきを見直す時期にあるといえる。とりわけ、労働時間の厳密な算定が困難な業務、裁量性の高い業務に従事するホワイトカラーについては、一定の要件を満たすことを条件に、<u>少なくとも賃金と労働時間とを分離することが急務</u>といえよう（一般社団法人日本経済団体連合会，2005，p.5）[3]。

　つまり、賃金と労働時間の対応関係を解消させるべく、ホワイトカラー・エグゼンプションの制度が提案されている。それは、食事、睡眠等生理的必需時間・労働時間・自由時間の区分[4]を、無価値化させることとも考えられる。ところが自由時間に注目すると、ホワイトカラー・エグゼンプションの議論が提起される以前から、自由時間の柔軟化と広範化は少しずつ進められてきていることがわかる。そのため本稿では、自由時間の意味づけられ方に注目し、自由時間が生活全般を覆うものになり、その生活のなかで後述する「新しい統治性の主体」が要請されてきていることを指摘する。

2. 自由時間政策とは何か─余暇の「積極的」な読み替え

　本節では、日本の政策のなかで、余暇が自由時間へと読み替えられてきた過程と、そこに付与されてきた意味を確認する。戦後、日本で総合行政として余暇政策が開始されたのは、1970 年だとされている（瀬沼克彰，2003，p.61）。しかし、オイルショック後には「余暇どころではない」といわれたために政策は停滞し、余暇は「自由時間」として議論されていた。1976 年に経済企画庁国民生活局に設けられた「自由時間充実対策研究会」は、研究討議を重ねた結果をもとに、1977 年 7 月『これからの生活と自由時間─その現状と対策の方向─』（以下、『これからの生活と自由時間』）を取りまとめている。その背景には、当時「経済社会環境の変化や国民意識の変化等をふまえ、国民生活の充実やゆとりある社会の形成に資するため、自由時間の現状を分析し、これからの自由時間対策の方向を究明することが当面する大きな課題であると思う」という認識があった（経済企画庁国民生活政策課編，1977，まえがき）。市井吉興は、「自由時間は『労働と余暇』という二元論を乗り越える概念として新たに構築されたもの」であったと指摘している（市井吉興，2006，p.78）。

　実際に 1977 年の『これからの生活と自由時間』の内容を見てみると、自由時間については次のように説明されている。

　　かつて自由時間はどちらかと言えば、残余の非労働時間、あるいは労働、すいみん等の時間以外の余った時間とみられ、主として労働を補完する意味をもつ時間という面からのみ、価値をもつとされてきた。しかし、高度に発達した現代社会の態様に照らして、もっと積極的にその機能の主体、つまり人間自体の面からみるならば、自由時間は自己の時間資源の使い方につ

いて意思決定しうる自由裁量時間として、また自ら参加し、自ら束縛すべき活動を選択する自由が存在するという意味の自由選択時間や自由行動時間として、定義づけられるのではなかろうか（経済企画庁国民生活政策課編，1977，p.2）。

そして、生活時間のなかには、①「何のために、どんなことをするかという意味での自由度の高いもの」、②「単なる余暇ではなく、生活のなかに組み込まれた必需的時間」、③「広く地域社会形成にとって必須の時間」という、三つの特徴を持つ時間が含まれる（同上書，pp.2-3）。

また「自由時間対策の範囲と考え方」については、「自由時間は、その内容が個人の主体的判断にゆだねられるものであるから、その使い方は、際限なく多種多様である」ため、「自由時間対策の範囲は、人間として、社会生活を営む者としての自覚の基に、個人個人にとってもまた社会全体にとっても有意義な個人的、集団的行為が対象となろう」という（同上書，pp.160-161）。その対策の範囲は、公共、民間、個人の役割に分けられ、公共の役割・対策は「自由時間活動機会の公平を確保すること」であり、「ハード・ソフト両面の各種条件整備を進めること」にあるとされた。ただし、「この条件整備については、すべてを公共が行なうのではなく、公共が積極的に企画して自ら推進してゆくべき性質のものと、民間が主体となって推進するほうがよりよい効果をあげうるものとがある」と説明されている（同上書，p.161）。つまり、「機会の公平」の確保は公共の役割とされるが、そのために、「民間主体」が必要なこともあるということだ。その意識は、以下の説明からもうかがえる。

　　現状では民間産業による開発が公共よりも先行しており、このため自由時間活動は市場メカニズムに委ねられている結果、時間多消費型より所得多消費型となっている。従って、公共においてこれを供給促進する道もあるが、他方、公共の持つ理念と、民間の持つ新しい技術開発の能力、サービス向上意欲等公共、民間の長所をもったセクターとして公共民間混合型の事業主体とか、営利を目的としないで、広く一般の人々の利便に供している団体による対応の方法がある（同上書，p.163）。

これが「第3のセクターと呼ばれる官民混合型の団体」であり、「公共と民間が共同して積極的に育成していく必要がある」とされる。さらに、公共・民

間によって与えられた条件を、どのように組み合わせるかは個人の問題とされ、「それぞれが持つ自由時間充実のための能力は社会に還元すること」まで、求められている（同上書，p.163，165）。

　ここでみておかなければならないのは、「個人」の側面が非常に強調されていることである。余暇における「個人の自由」は、これまでにも唱えられており、余暇はあくまでも個人の問題であるとの意見も見られた。その一方で、1960年代後半の余暇政策においては、余暇施設の整備など、政策による「余暇ミニマム」の保障という観点も維持されていた。しかし、自由時間政策においては、余暇機会の政策的保障といった観点は後景に退いている。そして、それを補完するものとして、「個人個人が、知識、技術、学習等のトレーニングを行ない、個人として自由時間充実のための知識や基礎的技術、能力の涵養を図ることが必要」とされるのである（同上書，p.165）。自助努力をさせ、国家的負担を減らそうとの意識は、自由時間の充実に期待できる効果の例として、「スポーツ等の自由時間行動を通じて健康阻害からの自律的解決や現代病の予防が図られるならば（中略）それは増大する国民医療費（〔昭和〕50〔1975〕年度見込み、6兆4700億円）等の社会負担を軽減することともなり、引いては福祉の向上に資する」と説明があることからもわかる（同上書，p.6）。

　その後1980年代には、1987年の「総合保養地域整備法」（リゾート法）に象徴されるように、ハード面での整備がすすめられた。また、1986年『人生80年時代における労働と余暇』（1984年度経済企画庁から余暇開発センターへの委託研究）では、高齢社会を想定したうえで、生涯生活時間の配分の提言がなされている（経済企画庁国民生活局編，1986，p.5）。1986年「国際協調のための経済構造調整研究会報告書」（前川レポート）、1988年「経済運営5カ年計画」では、年間総労働時間の削減も目指されるようになる。さらに、1990年の国民生活審議会総合政策部会（余暇・生活文化委員会）最終報告書『豊かな時を創るために：新しい余暇社会と生活文化の創造に向けて』では、「経済運営5カ年計画」を受けて、「快適でゆとりがあり、かつ、年齢、性別、個々人の経歴によって異なるニーズに柔軟に対応できる経済社会システムの形成」が基本方針に置かれ、余暇拡大のための施策として、年次有給休暇の完全取得や残業の削減などが提言された（経済企画庁国民生活局編，1990，p.35）。つまり、高齢社会や国際協調などその要因は多岐にわたるが、労働時間を削減し、生涯の生活時間の配分を見直すことで、人々に生活の豊かさを得させようとする風潮が、当時存在していたと言えるだろう。

ところが1990年代になると、バブル崩壊後の経済不況により、余暇政策は大きな変更を迫られることになる。1997年には、経済企画庁余暇・生活文化室が市民活動室に改組された。その後、1999年に財団法人余暇開発センターから発行された『時間とは幸せとは：自由時間政策ビジョン』（以下、『時間とは幸せとは』）では、余暇に関して明確な方針転換が行われた様子が見て取れる。『時間とは幸せとは』は、「1973年以来推進してきた『余暇開発政策』を新しい『自由時間政策』へと転換するための基本的な考え方を盛り込んだ"バイブル"のようなもの」として発行された。ここでは、「人の生涯の時間」が「その人に与えられた時間資源」ととらえられており、「生活者一人一人が自らのライフスタイルを選択し、多様なライフスタイルをもった人々により構成される多様な社会を構築しよう」、「国民一人一人が自らのライフスタイル創造について"夢"と"意思"をもって行動することが基本である」との考えが前提とされている。さらに、これまでの余暇のとらえ方を「明日の労働のためのレクリエーションの時間」、「経済成長の成果を余暇・レジャーとして享受するための時間」とし、それに付加すべき考え方として「成熟社会での新しい余暇・レジャーのための時間」、「知識社会における新しい余暇や投資のための時間」、「ケア世界におけるケアや投資や移転のための時間」を提示している。そして、「活動種類に関わりなく、柔軟な時間配分が可能な時間、あるいは自由を感じられる時間」を、自由時間と呼んでいる（財団法人余暇開発センター，1999，刊行に当たって、pp.2-3，5，38，43）。以上のように、自由時間政策で提起された新たな自由時間像では、あらゆる活動が余暇として認識される可能性があった[5]。

　この点について、市井は次のように批判している。

　結局のところ、『自由時間政策ビジョン』が私たちに求めたことは、労働・雇用問題や社会保障・社会福祉における「個人の主体的な時間管理によるフレキシブルな対応」である。しかも、そこで想定された私たちのライフスタイルとは、「私たちは平等に時間を持っている——事実、金持ちも貧乏人も、男性も女性も、老いも若きも、健常者も障害者も1日＝24時間という時間だけは、平等に与えられている——から、あとは、それを自己責任のもとに、自由に、かつ有効に使って自己実現を成し遂げる」ということとなる。このような新自由主義型自由時間政策のもと、日本型構造改革はさらに加速し、私たちは「安定的な経済成長確保とそのための労働力再生産のコスト削減を

めざす社会システムへの参加を余儀なくされている」と言わざるをえない(市井吉興, 2007, p.268)。

さらに「日本における新自由主義的な福祉国家政策の再編には、『時間』を日本社会の再生産構造の貴重な資源とし、私たちの生活時間をコントロールする新自由主義型自由時間政策が不可欠であった」とも指摘している (市井吉興, 2011, p.324)。つまり、それまで労働の外に存在していた余暇が自由時間へと読み替えられ、そこに様々な意味が付け加えられることにより、個人の時間は資源に変化させられてきた。「時間資源」を持つ個人は、その自由時間を主体的に活用し、労働・雇用問題、社会保障・社会福祉の問題に対応するように強いられている。しかし翻って見れば、これは『これからの生活と自由時間』(1977)のなかで説明されていた、余暇の自由時間への読み替えと同じ発想であり、それが『時間とは幸せとは』においても連綿と続いていると理解できる。そして同様の考え方は、ワーク・ライフ・バランスの議論でも継続している。

3. ワーク・ライフ・バランスの議論
―時間の「価値」を高めるということ

ここでは、近年のワーク・ライフ・バランスの議論に注目し、自由時間を「有効活用」する試みが、現在まで継続していることを見ていく。2007 年 12 月に、「仕事と生活の調和(ワーク・ライフ・バランス)憲章」と「仕事と生活の調和推進のための行動指針」が、関係閣僚、経済界・労働界・地方公共団体の代表者等からなる「仕事と生活の調和推進官民トップ会議」において策定され、2010 年 6 月に改定された (内閣府, 2018, p.22) [6]。仕事と生活の調和が実現した社会とは、「国民一人ひとりがやりがいや充実感を感じながら働き、仕事上の責任を果たすとともに、家庭や地域生活などにおいても、子育て期、中高年期といった人生の各段階に応じて多様な生き方が選択・実現できる社会」である。具体的には、①「就労による経済的自立が可能な社会」、②「健康で豊かな生活のための時間が確保できる社会」、③「多様な働き方・生き方が選択できる社会」とされる (同上書, p.24)。そして、多様な選択を可能とするため、仕事と生活の調和の必要性は、以下のように説明されている。

　個人の持つ時間は有限である。仕事と生活の調和の実現は、個人の時間の

価値を高め、安心と希望を実現できる社会づくりに寄与するものであり、「新しい公共」の活動等への参加機会の拡大などを通じて地域社会の活性化にもつながるものである。また、就業期から地域活動への参加など活動の場を広げることは、生涯を通じた人や地域とのつながりを得る機会となる（同上書, p.74）。

ここで言われている「新しい公共」とは、「行政だけでなく、市民やNPO、企業などが積極的に公共的な財・サービスの提供主体となり、教育や子育て、まちづくり、介護や福祉などの身近な分野で活躍することを表現するもの」のことだという[7]。仕事と生活を調和させ、人々が各個人の持つ、限りのある時間の質を高めることによって、社会づくりに寄与し、地域社会が活性化することが目指されている。ここでは身近な問題に対して、「やりがい」「充実感」といった、個人の主観を対置させており、問題の原因を社会的な部分に求めるのではなく、個人的なものとしていると読み取れる[8]。これは『時間とは幸せとは』で提起された、個人の生活時間を「時間資源」と捉え、社会的な問題に対して個人に柔軟な対応を求める立場と同じだろう。

さらに注目したいのは、「個人の持つ時間は有限」であり、仕事と生活の調和を実現することで、「個人の時間の価値を高め」ることが目指されている点である。「個人の持つ時間」といった場合には、時間は量的に把握されているが、「価値を高める」といったときには質の問題へと転換されている。これまでは、たとえば仕事と余暇の間では、1日24時間という限られた時間の取りあいが行われていたが、その境界をめぐる争いは意味をなさなくなる。井上俊は、「『現実の有用な変更』をめざす活動である仕事が必然的に現実的・社会的な波及効果をともなうのに対し、その種の波及効果をほとんど気にしなくてもすむのが遊び」であったが、「遊びが日常化し、日常が遊び化する状況のなかで、こうした〔遊び論の〕言説のスタイルがかつてほど説得力をもたなくなっている」という（井上俊, 1995, p.13, 15）[9]。つまり、余暇と労働の境界が曖昧になることで、余暇について検討すること自身の批判性は失われてきている。

余暇と労働の区分が不明瞭になればなるほど、画一的な時間管理はできなくなり、個人の主体的な時間管理が必要になる。ノルベルト・エリアスは「社会的な時間制度という外的な強制がこのように個人のなかに一生涯続く自己強制のパターンに変貌することは、文明化の過程がどのようにして社会的な習慣となって顕在化し、個人の個性構造の統合的な要素になるかを示す好例であ

る」と説明している（ノルベルト・エリアス，1996，pp.11-12）。時間というの
は社会的なものであるが、それがあたかも「主体的」で「自主的」な判断であ
るかのように、個人の習慣となって自己強制のパターンとして身についていく
と言える。さらに「時間の位置決定機能は次なる機能、つまり、行動と感情の
調節手段としての機能と結びつくのである。（中略）ここでは独特のやり方で、
個人の外からの調節と自己調節が噛み合っている」とも言う（同上書，pp.35-
36）。人々が時間管理をするときには、自由時間の活用をうながす社会的強制力
と、他者との関係性のなかで自由時間を「有意義」なものにしたいと考える個
人の感情、さらに自由時間における自己管理の行動、この三つが混ざり合って
いる状況だと考えられる。

4. 自己管理をうながす健康のための活動
―ウォーキングへの政策的注目の高まり

　自由時間の自主的な活動を引き出すことで、時間の価値を高め、さらに身体
の自己管理の習慣化を肯定的に捉える観点は、健康管理の場面でみられる。具
体的には、地方自治体の健康政策として表れつつあり、とくに近年増加してい
るのが、ウォーキングをポイント化し、健康改善に役立てる施策である（朝日
新聞 2017.6.28）。ここからは、そのような取り組みの例として、神奈川県横浜
市の「よこはまウォーキングポイント」を取り上げ、そこではどのような主体
像が想定されているかを検討する。
　横浜市は「健康日本 21（第 2 次）」の地域施策として、ウォーキングポイン
トの制度を 2014 年 11 月に開始している。横浜市は「健康寿命　日本一」を目
標として掲げており、「健康スタンプラリー」「シニアボランティアポイント」
と並ぶ健康づくりの取り組みとして、ウォーキングポイントを位置づけている。
この制度では、参加希望者が窓口、郵送もしくはインターネットを利用してエ
ントリーし、歩数計を受け取る。それを小売店などに設置されたリーダーにの
せることで、歩数に応じたポイントが加算され、そのポイントを使ってプレゼ
ントの抽選に参加できる。さらに、参加者の歩数の合計によって、世界食糧計
画（WFP）への寄付もされる。そのように、「日常生活の中で気軽に楽しみな
がら、継続して」取り組めるように制度が設計されている（横浜市, 2015, p.1）。
　まずは、2017 年 12 月に出された『平成 29 年度「よこはまウォーキングポ
イント」参加者アンケート結果報告書』を参照し、実施状況を確認する。参加

者は、2016年3月時点で約16万人となっており、2017年3月には約23万人を超えていることから、徐々に浸透してきていると言える[10]。報告書によれば、参加者の28.5％はもともと運動習慣がなかったという。そして運動していなかった人の半数弱が今回の制度に参加することで、運動習慣をつけ、継続できているとの結果が出ている（横浜市，2017）。これらは、横浜市が設定した当初の目標通りである。

　ここではとくに、人々が参加する理由と彼らの健康感のアンケート結果に注目したい。まず、歩数計使用理由（複数回答）としては「歩数を確認して健康づくりに役立てているから」が70.4％、「歩数計をもつことが習慣になっているから」が54.8％である。また、第三位の「歩数データやランキングを見て楽しんでいるから」（26.9％）、第四位「抽選で景品が当たるかもしれないから」（24.2％）のように、健康を目指すのとは異なる目的をもった参加者もいることがわかる。ここから、本来の目的である健康増進については、一部の参加者にはあまり意識されておらず、歩くという行動が「楽しみ」として受け入れられ、「習慣」になっている状況が明らかになる。健康のための努力が、楽しみとして受け入れられている様子は、事業に感じる魅力（複数回答）として、63.9％の人が「楽しみながら健康づくりできるところ」と回答していることからもわかる。

　次に、健康感についてみてみたい。参加前に「どちらかというと健康ではなかった」と回答した人の5.1％が参加後には「健康である」、41.2％の人が「どちらかというと健康である」と回答している。参加前には「健康ではなかった」と回答している人でも、1.4％が参加後「健康である」、16.9％が「どちらかと言うと健康である」と回答している。このアンケートでは、健康についてはメタボリックシンドロームの診断の有無など、生活習慣病についても設問があるが、健康寿命の基準[11]のなかでは「健康だと感じること」は重要なポイントである。健康寿命を延ばすという目標に照らしてみれば、意識を改善できたことこそが大きな意味を持つ。

　この横浜市の取り組みは、厚生労働省の第5回（平成28年度）「健康寿命をのばそう！アワード」の生活習慣病予防分野で厚生労働大臣自治体部門の優秀賞を受賞している。このアワードについて、評価委員長の永井良三は「多くの国民が健康に過ごされるためには、私たち一人ひとりが生活習慣に気をつけ、家庭・職場・地域などで継続して健康づくりを行うことが大切です。生活習慣病は適度な運動とバランスのとれた食事、禁煙などにより、ある程度は予防す

ることができます。これらの生活習慣に気をつけることが何よりも重要」と述べている（厚生労働省，2016，p.3）。ここでは、「一人ひとりが生活習慣に気をつけること」が強調され、地域で継続した取り組みをすることが求められている。それらの点で、横浜市の方策が「健康日本 21」の方針に沿ったものであることがわかるだろう。というのも、健康日本 21（第 2 次）の目標項目一覧、別表第五では（2）身体活動・運動として、①日常生活における歩数の増加、②運動習慣者の割合の増加、③住民が運動しやすいまちづくり・環境整備に取り組む自治体数の増加が掲げられている（厚生労働省，2012，p.12）。そして、厚生労働省による健康寿命をのばす「スマート・ライフ・プロジェクト」では、「運動」「食生活」「禁煙」の三つの分野について、具体的なアクションが提示されている。そこでは「毎日 10 分の運動をプラス」と呼びかけられており、日常のなかで歩く時間を増やすことが推奨されている（スマート・ライフ・プロジェクト事務局）。つまり、健康日本 21 を忠実に再現し、政策的な意図に則った実践が、横浜市のウォーキングポイントであると言えよう。2018 年 4 月からは、各個人のスマートフォンに導入できる歩数計アプリの配信も開始されており、個々人の生活改善・意識改革をうながす政策は、今後も進展していくと考えられる。

　以上のように、横浜市の試みは国の健康政策の地域施策の典型例とみることができるが、本稿の視点から、さらに二点指摘しておきたい。第一に、健康という身体の状況が、個々人の「健康である」という感覚、そして生活と強く結びつけられるようになった点である。健康を客観的な指標によるものではなく、質の問題とすることで、個々人が健康の価値や意味をとらえなおし、健康に対して主観的な評価を下すことが可能になる。ワーク・ライフ・バランスが達成された社会は、「健康で豊かな生活のための時間が確保できる社会」だというが、このウォーキングポイントの仕組みでは、生活のなかに健康のための活動が入り込んでいるため、特別な時間を別個に設ける必要はなくなる。ウォーキングポイントの参加者は、運動をするための時間を捻出することなく、普段の暮らしのなかで「少し意識を変えただけで」、適度な運動をしたことになり、ポイントを獲得できる。つまり、今の暮らしを維持したままで、意識を転換し、同じ行動に新たな意味を見出すことで、健康管理という自己の身体管理が「自然に」できるようになる。

　第二に、健康を目指す努力が「楽しみ」と認識されていることにより、その努力は「自主的」で「主体的」なものになり、運動・活動を継続的に行う効果

をもたらす点である。この点について、バウマンはデイヴィッド・ライアンとの共著『私たちが、すすんで監視し、監視される、この世界について』のなかで、「自分専用のパノプティコン」をつくることと表現している（ジグムント・バウマン, デイヴィッド・ライアン, 2013, p.84）。これまでは、フーコーが『監獄の誕生』で議論した「一望監視システム」のように、見えない看守を個人がそれぞれ意識することで、監視システムが成立していた。しかし現在では、看守も囚人も自分自身であり、自己監視と自己抑制を繰り返しながら、自ら練りあげた「あるべき姿」、たとえば「健康な私」を目指してまい進している、と推測されよう。

　自己管理をうながし、健康に向かって「主体的」に行動させる方策は、国レベルでもみられる。2018年3月に、スポーツ庁の官民連携プロジェクトとして、「FUN+WALK PROJECT」が開始された。プロジェクトの概要には、「歩くことをもっと楽しく、楽しいことをもっと健康的なものに変えていきます。人生を楽しんでいたら、いつの間にか健康になっている」と説明があり、楽しいことを継続し、無意識のうちに健康になることが目指されている。国レベルでもウォーキングが注目されている理由は、スポーツ庁長官の鈴木大地の発言からも明らかである。

　　スポーツ庁が実施した世論調査によると、成人の週一回以上のスポーツ実施率は、前年度から上昇傾向にあるものの目標に掲げている65%に対して51.5%で、20～50代が全体の平均を下回っているという状況です。20～50代のビジネスパーソンは、8割が運動不足を感じているというアンケート結果も出ていますが、運動不足を感じながらまとまったスポーツ時間が取れないという現状があるようです。このようなビジネスパーソンに対して、通勤やランチタイムといった隙間時間を活用して歩くことを促進するのが『FUN+WALK PROJECT』です（FUN+WALK PROJECT 普及実行委員会, 2018）。

　つまり、スポーツのためにまとまった時間を確保するのではなく、今ある自由時間のうち人々が「活用」し切れていない隙間時間に運動させ、健康だと感じさせようというプロジェクトである。また、個人のスマートフォンにダウンロードさせたアプリで、運動を管理することによって、個人のこれまでの徒歩による移動を数値化させ、実はすでに「健康のための運動」をしていたと認識

を転換させることができる。さらに、アプリのなかで歩数に応じてキャラクターが変化したり、ポイントがクーポンに交換できるなど、運動それ自身とは異なる目的や価値を付け加えることで、運動に興味をもたない層にも働きかけている。それは、健康日本 21 の目的の一つ、今まで運動をしていなかった人を掘り起こし、運動習慣者を増加させることとも合致している。キックオフイベントで紹介された、企業での取り組み事例のなかには、健康促進活動ごとにポイントを付与し、ポイント数に応じて商品やサービス、寄付など社会貢献に活用できる「健康ポイントプログラム」などもある。隙間時間を健康の為に活用し、さらにポイントに換算することで、これまでは見えなかった時間に価値が付与され、隙間時間が「質」的にも向上させられていく状況がうかがえる。

　企業レベルでの取り組みとしては、伊藤忠商事の「健康経営」も紹介しておきたい。伊藤忠は 2013 年に朝型勤務を導入し、2016 年には経営戦略のひとつとして「伊藤忠健康憲章」を作成、2016 年、2017 年には「健康経営銘柄」[12]に選定されている。具体的には、禁煙治療費の全額補助化や、ウェアラブル端末と健康管理アプリを活用した「スタイルアッププログラム」、ウォーキングイベントなどを実施しているという。施策担当者は「健康経営のための施策は色々とアイデアがありますが、弊社社員が仕事と両立しながら取り組めるということや、はじめは社員が楽しみながら健康習慣を身に着けてもらうことも大事だと思っています」、「健康になるためのきっかけ作りや環境整備をまず会社が行い、その後の自己管理のツールを提供し、健康に対する意識づけを継続的に行う」と説明している（ドコモヘルスケア，2018）。そこからは、企業レベルでも健康管理と楽しみを結び付ける意義が認識されており、社員の自己管理に向けた仕組みづくりが進められている状況がうかがえる。企業が社員の健康について配慮することの背景には、人材確保、福利厚生の意図があるのはもちろんのこと、健康管理を通じて自己管理のできる社員を養成することも、目指されているのではないだろうか。

　横浜市のウォーキングポイントと、FUN+WALK PROJECT に共通していることとして、健康のための活動をポイントに置き換え、そこに他の目的や価値を付与することで、参加者が自ら進んで、習慣的に活動できるような仕組みにしている点が指摘できる。つまり、人々は「生きがい」や「やりがい」にも似た、「楽しみ」という個人の感情や意識に訴えかけられることで、自主的に自己管理をするようにうながされている。それは、自由時間への読み替えのなかで要請されていた、「自らのライフスタイル創造について "夢" と "意志" をもって行動

する」主体像と酷似している。

5. 時間管理と自己管理の結節点—生活全体を包み込む手帳術

　時間管理と自己管理、さらに楽しみを結び付けるツールとして、近年広がりを見せているのが手帳である。手帳については、個人の趣味の問題とも捉えられるが、そのフォーマットや使い方には、それぞれの時代の働き方や生き方が反映されていることも多い。

　牧野智和は、日常生活に自己啓発が侵入する様態について検討しており、そこで着目するのは、手帳の使用法について論じている「手帳術本」である。「手帳術本には現代における時間感覚の母型が示されている」という。手帳術本は、後述するように1979年から見られるが、2010年代に至るまで、手帳術本の主張は大きく変わらず、「手帳の使い方に正解はないが、いい使い方とそうでない使い方がある。いい使い方をするポイントは、自分の使用目的や好みに合わせて選ぶこと、そして自分で使い方を創意工夫すること」だと説明している。そして、手帳術の系譜をたどっていくと、「その主張の『意味するところ』が変わって」きており、「正解はないのでいい使い方を自分で選び考えようとされる際の、『いい使い方』として示される用途・技法のバリエーション、『選び考える』ことのできる範囲がそれぞれ変容する」と指摘している（牧野智和,2015, p.164, 167-168）。牧野はブルデューのいうディスタンクシオン（差異・卓越化）の理論枠組みに基づいて、①望ましい日常や目指されるべき状態という「掛金＝争点」、②いい使い方をめぐる分断線という「差異」、③批判対象に注目した「闘争」、④そこから作り出される「界」の4点に注目した分析をおこなった。その時代的変遷について、表1のようにまとめている（同上書, p.205。表内の①②③④は引用者付記）。

　手帳の使い方を主内容とする国内初の著作は、『能率手帳』〔現「NOLTY」ブランド〕の発売30周年を期して、日本能率協会によって募集された懸賞論文を素材として編まれた、『誰も教えてくれなかった上手な手帳の使い方』（1979）である。そのときには、様々な用途が羅列されているだけであり、「後代に比べると表層的な水準、限定的な範囲で『自分の使用目的や好み』の選択が促されていた、と牧野は解釈している。1980年代にブームになったと言われるシステム手帳は、バインダー式でリフィルが交換できるところに一番の特徴がある。それまでの「おしつけ」（つまり既成）の手帳ではなく、自分の仕

表1

時期／手帳類型	①掛金＝争点	②差異	③闘争	④界の形成
1979年時点	不分明	自覚的活用（正統的技術不在）	―	初の手帳本
システム手帳論	手帳の最適な構成	自覚的活用（カスタマイズ）	従来の綴じ手帳批判	手帳をめぐる言論の創出
手帳術本一般	効率的・俯瞰的時間管理、情報処理習慣構築	自覚的活用（技術的実装）	従来的用法批判	ビジネス領域への文脈化
夢手帳	夢の導出と実現	夢への態度	目標不在の手帳批判	オリジナル手帳ブーム
ほぼ日手帳	かけがえのない日常の祝福	積極的解体へ	夢手帳の批判	CGM[13]的コミュニティの活用
2000年代後半以降	望ましい日常の自己決定	無数の選択肢から最適な選択	紙の手帳の批判、見直し	無数の用途、技法による飽和

事や生活に合わせた「理想の手帳」を自分でつくることができるようになった（同上書，p.169，171）。その後、手帳術本が多数出版されるようになり、それらはビジネスの文脈から語られていることが多い。主要な論点は、手際よくスケジュールとタスクをこなす時間管理である。それぞれの労働者が個人の「成果」を求められるなかで、自ら時間管理をする必要が出てきている。

　手帳は「日本人の時間感覚、仕事観、精神史」を明らかにするとの立場から、舘神龍彦は明治時代から現代までの手帳の系譜を解説している。舘神は、年玉手帳（企業が構成員向けに発行していた手帳）が減少する1990年代に、「有限の資源として立ち現れた時間を、能率的に使うための道具としての役割」が新しく手帳に与えられた、と分析した。その新しい手帳の使い方を提示したのが、専門的な解説書とともに売り出された、「有名人手帳」であるという。舘神はその代表例として、1996年に発売された、経済学者の野口悠紀雄による「『超』整理手帳」を挙げた（舘神龍彦，2018，p.4、81、85）。野口は大蔵省出身の経済学者であり、新自由主義改革を主導したイデオローグとも言われている。野口が手帳の使い方を通じて描いた、新しい時間観を確認してみたい。

「『超』整理手帳」の発売に先立ち出版された『続「超」整理法・時間編：タイム・マネジメントの新技法』では、野口の時間感覚が明らかにされている。そのなかで提案されている時間管理の方法のうち、特に重要とされるのが、①スケジュール表を一覧性のあるものにすること、②連絡を文書で行うこと、の二つである。これらによって「手帳を受動的な備忘録から、スケジュール管理

の道具へと進化させる。そして仕事の重要度に応じた時間配分、不確実性への対処などを適切に行なう」ことができるようになり、「連絡にかかわる無駄な時間を節約できる。それだけでなく、仕事の流れを主体的にコントロールできるようになるだろう」と考えられている（野口悠紀雄，1995，p.270）。また、このようなノウハウが必要になったのは、「産業構造の変化によって、タイム・マネジメントの意味が変わってき」ており、「複雑なスケジューリングが必要とされるようになった」にもかかわらず、「これまでの時間管理のノウハウは、現代社会の要請に必ずしも答えていなかった」からだという（同上書，pp.14-15）。ここでは、手帳が仕事を主体的に管理し、不確実性に対応するためのツールとなっている。さらに、本稿で論じてきた、新自由主義型自由時間政策に通じる視点もみられる。それは「時間は増やせる」という考え方だ。「一日二十四時間は、必ずしも絶対的な制約ではない」といい、「四十八時間にするためのノウハウ」は「他人の時間を買うこと、他人の時間を分けてもらうこと、そして、他人に使われている自分の時間を取り戻すこと」であるとする（同上書，pp.192-193）。「『超』整理手帳」は様々なバリエーションを経ながら現在も販売されており、このような野口の時間感覚が、手帳というかたちを伴って、この時期から広まっているといえるだろう。新自由主義型自由時間政策が、産業構造と就業形態の変化に関連していることからも、当時、このような時間感覚が受け入れられる素地が整い始めていたと推察される。

　2000年代前半には、夢を実現するための「夢手帳」という新たな手帳が登場してくる。夢や目標の達成は、以前から手帳の活用目的に含まれていたが、それが主として前面化してきたものだという。この時期の手帳術を端的に表しているのが、ワタミグループ創業者渡邉美樹の主張であり、「手帳を活用しつつ夢を追うなかで人格を磨くことが人生の目的だとされるとき、手帳術の習得を放棄することは、夢を諦めるという精神的な弱さとして、また人格を磨くことの放棄という倫理的怠惰の問題として位置づけられてしまうのである」と牧野はまとめている（牧野智和，2015，pp.192-193）。そのような夢手帳の対極に位置するのが、なんでもない一日を大切に、楽しく、自由に過ごすことを目指す、「ほぼ日手帳」になる。ほぼ日手帳は一日一ページの手帳であり、「なんでもない日」を大切にするというコンセプトからつくられていることから、「現在に（再）照準しようとする」ものであった（同上書，p.196）。ここではスケジュール管理は目的のひとつにすぎず、手帳の使用者が日々を過ごすことこそがコンセプトになっている。

　2000 年代後半以降も手帳術本は刊行され続けており、技法は際限なく増殖しているという。その「無数の用途、技法」のなかには、いわゆる生産性を上げる時間の使い方から、「なりたい自分になる」ことまで、幅広い目的が含まれている。牧野はその点について、「いまや手帳術は、数多の日常への向き合い方のバリエーションを備えて、つまり日常からあらゆる方向へとその網目を行き渡らせ、各所で理論武装し、技術もまた実装して、私たちがその『世界』に迷い込むのを待ち構えるようになったのである」と指摘している（同上書, p.203）。つまり手帳術は、手帳という具体的なツールを通じて、個人が時間の使い方に向き合い、自ら管理することをうながしているのではないだろうか。

　手帳を使用した自己管理は、子どもの暮らしにも広がってきている。『勉強しない子には「1 冊の手帳」を与えよう！』の著者、石田勝紀が開発した「はじめての子ども手帳」では行動をポイント化し、自己管理、習慣化させる仕組みがつくられている。書き方の例では、「『やるべきことを書いて消す』以外に、この手帳をどう使うかは、きみの自由！」としながらも、「今週がんばりたいこと」や「1 日のポイント合計を書いておこう」と具体的な使用法を提案している（株式会社ディスカヴァー・トゥエンティワン，2017，p.46）。重要なのは、表向きは子どもの自主性を重視したうえで「自分で」、学習やお手伝いの習慣を付けさせ、最終的には自己管理ができる子どもを育成しようとしている点である。お手伝いをポイント制にすることで、子どもは「初めはポイントのために動くが、そのうち達成感を味わいたくなる。動機が内発的なものに切り替わる」と説明されている（産経ニュース 2018.3.21）。つまり、生活の中のあらゆる行動が手帳に列挙されることで可視化され、さらにポイントに変換されることで、子どもは親に強制されるのではなく、自ら進んで勉強やお手伝いをやるようになるということだ。楽しみと管理を一体化させる試みは、中高生の学習面でも見られる。たとえば、いろは出版が 2018 年 3 月に発売した「スタディプランナー」は、一日ごとの勉強の目標、成果を書き込む学習記録帳である。これは、中高生が勉強専用の SNS アカウントで勉強の様子を共有するブームに呼応している。このような商品は他社にも広がりを見せており、「"しんどいことの娯楽化"に成功」と評価されている（日経 TRENDY 編集部，2018，p.133）。これらは、先述した横浜市のウォーキングポイントや FUN+WALK PROJECT のアプリと同じ仕組みであり、最初は景品やクーポン、他者からの SNS の「いいね」という承認や評価が目当てであっても、その活動から楽しみや達成感が得られるようになり、次第に自主的で内発的な行動に変わっていくことが目指

されている。人々は、ポイント制を通じた数値化や、「楽しみ」に訴えかけられる仕組を通じて、それぞれの自由時間を読み替え、そこに新たな価値や意味を見出しはじめている。そのようにして、自由時間のなかでの「自発的」で「主体的」な自己管理が進んでいくのだ。

まとめにかえて──「新しい統治性の主体」の萌芽

これまで見てきたように、自由時間は「自由裁量時間」「自由選択時間」「自由行動時間」さらには「活動種類に関わりなく、柔軟な時間配分が可能な時間、あるいは自由を感じられる時間」と位置づけられ、その対象範囲は広範かつ曖昧になってきている。近年では高プロに象徴されるように、労働時間と賃金の関係は切り離され、「私の時間」の区分は困難になっている。それでも、何を自由時間とするのかという判断は、各個人にゆだねられている状況である。本稿では、健康管理や時間管理の局面で、「楽しさ」という感覚や、ポイント制による数値化を通して、積極的な自己管理が広がっていることを確認した。そのように自ら選択し進んで従う主体について、「新しい統治性の主体」の視点からはどのように見えるのだろうか。

ナンシー・フレイザーは、「たとえ現代社会がポストフォーディズム的で、したがってポスト規律訓練的であったとしても、それは疑似フーコー的な視点から有益に分析されうる」として、その三つの課題を以下のように提示している。

第一の重要な課題は、ポストフォーディズム的規制の国境横断的な性格を概念化することである。第二の課題は、その分散し市場化された様式の統治性への増大する依存を理論化することである。第三の課題は、その特徴的な介入の対象、主体化の様式、抑圧と自己規制の混合を含む、独自の政治的合理性を分析することである（ナンシー・フレイザー, 2013, p.172）。

この第一の課題は、グローバリゼーション研究の範疇にあり、第二の課題はあらゆる問題の判断基準として、経済的な合理性が前提とされている、現在の状況を分析する必要がある。本稿でとくに注目したいのは、第一と第二の課題とも連続する第三の課題についてである。フレイザーは、ニコラス・ローズ（Rose, 1996）を参照しながら、「ヴィクトリア朝の個人化するノーマライゼー

ションの主体でも、フォーディズムの集合的福祉の主体でもないこの新しい統治性の主体は、積極的に責任を引き受ける行為主体である。（市場の）選択の主体である、サーヴィスの消費者であるこの個人は、自らの決定を通じて自らの生活の質を高めるよう強いられている」という（ナンシー・フレイザー，2013, pp.174-175）。

　つまり、「新しい統治性の主体」は選択や消費といった場面で、自ら生活の質を高めるような決定を強いられている。これは、本稿で検討をすすめてきた、個人の「時間資源」である自由時間の使い方を「主体的」に選択し、その価値を高めるようにうながされ、実際には社会的に強制されている人々の姿と符合している。このアンビバレントな状況について、ローズは同じくフーコーの議論から、「合理性と統治のテクノロジーにおけるこれらの変容には、自分を自分で管理すること、すなわち未来に向けて注意深い眼差しで自分の安全を保護するという、個人の責任に次第に重点を移すことも含まれる。これらの移行は、まさに健康の領域においてこそ効果的なのである」と説明する（ニコラス・ローズ，2014, p.13）。それまで、国家に代表される統治の形式的装置によって行われてきた健康の管理が、自律化、自己責任化の流れのなかで、「自分で自分を管理する」個人へと振り分けられるようになってきている[14]。

　同様の議論として美馬達哉は、クライアントの役割が、従来の臨床医学では「受動的な患者」であったが、リスクの医学においては「健康増進の主体」となっていると指摘している（美馬達哉，2012, p.47）。フーコー自身も、統治性について説明するなかで「必要となるのはもはや統制することではなく管理することなのです。この管理の本質的目標は物事を妨害するということであるというより、必要かつ自然な調整が働くようにはからうこと、さらには自然な調整を可能にする調整をおこなうということになります」という。そうすると、最後には「主権者ないし統治の権力・簒奪・乱用に対して個人がもつ正当な権利としての自由のことではなく、統治性自体に不可欠な一要素となった自由」の書き込みが生じてくるとする（ミシェル・フーコー，2006, p.436）。健康について言えば、国家が国民の健康を管理し、健康の規範にあてはまらない国民を直接取り締まるのではなく、現代では国家によって提示され広く流布された「健康像」を目指して、国民それぞれが「主体的」に行動するよう「調整」されていると言えるだろう。

　フーコーの知見から展開される身体の政治学では、スポーツ社会学の分野において、ジョーン・ハーグリーヴズらに代表される「規律権力論」が長い間優

勢であった。それに対して、「これらの諸研究は既に存在する規範や社会関係を前提にしてしか、身体の政治性を語れないという問題を抱えてしまう」との指摘が出てきた（高尾将幸，2010，p.75）。その結果、近年は「統治性論」を取り入れた研究もすすめられており（高尾将幸，2014）、さらに統治性論を援用した「アドヴァンスト・リベラリズム」を分析視角として用いた研究もある。金子史弥は、イギリスのニューレイバー政権の地域スポーツ振興を分析し、そのような政策がとられたのは「アドヴァンスト・リベラルな統治を支える『個人』と『コミュニティ』を構築する役割、すなわち『統治のテクノロジー』としての役割を地域スポーツに期待したためであったように思われる」とまとめた（金子史弥，2012，p.73）。この場合、これまで国家が行ってきた統治を地域スポーツにまかせることで、その地域の「個人」と「コミュニティ」が、アドヴァンスト・リベラルな統治にふさわしいものになることが想定されている。では、その統治を支える「個人」とはどのようなものであろうか。高尾は、〈自立〉という語を通して要請される主体の姿について、「その欲望を満たすために他者に依存することのないよう、自らの能力の最適化を図るアクティブな主体」だとし、「重要なのは、そうした最適化の実践が社会や制度への貢献になると信じて、それを喜ぶことができるという道徳的な主体が想定されている点である」と指摘している（高尾将幸，2014，p.266，268）。

　本稿で提示した自由時間と健康管理の状況に当てはめてみれば、現代の人々は、実際には限られた自由時間を質的に高め、「主体的」に活用しようとしている。そのとき、自由時間は「自らの決定を通じて自らの生活の質を高めるように強いられている」局面として捉えることができる。しかも、ウォーキングや手帳の例からは、もはや「強いられている」のではなく、その行動に自ら「楽しみ」を見出し、そこから「達成感」を得ている個人が出現しつつあることがわかる。本稿でみてきたように、その自主性は社会や制度のなかで作り出されたものであり、人々は自由時間での選択について、主体的であるように仕向けられてきた。エリアスは、『諸個人の社会』のなかで「自己規制の社会的様式(パターン)は、その人間が所属する世代によって、また——広い意味で——その人間が所属する社会によって決定される」という（ノルベルト・エリアス，2000，p.3）。個人が内的に抑制をおこなうとき、実際には外的にその人を規定している、世代や社会の視点からの分析も重要である。

　本稿では、余暇が自由時間へと政策的に読み替えられており、生活全体を覆う自由時間が、新自由主義を支える主体の形成に利用されているとの前提に

立っていた。そのなかで、人々が自由時間を「活用」し、その価値を向上させるようにうながされている状況を指摘した。そのような動きは、健康管理の局面でとくに見られた。ポイント制による数値化と可視化、「楽しみ」や「達成感」といった主観に訴えかける仕組みづくりが進められることで、自ら進んで自己を管理する主体が形成され始めている。そこでの選択や決定は、一見自由で主体的なものであるが、実際には人々が所属している社会に規定されている部分が多い。そのように「新しい統治性の主体」の形成が進められる一方で、自由時間を社会のために活用しない／できない存在を、排除する状況が進行している問題については、今後検討していく必要がある [15]。

【注】

1) 「管理監督者」自体も、残業代や労働時間管理の対象外となる労働者を増やすために、使用されている可能性がある。たとえば、日本マクドナルド「名ばかり店長」の訴訟がある。店長が管理監督者に当てはまるか否かが争われた。東京高裁で 2009 年 3 月に和解が成立している。朝日新聞「『名ばかり』認め和解　マック、店長に残業代」2009 年 3 月 19 日朝刊 37 面。

2) 一方、高プロ創設の立場に立つ竹中平蔵は「時間内に仕事を終えられない、生産性の低い人に残業代という補助金を出すのは一般論としておかしい」と持論を展開している。長時間労働の裏側にある「生活時間の確保」問題については、浅倉むつ子（2017）を参照。

3) 今回の働き方改革関連法案では、データの異常値の問題などで削除された裁量労働制についても、経団連は早期の法案再提出を要請している。

4) 余暇の時間的定義については、ブライトビルの研究を参照した（Brightbill, 1960, p.4）。余暇の定義に関しては、時間だけでなく、活動、精神に注目したものなど、様々な研究が見られる。余暇を自由時間として考える場合、計量的な把握が容易であるとの利点がある。一方、「食べることと眠ることは、生物学的な必需とは反対に時には任意な要素を持っていること、また生計上の仕事と自分自身の判断や選択に従っての時間の使用とは必ずしも相互に排除しあうものではない」という批判もある（スタンリー・パーカー，1975，p.30）。

5) 2001 年に、通商産業省余暇開発室は経済産業省サービス産業課になり、2003 年 3 月には『時間とは幸せとは』を発行した余暇開発センターが、自由時間デザイン協会への組織改編を経て、解散になった。余暇専門の機関はなくなり、余暇を扱った政策は不明瞭な状況になっている。予算に関しても、2000 年以降は余暇関係予算ではなく、ボランティア関係予算へと項目が変更された。そのため、内部の担当者でなければ、どれが余暇関係予算であったのかわからない状況であるという（瀬沼克彰，2003，p.200）。

6) ワーク・ライフ・バランスの議論が開始されたのは自民党政権下である。しかし、2009 年に政権交代を果たした民主党も新自由主義的発想を持っており（渡辺治，2007）、2012 年に自民党に再び政権交代したあとも、ワーク・ライフ・バランスの政策は継続しているため、近年の特徴的な動きとして本稿で取り上げることにした。

7) 詳しくは、「新しい公共」円卓会議（2010）を参照。

8) たとえば、シルバー人材センターでは「シルバー人材センター（〔以下〕センター）とは、高年齢者が働くことを通じて生きがいを得ると共に、地域社会の活性化に貢献する組織です」「センターでの働き方は『生きがいを得るための就業』を目的としていますので、一定した収入（配分金）の保証はありません」とその立場が説明されている（公益財団法人全国シルバー人材センター事業協会）。

9) 井上俊は、M. チクセントミハイの「フロー」概念、遊びのなかで人がしばしば経験する「楽しさへの没入感」、「全人格的に行為に没入している時に、人が感ずる包括的感覚」を検討した。そして、「仕事と遊びという頑なな二分法」を揺るがし、「日常とは無関係な『遊び』のみが楽しく、真面目な日常の仕事はつらい試練として耐え忍ばねばならぬものだ」という固定概念、あるいは「文化的定義」を「フロー」概念が否定した点を評価している。一方で、仕事と遊びの境界を見失う危険があることも指摘した（井上俊，1995，p.12）。

10) ただし、2016 年 5 月 1 日時の横浜市の人口は約 373 万人であり、参加者数はまだ 1 割に満たない。また、年齢や地域によって参加度に差がみられる。

11) 健康寿命の測定方法はいくつかあるが、健康日本 21（第 2 次）には「『日常生活に制限のない期間の平均』のみならず、『自分が健康であると自覚している期間の平均』についても留意することとする」とある（厚生労働省，2007，p.8）。横浜市では「健康上の問題で日常生活が制限されることなく生活できる期間」と定義している。

12) 経済産業省と東京証券取引所は、従業員の健康管理を経営的な視点で考え、戦略的に取り組んでいる企業を「健康経営銘柄」として選定し、公表している（経済産業省「健康経営銘柄」）。

13) Consumer Generated Media：Social Networking Service（SNS）など利用者によるメディアのこと。

14) 人間が主体（サブジェクト）化され（＝服従を強いられ）ていることについては、ミシェル・フーコー（1984）を参照。

15) たとえば、産業医学の観点からは、ライフスタイルに焦点を置いた職場の健康増進活動に関して「ライフスタイルの大合唱が労働のあり方から目を逸らす役割を果たしはしないであろうか。『健康な生き方以外は認めない』とする健康ファシズムにまで発展しないであろうか」と指摘されている（河合信，1989，p.323）。

【引用・参考文献】
朝日新聞「『名ばかり』認め和解　マック、店長に残業代」2009 年 3 月 19 日朝刊 37 面。
朝日新聞「『高プロ』ってどんな制度？　緒方桂子・南山大法学部教授に聞く」2018 年 3 月 12 日朝刊 26 面。
朝日新聞「歩いて健康もポイントも」2017 年 6 月 28 日朝刊 27 面。
朝日新聞「過労死防止に逆行　日本の姿」2018 年 6 月 30 日朝刊 39 面。
浅倉むつ子、2017、「なんのための労働時間短縮なのか」『世界』2017 年 11 月号。
「新しい公共」円卓会議、2010、『「新しい公共」宣言』。https://www5.cao.go.jp/npc/pdf/declaration-nihongo.pdf（最終閲覧日 2018 年 12 月 3 日）
Bauman, Zygmunt and Lyon, David, 2013, *Liquid Surveillance: A Conversation*, Polity.（＝伊藤茂訳、2013、『私たちが、すすんで監視し、監視される、この世界について：リキッド・サーベイランスをめぐる 7 章』青土社。）
C. K. Brightbill., 1960, *The Challenge of Leisure*, Englewood Cliffs, N.J.：Prentice-Hall.
Csikszentmihalyi, Mihaly, 1975, *Beyond boredom and anxiety*, Jossey-Bass Publishers.（＝今村浩明訳、1979、『楽しみの社会学：不安と倦怠を越えて』思索社。）
ドコモヘルスケア「伊藤忠が語る健康経営の秘訣は、『すぐに結果を求めない』こと？」、2018、https://www.d-healthcare.co.jp/business-column/staff-column20180405/（最終閲覧日 2018 年 7 月 1 日）
Elias, Norbert, herausgegeben von Michael Schröter, 1988, *Über die Zeit*, Suhrkamp Verlag.（＝井本晌二・青木誠之訳、1996、『時間について』法政大学出版局。）
Elias, Norbert, herausgegeben von Michael Schröte, 1991, *Die Gesellschaft der Individuen*, Suhrkamp Verlag.（＝宇京早苗訳、2000、『諸個人の社会：文明化と関係構造』法政大学出版局。）
Fraser, Nancy, 2008, *Scales of justice : reimagining political space in a globalizing world*, Polity.（＝向山恭一訳、2013、『正義の秤（スケール）：グローバル化する世界で政治空間を再想像すること』法政大学出版局。）
Foucault, Michel, 1983,'The Subject and Power,' Hubert L. Dreyfus and Paul Rabinow, *Michel Foucault : Be-*

yond Structuralism and Hermeneutics, University of Chicago Press.（＝渥海和久訳「主体と権力」『思想』No. 718、1984 年 4 月。）

Foucault, Michel, 2004, *Sécurité, territoire, population : cours au Collège de France (1977-1978)*; *édition établie sous la direction de François Ewald et Alessandro Fontana, par Michel Senellart*, Gallimard : Seuil.（＝高桑和巳訳、2006、『安全・領土・人口：コレージュ・ド・フランス講義 1977-1978 年』筑摩書房。）

FUN+WALK PROJECT 普及実行委員会「『FUN+WALK PROJECT キックオフイベント』レポート」、2018 年、https://funpluswalk.jp/special/fpw-kickoff-20180301/（最終閲覧日 2018 年 3 月 27 日）

市井吉興、2006、「戦後日本の社会統合と『レジャー』：レジャー政策から自由時間政策への転換とその意図」『立命館産業社会論集』42（3）。

市井吉興、2007、「人間の安全保障としての『レジャー』をめざして：『新自由主義型自由時間政策批判』序説」『唯物論研究年誌』（12）。

市井吉興、2011、「新自由主義型自由時間政策の現在：政権交代・生活サポート型レジャー・休日分散化」有賀郁敏・山下高行編著『現代スポーツ論の射程　歴史・理論・科学』文理閣。

井上俊、1995、「生活のなかの遊び」『岩波講座現代社会学　仕事と遊びの社会学』岩波書店。

一般社団法人日本経済団体連合会、「ホワイトカラーエグゼンプションに関する提言」2005 年 6 月 21 日。

株式会社ディスカヴァー・トゥエンティワン、2017、『DISCOVER DIARY CATALOG 2018』。

金子史弥、2012、「アドヴァンスト・リベラリズムのもとでの地域スポーツの『統治』：イギリス・ニューレイバー政権の地域スポーツ政策」『スポーツ社会学研究』20（1）。

河合信、1989、「ライフスタイルよりもワークスタイル」『産業医学』31（5）。

経済企画庁国民生活局編、1986、『人生 80 年時代における労働と余暇』大蔵省印刷局。

経済企画庁国民生活局編、1990、『豊かな時を創るために：新しい余暇社会と生活文化の創造に向けて』大蔵省印刷局。

経済企画庁国民生活政策課編、1977、『これからの生活と自由時間：その現状と対策の方向』大蔵省印刷局。

経済産業省「健康経営銘柄」http://www.meti.go.jp/policy/mono_info_service/healthcare/kenko_meigara.html（最終閲覧日 2018 年 7 月 1 日）

公益財団法人全国シルバー人材センター事業協会 http://www.zsjc.or.jp/about/about_02.html（最終閲覧日 2018 年 10 月 3 日）

厚生労働省、2012、「国民の健康の増進の総合的な推進を図るための基本的な方針」https://www.mhlw.go.jp/bunya/kenkou/dl/kenkounippon21_01.pdf（最終閲覧日 2018 年 9 月 24 日）

厚生労働省（Smart Life Project 事務局）「第 5 回受賞プロジェクト事例のご紹介」、2016 年、http://www.smartlife.go.jp/common/pdf/award/award_05_01.pdf（最終閲覧日 2018 年 12 月 30 日）

牧野智和、2015、『日常に侵入する自己啓発　生き方・手帳術・片付け』勁草書房。

美馬達哉、2012、『リスク化される身体：現代医学と統治のテクノロジー』青土社。

内閣府、2018、「仕事と生活の調和（ワーク・ライフ・バランス）レポート 2017 多様で柔軟な働き方で、みんなが変わる、社会が変わる ～はじめの一歩は男性の家事・育児・介護から！～」、http://wwwa.cao.go.jp/wlb/government/top/hyouka/report-17/h_pdf/zentai.pdf（最終閲覧日 2018 年 3 月 27 日）

日経 TRENDY 編集部「Best30for2018」『日経 TRENDY』2018 年 12 月号。

Parker, Stanley, 1971, *The future of work and leisure*, MacGibbon and Kee.（＝野沢浩・高橋祐吉訳、1975、『労働と余暇』TBS ブリタニカ。）

Rose, Nikolas, 1996, "Governing "Advanced" Liberal Democracies," Andrew Barry, Thomas Osborne, Nikolas S. Rose, *Foucault and political reason: liberalism, neo-liberalism and rationalities of government*, UCL Press.

Rose, Nikolas, 2007, *The politics of life itself : biomedicine, power, and subjectivity in the twenty-first century*,

Princeton University Press.（＝小倉拓也・佐古仁志・山崎吾郎訳、2014、『生そのものの政治学：二十一世紀の生物医学、権力、主体性』法政大学出版局。）

舘神龍彦、2018、『手帳と日本人：私たちはいつから予定を管理してきたか』NHK出版。

産経ニュース「子供の手帳術　勉強もお手伝いも自分で管理」https://www.sankei.com/life/news/180321/lif1803210042-n1.html（最終閲覧日2018年7月1日）

瀬沼克彰、2003、『余暇事業の戦後史：昭和20年から平成15年まで』学文社。

スマート・ライフ・プロジェクト事務局（厚生労働省 健康局 がん対策・健康増進課）「スマート・ライフ・プロジェクトについて」http://www.smartlife.go.jp/about/（最終閲覧日2019年3月31日）

高尾将幸、2010、「身体と健康をめぐる政治学の現在：後期フーコーによる統治性論の射程」『スポーツ社会学研究』18（1）。

高尾将幸、2014、『「健康」語りと日本社会：リスクと責任のポリティクス』新評論。

東京新聞「延長国会『働き方』法案　対論　『残業代ゼロ』の是非は」2018年6月21日朝刊3面。

渡辺治、2007、「日本の新自由主義：ハーヴェイ『新自由主義』に寄せて」デヴィッド・ハーヴェイ『新自由主義　その歴史的展開と現在』作品社。

横浜市、2015、「よこはまウォーキングポイント」利用状況（中間報告）、http://www.city.yokohama.lg.jp/kenko/kenkopoint/271202siryou2.pdf（最終閲覧日2018年9月24日）

横浜市『平成29年度「よこはまウォーキングポイント」参加者アンケート調査結果報告書』http://www.city.yokohama.lg.jp/kenko/kenkopoint/29nendo/dai10kai/291213tyousakekkahoukokusyo.pdf（最終閲覧日2018年9月24日）

横浜市「平成30年4月スタート！歩数計アプリについて」http://enjoy-walking.city.yokohama.lg.jp/walkingpoint/application/#wpAnc00（最終閲覧日2018年7月2日）

財団法人余暇開発センター編、1999、『時間とは幸せとは：自由時間政策ビジョン』財団法人通商産業調査会出版部。

第4章

新自由主義の展開とスポーツ
―日常圏での「改革」はどのように進められ、それに対する対抗点をどこに見いだせるか―

山下高行

はじめに―未来の自治体は

　本稿では、これまで各章で述べられてきた論説をもとに、今日本のスポーツでどのような変化が生じているのか、とりわけ様々な領域で起こされて来ている新自由主義的政策転換がどのように生じており、そこにどのような問題が表れているのかを明らかにしていくこと。それに対して私たちはどのように対抗基盤を形成すべきか、その考え方や現実の可能性について考えることにしたい。

　本稿でとくに焦点を置くのは日常圏に生じている「公共サービスの市場化」という一連の政策転換の動向である。

　2018 年総務庁自治体構想研究グループより「自治体戦略 2040 構想研究会答申」という報告書が提示されている。この 2040 年構想を読むと現在進められている政策転換がどのような帰結を招くのか、その全体的なイメージを理解することができる。この答申＝報告書は一つの研究会によって作成された単なる研究仮説的なものではない。この答申は「首相官邸 HP」で公表されているものであり、また 2005 年にそのプロトタイプとして出された報告書の方はすでにいくつかの県で、それらの将来構想の基調として組み込まれている。つまりこの答申はこれまで進められてきた構造改革の延長上に見られる、未来の自治体の姿を示す戦略的意味を持っていると言える。

　では未来の自治体とはどのような姿となるのだろうか。最も目につくのは大

都市等の中核都市を中心に広域的な圏域によって構築された自治体の姿であり、そこでの公共サービスのほとんどが民間企業によって担われ、民間企業の参入が望めないその他の地方自治体の公共サービスは、住民やNPOによる運営が目指されるという姿である。ここでは、いま多くの自治体で行われている直営や公共団体を含めた準直営の形態は想定されていない。そのはずである。これら公共サービスの市場化（アウトソーシング）を進めるかわりに、他方、それに応じて自治体職員の半減が求められているからである。ではその中でこれからの自治体は何を役割とするのであろうか。そこで示されているのは自治体自らが「プラット・フォームビルダー」として、主体的に新しい公共私の協力関係を構築していくものへと転化していくことである。このようにして創られていく地域的関係を、報告書では「新しい公共空間」と呼んでいる。

　この構想は決して空想的なものではない。私たちはこの「改革」のプロセスの複雑さと情報提供の少なさのなかで、このような構想の現実性を未だ実感し得ていないように思える。あるいはこのような構想は、単によくある一つの未来都市のイメージと思ってしまうかもしれない。だが2020年の今日において、その構想のステップは確実に積み上がって来ている。この構想は既に1990年代からスタートしており、30年と言う改革のプロセスを経ているのである。

　では、もしこの2040年構想が実現されていくなら〜それをリアルに想像してほしいが、私たちの生活、教育や社会保障、医療、文化やそしてスポーツはどのようになっていくのであろうか。こう問うのは、言うまでもなく私たちの生活のかなりの部分は公共サービスに依拠して成り立っているからである。つまり自治体にいま起こされてきている「行政改革」という大きな政策は、私たちの生活や文化、スポーツを根本的に変えていく可能性を持っている。それは憲法で規定されてきた人権の実質的保障の内容を、著しく変えていくことが危惧されるものなのである。もちろんスポーツも間違いなくこの中にある。

　では私たちの生活を根底から変えるこのような改革は、なぜ起こって来ているのだろうか。またその性格はどのようなものなのか。このことによってどのような問題が生じうるのだろうか。そしてこれらに対する対抗点はどこに見いだせるのであろうか。これらを明らかにするため、本稿ではまず第一に、この改革とはどのようなものなのか、特にその本質的性格はどのようなものなのかを明らかにしていくことにしたい。第二に、さらにこの改革がどのような論理で、どのように進められているのか、その膨大なプロセスの中心となる考え方やその改革のプロセスを探ることでその基本的な考え方を示すことにしたい。

　なぜなら、この改革は単に制度の改変にとどまるものではなく、社会や人間観のありようまでに至る根本的なリセットを含んでいるからである。それゆえ単に一つの考え方が提示されているというだけではなく、この改革のプロセス自体の中にすでにラディカル（根底的）な考え方にもとづく変化とその実行が含みこまれている。そのことを明らかにしていくことで、この改革の深部に至る本質を明らかにすることが可能となるからである。第三に、本稿ではこのような改革とそこに生じる矛盾を明らかにしていく中で、最終的にはその対抗点はどこにあり、また何をすべきか、その道筋を明らかにしていくことを試みる。

　さて以上から、ここでの議論はまず公共サービスの市場化に焦点を置いた「改革」全般のプロセスとその性格についてについて述べることからはじめたい。そのような、「変革」全体に貫かれている共通した方針をまず理解し、その方法と問題認識を明らかにした上で、つぎにスポーツの領域で現れる問題を具体的にみていくこととしたい。なぜこのような叙述方法をとるかというと、この改革の重要な特徴の一つともなっているのだが、この改革自体は個別領域に限定されない、そのもの新自由主義的な考え方を一律に原則とした、「横串」方式とも言われるような仕方で強引にすすめられてきているからである。それゆえまずこの方式全体の性格とそれに基づいた改革の進め方を理解する必要がある。スポーツの領域での改革も、この中に位置づけられ一律にすすめられていくのである。それはこれまで日本のスポーツを支えていた存立構造を根本的に変化させる性格を持っている。それがどのようなものであるかは、現在の改革の進行状況を見ることを通して明らかにすることにしたい。

1. 構造改革と公共サービスの市場化

　本稿はまず公共サービスの市場化の動向一般に焦点を合わせ、このような動向がなぜ現れてきたのか、その本質は何かを明らかにすることから出発することにしたい。なぜならこのことを正確に理解しないと、とりわけスポーツの領域では、いま生じている改革動向が、第二臨調行革を経て通産省主導で現れた『スポーツビジョン 21』（1990）に典型的に示されるスポーツの新市場領域化の延長上に位置していると錯誤される可能性があるからである。ではそれとも異なるこの変化の性格は何なのか。端的に言えばそれは「構造改革」路線の中に位置しているということである。それについて説明したい。

1-1. 公共サービスの市場化―その出発点と本質的な性格

　公共サービスの市場化の方針は、90年代後半以降日本社会、経済の再編を
めざして提起された「構造改革」路線の中で登場し、今日の安倍政権のもとで
の「経済・財政一体改革」政策に至るまで、その構想の中核となる施策の一つ
として進められてきている。たとえば2015年の安倍政権で示された「骨太方針」
でも、次のように述べられている。「国民参加の社会改革である『経済・財政
一体改革』は、制度改革等により国民や企業等の意識、行動を変えることを通
じて、歳出抑制と歳入増加を目指すものであり…中長期的に大きな効果が期待
される。こうした点も踏まえ、先進事例の全国展開や地域差の是正に向け、『見
える化』や民間事業者の参画等により、公共サービスに対する需要を変えてい
く取組、公共サービスの供給を効率化する取組、経済を活性化し自治体の財政
力を高める取組等について、KPI（目標達成指数）を具体化して進捗を管理する」
（2015「骨太方針」下線部引用者）。この短い文章の中にその最終的な目的と手
法が凝縮されている。何よりその目的となるものは歳出抑制と歳入増加という
ことに他ならない。

　しかしここでの財政構造改革は単なる財政再建にとどまるものではなく、安
倍政権の喧伝する「世界で一番企業が活躍しやすい国」を創るという目的を併
せ持ったものである。すでにそのため、法人税減税や従来の累進課税制度の逆
を行く富裕層への減税措置を伴う税制体系への変更を行い、他方では消費税と
いう新税制を一般税へ転嫁することでその減少分を補う新自由主義型の税制体
系への変更がすすめられてきている。しかし、平岡の指摘するように膨大な赤
字を積み増してきている国債発行とその償還による財政赤字の拡大や、高齢化
社会化に向かっての財政出動の増大は、このような税制構造の変更のみではま
かないきれるものではなく、最終的にはグローバル大企業にとっての法人税減
税や様々に行われている減税措置を生み出す余力を乏しくし、それを消費税に
よっても補えるものではなくなって来ることは容易に推測し得る。したがって
この財政構造の改革は、税制体系の変更にのみとどまるものではなく、日本の
行財政全般、とりわけその歳入と歳出構造の全般にわたる根本的な改革が必要
となる。そのために現れてくるものが「行政改革」であると言えるである（平
岡和久、「地方交付税解体へのシナリオ「自治体戦略2040構想」の求める地方
財政の姿」白藤博行等2019所収，参照）[1]。

　だが注意しなければならないのは、この「行政改革は」80年代に同じよう
に行われた第二臨調行革とは異なり、そこでは本格的な新自由主義国家と社会

の形成が目指されていることである。そのため政府や地方行政に至る制度の根本的改革や税制体系の変更、さらにはこれらを強力に遂行していく中央集権的なトップダウン式の権力構造の形成、そして何よりこれらの根本的変革の基盤となる考え方—新自由主義的な原理が浸透していくことなど、社会、国家システムや人と暮らし等、全ての領域に至る全般的な改革が行われるようになる。それゆえ 2015 年骨太方針で表されるように「『経済・財政一体改革』は、制度改革等により<u>国民や企業等の意識、行動を変えること</u>を通じて、歳出抑制と歳入増加を目指すもの」（下線部引用者）と説明されるのである。それは単なる財政赤字への対応という技術的性格のものではないということを理解する必要がある。この意味では、80 年代の第二臨調行革時の、前川プランを基軸とした先端科学技術への産業構造のシフトとそれを支える内需拡大を一つの前提とした、21 世紀日本資本主義の将来ビジョン構想の定立を目指していた改革とも性格が異なっているのである。確かに現在の構造改革の発端は 90 年代に求められ、それは 80 年代中庸の第二臨調行革と時期的に近接していること。また現在行われている改革のかなりの部分が第二臨調行革にも現れていたことは確かである。それゆえ、特にスポーツ領域の場合にはしばしばその連続面の方に目が奪われがちになるのだが、その性格はかなり異なっていると見る必要がある。

　それでは何が短期間にこの変化を生み出したのだろうか。一つはバブル崩壊以降、日本経済が「失われた 20 年（30 年）」と称される長期経済停滞に入っていったこと。およびその原因ともなった世界経済のグローバル化の展開が予想以上に急速に進行していったことをあげることができる。英国やアメリカをはじめとする先進国ではすでに民営化と金融改革を中心とした大規模な改革が着手されており、日本の転換はその意味では遅れて開始されたと言っても良いであろう。80 年代の第二臨調行革時の社会経済的文脈では、日本は依然として圧倒的な経済大国であり、GDP も英国、フランス、最盛期にはさらにドイツをも合計した以上の規模に達していた。課題となるのは特にアメリカを中心とする貿易摩擦の拡大と NIES（新興工業経済地域）の急激な追い上げに対してどのように 21 世紀日本資本主義の方向を構築していくかであった。当時の答申等を読む限り、必ずしもグローバル・コモディティチェーンを形成するような工場や資本の海外移転等、グローバル化する経済への対応は中心的な施策としては予定されていなかったと考えられる。90 年代初頭のバブル崩壊以降急激に生じた経済の長期停滞はこのような構想の根本的な再編を必要としたの

である。

　さて、90年代から開始される構造改革は、そのような、厳しい経済環境が前提となっている。しかしその対応は相対的には二つの方向としてあらわれる。一つは、より直接的に経済停滞を克服するため、従来型の政府の財政出動を伴った新市場形成等を目指していく経済対策的な面と、他方根本的な新自由主義的社会形成を一気に押し進めようとする方向とである。渡辺治の分析にあるように、たとえば2001年に作り出された小泉政権は、「自民党をぶっ壊す」と言う首相のラディカルな発言に現れているように、その批判のむいている矛先は、従来の保守層の権力基盤であった土建行政と揶揄された保守的再分配政策の解体であり、その権力基盤を一掃するものであったと言える。したがってこの段階での構造改革を巡る議論は、新自由主義的改革を推し進める「革新派」と従来の構造に依拠する「守旧派」との対立という性格が含まれていたと言える（以上渡辺治，2005参照）。「公共サービスの市場化」という政策もこの両方の立場を基盤として現れてくる。

　この公共サービスの市場化は英国などで進められていたPPP方式（パブリック・プライベート・パートナーシップ：公民連携）を参考に、日本ではPPP/PFI方式（PFI：プライベイト・ファイナンス・イニシアティブ）として展開される[2]。長年PPP推進に関わってきた日本総合研究所の井熊均らも、この推進を定めたPFI法が設置された背景となった政策に関して、直接的な「危機に瀕していた日本経済にたいする経済対策」と、その原因ともなった「旧来の構造の改革」の双方の流れが存在していたことを指摘している（井熊均，石田直美，2018）。両者は政策的に対立する側面を持っており、当初PFI法は、「金融危機の下、民間資金を使った公共事業という位置づけで経済対策に盛り込まれることで始まった」が、「経済危機からの立ち直りを目指した経済高揚路線が強かった時代」では、「公の場で構造改革の必要性を論じると、経済を縮小させると厳しい叱責を浴びることもあった」と述懐している。しかしPFI法成立以降、経済危機の回復のためにも「日本経済の構造的問題を解決する必要がある」との意識が共有されるようになり、共通した構造改革の方向が作られていったとしている。（同様の視点は、野口旭・田中秀臣、2001、特に「序章」参照。）だがこのぶつかり合いが構造改革全体の方針の中に統合されて以降は、「行財政改革」や「効率的な行政」という表現は次に構造改革の実行に向かって直接的に国民に対して述べられるものになって行くことになる。

　ここで見るように、結局現在の公共サービスの本質的性格は、このように内

需喚起策としての社会資本整備が、最終的には抜本的な構造改革と結びつけられ推進されるようになったという点が重要である。したがって、これまで厳しく制限されていた公共サービスを市場化することを、単に資本の新規市場開拓とその拡大という文脈のみで捉えると、公共サービスの市場化がこの構造改革と一体となった政策であるという性格、新自由主義的な国家・社会への根本的な転換に組み込まれ、その改革の中心的なものとして位置するようになっていったという点を見落とす結果となる。このことは福祉国家政策からの大きな転換を意味するものであり、したがってその上にまがりなりにも依拠してきた私たちの生活や社会を、根本的に変えていく可能性を持っていると言えるのである。

1-2. スポーツ・ビジネスの展開とスポーツの領域での公共サービスの市場化

　スポーツの領域の場合も、この公共サービスの市場化は、80年代から続く市場化路線の流れとは別に、構造改革全体の展開に位置づけられて表れてくる。その意味で、「スポーツ・ビジネスの展開」と「スポーツ領域での公共サービスの市場化」とは異なっているということを認識する必要がある。現在の改革の性格をつかんでいくには、この二つの方向の区別と関連を見ておくことが必要である。

　まず、スポーツの市場化は、第二臨調行革の中で初めて全面的に現れてきたものであり、それは前川プランによって提起された内需拡大の重要な要素の一つとして位置づけられ登場する。その流れは今日でも日本のスポーツの政策的展開の中で主要な流れの一つとしてそれを規定していると言える。この第二臨調行革の答申を受け、91年には通産省産業政策局などが中心となり、産官学の共同により『スポーツビジョン21』という、スポーツの体系的な市場化方針が構想される。それに関して一冊の著作物としてかなりのボリュームの報告書が出されるが、そこでは通産省産業政策局長名で「スポーツを21世紀の基幹産業の一翼に組み込む」との表現が現れる（通産省産業政策局編、2001『スポーツビジョン21』）。また同時にこのような構想の下に日本興銀の会頭を理事長とし、同じく産官学により『スポーツ産業学会』が設立され新たな領域の研究が開始される（山下高行，1986，1995、また本書第1章の棚山論文参照）。ここで示された構想は、従来文部省を主管官庁として、「学校体育」あるいは「社会体育」として展開されてきた日本のスポーツ政策の枠組の、極めて根本的とも言える転換を求めるものであった。この第二臨調行革以降、スポーツの市場

化はスポーツの将来ビジョンのメインストリームとして定着していくようになり、90年代の初頭には「リゾート法」とも結びついて新市場領域として積極的な展開が開始されるようになる。重要なのはこの流れは2016年の安倍政権の日本再興戦略に再び組み込まれ、その構想は継続して表れてきていることである。そこでは2025年を目途として国内マーケット15.2兆円市場の形成がうたわれ、その契機として東京オリンピックが位置づけられる。

　したがってこのような流れから、私たちはともすれば今日の公共サービスの市場化もこの延長上に表れたと考えがちである。だが注意しなければならないのは、「スポーツビジョン21」を出発点として描かれてきたスポーツの市場化構想では、公共サービスの市場化は主要な焦点としては組み込まれてこなかったという点である。それは2016年の骨太方針でも同様である。むしろ「スポーツビジョン21」が現れて以降のスポーツ業界では、公共事業と民間市場とが区別され、民間市場と「官製市場」とのぶつかり合いのほうが意識され、テニスなどぶつかる「商品」は公共サービスでは行わないように要請する業界の動きなども現れていた。しかし公共サービスそのものを市場化するという発想は主要な課題としては現れていなかったと言える。

　公共サービスの市場化は、あくまでこの構造改革の展開のなかに位置づけられて、はじめて進められていくのである。先に触れたように、その進め方は全領域にまたがる一律の改革の中で行われ、それゆえ個々の領域の中で行われてきた固有の事業形態とは必ずしも整合性を持ち得ていない。スポーツ領域の場合もその典型例の一つといえ、そのため文科省―スポーツ庁の政策方針も、日常の国民スポーツの振興という点では構造改革を進める政策の方向とは異なる政策の流れを未だ保持している。それはこの構造改革が本格的に推進されるまさにその時期の2014年にスポーツ庁が設立され、各領域にはすでに戦後初期の段階から設置されている固有の「基本法」も、スポーツにおいては2012年にはじめて創られるという事情もあったからとも考えられる。しかしいずれにせよ、現実のスポーツ政策の流れ自体はこの構造改革と整合的ではなく、矛盾している面が見られる。本著でもそのため、第1章で論述されるスポーツ政策と本章とは整合性を持たない側面が現れると思われるが、それは現在の局面の反映であるとも言える。その意味でも私たちが押さえておかなければならないのは、スポーツの領域における公共サービスの産業化は、日本社会の新自由主義的改革として進められている構造改革路線の中に位置づけられ展開されてきているものであり、それは70年代の保体審答申を契機に理念的には福祉国家

的政策に依拠して進められてきた政策とは、必ずしも整合性を持つものではないということである。他方で、それはまた、80年代の「スポーツビジョン21」に代表される、それなりに既存のスポーツ政策の展開とすりあわされてきたスポーツ・ビジネスの展開という構想の延長線上にあるものでもない。確かにスポーツの新市場領域の開拓となるので、その面では重なり合うが、スポーツ政策の流れからすれば、この改革は異なる論理と理由によって組み立てられてきていることを見なければならない。しかし重要なのは、この行政改革によるスポーツ領域の公共サービスの市場化こそが、日本のスポーツレジームの基盤の根本的な変化を招くことになるということである。この点については後段で詳しく議論したい。

2. 構造改革とは何か、 それはどのようにすすめられてきているのか。

2-1. 構造改革とは何か

　さてそれでは構造改革とは何かである。初期の答申ではこの方針の性格や目指すところが集中的に記されている。それが一段落したあとに具体的な方針が次々と現れてくるのだが、ここでは初期の答申等の年譜風の記述と、とりわけその性格を最もよく表している「行政改革報告書」および「行政関与の在り方に関する基準」(1996)、「行政関与の在り方に関する考え方」(1996) などに示されている基本的な考え方について明らかにしたい。

　この「行政改革」はまず国と地方自治体の個々の役割とその関係の再編成の構想、「分権化」構想として現れてくる。そのためまず構造改革の初期に現れてくるのは、地方分権の推進に関する政策方針についてである。その内容の骨子は、国と地方自治体との関係とそれぞれの役割を新たに定めるものであり、具体的には、国の役割の特化（国家の存立に直接かかわる政策など、国が「本来果たすべき役割を重点的に分担し」と称されるものに役割が縮小された「小さな政府」化）と、他方、地方自治体が実際の公共サービスの大半を担うというものである。そのため公共サービスに関わるあらかたの権限は自治体に委譲（「地方分権化」）されることになる。この方針がまず全体を通しての枠組みであり、新自由主義国家への転換の核心部分である。そのため1993年「地方分権の推進に関する決議」（衆議院．参議院）が打ち立てられる。1994年には「地方分権推進に関する大綱方針」が閣議決定され、そこから、財源も含め地方公

共団体の自主性・自立性を高め、地方分権を推進するとの基本方針が示される。その翌年の 1995 年には「地方分権推進法」が作られ、これをもとに国、地方自治体もこれまでの枠組みを大きく変更する改革が開始される。

　新たに示された枠組みは、地方の自治のもとで自治体が行政を主体的に決めていく（分権化と自治）。そのため国は権限や行政の守備範囲の委譲を行う（要するに地方にすべて押しつける）。他方、それらを広域化あるいは圏域の二層化の推進という行政範囲の新たに広げられた枠組みを目指す中で行うというものである。道州制の提起もこの方針の象徴的なものの一つであり、地方自治は、一方ではそれぞれの地域での自治を喧伝されるが、他方で従来の地域的区切りや権限を超える方向も示されるようになる。ただしこの軸となるのは行政の「効率化」であり、少子高齢化の進行による人口縮減に対して、中核都市を中心に公共資源の集中を行い、そのことによって歳出の構造的削減を行おうとするものである。

　このようにまず地方分権化についての議論が先行する。この段階では公共サービスの市場化についてはまだ触れられていない。だが次のステップである行政改革会議による『行政改革最終報告書』（1997 年）中では、公共サービスの市場化が行政改革に位置づけられはじめて現れてくる。

　この報告書は構造改革の全体の骨子を示すものであり、まさにこれからの日本の国、行政、およびそれらと国民との関係など、基本となる新自由主義的な国や社会のあり方やその方向を示し、さらにそれらをもとに地方行財政改革を柱とした全体にわたる改革方針が示される。そこには改革の基本的な方向やその中心ポイントがすべて描きだされてくる。

　さてこの基本となる行政改革最終報告書ではどのような提起がなされたのだろうか。膨大な範囲にわたるがその基本点と本稿に関わる点を概略的に述べれば以下のようである。

　まずこの報告書では、冒頭で「なぜ今われわれは行政改革に取り組まなければならないのか」という表題のもとに、行政改革の必要性やその目指す方向が示される。そのためこれまでの日本の歴史を独自の観点で評価し、国民が達成した成果を踏まえつつ、より自由かつ公正な社会の形成を目指して「この国のかたち」の再構築を図る必要性について述べられる。その意味ではこの改革は、日本社会の根本的な改革を行う性格のものであることが表明される。その眼目はなんであるかというと、それは「今回の行政改革の基本理念は、制度疲労のおびただしい戦後型行政システムを改め、自律的な個人を基礎としつつ、より

自由かつ公正な社会を形成するにふさわしい 21 世紀型行政システムへと転換する」ことであるとする。その理由としてあげられているのは、まず何よりも、「国民の統治客体意識、行政への依存体質を背景に、行政が国民生活の様々な分野に過剰に介入していなかったか、根本的反省を加える必要がある。徹底的な規制の撤廃と緩和を断行し、民間にゆだねるべきはゆだね、また、地方公共団体の行う地方自治への国の関与を減らさなければならない。『公共性の空間』は、決して中央の『官』の独占物ではないということを、改革の最も基本的な前提として再認識しなければならない」というものである。その目指すところとして、独自の日本史の評価を述べながらも、この結論の示すところは、要するにすでに先進国では普遍的に論ぜられている福祉国家の解体と新自由主義国家の構築の必要性とその方向への推進を述べているにすぎない。まさに「根本的反省を加える必要」があり、そこから帰結されるものは、国家の役割の夜警国家化と公共サービスの地方自治体への委譲・分権化をおこない、さらに規制の緩和や撤廃の中ですすめられる地方行政の民営化の推進である。要点として表されるのは「民間に委ねるべきは委ね」、同時に公共の福祉への過剰な介入となる「国の関与の縮小」という像である。

　冒頭の行政改革の必要性を述べる章はその末尾で、戦後のわが国の社会・経済システム全体にわたる大転換こそが必要な時期であり、「この国のかたち」を見つめ直し、その再構築を図ることが、今日最もわれわれに求められていることである、と述べる。そのためにわれわれは、行政改革をいわば突破口として、この国の社会・経済システムの全面的転換の端緒を開かなければならない、と結ばれている。まさにその内容こそが新自由主義国家への根本的転換である。

2-2. 構造改革の二つの基軸となる方針

　さて構造改革はこのようにまず行政改革に焦点を置くものとして進められる。そのなかでは二つの基軸となる方針がより明確化される。

　一つは「中央から地方へ」という分権化方針であり、先にふれたように地方分権の推進に関する政策方針についての議論が進められていく。もう一つは「官から民へ」という、公共サービスを多様な実施主体が行うものへと転換させていく方針である。財政改革がこの「行政改革」の最終目標の焦点であるのなら、「中央から地方へ」、さらに「官から民へ」というのはそれを実現するために相互に連接する施策方針であると言っても良い。これらが重なり合って、効率の良い政府、自治体を作り出す「しくみ」とするのである。

『行政改革最終報告書』で提起された公共サービスの産業化は、この「官から民」という方針を具体化していくものであり、その目的として、(1) 多様な主体の参入による公共サービスの質の向上、多様化。(2) 財政の効率化（＝削減）、(3) 新しい市場領域の形成による経済活性化、が示される。この三つの目標はその後も公共サービスに関するいずれの改革文章でも一貫して目標として示される。しかし実際上はこの (2) の財政の効率化という点が「公共サービスの市場化」の一番の眼目となる。だが同時に、(3) の新市場領域に関する経済効果も同様に強い期待としてその目的の中に含まれてくる。この議論自体、当初経済対策のなかの社会資本整備として議論が開始されるが、それはこの改革全体の背景には安倍政権においても「経済再生会議」と銘打たれているように、バブル崩壊以降の長期経済停滞とそれに対する強い危機感が前提となっているからである。先に述べたように最終的には構造改革として統合されるが、他方の出発点でもある経済対策としての議論の流れもこの公共サービスの市場化には強い要因となって組み込まれていると言って良い。その意味では構造改革の中で公共サービスの市場化は、先に述べたように、この (2)、(3) が目的として統合されたものとして具体的に位置づけられていくのである。この性格は後に議論するように、公共サービスの市場化に内在する矛盾として顕れてくる。これらに比し、(1) のサービスの向上という目標の具体的な施策はその後追求されず、ほとんど枕詞とさえ言えるものにとどめられる。

　さて『行政改革最終報告書』(1977 年) の中ではじめて行政改革に位置づけられ現れてきた公共サービスの市場化は、続く「地方分権化推進委員会第五次勧告―分権型社会の創造」(1998 年) において、その報告書を受ける形でより具体的な公共事業のあり方の見通しが議論され、その基本的あり方についての勧告が行われる。その要点は、1) 国（＝政府）は本来果たすべき役割を重点的に担うため、規制緩和と地方分権を進め、国の従来行ってきた事業を可能な限り民間または地方公共団体に委ねる。2) このような公共事業の見直しは権限の所在変更にとどまるものではなく、<u>国民経済的視点</u>、地域住民の自己決定権の拡充という観点から抜本的見直しを行う。これらに加え、3) <u>効率的な公共事業の推進</u>が見直しの観点として含まれ、以降この見直しは、1) の分権化の見直しが進められた後には、3) の「効率的な公共事業」、2) の「国民経済的視点」が中心となり、公共サービスの市場化はこの二つの方針を中心に推進されていくことになる。もう一つの「地域住民の自己決定権の拡充」という観点は「個性豊かな地域社会の形成」など、後の各種答申などでも文言上繰り返

し現れるが、前二者が細かい施策や規制緩和の方針を伴って展開されているのに比べ、制度上の措置や配慮は事実上ほとんど見られず、むしろ地方交付財源や補助金の削減などの政策提起が行われ、分権による地方自治の自己責任論が展開される根拠ともなっていく。

2-3. 構造改革はどのようにすすめられているのか―4 つの要素とそこでの問題

　では、このように構造改革に位置づけられた公共サービスの市場化は、どのように推進されるのであろうか。実はこの進め方自体の中にこの改革の本質的性格があり、それゆえ問題もまた現れ出てきているのである。このことの理解なしには構造改革の性格を理解することは困難であろう。このプロセスは先にあげた対立する諸関係が存在していることから、極めて複雑な様相を呈しており、各種の答申や報告書などもそれを反映している。だが改革の論理や考え方自体は極めてストレートであり、ある種単純とも思える主張の上に成り立っていると言える。ここではまずこの背景となっている考え方を、いくつかのポイントに絞って紹介し、どのようにこの改革が進められているのか、おおよそ重要と考えられる四つの要素に基づいて概括的に説明したい。

2-3-1. 構造改革の背景となるイデオロギー（考え方）

　まず、一つは、構造改革の背景に見られるイデオロギーについてである。これまで述べたように、この改革はこれまで日本の社会の依拠してきた社会構造の根本的な改変を目指すものである。そのことが新旧の対立を生み出したのであるが、そのため改革のイデオロギーを打ち立て、その正当性を喧伝する必要がある。これらは主に、「行政改革会議最終報告書」（1997）「行政改革大綱」（閣議決定）（2000）によってまとめられているが、実は最も基本となる考え方に関しては、別に行政改革委員会より出された「行政関与の在り方に関する基準」（1996）、および「行政関与の在り方に関する考え方」（1996）の中に見ることができる。この報告は、前者はタイトル通り行政関与のあり方に関する基準が細目に渡りケース毎に示されているが、後者はその「判断基準を作成するにあたっての当委員会の基本的な考え方や、基準を適用する際にさらなる検討を期待する事項など」をまとめたものである。とはいえ両報告書も、原理的な点に遡及して説明されており、この改革の背景となる考え方が明確に示されている。ではそれはどのようなものなのであろうか。紙幅の都合上、大部となるのでここでは骨子のみ概略的に示すことにしたい。

この骨子はおおよそ三つの中心的な考え方からなる。ひとつは、すべてを市場原理中心に考えていくことである。それはかっての自由主義と同様、市場の調整力の優位を過信しているからであり、全てのことはこの市場を基準として考えられるべきであるとしている。第二は、企業と個々人を自由な自己責任を持つ自律的活動主体として捉えることである。このことからこれまでの行政施策を「介入主義」として批判する。この自律的な自己責任主体という個人像の強調は、受益者負担主義の根拠としても表れており、さらに弱者への援助に関しても介入主義であるとして最小限にするべきであるとする。また同じく行政による再分配政策も原則的に一切すべきではないという発想につながっている。自分でやり自分で責任をとるという、初期の自由主義と極めて近似した個的な所有責任主体が前提となっていると言える。憲法論議でも出されているように、では「主体」たり得ない弱者は「例外」としての取り扱いになるのであろうか。それを含めたところの長い闘争の末に到達した公共性、法の下の平等＝全ての人の人権の保障と実現こそが現代的理解ではなかったのだろうか。またそのような理解の背景には、竹内章郎の主張するような「能力の共同性」という基本的考え方が存在し、「社会権」のバックボーンとなって来たことが認識されなければならない。そこからすれば一人の努力は自身のみに単純に帰属しうるものでは決してないだろう（竹内章郎・中西慎太郎・後藤道夫・小池直人・吉崎祥司，2005、および竹内章郎，2001、竹内章郎・吉崎祥司，2017、川口晋一・山下高行，2018）。

　第三に、このことと重なるが、焦点の一つは、行政と住民との関係、とりわけ、日本の行政の「過剰介入」と、住民の「行政への依存体質」とするものへの批判におかれている。その論理としてあげているのは「公共性」についての考え方についてであり、問題の根拠として従来焦点づけられていた「市場の失敗」ばかりではなく、「行政の失敗」という論理が新たに打ち出され、そちらの方も見る必要があるとする。そこから、行政の過剰介入やその非効率性が問題とされ、市場原理に依拠していくべきであると結論づけられる。だが果たしてこのように構造的原理から矛盾として導出されるものと、必ずしも構造的必然としてとらえられないガバナンスの問題から現れるものとを一律に論じ、市場的調整のほうが相対優位に立つという主張は妥当なのであろうか。むしろそのような立論からではなく、公共性について前項で指摘したような個人主義的な所有主体の自由の方を基本にしているゆえに導かれる結論であると考えざるを得ない。

　第四に、さらに重要なのはこの文章で唐突にあげられる「消費者主権」という考え方である。これについては次のように述べられている。「行政活動の運営に当たっても、それが公共サービスを利用する人々のために行われるべきものであり、利用者である国民の最終的な判断に委ねられるという原則に立つべきである。市場原理とは、財・サービスの需要者としての消費者がその価格で買うか買わないかの最終権限を持つという『消費者主権』に基づいているからこそ、より良い品質の財・サービスがより廉価に供給されるというインセンティブを作り出す。同様に行政も、より良い行政サービスがより効率的に供給されるインセンティブを生むような仕組みに立脚することが重要である」(「行政関与のあり方に関する考え方」)。このような発想は住民を自治主体として捉える立場とは根本的異なるものであり、進められている改革の中で、住民の意見を聞き、それを反映させる仕組みが制度上はほとんど考慮されていないことにつながっている。住民は消費者としての享受者であり、それゆえ最終判定は消費選択によって評価されるという発想である。その意味においての「消費者主権」であり、これも市場を基準にして公共事業を行うということの裏返しである。後述するように、住民と専門職員を中心に自らシビルミニマムを作り上げていくという社会教育等で行われていた発想とは全く逆の、サプライサイドの発想である。それゆえ、従来の社会教育、生涯学習の施策では「条件整備」という文言が使われ、行政の関与の意味を明確にしていたこととは異なり、行政の役割も全く異なったものとして設定されていると言ってよい。

　このことと関わり、規制緩和委員会第二次答申では「消費者主権に立脚した株式会社の市場参入・拡大」という表題のもとに、公共性についての批判に対して規制緩和を行うことの正当性ついて次のような説明が行われる。「医療、福祉、教育、農業等の公的関与の強い分野においては、しばしば、『営利主義に走ることは、利用者の利便性を損ない、公共性が確保されない』という考え方に基づき、個別の行為規制だけでなく、運営主体が制約され、新規参入・競争が制限されていることが多い。しかしながら、運営主体の形態による制限をなくし、多様な運営主体による財・サービスの提供が行われることは、消費者の選択の幅を拡大させ、消費者が享受する財・サービスのコストや質の向上に寄与することになる。その上で、どの運営主体のものを選択するかは、利用者の判断にゆだねることが望ましい」とする。この考え方も同様サプライサイドから公共サービスを捉える発想であり、以後も規制緩和を行う上での基本的な観点として繰り返し表れる。

以上見るように、まさにこれらの考え方は新自由主義的発想の上に立った市場中心主義そのものであると言い得る。一見財政危機に対する方法論的な選択のように見え、またそう喧伝されるが、決してそうではなく、結局ここに示されている改革の本質的性格は、従来の福祉国家構想を否定し、それを捨てさり、新自由主義的国家を構築していくことに他ならない。そのような意味での根本的な社会改革なのであることを理解する必要がある。

2-3-2. 規制緩和と膨大な法改正─その進め方の重大な問題点

　第二の要素となるのは、規制緩和等にもとづく膨大な法改正の進め方である。1996年に設置された「規制緩和委員会」は、「分権化委員会」とともに構造改革の具体的な内容を決める中核的な委員会として機能してきている。なぜなら、「中央から地方へ」という分権化政策も、「官から民へ」という公共サービスの市場化方針も、いずれの政策も従来のやり方や考え方の根本的な変更の上に成り立っており、この政策の推進のためには、これまでの行政をなりたたせていた様々な法律の膨大な改正が必要となるからである。一つはいうまでもなく自治体の行政施策を根拠づけていた自治体法に関しての改定が必要である。だがそれと同じく重要なのはそれぞれの公共サービスを根拠づけていた各領域の基本法の改正である。なぜなら各領域を根拠づけていた基本法は、公共性と憲法に基づく人権を確保するうえで、特に営利活動に関しては厳格な規制を設けてきていたからである。これに関して規制改革委員会第一次・第二次答申では主に次のような基本方針が打ち出される。

　第一に、「民間でできることは、できるだけ民間に委ねる」ということを基本原則とする。そのため、「公的主体（その規制下にある非営利団体等を含む）の行っている業務について、可能な限り株式会社を含む民間事業者が主体的に担い得るよう、参入を妨げる規制の撤廃を行うとともに、異なった経営主体が事業を行う際に存在する公的助成（予算措置等）などの競争条件の格差解消についても、これを規制改革の一環と位置づけ、その積極的な推進を図ることとする」。この考え方は後に「イコールフッティング」として具体化されていく。

　第二に、このことと関わり、「民間事業者の自由な経済活動を阻害する規制を撤廃する」ことを基本方針としていく。そのため、「事業者間競争を促進する際には、市場機能が十分発揮されるよう、情報開示の義務付け、ルールの遵守やサービスの質の確保等の監視体制および事後的な紛争処理体制の整備、さらにはセーフティネットの充実等の新たなルール作りや既存のルールの明確化

等にも積極的に取り組むことが重要である」とされる。

　第三に、「市場の失敗」が存在しないと認められるものについては全面的に民間参入を進めていく。他方「政府の失敗」（経営努力や、効率化のインセンティブの確保、既得権益の排除等）についても考慮する。第四に、「公権力の行使」を伴うものについても民間参入の検討を進めていく。第五に、「説明責任を果たす」ということを基本原則とする。それに関しては社会的便益と社会的費用の総合評価等があげられる。この考えはのちの VFM（Value for Money）基準の導入につながっていくものである。

　このような方針や考え方のもとに規制緩和の方針が定められ、次に膨大な法改正が進められていく。ではそれはどのように進められるのであろうか。その問題点とはなんなのだろうか。問題となるのはその内容とともに、むしろその進め方の中に見られる。それを明らかにするポイントは、なぜこれほどまで多くの法改正が短期間の内に行われてきたかという点である。もう一つはこのような進め方を可能にした権力機構の確立についてである。これらは両者とも極めて大きな問題を含んでいる。

　まず、なぜこれほどまで多くの法改正が短期間の内に行われ、しかもそれが可能であったのかという点についてである。それは、膨大な法改正が「横串」方式による一括法改正方式によって行われてきているからである。歴代の規制緩和委員会を統括してきた宮内義彦（発言当時規制改革、民間開放推進会議議長、元オリックス社長／会長）はこのような一括改正の方法に関連して次のように得意げに述べている。「規制改革会議で議論している中で、明らかに国ではなく民間に任せたらいいではないかというものがある。これを担当している省庁と個別に交渉するが、猛烈な抵抗に遭い、ありとあらゆる理由で官がやらなければならないと言われる。…（中略）…個別の民間開放は、大変、難航しており、難攻不落と言える状況だ。そこで個別に議論するのではなく、全省庁、国のやっている事業を横串に見直す方法を考えた」。（宮内義彦，2005「いま、なぜ官業の民間開放か」『日経グローカル』No.35）。今次の改革では、まさにこの方式で個別法の改定が「横串方式」で行われている。横串方式とはまず行政改革の方針として決めたことを、あたかも上位法のような体裁で個別の基本法をそれに従属させ、個別に異なったものに横串を指すように一律に一括して改正するといった方式である。「横串」と自ら称しているように、個々の法律の個別性や自立性は当初より認識されていたと言っても良い。にもかかわらずそれを一律に改正する極めて強引なやり方で規制緩和を推し進めるものとなっ

ている。たとえばその中心の一つとなる地方分権一括法では、自治体法を含め各領域の基本法に及ぶ改正が実に 439 行われており、たとえば 2011 年の第二次改正では 188 の法律が一括改正されている（自治体問題研究所編集部・日本自治体労働組合総連合行財政局，1999）しかもそのやり方は、小林繁によれば「（社会教育法については）ほとんど審議されないまま、わずか三ヶ月という早さで成立する」のである。このような進めかたで、地方自治法も六次にわたる改正、地方分権一括法に関しては九次にわたる改正が行われてきている。その結果このような方式のために無数の法改正が十分な議論なしに行われ、それゆえ何が改正されたのかすら十分に理解されないまま進められて来ているのである。このことが現在進められている行政改革の重大性が広く認識されていない大きな理由の一つになっているとも考えられるのだが、このため実際自治体の現場ばかりではなく、各官庁でも（このことが後にのべる権力の中央集権的改革の性格を示しているが）混乱が起こり、何度も説明の通知が出されるに至っている。ともあれこのような強引な多数の法改正が、「スピード感を持って」進められてきているのである。

　だがこのことの問題の本質はさらに深いところにある。ここで考えなければならないのは各領域の基本法の位置や意味についてである。市民サービスといってもそれらは、社会福祉、医療、社会保障、教育、文化芸術、生涯スポーツなど多種多様な領域が存在する。これらはそれぞれ何のためにそれを公共サービスで行う必要があるのかという原理的な目的論から出発し、それを実現するためには行政はどうしなければならないか、またどうすべきではないのかということに関して、戦後改革以降の様々な実践的積み上げの中で個々に法律がつくられてきている。それらの「個別法」は、多くはその領域の「基本法」として公共サービスにおいての法的根拠（根拠法）を形成してきている。基本法は、したがってその領域での国民の有する権利の内容と、国、行政体はその実現のために何をしなければならないかを定めているものである。それは憲法で定められている人権規定の具体的な実現を保証しているものと言える。憲法での人権規定は抽象的なものにとどまらざるを得ない。なぜなら人権の内容は日々運動や実際の経験、時代水準によって変化するからである。このことは憲法の人権規定上の「健康で文化的な最低限の生活」を巡って争われた朝日訴訟での議論を見てもわかることである。憲法はそれゆえ個々の人権の実現までをも細かく指示しているわけではなく、いわば一種の抽象度の高い権利概念として示されているものにとどまらざるを得ない。したがって憲法の抽象的な人権

規定は各領域での基本法の中で具体化され、法的根拠はまずこの個別の基本法に置かれている。このことから各個別法の改正も憲法を参照しながら、個別的にその実現しうる国民の権利とそのために国、自治体が果たす義務や責任の議論を、とりわけそれを実現していく場でもある自治体法とも関わらせながら、それぞれ個別の基本法に定められている権利内容とその実現に即して議論していかなければならないのである。それは個々の基本法はそれぞれ実践的運用と議論の歴史の中での人権保障の到達点を示しているものだからである。

　しかし今次の進め方にはこの点での重大な問題が存在する。ひとつは一括法に代表されるように、個々の領域の個別法の議論を十分に行わずに、様々な領域の個別法をまとめて一括して改正していることである。そのために個別法に示される基本的な根拠についての議論がほとんど行われないまま個別法の改正が行われている。これは人権規定とその実現の歴史的到達点を個々の基本法が定めているということを考えるならば、極めて重大な問題である。さきに小林繁を引いたように、たとえば社会教育法については、ほとんど審議されないまま、わずか三ヶ月と言う早さで成立する。「これらの法で規定された条件は、当然これまでの社会教育施設の運営原理として、人々の学習権保障を担う上で不可欠の要件とされたものが、あたかもそうした施設の円滑な運営を阻害するような『規制』としてとらえられ、それゆえその『緩和』が必要であると言った論理によって否定されるのである」（小林繁，2015，p.212）。これまでの基本法に関わる改正議論、たとえば過去の教育基本法などの改正一つを見ても、これまでも極めて多くの国民的議論が行われてきたが、それは個々の人権の内容そのものにかかわるからである。それをあたかも「横串」方式というような一律の方法論的な吸いで一括改正するというのは、権利内容とその実現方法とは不可分一体となっているゆえに本来不可能であり、その実現のしかたとともに人権内容そのものも変更するということを意味せざるを得ない（このことは公共サービスの質に関わる問題として後段で再論する）。

　もうひとつ、極めて重要なことであるが、第二に、基本法の上位の根拠となるのは先に述べたように憲法である。しかし今回の改正は、あたかも時の政権の政策方針が上位法的な意味を持ち、それに合わせて個別領域の基本法の改正が行われるものとなっている。いわば政策方針そのものが上位法的な意味を持つこととなっている。これは憲法にもとづく法体系の空洞化であり、憲法違反とも言えるのではないだろうか。繰り返しとなるが、一見方法論的な改正に見える法改正の進め方だが、それにより憲法、および基本法に定められた人権

の実現やさらに踏み込んでその内容にまでこの改正が意味を持つものである以上、このような改正の在り方自体、人権上の問題として極めて重大な問題をはらんでいると言わざるを得ないであろう。

　行政改革も又民活関連の法も一見マネジメント的な方法論として提起されている。それゆえ個別法に体化されている原則や原理の議論に立ち至らず、その改正を決めるものとなっている。このため私たちはなかなかこの問題の深刻さに気づかずに来たが、これは別様の憲法の空洞化と言ってもよいのではないだろうか。基本法は憲法の抽象性を補うその権利の実現を各領域で示す根拠法であるから、時の権力の政策による遂行に一義的に従属する性格のものではなく、その変更には個別の領域、この場合は個別法の歴史的に形成されてきた内実についての議論が必ず行われなければならない。そうでないなら憲法は抽象的な文言となり形骸化が進むものとなり、非民主的な非憲法的な政治が自由に横行し得ることとなるからである。

　だがそれゆえ原則となるのは、このことによってどのように国民の権利が実現されるのか、あるいは妨げられるのかと言う点にある。小林真理がいみじくも述べているように、「今回の法改正（指定管理者制度についての自治体法改正を指す：引用者）『財政状況の悪化による』管理経費の削減は、…これが最優先の課題になっていることも論を待たない。」しかし、「行政はこれまで住民が必要としているもので、民間では提供できないサービスを担ってきたはずである。」そのため「サービスの充実という点を重視し、指定管理者制度ではなく、直営に戻す選択があってもよい」（以上の引用は小林真理，2006，p.7）。小林はまず公共サービスの質や内容、目的に沿った議論を立て、専門担当者などの体制など、公共がその目的を実現するための公的環境整備の方向を文化芸術の専門的見地から論じている。このような見解は正当である。まず立てるべき原則は、もし効率性というにしても、そのことは権利実現や公共性の議論の中に存在しなければならないであろう。まずもって先にあるのは権利の実現のほうである。個別法の改正が求められるのは、個別法にはこの権利を実現するためにどうするか、ということとともに、そのためにはどうあってはならないということも記されている。特に、このどうあってはならないという点が原理の議論もなしに、時の政策に適合するように、新たに作られた法律や施策、答申等をあたかも上位法のようにしてそれに適合するように従来の法律が「緩和」され、個別法が一括改正されていっているというのが今日生じている事態なのである。その意味では憲法上の重大な問題をはらんでいるとも言える。

2-3-3. 中央集権的なトップダウン方式の確立

　ではなぜこのような強引な進め方が可能となるのであろうか。それは中央集権的な権力構造が形成されていることにある。

　2001 年内閣府設置法によって「内閣府」が新たに創られる。内閣府はもともとあった制度ではなく、行政改革の中での中央省庁改革として設置され、その役割は「内閣官房・内閣府が政策の方向付けに専念し、各省等が中心となって強力かつきめ細かく政策を推進」するため、とされている。この内閣府は各官庁のエリートを吸収し、他方で民間などからの委員によってつくられる行政改革、規制緩和、経済活性化などの審議会を多数設置し、閣議と結合し、閣議決定の形でつくられた意思決定によって各官庁や自治体を動かすというトップダウン式の権力構造をつくりだしている。これまでの各官庁間の個別の方針や、しばしば相互の対抗的な性格はこのようなトップダウン方式を困難にしていたが、さらに 2014 年、内閣人事局設置（「国家公務員法等の一部を改正する法律」）により各省の幹部公務員 600 名の人事権を内閣府が握って以降、このトップダウン方式は完成した権力構造となっていく。2015 年には「内閣の重要政策に関する総合調整等に関する機能の強化のための国家行政組織法等の一部を改正する法律』が設定され、その機能強化が図られ、「各省等への総合調整権限の付与」として「各省庁がその任務に関連する特定の内閣の重要政策について、閣議決定で定める方針に基づき総合調整等を行い、内閣を助けることができるように規定を整備」するとして、各省庁に内閣府で行っていた事務機関を移行させるという措置が執られ、トップ・ダウン方式を制度化し、よりコントロールを強めるものとなっていっている（田中利幸，2007 も参照）[3]。

　もともと立法的には、1998 年に成立した「中央省庁等改革基本法」にその根拠を求められるが、その性格を示すのは、この法律が成立してすぐの 1998 年 6 月 9 日経済同友会代表幹事、牛尾治朗名で出された次の賛同声明である。

　1.　政府の目指す 6 大改革の一つの柱である「中央省庁等改革基本法」の成立を歓迎したい。同法は改革の大枠を決めたものであり、<u>「小さな政府」の実現という最終目標に向けた第一歩を踏み出した</u>ことになる。今後は、行政指導や裁量行政による事前調整型の行政から透明なルールによる事後チェック型の行政への転換の道筋に沿って、各省設置法の見直しを明確にする必要がある。…（中略）…

　2.　なお、同法の成立により、内閣機能が強化されるが、<u>わが国が直面する様々</u>

な改革を断行するためには、政治のリーダーシップが欠かせない。内閣機能の強化については、2001年1月1日を待たずに、一部前倒しで実施することも必要である（下線は引用者による）。

　このような中央集権的な「リーダーシップ」体制の形成が構造改革と公共サービスの民営化を推し進めていくことを可能とし、それが膨大な量の一括法改正や、「法的には合理的な説明のつけようのない」国家戦略特区法（2013）などをやつぎばやに推し進めることになるのである。弁護士の城塚健之は、このような動きを、超憲法的価値を持ちだしトップダウン方式で規制解除を行うものであり、「憲法秩序そのものに反してい」ると断じている。（城塚健之, 2014「自治体アウトソーシングの現段階と自治体の課題」、城塚健之・尾林芳匡・森裕之・山口真美編著, 2014 所収, p.18）。

　経済同友会代表幹事の声明に示されているように、このような権力機構の確立と新自由主義的行政改革とは当初より一対のものとして考えられていたことが理解できる。このようなトップダウン式の改革を可能とする権力構造は、地方自治体でも首長と首長部局の新設による中央集権的な機構の形成とその権限強化により、各専門部局を超えたこの機構のもとでの総合的政策という政策遂行の仕方を形成するようになってきている。これに従い、個別領域の公共サービスの総合行政化への移行が行われてきている。たとえばその根拠の一つともなるような推進方策は以下のようなところに見られる。

「一体的で総的な地域づくりを進めるためには、それに関連して行われるそれぞれの事業が、国の縦割り行政の壁を超えて、可能な限り、総合的な見地から調整されることが必要であり、その役割は地方公共団体こそが担っている。公共事業についても、こうした一体的で総合的な地域づくりのため、地方公共団体が責任を持って事業を実施することができるよう、その自己決定権をできるだけ拡充することが必要なのである」（「地方分権推進委員会第5次勧告―分権型社会の創造―」1998）。

　しかしこのこと自体、ではそれによってそれぞれの領域での権利実現がどのようにあり得るのかという議論が先に行われなければならないであろう。むしろ後に議論するように、主管を首長部局に入れられ総合行政化の一環に組み込まれることによって、これまでの管轄の個別法の規制を離れた使用目的の枠の拡大が可能になる。このことは公共サービスの市場化において、たとえば体育館などでイベントを行うなど付帯事業による収益を増やすためには必須の要件

となってきている。このため笹川財団の調査によるならばスポーツ関係はすで
に 2010 年以前より首長部局への移管が開始されており、その割合は、都道府
県では 17.0％から 44.7％へ、市区町村では 8.3％から 15.2％へ増加しているの
である（笹川スポーツ財団『スポーツ振興に関する全自治体調査 2015』同財
団 HP。http://www.ssf.or.jp/research/report/category2/tabid/1108/Default.aspx）[4]。

　この内閣府と内閣府による人事の掌握の立役者であった元官房長官石原信雄
は、日経新聞連載の「私の履歴書」（2019.6.1）の中でこのことに触れ、「その
結果各省が政権への忖度に走り、時代が求める政策を研究しなくなる心配が出
てきた」という弊害も生まれたことを示唆している。いずれにせよこのような
内閣府を中心とした中央集権的な権力構造の確立は、極端な改革を強引に進め
ていくことを可能にしているのである。

2-3-4. 自治体の定数削減

　さて、公共サービスの市場化とともにそれと表裏一体になってすすめられて
いるのが自治体職員の定数削減である。自治体の定数削減はすでに第二臨調行
革時より検討されているが、今日の自治体職員の定数削減は 1997 年の「地方
自治・新時代に対応した地方公共団体の行政改革推進のための指針」（自治事
務次官通達）以降継続的に進められている（定数政策についての経年譜に関し
ては早川進，2006 も参照）。2005 年の新行革指針では、この 5 年間で地方公共
団体の総定員は 4.6％（1999 年から 2004 年）純減していると報告されているが、
さらにそれを上回る総定員の純減を図る必要があるとされている。同様経済財
政諸問会議からは「総人件費改革基本指針」が示され、その中で地方公務員に
おいては、とりわけ地方分野の業務に関しては 5.4％を上回る純減が確保され
るよう要請されている。さらに「基本方針 2006」においては、今後 5 年間で
行政機関の国家公務員の定員純減（5.7％）と同程度の定員純減を行うとともに、
定員純減を 2011 年度まで継続するとされている。この行き着く先として「自
治体構想 2040」では定数半減にまで言及されている。この公務員定数削減は
事業や組織の再編と符合して構想されている。たとえば 2006 年の「競争の導
入による公共サービス改革に関する法律」（いわゆる「市場化テスト法」）の成
立を受け示された「公共サービス改革基本方針」（2006）では次のように公共サー
ビスについて聖域なく不断の見直しを行うことが要請されている。

　個々の公共サービスに関し、事務および事業の内容および性質に応じた分類、
整理等の仕分けを踏まえた検討を行った上で、（1）官の責任と負担の下に引き

続き実施する必要がないと判断された場合には、当該公共サービスを廃止等する。(2) 必要性があるとしても、「官」自らが実施することが必要不可欠であるかについて、検討を行った上で、民間に委ねることができると判断された業務については、官民競争入札又は民間競争入札を実施し、これに必要な規制改革等の措置を講じる、とされる。他方、総務次官通達「地方公共団体における行政改革の更なる推進のための指針の策定について」(2006) では、「総人件費改革」「公共サービス改革」「地方公会計改革」の三つを指針化し改革を進めていくよう求めており、実質的にこれらは歳入・歳出改革として総合的に捉えられている。したがってこの公共サービスの廃止、あるいは実施主体の民間化と自治体職員の定数削減は相互的な関係にあり、公共サービスの廃止あるいは民営化は自治体職員定数削減の前提であり、同時に歳出改革に直結していると言える。そう考えると、逆に言えば一旦自治体職員の削減を行った場合は民営化以外の実施は困難になると言えるだろう。このことは後に現況の数字もあげ詳しく説明したいが、定数削減もすでに民営化が前提になって示されている構想と言うことができる。

2-4. 小括

さて、以上を公共サービスの市場化を理解していくためにここで一旦小括を行いたい。公共サービスの市場化に関わり、まず行政改革の目的として現れてくるのが、歳入・歳出構造の改革であり、他方、日本経済の活性化を図る民間企業にとっての新市場の創出である。この二つの流れは日本経済の再生を図る根本的な構造改革という点で行政改革の中で一本化されていく。まず公共サービスの実施主体という点で国と地方自治体との役割の再定義が行われ、国＝小さな政府の実現を行うとともに、他方で地方自治体に大方の公共サービスの実施を押しつけてゆく (権限委譲)。その上で、「この公共サービスは行政体が直接行うものであるのか」という問いを発するとともに、(1) 地方交付税などの減額 (平岡和久、「地方交付税解体へのシナリオ「自治体戦略 2040 構想」の求める地方財政の姿」白藤博行等, 2019 所収参照) (2) 財政危機の強調により自治体への説明責任として財政改革の公表を要請する。(3) 同じく、財政危機と非効率性の批判が行われ、自治体職員の定数削減政策を進める等々の圧力をかけていく。その典型例は 2006 年の「市場化テスト法」(「競争の導入による公共サービスの改革に関する法律」) の施行に見られるが、そうすると限られてくる財源と人員の中で、自治体は公共サービスを民間へ委託せざるを得なく

なる。そのためには、主に営利行為に制限を設けている各領域の膨大な根拠法を改正しなければならないから、それを短期間の内に「スピード感を持って」可能とするため、個々の内容の議論はほとんど行わず、横串方式として、方法論的色彩をとって膨大な数の強引な一括法改正を行う。各省庁の意見の中にはこの方針に対する意見聴取の中で「様々な制度に対しての現実の需要を考慮せず、横断的かつ一律に開放を要望する」など、このような横串方式にたいするものや、その他数多くの批判が現れていた（注3参照）。それにもかかわらずこのような強引なやり方を可能としたのは、2001年の内閣府の設置を中心とした中央集権的な権力構造の形成とそのもとでのトップダウン方式による政策運営である。このような構造は地方自治体においても首長と首長部局の形成により貫徹され、従来の議会と首長による二元代表制を原則とする地方自治制度を破壊するとの危惧を生み出している。これは従来の制度や体制など、既存の社会の根本的な改革を目指す新自由主義的な強力な機構の形成とその手法であり、同じくガバナンスに関わる法改正などを介して、大学など様々な機構でこのような権力構造の形成が行われてきている。

　このような改革を行うためには、安倍政権の骨太方針でも述べられているように「国民や企業等の意識、行動を変えることを通じて」なされるものであるから（第3章青野桃子論文参照）、その改革の背景となるイデオロギーを形成する必要がある。一言で言えばそれはすでに存在する新自由主義イデオロギーと言えるのだが、市場を全ての基準としての効率化であり、その背景となる個的な所有個人主体（再配分や援助を不必要とし、自助自立し、競争の中での個的努力が報われる社会）という考え方を前提視し、公共サービスにおいても住民は「自治主体」という像から「消費者主権」という像へと転換が行われる。

　以上のようにこれまでとりあげてきた個々の要素は、相互に前提となる総体的な構造をとっており、これらがこの30年の間に後戻りできない形で一つ一つ実現されてきていると言えるのであり。総じていえばそれは福祉国家路線の解体と新自由主義国家の構築であった。

　ではこうして行われてきている改革の現状はどのようなものとなっているのだろうか。またどのような矛盾が現れているのだろうか。そのことをスポーツ領域の現状を探ることで示してみたい。

3. 構造改革と公共スポーツサービスの市場化

　公共サービスの市場化は、まず 2003 年の指定管理者制度の導入によって開始される。このことは他の領域以上に、スポーツの領域においてはその社会的存在様式の根本的転換を惹起させるものになる。なぜそうなのか、その問題はどのようなものか以下議論していくこととしたい。

　公共サービスの市場化は先行する英国などの PPP 方式を参照して、その日本版の展開としての PPP/PFI 方式による公共サービスとして開始される。PPP/PFI 協会によれば「民が連携して公共サービスの提供を行うスキームを PPP（Public Private Partnership：公民連携）とよぶ。…PPP の中には、PFI、指定管理者制度、市場化テスト、公設民営（DBO）方式、さらに包括的民間委託、自治体業務のアウトソーシング等も含まれる」とされている。スポーツの領域では、このなかでまず「指定管理者制度」（2003 年地方自治法改正—第 244 条 2 項 3）が推し進められ、また公的施設の建設や維持管理などに民間の財政導入を推進するため「PFI（Private Finance Initiative）方式」が導入される（1999 年「民間資金等の活用による公共施設等の整備等の促進に関する法律」、通称「PFI 法」）。そして近年、2011 年 PFI 法の一部改正として出てきたのがその集大成として、この政策の本質を示す「運営権方式」（「コンセッション方式」）である。このような経緯で、スポーツの市場化は指定管理者制度、PFI、運営権制度（コンセッション方式）として進められてきている。

　では、なぜこの改革が日本のスポーツの根本的転換を引き起こすのか？根本的転換とはどのような意味なのだろうか？そのことを明らかにするため、まず日本のスポーツの供給構造（「条件整備」）の多様性について考えてみたい（この論点は第 2 章笹生論文で詳述されている。御参照いただきたい。）

3-1. 日本のスポーツレジーム—エスピン・アンデルセンの比較福祉研究

　エスピン・アンデルセンは国際的な福祉制度の比較研究で著名な研究者である。ごく簡単に述べればその研究の枠組みは「政府」、「市場」、「家族」というような福祉の供給主体がどのように組み合わされ、それぞれがどのような役割を担っているのかを政治、文化、経済などの当該の要素ともかかわらせて明らかにすることで、全体としてのその国独自の福祉の供給の相対的構造を探るものである。そのことをレジーム（regime ＝体制）として捉える。アンデルセン

のこのレジーム論は各国の状況の比較を容易にし、それぞれの特徴や性格を浮き彫りにするものであった。しかしアンデルセン自身は「福祉国家」を評価し、そのことから「脱商品化」という指標を重要なものとして捉えている（エスピン・アンデルセン，2001）。

　このような指標がスポーツを捉える場合重要なのは、日本社会においてはその歴史的な位置づけを反映し、スポーツに関して長い間「学校」を中心とした公教育としての供給が想定されてきたからである。また、学校外のスポーツ供給もその延長上にある「社会体育」あるいは「生涯スポーツ」という、公共サービスによるものに限定されて考えられてきたと言える。しかし実際は、日本のスポーツの供給構造も多様な主体が介在し、レジーム（体制）として歴史的に構成されてきているのである。戦後のレジームの変遷について図１の模式図をもとに簡単に説明することとしたい（山下高行，2009）。

　私たちは学校での公教育でのスポーツ（クラブ活動も含む）を経て、学卒後は地元の市民スポーツセンターや学校開放のグラウンドでスポーツ活動を行うという、公共サービスとして施設供給（＝条件整備）が行われると考えるのが通常の発想であろう。だがそのようなレジームが形成されるのはやっと 80 年代以降である。特に 80 年代までは「企業スポーツ（職場スポーツ）」による供給が学校体育以外では一番の供給源であったと言える。このこともほとんど意識されてはいない。そこでの企業スポーツの供給対象とその形態は、現在の高度競技力スポーツと結びついた展開だけではなく、福利厚生施策や従業員管理（若年労働者の教育や左翼の労組対策）などの要請から、大企業レベルの従業員と企業城下町などでは、その家族に対しても学卒後のスポーツ供給の重要な供給源の一つになっていたと言える。

　この図式が逆転するのは、やっと 80 年代以降であり、社会体育としてのスポーツ振興が中心になり、学卒以降の社会生活でのスポーツ実践は、供給源としては公共サービスによって行われていくようなる。何よりそれは 72 年の「保体審答申」によって市民スポーツのナショナルミニマムの提示が行われたこと、および、コミュニティ政策の展開に応じて、地方自治体を中心にコミュニティ・スポーツという地域単位のスポーツ振興が開始されていったということが大きい。しかし他方では企業の福利厚生施策の変化や、経営環境の悪化の中で企業スポーツが、競技スポーツと従業員の福利厚生という双方の面でスポーツ供給の縮小、撤退をはじめたこと。および、その段階ではスポーツの市場的展開もまだ本格化されていなかったという背景もあり、徐々に日本の市民スポーツの

基盤が公共サービスにその大半を依拠するレジームが形成されていくことになる。もちろんこのような流れの形成には、各地のコミュニティでの様々な住民運動や、スポーツの領域であらわれた人権としてのスポーツ権運動などが強い主体的要因となっていたということは見ておかなければならない（新日本スポーツ連盟，2015）。

　しかし80年代第二臨調行革でスポーツのビジネス化が政策化されて以降、市場におけるスポーツ供給が本格化する。市民スポーツの領域に、民間スポーツクラブや、フイットネスクラブなどが急速に事業主体として参入するようになる。ただ注意しなくてはならないのは、レジームとしてみるならば統計的にはその供給は少なく、十分な構造基盤を得ていないように見える点である。しかし市場基盤のスポーツ供給は、地域間の格差が著しく存在し、特に大都市圏ではその供給割合はかなりの高さを示すと推測される。その意味では都市型ライフスタイルに組み込まれたとも言える。他方それとは反対に、そのような民間スポーツクラブなどの市場基盤の市民スポーツの浸透率は、今日でも大都市以外では依然として高いものではない。というのは商圏設定一つを考えて見ても容易に理解できるように、地方の市町村、都市において民間スポーツクラブやフイットネスクラブを運営することは、必ずしも企業にとって収益的に有効なメリットを見いだせるものではないからである。したがって『スポーツ・ビジネス21』で構想されたような展開は局所的に限定され、主に大都市圏に限定されてのものにとどまっている。この先行例ともなるような地域間格差の傾向性は、後に述べるが公共サービスの市場化にも当てはまると言える。

　ともあれ、ここで私たちが認識しておく必要があるのは、日本の市民スポーツ振興のかなりの部分は、80年代以降公共サービスの拡充によって支えられていたことである。そのことがスポーツの権利の実現と公共性を担保してきたことである。したがってこの基盤を企業の市場活動に移行していくことが今回の改革の本質であるならば、それは70年代以降徐々に構造化された日本のスポーツレジームの公共的性格とその基盤が根本的に解体されていくということを意味することになる。このことが本質的問題である。

　ではどのようにその基盤が解体されていくのであろうか。またその結果どのような問題が生じるのであろうか。次にそれを見ていきたい。その場合もう一つ理解しておかなければならないのは、スポーツのみに限らない日本の公共サービスの特殊な構造についてである。公共サービスの市場化の導入はまず「指定管理者制度」から開始される。それは日本の公共サービスの特殊な構造を踏

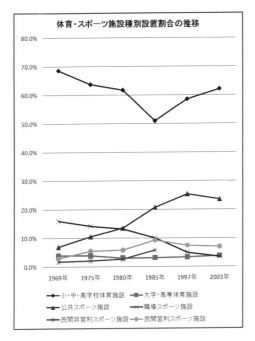

図 1　施設割合から見る日本のスポーツレジームの構造の推移

出典：山下高行，2009．図の原題は「体育・スポーツ施設種別設置割合の推移」

まえて戦略的に導入される。しかしそれは戦略的構想の中に位置して行われる「導入」であり、ここから出発して目指される構想が存在している。

　そのことを明らかにするため、次にまずこの日本の公共サービスの特殊な構造を説明することにしたい。

3-2. どのようにこの基盤を崩していくのか―導入としての「指定管理者制度」

　日本の公共サービスは諸外国と比べて相対的に特殊な構造の上に成り立っていると言える。市民スポーツ振興に関わる公共スポーツサービスはその日本的な特殊な構造が最も典型的に現れている領域の一つである。ではそれはどのようなものなのだろうか。

　まずはじめに日本の公共サービスの運用形態の特徴を一言で言えば、それは大半の運用形態が必ずしも直営方式ではないということである。たとえば指定管理者制度が導入される以前でのスポーツ施設の管理形態は表 1 のようである。

表1　指定管理者導入施設の従前の管理状況　　（単位：施設、%）

区分	都道府県	指定都市	市区町村	合計
1　管理委託制度による管理	6,769（95.6%）	5,033（90.8%）	41,619（85.0%）	53,421（86.8%）
2　直営	250（3.5%）	321（5.8%）	6,182（12.6%）	6,753（11.0%）
3　施設の新設	64（0.9%）	186（3.4%）	1,141（2.3%）	1,391（2.3%）
合計	7,083（100.0%）	5,540（100.0%）	48,942（100.0%）	61,565（100.0%）

出典：「文科省社会教育調査」（2005）

　ここで見られるように、公共サービスの9割近く（86.8%）は、法人、社団、公共的団体と自治体職員が一体になった形式で運営されている。直営は1割程度であり、運営に際しては、ほとんどの場合管理委託制度が活用されており、自治体職員と協働しながら実際の運用を行っているのは多くはこの公的団体の職員である。この公的団体は、たとえば「○○市体育協会」という名称で体育館の入り口に事務所を構えている人たちである。私たちはしばしば自治体職員と錯覚してしまうが、外部委託された公的団体である。ただしその資格認定は大変厳しい。自らの分類をNPOとしている場合も多いが、事実上は自治体の担当者と一体となった準直営とも言いうる体制をとっている。このような団体は地域のスポーツ団体や日本体育協会とも連携をとって事業運営を行っている。社会福祉などの業務でも同様の形態で運用されていることが多いが、この形態が日本の公共サービスの秘密でもある。

　後房雄はこれを「日本型の『大きな政府』」と呼び、その特徴を次のように説明する。日本の一般政府支出がGDPに占める割合を見ると、OECDの平均43%に対して32%にすぎない。雇用総数に対する政府雇用の割合も、17カ国平均が17.5%であったのに対して日本は6.7%にすぎない。この傾向はアメリカも同様である。この意味では日本はすでに長い間「小さな政府」であったと言える。にもかかわらず日本が相対的に「大きな政府」であることができたのは、政府が地方政府、各種民間非営利団体、町内会、地縁組織、（もちろんスポーツ団体もこれらの中に入るであろう）など、政府の規模が小さくてもこのような民間団体を「手足」として活用することができ、そのことで「大きな政府」としての役割を果たしてきたからである。後房雄はそのよう日本の公共サービスの特殊性を説明する。（後房雄，2009，pp.78-82）。

　表1の指定管理者制度導入以前のスポーツ施設の管理状況を見ても、たしかにそのような構造をとっていることが理解できる。もちろん何らかのスポーツ

大会の運営や事業の際には、他にも地域的なスポーツ団体などがこれに加わっていると思われる。しかし通常の業務においては、この管理運営を委託されている種々の名目の公的団体により委託業務として行われてきたと言える。そして、まさにこの管理委託されている部分に「指定管理者制度」を介して企業が進出するのである。規制改革、民間開放推進会議議長であった宮内義彦は、このような企業参入形態を「規制改革の一番最初、官製市場で取り上げた」としている。なぜならそれは、企業参入のあり方として、従来のようにハコモノを作るという発想を打ち破り、「指定管理者制度を作り…民間がソフトを提供し、公共目的をきっちり担保しながらより効率的に運営する」という、いわば新しい事業モデルを構築し、これを市場化への導入としていくと戦略的に考えたからである。この背景には民間に任せることで公共性は担保できるのかという、なにより官公庁からの強い批判が存在していたことを伺わさせるが、そのことから「我々が規制改革の一番最初、官製市場で取り上げたのが、ハコモノ行政の中のソフトウエア、つまり運営を民間に委託することであった」。公共サービスの外側ではなく本筋と言える部分に企業の参入をまず行うことで、以降の市場化推進していくことを構想したと言え、それは日本の既存の公共サービスの構造の中で企業参入しやすく、且つサービスの核心部分となっている部分への参入という特徴を持っているのである（宮内義彦，2005）。

　2003年の自治体法改正により作られた「指定管理者制度」は、このような、大半が委託により成り立っているという日本の公共サービスの独特の構造を利用して、まず規制緩和により民間企業がこの部分に参入していくことを可能にしていくものであった。たしかにそれは、従来のハコモノ行政から脱去した、ソフトウエアからの企業の参入である。しかしこれは導入であり、次の段階ではハードの部分が、PFI方式によって民間資本によるインフラ整備が進められ、さらにハードとソフトを組み合わせる方式に進んでいくことが目指される。それがこの「指定管理者制度」とPFIを統合して総合的に企業が事業運営を行う「運営権方式」（コンセッション方式）である。「指定管理者制度」自体は十全に利益を生み出す業態であるとは言えない。にもかかわらずここから導入されるのはこのような展開が構想されているからとも言える。たとえば後に議論するが、2017年の「PPP/PFI方式推進アクションプラン」（平成29年改定版）ではこの指定管理者制度が、財政と事業の独立性に向けての発展系列の中での導入になることが明確に述べられている。たとえコンセッション方式への移行が現時点で困難であっても「指定管理者制度」の積極的推進は、そのこと自体企

業の効率化の発揮により財政削減に寄与するから進めるべきであると位置づけられているのである。指定管理者制度からの導入はこのような意味からも推進されていくのであるが、それは日本の公共サービスの特殊な構造に基づいた戦略的導入といえ、市場化に向けてのその後の戦略的構想の中に位置していると言えるのである。「指定管理者制度」はそれ単体だけではなく、このような戦略的位置にあることを理解するなかで議論する必要がある。

3-3. スポーツ領域での指定管理者制度の現況─三つの調査からみる概要

　さて、では指定管理者制度から開始される公共サービスの市場化の状況はどのようなものになっているのであろうか。それを各種の統計的報告などと私たちのヒアリング調査に基づきその現在の状態を見ることとしたい[5]。

　指定管理者制度の導入は 2003 年度以降であるが、3 〜 5 年は既存の事業体の委託継続が行われているので、実際の状況は 2007 年から 2009 年度以降に現れてくる。第一に見ていく焦点となるのは、実際指定管理者制度はどの程度進んでいったのか、という点とその中で企業の参入がどの程度の割合を占めるようになったかである。第二に、このことによる自治体職員の削減や兼担の状況はどこまで進んでいったのか。第三に、結局指定管理者制度は財政構造の変革にどのように資するものであるのか、それは可能であるのか。またこの制度の導入によりどのような問題が生じてきているのかを明らかにすることである。

　ここでは指定管理者の現在の状況を三つの調査から示すこととしたい。一つは総務省自治行政局行政経営支援室が 2007 年より 3 年おきに行っている「公の施設の指定管理者制度の導入状況等に関する調査結果」（2007 〜 2016：ここでは調査資料 1. と呼ぶ）である。もう一つは「文科省体育・スポーツ施設現況調査」（2008 および 2015：ここでは調査資料 2. と呼ぶ）。さらに 3 年ごとに行われている「文科省社会教育調査」（2005 〜 2018、2018 は中間報告：ここでは調査資料 3. と呼ぶ）である。これらは対象とする施設やカテゴリーが相互に異なっているので厳密には正確なものではない。しかし調査対象のカテゴリー自体はほぼ同等のものが設定されており、この三つの調査指標から、ほぼ傾向性は読み取れると考えられる。ちなみにスポーツ関連施設に関しての正確な統計調査は現在存在しないとされる。笹川スポーツ財団調査（共同研究者埼玉大学経済学部 講師 宮﨑雅人）「公共スポーツ施設整備財源に関する研究報告書」（2012.3）によるならば、わが国には公共スポーツ施設の数を網羅的に把握するデータが存在せず、「最も精度の高い社会教育調査（社会体育施設を調査）

とそれを補完する体育・スポーツ施設現況調査（青少年教育施設等に附帯する
スポーツ施設を調査）をあわせても、公共スポーツ施設数の把握は不完全とい
うことになる」と結論している（同報告書 4 頁）。その意味でもこの三つの調
査を併用することで現況の傾向性を読み取ることにする。さらにこれらの調査
では、それぞれ独自の調査項目が設けられている。ここではそれらのうち本稿
の論点に照らして重要と考えるもの 2 つを抽出し、そこから読み取れる傾向性
やまた仮説となるような推論を組み立てることを試みたい。

①この三つの調査資料を通して共通に抽出するのは、スポーツ関連施設全体に
占める指定管理者制度の導入率の年次推移である。

　また〈資料 1〉〈資料 3〉で調査されているが、その中で民間企業（有限会社
も含む）が指定管理者となる割合の年次推移、さらに〈資料 1〉、〈資料 3〉の
個別調査項目として、

②〈資料 1〉指定管理者の指定取り消し状況、指定を取り消した後の管理状況等
③〈資料 3〉社会体育施設職員数および分類別変化、を検討する。

　以上に関して抽出された結果を個々に表に編集し示している（％は筆者計算
を含む）。紙幅の都合上それぞれの調査結果全体は示していないので、個々に
ご参照願いたい。いずれも Web にて容易に閲覧可能である。

①指定管理者導入状況／そのうち企業の占める割合
a. 調査資料 1（総務省自治行政局行政経営支援室「公の施設の指定管理者制度
　の導入状況等に関する調査結果」）

「指定管理者制度導入状況（％）」、および「指定管理者のうち「企業」（有限会社含）の
占める割合（％）」

調査対象年	*レク・スポーツ施設総数	レク・スポーツ施設指定管理者施設割合	指定管理者内株式会社（有限会社含）割合
2007	61,565	25.3%	11.0%
2009	70,022	28.6%	14.8%
2012	73,476	28.7%	17.4%
2016	76,788	32.2%	19.4%

＊レクリエーション・スポーツ施設内容
　2012 以前調査での表示：競技場、野球場、体育館、テニスコート、プール、スキー場、ゴルフ場、
　海水浴場、国民宿舎、宿泊休養施設等。
　2015 調査での表示：体育館、武道場等、競技場（野球場、テニスコート等）、プール、海水浴場、
　宿泊休養施設（ホテル、国民宿舎等）、休養施設（公衆浴場、海・山の家等）、キャンプ場、学
　校施設（照明管理、一部開放等）等

b. 調査資料 2. （文科省「体育・スポーツ施設現況調査」）

「指定管理者制度導入状況（％）」

	2008	2015
総施設数	53,752	52,719
指定管理者制度導入数（％）	20,357（37.9％）	24,139（45.8％）

c. 調査資料 3（文科省「社会教育調査」）

「指定管理者制度導入状況」およびそのうち「会社の占める割合（％）」
社会体育施設総数、指定管理者施設数、占有割合の推移

	社会体育施設数	指定管理者施設数（全体比）
2005	27,800	5,766（20.7％）
2008	27,709	8,855（32.0％）
2011	27,469	9,714（35.4％）
2015	27,197	10,604（39.0％）
＊2018	26,704	10,865（40.7％）

＊2018 調査は中間報告

社会体育施設のうち、分類「会社」に属する指定管理者の総数、および占有率（指定管理者総数、施設総数）の推移

	分類「会社」総数	％（指定管理者総数内／施設総数内占有率）
2005	421	7.3％／1.5％
2008	2142	24.2％／7.7％
2011	2953	30.4％／10.8％
2015	3350	31.6％／12.3％
＊2018	3622	33.3％／13.6％

＊2018 調査は中間報告

②指定管理者の指定取り消し状況、指定を取り消した後の管理状況等
〈調査資料 1〉（総務省自治行政局行政経営支援室「公の施設の指定管理者制度の導入状況等に関する調査結果」）

「指定の年度毎取り消し数」、およびその理由を「経営困難などによる撤退（指定取り消し）」とした割合

	2007	2009	2012	2015
指定の取り消し（総数）		672	831	696
理由「経営困難などによる撤退」（総数分割合）	＊42（2.5％）	253（37.6％）	133（16.0％）	112（15.6％）

2007 年数字は 2009 年調査の内、「指定期間の満了を持って指定管理者による管理をやめた」回答
の内、理由「経営困難 42（2.5%）」を参考数値として掲載している

指定取消し後・業務停止後・指定期間満了後の管理形態

	2009	2012（業務委託含）	2015（業務委託含）
直営	155（23.1%）	122（14.7%）	138（19.8%）
休止	休止／廃止（2009）	60（7.2%）	43（6.2%）
統合／廃止	124（18.5%）	350（42.1%）	355（46.7%）

＊ 2009 年調査は休止／廃止が一括されているので、統合／廃止欄に表記する

③社会体育施設職員数、専任、兼任、非常勤、指定管理者分類、年次推移数
〈調査資料 3〉文部省「社会体育施設職員数および分類別変化」

	職員総数	専任職員数 （職員総数内%）	兼任職員数 （職員総数内%）	非常勤 （%）	指定管理者数 （%）
1999	94,405				
2002	98,957	21,189（21.4%）	41,432（41.9%）	36,334（36.7%）	
2005	100,297	19,060（19.0%）	40,639（40.5%）	40,598（40.5%）	
2008	113,603	15,423（13.6%）	40,933（36.0%）	57,247（50.4%）	
2011	127,590	6,371（5.0%）	36,511（28.6%）	20,654（16.2%）	64,054（50.2%）
2015	137,942	5,333（3.9%）	34,924（25.3%）	18,554（13.4%）	79,131（57.4%）
＊ 2018	153,249	5,661（3.7%）	33,884（22.1%）	18,598（12.1%）	95,106（62.1%）

＊ 2018 調査は中間報告

④「指定管理者制度」の現況
　これらの調査に現れる数値から指定管理者制度の現況が浮かび上がってくる。まず「指定管理者制度」の導入率、および企業の占める割合についてである。
　1.　スポーツ領域において指定管理者の占有率はいずれの数値を見ても、施設総数比率では 4 割前後にまで高まっている。しかし、企業の参入はそのうちの 3 割程度であり、施設全体での比率で見ると 2 割までにも達しておらず、全体に数値上はそれほど高いものではない。この指定管理者は過去の法人団体が応募している割合が高く、またなかには自らを NPO として登録しているケースもあり、従前の準直営の構造が一定程度継続されていると言える。その意味では指定管理者による公共サービスの市場化は未だ限定的な面がある。
　2.　とはいえ、いずれの調査でもスポーツ・リクリエーション、社会体育施設関係への企業の参入率は、他の領域と比べて最も高い数値を示している。し

かしこの数値も、この間の総務省などの強い取り組みから考えて、決して高いわけではなく、伸び率もとどまっている傾向が見て取れる。ここに表れている企業側の参入の頭打ち傾向は、後に議論するように企業に対する参入意欲のインセンティブを高めるため、より開放度を高めた市場化の次のステップに移行するための圧力要因にもなっていると考えられる。

3. 他方、〈総務省調査資料1〉の指定管理者の取り消し、返上の調査結果を見るならば、調査年度毎に600件から800件の間で推移している。占有率は多くはないが、絶対数は年度毎に一定の数値が出ておりこの原因について精査していく必要がある。

4. その意味で「施設の見直し」、合併解散など「団体自身の理由」など他の、どちらかと言えば不可抗力的な要因を除くと、検討すべきなのは「指定管理者の指定を取り消した理由」のなかで「経営困難などによる撤退（指定返上）」に分類される値が、初期の2009年には37.6％を占めており、その後も16.0％前後で続いていることである。このことは企業にとっての利益率が、必ずしも当初予想していたほどのインセンティブを生み出していないと言うことが想定される。特に指定管理者導入時には、経営コンサルタントを中心に、「千載一遇のチャンス」という類いの誘導がなされており（川口・山下，2019、そこであげられている資料参照）、そこでの落差は初期の相対的に多い撤退の原因の一つともなっているのではないかと推測される。

3-4. 企業の経営環境—利益率

では、これを検討するにあたって、果たして「指定管理者」によって生み出される利益はどの程度なのか、次に示すかなり貴重な調査から見てみたい（後述、4-4-1.「日本政策投資銀行企画部の調査」も参照されたい）。

下記の表は総務庁より出されている「地方公共団体における公共施設等運営権の導入促進にむけた事例研究 調査報告書」（総務省地域力創造グループ地域振興室，2016）である。この調査研究は今後の中心とされる「公共施設運営権方式」（2011年「PFI法の一部改正」により創設）を推進していくために行われているが、事例としては「浜松市中央卸売市場」と「高岡市スポーツセンター」が対象となっている。ここではこれまでの指定管理者方式、PFI方式の限界が意識されていると推測されるが、その一つとして高岡市のスポーツ施設の指定管理者方式の財務状況についてが示されている（表2・3参照）。

これらを見ると、高岡スポーツコアの方は5年間を通し年間収益が最小50

万弱から最大でも 290 万程度であり、月単位に直すと、月 4 万円から最大でも月 24 万円程度にとどまると推定されている。高岡市民体育館の方も年間収益は最小 66 万から最大でも 240 万円程度にとどまっている。但し商圏的に考え、対象地となった富山県高岡市の人口規模や所得、アクセス等々を考慮するならば、大都市ではこの収支規模を遥かに上回ることは容易に予想され得る。しかし逆に言えば、地方の中小規模の都市では、このような極めて低い収支現況であることは確かである。この地域間格差を生み出していると推定される収支現況は将来の展開を考える上で重要なポイントであるが、いずれにせよここで明らかなのは、指定管理者制度は企業にとって需要の安定ということ以外、一般的にはここから得られる利益率は決して高いものではないと推定されることである。特に VFM（後述）の考え方が導入されることによって、逆に政府文書でも警告されているが、コストを下げた低価格競争の様相も呈しており（「公共サービス改革基本方針」等）、それに勝ち抜くためには非正規雇用などを使った人件費削減以外原理的にはあり得ないことはすでに様々に指摘されている（太田正，2019 など）。しかしその非正規雇用による人材ネットも、一定の専

表 2　平成 22 ～ 23 年度までの収入と支出（高岡スポーツコア）

単位：千円	平成22年度	平成23年	平成24年	平成25年	平成26年
指定管理料	15,484	15,484	15,200	15,200	15,266
利用料金	4,584	4,668	4,846	4,996	5,170
（参考）減免額	(3,242)	(3,130)	(3,121)	(2,930)	(3,738)
付帯事業収益*1	1,119	1,158	1,813	727	1,724
その他	—	—	—	—	—
収入	21,188	21,311	21,860	20,924	22,160
人件費	5,809	5,813	5,861	5,861	5,848
水道光熱費	5,799	5,819	5,729	5,859	6,254
支払委託料	5,051	5,118	5,156	5,223	5,619
修繕費*2	1,450	547	297	1,074	1,437
その他*3	2,336	2,507	2,203	2,241	2,278
支出	20,447	19,806	19,247	20,261	21,438
収支（収入－支出）	741	1,504	2,612	663	722
（参考）1件30万円以上の修繕費（高岡市負担分）	—	—	—	2,583	—

*1 付帯事業収益：自動販売機収入、スポーツ用品販売収入等
*2 修繕費：1 件 30 万円未満の修繕は原則として指定管理者が負担
*3 その他支出：消耗品費、支払手数料等

表3　平成22～26年度までの収入と支出（高岡市民体育館）

単位：千円	平成22年度	平成23年	平成24年	平成25年	平成26年
指定管理料	41,534	41,534	40,950	40,950	41,751
利用料金	11,743	11,869	12,346	12,369	12,567
（参考）減免額*1	(5,656)	(4,948)	(4,976)	(4,688)	(5,522)
付帯事業収益	2,546	2,448	4,095	3,305	4,329
その他	－	－	－	－	950
収入	55,823	55,852	57,392	56,624	59,598
人件費	17,713	17,368	17,522	17,600	17,633
水道光熱費	12,629	11,972	12,441	13,308	13,521
支払委託料	16,212	16,337	16,352	16,607	17,254
修繕費	2,949	1,283	1,840	2,369	3,813
その他	4,417	4,501	5,089	5,580	5,848
支出	53,923	51,463	53,247	55,466	58,072
収支（収入－支出）	1,900	4,388	4,145	1,158	1,525
（参考）1件30万円以上の修繕費（高岡市負担分）	4,701	－	－	2,583	－

*1 市または教育委員会が主催する大会等において、利用料金を減免する場合がある（高岡市体育施設条例施行規則第7条関係）。
上表の利用料金には含まれていない。（以下同様）

門性を持つことやそれを生かせる相対的に安定した市場基盤が存在していない限り、どこにでも容易に形成されるわけではない。私たちが調査している限りでも、東京での民間公共スポーツサービスでは、ほとんどの場合でこの人材供給ネットワークの上に成り立っているが、それはすでに大都市でのフイットネスクラブを中心に、そこでの仕事や幼稚園や企業、ホテルなどのスポーツクラブなどへの派遣指導員等の形などですでに一定の雇用市場が形成されており、その基盤の上で大手スポーツクラブやスポーツ関連企業が非正規雇用として運営管理者を雇用し、公共サービスの展開が行われてきているからである。そのような雇用市場が形成されていない限り、単に非正規雇用を求めても、それを長期にわたって安定してまかなっていくことは困難であろう。最も単純に言っても、私が以前にフイットネスクラブの調査を行ったときの結果から考え、民間フイットネスクラブの展開がほとんど行われていない地域では、このような人材ストックや需要に至る習慣や文化的インフラが整備されておらず、公共サービスでの市場展開も困難であると言える（山下高行・種子田穣，1997；山下高行，1989参照）。大手フイットネスクラブも大都市圏以外の進出はほとん

ど行っておらず、その地域分布はかなり非対称的である。私たちの調査の中でも、このような大手のフイットネスクラブチェーンは各地での参入可能性の調査に乗り出しているとの状況を耳にしたが、利益率の低さから断念している例もいくつか目にした。いずれにせよ、現在の「指定管理者制度」は企業サイドから見て「儲からない」のは確かであり、このことから参入率が停滞しており、そのことからそれを補う上でも規制緩和を一層進め、強引に企業活動に対する開放度を高めた「公共施設等運営権制度」やそれを支援する財政融資制度を設け、公私のリスク分担も企業の負担を軽減する方向で進めることで企業参入のインセンティブを高めていこうという傾向が急速に表れてきているのだとも考えられる。

　しかしこの企業参入が停滞していることは、その背景に構造的要因を伴っていると見ることができるだろう。このことは後に議論するが、このことが市場化政策の決定的な矛盾として存在している。

3-5. もう一つの重要な問題──企業と自治体とのパワーバランスの変化と住民自治

　さてこのような公共サービスの市場化政策において、他方で重要な論点となるのは地方自治の問題である。単に民間企業が公共サービスの主体として置き換わるという管理的・技術的な問題にとどまらず、根本的な公共性を支える自治の問題がそこには含まれている。この問題は二つの点から考えられなければならない。一つは企業と自治体とのパワーバランスが変化していることである。もう一つは企業参入のインセンティブを高めるために規制緩和を進めていくにしたがって、公共サービスに関する住民と議会との関与が弱まってきていることである。とりわけ二院代議制という地方自治の基本的原則が変質してきているという問題が現れてきていると言える。このことも先にあげた調査結果が極めて参考になる。

　前者のパワーバランスという点についてまず考えてみたい。公共サービスの担い手としての自治体と企業との関係は、すでに以前のような公的団体が自治体職員と一体になって直営、準直営方式で業務行っていた関係にはとどまってはいない。一見、企業と住民との関係は、いずれも単純な供給者と被供給者というように同じような一方的な業務関係と錯覚しがちであるが、そうではない。企業はあくまで利益を稼ぐ組織であり、この点が利益追求を目的としない公共団体との決定的相違となる。企業は利益を生み出し、その利益を親会社や株主

に分配していくことが求められる。したがって、常に利益を生み出していくことが基本的な事業運営の原則となっている。したがって問題は、このような性格を持つ企業に対して、果たして自治体は企画、運営、財政等を通して住民の意見を十分反映しうるよう、十全なガバナンスを保持し得るのだろうかということが問題の焦点となる。

　この関係は自治体と企業間とのパワーバランスの問題として捉えられるが、その場合、民間企業のほうが圧倒的にパワーを有するようになるのではないかと危惧される。この問題のキーとして第一に見なければならないのは、先に示した③〈調査資料3〉「社会体育施設職員数、専任、兼任、非常勤、指定管理者分類、年次推移数」の調査結果である。表に示したように、そこでは自治体の専門職員の比率が劇的とも言える水準で低下してきていることが示されている。行政改革の眼目の一つは職員数の減少であるが、すでに定員管理政策で2010年までに国家公務員5%、地方公務員4.6%の削減が計画され（「簡素で効率的な政府を実現するための行政改革の推進に関する法律」2006）、それを上回るはやさで定員管理が進められている。総務省「地方公共団体における行政改革の更なる推進のための指針の策定について」（2006）では削減目標は5.7%となっており、最終的には「自治体構想2040」にあるように現在の自治体職員を半減していくことが目指されている。ではその不足分はどのようにするのだろうか。基本的に公共サービスを市場化していくのであるから、その部分は新たな担い手となる企業担当者が埋めることになる。先の〈調査資料3〉に示されるように、社会体育施設の領域では2002年に21.4%を占めていた自治体の専門職員数比率は、2018年にはすでに3.7%を占めるのみに至っている。単純に数の比較でもその割合は1/4近くにまで減少している。それを埋め合わせるために増加したのが兼任職員であるが、この数値も2002年から減少を続け、現在は当初の1/2近くの数となってきている。単純数で言っても8,000人減であり、これは比率で言うと従前の1/4減に近い数値である。それと代わって2008年まで増加してきているのが非常勤職員であるが、これも2011年以降急激に減少してきており、占有率で言えばピーク時の32%程度まで減少している。単純数値で言えば3万人前後の減となっている。これらの中で唯一増加しているのが指定管理者であり、この数値がすでに現在、全体の人員の6割近くを占めるものとなっている。このように公共サービスの市場化政策は構造的に自治体職員の定数政策とリンクしているのでこのような結果が生じる。ではこのような政策はどのような帰結を生じさせうるのであろうか。

　一つは自治体の公共サービスが、実際上、直営または準直営の形式で担うことが不可能になることである。②〈調査資料１、総務省〉「指定管理者の指定取り消し状況、指定を取り消した後の管理状況等」の表に示されているように毎年度に一定数の「指定取り消し・指定返上」の状況があらわれていることが報告されている。この数値は最初期に比較して低くなっているとはいえ、その後も継続して一定数存在している。このような事態に陥った場合、数値に示されているように、現在一定数は直営、準直営の形態での補完が行われてきているが、それがかなわない場合は「休業」「廃止」等の状態となることが継続して生じている。むしろ休止・統合しなければならない率が2017年には「指定取り消し・指定返上」の過半を超えるようになってきている。このことは指定管理者にますます依存せざるを得ない構造ができつつあることを示している。民間企業による市場化が一層進み、他方で自治体職員の減、とりわけ専任の職員が減少していく中では、企業やそのほかの民間事業主体の撤退に対してその補完的形態をとることはできなくなり、「休業」、「廃止」などの形態が増加していく可能性があらわれてきている。さらにこの依存構造の表れを示すのが競争による入札先を検討していく場合に重視する評価ポイントについての調査である。「公の施設の指定管理者制度の導入状況等に関する調査」では競争による入札先を検討していく場合重要な評価ポイントについての調査を行われている。残念ながら複数回答の方式であるため、そこでは「コスト減」など他の選択項目とほとんど差異が現れていないが、私たちのヒアリング聴取で得られたのは、競争による入札先を検討していく場合、特に重要な評価ポイントとなるのは「安定性」「継続性」であった。企業への業務依存が著しく進み、専門職が削減され補完する可能性が狭められていく中では、万一業務撤退が生じても公共サービスの「休止」や「廃止」ということは簡単に行い得ない。したがって、このような評価が重要になって来ざるを得ないということである。このことも指定管理者への一方的な依存構造ができつつあることを示している。

　さて、同様に現状に対してかなりの危惧を持って聴取された意見は、この専任職員の減少、とりわけ専門職の著しい減少が、住民との共同的な営みを通して吸い上げられてきた住民の要望や意見等を自治体行政内で共有化することや、たとえば講演会の講師や指導者、競技大会や障がい者スポーツの支援の行事などでの他団体との協力協同の要請など、社会資本の継承も含んだ事業の知識やノウハウの伝承を困難にし、自治体の専門的ガバナンスの力量を低下させているという点である。このためいくつかの自治体では嘱託職員として退職後

の専門職員の雇用を行っている例が見られるが、このような現場の様々なネットワークを踏まえた業務の遂行が困難になってきている。それは単に員数の減少という物理的な問題のみにとどまる問題ではなく、業務の枠組みについての基本的な考え方が変わってきているからである（前記の「行政改革の背景となるイデオロギー」およびそこで検討した「行政関与の在り方に関する考え方」（1996）」を参照）。

　これまでの公共サービスは、社会教育の領域では典型であるが、住民と職員とによって地域的に作り上げていくスタイルをとっており、それが社会教育では行政施策の理念でもあった。それは教育の営みは住民自ら行っていくものであり、自治体はそれを条件整備を中心に共に作り上げていくものと理解されてきたからである。それが住民の福祉を増進させることを自治体法の第一の目的ともなっている公共業務の基本枠組みであったと言える。したがって単純に市場の商品提供という形をとっているわけではない。それを「消費者主権」というサプライサイドからの市場関係で単純に捉え、商品供給のバラエティさの増大と、消費者満足度との関連で捉えるからこそ、このような職員減を財政の効率化という点からだけで簡単に行い得るのだと言える。これまでの専門職員と公共団体とで地域の住民を含めて進められてきた公共サービスにおいて（そのために住民と職員、公共団体などの参加する運営委員会や利用者による会議などがもたれてきた。これも次々と廃止されてきている）、このように進められている枠組を変えていくなかで、住民主体の進め方を民間ビジネスが行うことがその原理から考えてあり得るであろうか。これは自治体の住民自治の極めてベーシックだが根幹に関わる部分である。

　さてこのような同根の原因から別様に表れている問題は、現場を通した専門的力量の低下に従い、実際上は自治体による企業の活動計画や予算の査定も、現場の状況から判断することができず、それに関するガバナンスが困難になってきていると危惧されていることである。さらには従来の自治体の業務形態とは異なり、企業による業務状況は「企業秘密」を理由に経費の詳細については十分な情報公開が行われなくなってきている。そのこともあり、「料金については地方自治体が判断する仕組みにしたとしても…民間事業者に要求されれば値上げも了承されざるを得ない」という状況に陥らざるを得なくなってきているのである（尾林芳匡，2019，p.5）。2006年の「地方公共団体における行政改革の更なる推進のための指針」のなかで示されている、「委託内容がブラックボックス化し、コストの増加や新規事業者が参入できない状況が発生しないよ

う、（1）の指標等に基づき適切に評価・管理を行うことができる措置を講じること」という指示も、これと類似した問題が可能性として存在していることを自ら示しているものと言える。

そうすると、このような状況での危惧は、どのように民間企業の進めていく企画の評価やその予算査定を住民の要求とマッチさせて行えるかである。そのまま丸呑みせざるを得なくなるか、または全体の予算割り当ての範囲で提示するほかはなくなる。さらに行政の公的事業は突然の中止や廃止はできないから、企企業の業務推進やその計画の方が優先されざるを得なくなってくる。この傾向はますます強まると思えるが、このことは先に見たように構造的なパワーバランスの変化として捉えることができ、各種答申で「住民の行政への依存」と批判する以前に、この方針自体が住民自治の極めて危うい状況を構造的に生み出してきていると言える。

4. 新たな PFI 手法──運営権制度（コンセッション方式）の導入

4-1. 単なるこれまでの PFI の延長にとどまらない性格とは何か。

2011 年の PFI 法改正により、「指定管理者制度」と施設などのインフラ整備に関わる「PFI 方式」のほかに、新たに「公共施設等運営権制度」（コンセッション方式）という方式が導入されるようになった。この方式は水道事業を対象としたフランスの PPP 方式であるコンセッション方式を参照したものであり、当初は関西空港建設の際に導入されたものである。この方式のスケールを縮小して普遍化し、事実上は「指定管理者制度」や施設建設に関わる「PFI 方式」を合わせた性格を持つ新たな PFI 手法として設定されたものであり、従来の市場化路線を一段高いものへと引き上げる性格をもっている。このコンセッション方式を中心に、2010 年の「新成長戦略」では、PFI 事業規模について、2020 年までの 11 年間で、少なくとも約 10 兆円以上（従来の事業規模の 2 倍以上）の拡大を目指すとされている。

では「公共施設等運営権制度」（コンセッション方式）とは具体的にどのような内容のものなのだろうか。「運営権制度」とは、まず「利用料金の徴収を行う公共施設等について、当該施設の運営等を行う権利を民間事業者に設定するもの」であり、なによりその特徴は、運営権を財産権と認め、その譲渡や抵当権の設定を可能とすることにより資金調達の円滑化等を図るという点にある（「公共施設等運営権および公共施設等運営事業に関するガイドライン」内閣

府）。そこでは、利用料金の決定等を含め、民間事業者による、より自由度の高い事業運営を可能にすることが目指され、このことにより民間事業者の創意工夫が生かされ、事業経営を効率化し、顧客ニーズを踏まえたサービス向上を実現するとともに、そのことを通して利用促進が図られ、既存インフラの価値が高まる、ということが企図されている。

　要するにその特徴は、第一に公共サービスの事業・施設運営自体を不動産と同等に「物権化」し、担保にすることも可能にし、また譲渡することもできるようにすることで投資リスクを低減し、事業投資を容易にすること。第二に、利用料金や付帯事業の展開などの自由度を高め、独立した事業の性格を強め、参集企業（SPC）にとっての利益率を向上させる。そのことにより企業の参入を高めていくことが目指されている。しかし最大の眼目と言えるのは、これまでの指定管理者制度や施設建設のPFIとは異なり、これらを通して公共サービスの独立採算事業化を進めていくことである。

　なぜそのことが目指されるかについては、「PFI法改正（2019年版）」や「PPP/PFIの抜本改革に向けたアクションプラン」等で、従来のPFI方式の課題として上げられていることの中にその理由が示されている。そこで課題とされているのは、第一に、従来の「指定管理者制度」の性格は行政補助を伴う事業委託方式であり（「サービス購入型事業」）、他方施設整備に関わるPFIも行政の「延べ払い方式」による施設整備にすぎないものであり、この方式によらず税財源以外の収入（利用料金等）により費用を回収する事業は418件中、わずか21件にすぎない。それでは事業の独立採算性を高めることはできず、結局従来の自治体の財政内で行われるものであるから、一定のコスト削減はあり得ても真の意味のスリム化した自治体再編とはならないという点である。第二に、これまでのような従来の行政の枠内での事業展開では、民間事業主体に期待している「独創性を持った」公共サービスの展開が十全に発揮されず、公共サービスの市場化に期待されている本格的な財政削減を生み出すような効率的な行政改革が実現できていない。第三に、そのことと関わって、現在の枠組みでの展開ではとりわけ企業参入へのインセンティブが十分作り出されておらず、そのことから民営化は頭打ちの傾向を見せている。これらのことによりPFI事業全体が想定されたように推進されていない。概略このような課題が示されている。

　そのことから、本来の趣旨に立ち返り、「できるだけ税財源に頼ることなく、かつ、民間にとっても魅力的な事業を推進することにより、民間投資を喚起し、必要なインフラ整備・更新と地域の活性化、経済成長につなげていくことが必

要である。こうしたことから、PPP ／ PFI について抜本的な改革を行う。その際、PFI について、従来から多く実施されてきた「延べ払い型」からの抜本的な転換を目指すこととし、平成 23 年度改正法により導入された「公共施設等運営権制度」の活用を推進するとともに、収益施設を併設・活用すること等により事業の収益性を高め、税財源以外の収入等で費用を回収する方式の活用・拡大を図る」（PFI 法改正 2019 年版、下線部引用者）とされるのである。

　この新しいコンセッション方式の性格は、したがって企業自らの投資に基づいて独立採算制と事業独立性を高める点を基本とするところに、従来の方式との決定的な相違がある。なぜそうするのだろうか？それは、そのことによって公共サービスの完全民営化に一歩近づくからである。そうすると原理的には、自治体は公共サービスにたいする財政支出を大幅に削減することができるようになる。これがポイントである。そのためには民間事業に対する資本投資が必要であるから、投資を呼び込むために「運営権」を物権化することによって投資の担保とし、投資リスクを低減することによって金融投資を可能にしていくのである。他方これを進めるためにも、PFI 事業のための資金調達方法として、「株式会社民間資金等活用事業推進機構」をあらたに立ち上げるが、それは「金融機関が行う金融および民間の投資を補完するための資金の供給を行う」とともに、それを通して「我が国におけるインフラ投資市場の整備の促進」を行っていくことが目的とされている。（「地方公共団体における公共施設等運営権制度導入調査研究報告書」総務省，2014）私たちが税金を払っている公共サービスは、さらに投資の対象としてインフラ投資市場を形成することにもなるのである[6]。このような方向で事業の独立採算性を高めることを進めていく。

　他方もう一方の事業独立性を高めることに関してはどうであろうか。コンセッション事業は十数年から数十年の長期契約のスパンをとるものと設定されているため、投資回収の期間が長期にわたり、そのことからもこれまで以上に積極的な経営ビジョンを構築することが可能となる。この点も従来の方式が 5 年程度であったことに対して大きな相違となる。このことは付帯事業の拡大や地域開発とのリンクなど、一層独立した長期の事業経営を可能にすることにもなる。反面そのためには一層の規制緩和をすすめ企業活動の自由度を高めていく必要が生じる。というのは従来の個別法の規制のもとでは、公的事業とその施設の目的外使用は厳しく制限されていたからである。

　しかし一方では、独立採算制に変わっていくことにより、事業構造自体の性格が変わることになる。なぜなら投資による自己資本の投入による事業展開は、

これまでの「官製市場」とは異なり、一般の市場と同じく事業リスクも増加するからである。入場料収益のみでは収益性を高めていくことは多くの場合困難である。それゆえ付帯事業を構造的に含み込んでいくことが必須となる。「独創性を持った公共サービスの展開」と言われるものの多くの場合の実態は、この付帯事業の展開への期待に見られ、スポーツの場合はイベントなどとの抱き合わせがしばしば想定されている。そのことは事業リスクを常に抱える独立採算事業化に向けては、極めて重要なものとなるのである。このため先にも紹介したように、スポーツの領域では、すでに5割弱が首長部局へ移管が進められているのである。だがこの方針の多くは後に議論するように住民の公共サービスの享受と相反関係にあると言えるのである。

　さてこの「運営権制度」（コンセッション方式）は、その制度だけで事業独立性や独立採算性を高めるのではなくて、いくつか他の戦略的な方針とともに提案されている。この「運営権制度」は、2011年の「民間資金等の活用による公共施設等の整備等の促進に関する法律（PFI法）の一部を改正する法律」によって打ち出されるが、その改正法ではこの制度を含め以下の五つの方針が示され、それを推進するための法改正が行われている。それらは、1）PFIの対象施設の拡大、2）民間事業者による提案制度の導入、3）コンセッション方式の導入、4）民間事業者への公務員の派遣（退職派遣制度等）、5）民間資金等活用事業推進会議の創設、である。これらが構造化され、「運営権制度」（コンセッション方式）は新しいPPP/PFI方式による公共サービスとして推進されていくようになるのである。

4-2.「運営権制度」の位置

「運営権制度」はこのような仕組みのもとに構造化された新しい段階のPPP/PFI方式の展開と言えるのである。総務省資料では、この新しいPFI方式である「運営権制度」がどのような位置にあるかを示す図が掲載されている（表4）。この説明は新しいPFI方式を「指定管理者制度」、「運営権制度」、「民営化」（施設保有は自治体だが事業主体は民間）という順に並べて比較したものである。事実上、事業独立性と独立採算性の程度を尺度とした大変示唆的なものである。2017年の「PPP/PFI方式推進アクションプラン」（平成29年改定版）では、「コンセッション事業の活用を拡大するためには、その前段階として様々な収益事業の活用を進めることが効果的であり、これらの事業に積極的に取り組む中で、収益性を高めつつコンセッション事業への移行を目指していくことが重要であ

表 4　運営手法の比較検討

	指定管理者制度	運営権制度	民営化[*1]
民間事業者の業務範囲	改築・更新 維持・管理 施設使用許可業務 使用料単価の変更[*2] 使用料徴収・保証金預託 業務規程・事業計画の策定	改築・更新 維持・管理 施設使用許可業務 使用料単価の変更[*2] 使用料徴収・保証金預託 業務規程・事業計画の策定	改築・更新 維持・管理 施設使用許可業務 使用料単価の変更[*2] 使用料徴収・保証金預託 業務規程・事業計画の策定
市場の開設者	浜松市	浜松市	民間事業者
	・地方卸売市場の場合、開設者を限定する規定はなく、地方公共団体も民間事業者も都道府県知事の認可があれば開設者になることができる		
期間[*3]	10 年程度	30 年程度	―
概要	・維持・管理（施設使用許可を含む）が可能 ・利用料金制による独立採算性を採用することが可能 ・利用料金の変更は地方公共団体の承認が必要	・管理業務と改築・更新を同時に請負うことが可能 ・利用料金の設定は、条例の範囲内であれば届出で変更可能 ・指定管理者制度を重畳することにより、施設の使用許可業務が可能	・原則、すべての業務が実施可能となり、自由な運営が可能
効果	・地方公共団体側の削減効果が見込める	・運営権者は施設の運営、改築更新のみならず、収益施設の設置、運営も可能であることから、運営権者の自由度が高く、相乗効果が極めて大きいと考えられる	・左記に加え、規定・計画の策定業務が実施可能であり、経営の自由度が高く、効果が最も期待できる ・資産は地方公共団体の所有であるため、災害時における緊急避難場所としての利用も可能である
留意事項	・民間事業者は資産を維持しないことによる税制面でのメリットが存在する		・地方公共団体の意向に沿わない経営が行われる可能性がある

出典「地方公共団体における公共施設等運営権の導入促進に向けた事例研究　調査報告書」総務省地域力創造グループ地域振興室、2016

る」（下線部引用者）とされ、「運営費等一部の費用のみしか回収できないようなケースであっても、混合型 PPP/PFI 事業として積極的に取り組むことにより、少しでも公的負担の抑制等を図るという姿勢が重要であり、その取組の中で、より収益性を高める工夫を重ねることで公的負担の抑制効果を高め、さらにはコンセッション事業へと発展させていくという視点が重要である。そのためには、サービス購入型 PFI 事業や指定管理者制度等の多様な PPP/PFI 事業をファーストステップとして活用することを促すことが効果的であり」（2016「PPP/PFI 方式推進アクションプラン」下線部引用者）とされており[7]、公共サービスの市場化はコンセッション方式の枠組みの方向に段階的に展開していくことが目

指されていると言える。すでに紹介した規制改革会議を長年リードしたオリックスの宮内義彦が、「指定管理者制度」を導入的位置に位置づけたのも、このような構想が前提であったと思わざるを得ない（宮内義彦，2005）。主な流れはこのように独立採算と事業独立性による公共サービスの市場的構造を作り出すことに置かれていると言えるだろう。事実、コンセッション方式では、利用料金の設定が届け出でも可能となり（従来は地方自治体の承認が必要）、指定管理者制度を併用することで施設の使用許可業務が可能となり（自治体法の特例として）、また既存施設の管理運営だけではなく、収益施設の新たな設置運営も可能となり、付帯事業の展開の自由度が高まり、と段階的に企業の自由度が開かれていっているが、表4の「概要」と「留意事項」に描かれているように、その最終段階における「原則、全ての業務が実行可能となり、自由な運営が可能」という「民営化」像は、公共サービスが最終的にどこに向かうかを明確に示している。

　岡田知弘は、ごく近年の論考で、公共サービスの産業化は、「いまや地方自治体のサービスだけでなく意思決定過程までも民間資本が包摂・掌握し、丸ごと利潤追求の手段にする段階に入った」とする（岡田知弘，2019a）。岡田のこの指摘は 2011 改正 PFI 法における「民間事業者による提案制度」や「公共施設等運営権および公共施設等運営事業に関するガイドライン」（2018）における民間提案に対しての検討の義務化という、企業側の意見を取り入れていく強い回路の形成と（加藤聡，2012 も参照）、他方、各自治体の基本構想作成の義務化の撤廃（2011 改正地方自治法）[8]、また一貫してみられる住民の意見を反映する回路の脆弱化という流れが進められているのをみるならば、全く首肯できるものである。公共サービスとはまさしく人権の実現にあり、少なくともそれが目的であったはずであるが、いまや財政的効率性や企業の利益を持ってくることによって、目的と手段が転倒してあらわれてきている。まさに岡田の指摘する新しい段階に入ってきたと言えるのである。運営権制度の位置はそこに存在する。

4-3.「完全民営化」と「公的事業」の狭間である意味

　ただしこの公共サービスの市場化が完全な民営化になるというわけではないことにも注意を払う必要がある。太田正が図2で示しているように、それはちょうど完全民営化と公的事業との狭間にあるような位置にあると言える。しかしこの曖昧な位置にあることが、逆に民間企業による事業展開の基盤になってい

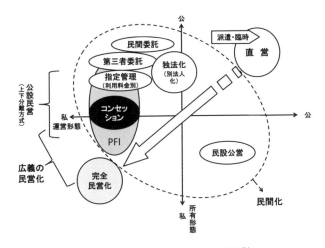

図 2　民営化概念の定義（太田正作成）
出典：太田正、2019「水道の民営化／広域化の動向と事業構造の改変」
日本科学者会議編『日本の科学者』Vol.54,No.8 より

るとともに、矛盾もまた生み出しているのである。なぜこのような狭間の位置
にあるかというと、もちろん一つは公共事業の枠内で行うからである。すでに
市場化テスト法などでも規定されているように、自治体が行う必要性のないも
のは公共事業であることを廃止するものとされている。したがって公共サービ
スの市場化は原理的には公共事業の範囲にとどまらざるを得ない。この曖昧性
の部分での問題として現れてくるのが収益性と公共性、自治との矛盾である。
第二に、公共事業にとどまる理由の一つは投資リスクの低減が期待されるから
である。独立採算事業であることから、事業は原則的にこれまでの自治体から
の資金で行うのではなく、独自に投資を呼び込む必要がある。その場合投資家
は事業の採算性に関しての事業リスクの調査のもとに厳密な判断を行い投資を
決めるのだが、投資リスクを避けることを強く求めることになる。収益が上が
らず配当また回収が行われなくなることを避けるよう強い意向を持つ。その場
合コンセッションのように事業運営権が担保化されていて、またその移譲が認
められている場合は、他の企業に譲渡することにより収益性を回復する可能性
がありえる。このため公共事業にとどまり、運営権制度で展開した方が有利に
なる。また、収益性の赤字リスクを回避するため、しばしば自治体が独自の補
填措置をとることを実施契約時に締結しておく場合がある。なぜそのようなこ
とを行うかというと、一つはこのことによって企業の参入を促すという意味が

あり、収益性の見込みが悪い場合は企業の参入を図るインセンティブの手段として行わざるを得ない。別の手段としては同様の主旨で混合セッション方式で事業を行い、官民でリスク分散することも提起されている（2018「PPP/PFI推進アクションプラン（平成30年改定版）」）。もう一つ根本的な意味は、いずれにせよこの事業運営権での事業は公共事業であり、自治体の責任は本来自治体法で住民の福利の増進が目的であると定められているので、その事業が独立採算事業となっていても自治体はその責任を免れ得ないからである。たとえばすでに判例によって決着されているように、事業における利用者の事故も自治体に責任が帰されることが明確にされているのはこの根拠からと言える。したがってこのように公共事業の枠内である以上、その責任は自治体に最終的に帰するゆえにその実施の安定性を図る必要がある。このことからも赤字補填を契約として結ぶ場合もあるのだが、そのことが同時に一種の担保として投資リスクの低減として働くと言える。このような事業リスクや投資リスク、さらには事故などのリスクの負担を自治体に負う、または分有するため、総務省の報告書表4にあるような完全な民営化ということにはならないのである。

　だがこの曖昧性は公共サービス事業の収益性と公共性、自治との利益相反関係を生み出さざるを得ない。このことは公共サービスの市場化の根本的な矛盾を生み出すものである。そこでこれまで述べてきたこととも重なるが、この矛盾とはどのようなものなのかをいくつかの点から改めて検討してみたい。

4-4. 新しい段階のPPP/PFI方式による公共サービス（コンセッション方式）の矛盾はなにか

　従来と異なるコンセッション方式の事業特性は、本質的に財政の独立採算制と、それを可能にするために事業の独立性を高めることである。従来のPPP/PFI事業は行政が利用料金を徴収し、財政補助とともにそれを原資として、収益にかかわらず業務委託金を払っていたのに対し、このコンセッション事業では、企業が事業内容や利用料金を決定し、利用者から直接利用料金を徴収する。また事業を行うために企業が集まって特定目的会社を作り（SPC：スポーツ領域の場合はスポーツ関連会社、建築関係、ビルメインテナンスの会社などにより）、事業に金融機関などからの投資を呼び込むことで独立採算の性格で事業展開を行う。このような違いがある。このことが新しい段階と言われる従来と異なったPPP/PFI方式の性格を作りだしている。それをリアルに示すため、井熊均らの示す例を上げてそこから考えていくことにしたい。

　井熊らは次のように書いている。自治体の行う公共サービスに対して「民間
が同じコストで同じ水準のサービスしか提供できなければ、自治体が民間より
有利な資金調達ができる分だけ割高なサービスになり、受益者となる地域住民
にはメリットがない。そこで重要になるのが、民間の経営力、技術力などを活
かして、事業内容・運営方法を大胆に見直し、事業の効率性と質の格段の向上
を目指すことである。」ではその大胆なリストラの下に行われるのは何かとい
うと、「文教施設のような事業であれば、事業収入を増やすために、サービス
内容、マーケティング、料金体系を抜本的に見直す。そこで民間事業者の事業
基盤や技術、ノウハウを活かすことができれば、個別の自治体の努力に頼る従
前の事業に比べて収入改善の可能性は格段に大きくなる。」井熊がその例とし
てあげているのがスポーツ施設のコンセッションである。「最近では新しい広
島市民球場（通称マツダズーム・ズームスタジアムひろしま）が広島球団を指
定管理者とすることで興行面での成功を収めている。スポーツ観戦と飲食・物
販の効率的な組み合わせや、ファミリーボックス等多様なニーズを取り込む
サービスやそれに合わせた料金体系、ファンサービス等、総合的なプロデュー
スがビジネスとして成功している理由だ。成功事例に触発され、他の施設でも
収益向上のアイディアが検討されている。興行がない時には、コンサート等の
太規模イベント開催の他にも、健康関速の地域イベントの企画。実施などが考
えられる。そうなれば、スポーツを中心としたエンタテイメント、物販、健康
づくりなどが一体の産業として立ち上がることになる。公共のスポーツ施設で
のコンセッションが一体感のある地域の産業の立ち上げに寄与する可能性を示
唆している。」（井熊均・石田直美，2018，pp.72-73）このような事業モデルは
「コストセンター」から「プロフィットセンター」へという、最近のスポーツ
庁の提示するコンセッション方式によるスタジアム構想でも取り上げられてい
る（スポーツ庁「スタジアム・アリーナ改革指針」，2016）。実はこのような周
辺事業の立ち上げは2018年の「PPP/PFIアクションプログラム」でも類型別
の事業モデルとしてあげられており、「収益施設の併設・活用など事業収入等
で費用を回収するPPP/PFI方式（類型II「収益型事業」）として示されている。
　このような付帯事業を拡大して行き収益率を高める手法は、コンセッション
方式では当初より典型的に見られる事業モデルの考え方である。だがこのよう
な事業モデルは果たしてうまくいくのだろうか。どのような問題が存在するの
だろうか。このことを検討する上で、日本政策投資銀行のスポーツアベニュー
を主題とした調査報告が重要な参考となる。それを検討してみたい。

4-4-1. 日本政策投資銀行企画部の調査

　この調査は 2013 年、日本政策投資銀行地域企画部によって行われた全国の
スポーツ施設の調査であり、「スポーツを核とした街づくり」をテーマとした
「地域の交流空間としての多機能複合施設」のための現況調査として行われて
いるものである。とはいえ他の一般的な答申や報告書の構想的な発想とは異な
り、それを実行する側からのリアリティを持った現況分析といった性格を持っ
ている（スマート・ベニュー研究会 日本政策投資銀行地域企画部, 2013『ス
ポーツを核とした街づくりを担う「スマート・ベニュー」～地域の交流空間と
しての多機能複合型施設～』）。ここではスマート・ベニューの核となるスタジ
アム・アリーナの現況調査が三菱総合研究所への委託調査により行われている
（「第 4 章　国内既存のスタジアム・アリーナ等の整備・運営手法と収支分析」）。
公共所有の 593 施設を対象とし、そのうち回答のあった 287 の施設に関して整
備・運営手法と収支分析が分析されている。施設分類としては、「スタジアム・
球技用」、「アリーナ・体育館」、「野球場・ソフトボール場」、「その他」であり、
いずれも過去一年の内に興行が行われた施設を対象としている。これらの施
設の初期建設費があげられているが、その平均は 60.6 億円である。しかし 10
億円未満が全体の 18.8％を占めるほかに、100 億円以上のものが 12.2％、50 ～
100 億円未満が 13.2％を占めるなど、これを見る限り対象となった施設の規模
のばらつきは少なくはないことがわかる。いずれも公共所有の施設であり運営
手法としては直営が 16.0％に対して、指定管理者制度によるものが 79.9％を占
める。そのうち民間の株式会社が運営者である割合は 23.0％である。これらは
先に見てきたいくつかの資料と比べても概ね整合的と考えられる。さてその施
設利用内容であるが、これらの通常の使用は平均 87.8％が一般のスポーツ利用
である。これに対して入場料が発生するスポーツイベントの利用は平均 7.25％、
入場料が発生する文化的イベント、興行が平均 0.9％、展示会、式典、会議等
は平均 2.5％である。注目すべきなのはその収支状況である。「施設の利用料収
入は年平均 48.7 百万円、飲食物販事業収入が 16.8 百万円、興行事業収入が平
均 4.1 百万円、広告収入が平均 9.6 百万円、命名権収入が平均 11.5 百万円である。
このうち興行事業収入として最も多い、「スタジアム・球技場」でも平均は 10
百万円である。もっとも施設規模等に応じてこの偏差はかなり大きく、興行事
収入が 0 円という施設は 23.7％を占め、他方 3 億円以上という施設は 1.7％、1
億から 3 億円未満の施設も 3.5％存在する。この調査ではこれらの収支から、「収
益性が確保されていると考えられる施設は、利用料のみの場合で 10.7％、その

他の収入を含む場合においてはわずか13.3％」であると結論している（この中にはJリーグのホームスタジアムも含まれる）。

　このことからこの調査報告書では、収益性の見込めるスタジアム・アリーナのポイントとして、1)収入源の多様化、2)興行の活発化、3)利用用途の多様化、4)利便性の高い立地戦略（利用料収入が年3億円を超えている施設は、最寄り駅からいずれも5分内に立地している）をあげている。

　さて重要なのはこの調査では次のような結論を得ていることである。一般のスポーツ利用が80％以上を占めている施設が多かったものの、公共からの委託費を上回る収入を得ている「スタジアム・球技場」においては、スポーツ興行による利用が他の利用形態よりも多くなっていた、とする点である。このことから報告書では「スポーツ興行は重要な収入源であることから、多くのイベントを呼び込むための戦略を検討し、スポーツ興行を積極的に誘致開催することが重要である」としている。

　この考え方は、「収入源の多様化」、「利用用途の多様化」などにも見られる付帯事業による収益率の向上というビジネスモデルであり、先に挙げた井熊らの例示もほぼ同じものと言っても良いだろう。

4-4-2. 事業構造と公共性との矛盾

　この調査は私たちが行っている実態調査から考えても、ほぼ現状の傾向性を正確に反映しているものと思われる。そのうえで指摘できるのは、第一に、一般のスポーツ利用と「付帯事業」とは利益相反の関係にあるという点である。

　参入企業は投資圧力のもと、利益率を上げるため事業の独自性を高め付帯事業の拡大をせざるを得ない。なぜなら、決定的なことは、先に見た総務庁研究会の資料を見ても、この日本政策投資銀行の調査を見てもスポーツ領域は決して利益率の高いものではなく、利用料のみで収益が確保されている施設はわずか10.7％にとどまる（表2・3 総務庁調査も参照）。したがって日本政策投資銀行の調査で示唆されているように、付帯事業を拡大して収益の多元性を計ることが必須となる。とりわけ現在投資市場が形成されていない段階では、他には物販や飲食などがあるが、公的事業という性格上、地域経済との関係ではその部分には制約がありうるので、現在の収支傾向を見ても中心はイベントなどの拡大による付帯事業収入の拡大ということになる。だがここに第一の中心的な矛盾が存在する。イベントなどによる付帯事業の拡大は施設の占有と利用料金などの点で、一般の住民のスポーツの利用と相反する関係にあるという点であ

る。

　この調査では各施設の利用状況は、一般のスポーツ利用が平均で88.7％と示されているが、このような利用実態のもとでの付帯事業の拡大は明らかに一般のスポーツ利用を圧迫するものとなる。このことは私たちの実態調査を考え合わせても首肯できる。とりわけ地方の県庁所在地である中心都市においてでさえ、そこでの中央体育館では主に一般のスポーツ利用が大半を占めており、このような施設では財政効率性の追求のため急激に増加しているイベント等のため、すでに現在一般のスポーツ利用が著しく圧迫されていることが聴取された。

　またこれらの施設は、決してイベント用の専用構造として作られてはいないので、観客席の数やアクセスの利便さ、周辺インフラ等、必ずしも十全な収益性が望めるものではない。この点アクセスの利便さなど、イベントなどにも対応し得て、観客席数も多い大型施設が多く、「見る」スポーツと「する」スポーツがある程度機能分化している大都市や、Jリーグなどが使用する種目専用に近い施設とでは、収益構造や利用実態から見ても著しく異なると言える。このことも調査結果に見られるばらつきの中に見て取ることができる。このことから考えてもこの付帯事業による収益率を高めるという事業モデルは、大都市や専用施設を持つものに限定されると考えられ、多くの施設は一般的なスポーツ実施施設として設置されており、観客席数も少なく、集客施設としてのファシリティも備わっているわけではない。あたかも決定打のように主張されるが、多くの施設で付帯事業を拡大するということは困難であり、この事業モデルはほとんどの地域の公的施設には当てはまらないと推測される。むしろそこでの利用実態が一般のスポーツ利用がほとんどであることを考えるならば、この付帯事業の拡大は住民のスポーツ利用を圧迫せざるを得ない。繰り返すが、自治体の目的が自治体法にあるように住民の福利の向上であるならば、これは全く手段と目的との転倒である。だが民間企業主体がますます独立採算性に移行するならば、この矛盾は構造的必然として顕著に表れてくると言えるだろう。

　スポーツ庁の資料「スポーツ施設におけるコンセッションの導入について」を読むと、一方ではこのコンセッション事業の推進として「施設によってはコンサート、コンベンション等のスポーツ以外のイベントにも活用可能」、「運営方法によって、施設単体での収支の黒字化も期待できる」等このビジネスモデルと同じ主旨の説明を加えている。だが注目すべきなのは「スポーツ施設におけるコンセッション事業の基本的な考え方」において、「観る」施設と「する」施設とでは基本的な考え方を変えるべきであるとしている点である。「する」

施設のほうでは、「比較的低廉な料金により公共サービスとしてのスポーツの場を継続的に提供することが前提」、「施設の状況を前提としたコンセッションの活用方法について検討が必要」となっている。この区分した考え方は、実際のスポーツ施設の利用実態を反映していると言える。それゆえスポーツ庁の資料でも「検討が必要」と記されているのだと推測される[9]。もともと総合型地域スポーツクラブの構築による住民自治を基盤とし、地域課題も含めて展開されるべきとしているこれまでの地域スポーツ振興施策は、考え方自体消費者主権という供給―受容―満足度調査という枠組みとは全く異なっている。そうすると後に議論するように、逆にこの「する」スポーツとして構想されている総合型地域スポーツクラブの構想は、地域間格差を背景として、すでに文科省の「総合型地域スポーツクラブ育成マニュアル」に典型的に表れていた、「動員型ボランティア」（仁平典宏，2011）による行政を代替する補完的実施主体の役割を果たすものに陥るのではと危惧されるのである。この「区分」と「検討」は自治体 2040 年構想を読む限りその可能性を十分含んでいると思われる。

4-4-3. 人件費を中心としたコスト削減

　企業参入のメリットとして、どの答申や報告書でもあげられているのがコストの削減効率である。トータルな意味でのコスト削減には、まず上記した付帯事業による収益率の改善という方向が一つある。もう一つの方向はコスト自体の直接的な削減である。この点は指定管理者制度も含め、企業経営のベースともなる手法であり、投資圧力のもとで厳しく推進される傾向にある（太田正, 2019 参照）。だがスポーツサービスは労働集約型産業の性格を持っており、施設投資以外でのコスト削減は人件費によるものが圧倒的比率を占める構造を持っている。したがって、この部分は低賃金、非正規雇用労働に依拠する方向で推進されている。しかしこの人件費コスト減が成り立つのは、スポーツ領域でのサービスは、ある程度の専門性を備えた人材が雇用者の供給源として存在していることが必要である。この供給ネットは都市のスポーツクラブやフィットネスセンター、また幼稚園の巡回体操教室等の一定の専門的雇用の場の存在が前提になる。そうするとここであらわれる矛盾は、このような専門性のある非正規雇用者が一定の雇用を常時得ることができる雇用市場があることが前提になる。だがそれは地域間格差が大きく、地方の県や地域ではほとんど存在しないというケースも少なくない。おそらくそれは大手フィットネスクラブの全国分布とパラレルであると推測される。私が調査研究した事例を考慮しても、

このようなクラブは極めて厳しい市場調査を行っており、収益性の悪いと見込まれるところには進出していない。とくに都心—ターミナル—郊外という生活スタイルに応じネットワーク状の店舗展開を行い、そのネットワークにおいて労働の時間配置などの合理化を行っているので、そのような市場はほとんど大都市を中心とした圏域にとどまらざるを得ない。そのような構造を望めないところに進出するのは困難である（山下・種子田，1997）。そう考えると、人件費を中心としたコスト減においても地域間格差が発生することが容易に推測できる。またそもそも低賃金で安定性に乏しい非正規労働を自治体自ら作り出すことも、自治体の住民の福利の更新という目的に反すると言えるだろう。このことはスポーツによる地域作りということを唱える以前に対応するべき順序の問題であることが理解されるべきである。

4-4-4. 地域間格差

　第3に、日本政策投資銀行の調査報告書で述べられている「駅から徒歩5分以内」という表現に端的に示されているように、収益構造の地域間格差は著しく存在すると推定される。繰り返し述べるが、とりわけ大都市圏と地方都市とでは収益構造は全く異なると考えられる。そこで示されている4つのポイントも、大都市圏以外にも当てはまると考えるのは困難である。また私たちの実態調査からは、さらに大都市圏内のなかにおいても地域間格差が存在すると考えられる。付帯事業としてイベントの開催などを軽々と述べるにもかかわらず、実際の収益性は大都市圏など以外では決して多いものではない。調査報告書の平均数値としては年4百万程度と上げられているが、これも平均値にすぎず、興行収入0も23.7％を占める一方で、3億円以上も1.7％あり、その差は非常に大きいと言える。東京のいくつかのスタジアムや地方都市でもJリーグ専用スタジアムは例外として、多くの施設は一般の住民が利用するスポーツ施設として設置されており、観客席数も少なく、集客施設としてのファシリティも備わっているわけではない。このことから、あたかも決定打のように主張されるが、多くの施設で付帯事業を拡大することは困難であると推測できる。

　この調査報告書では、整備運営手法の違いによるメリット・デメリットという表を掲げている。その基準は奇しくも先の総務庁の表と同じく、「公設公営」—「公設民営」—「民設民営」という軸での比較となっている。もちろんこの軸は「従来の直営、準直営方式」—「指定管理者制度・施設PFI」—「運営権制度」にほぼ重なる。報告書では次のようにそれらのメリット・デメリットを示して

いる。では最も質の高いサービスを受けられるのはどの整備運営手法であろう
か。それは「民設民営」形態であるとする。なぜなら「建設における無駄を省
き、コスト圧縮ができる可能性がある」、「収益施設の整備配置が自由になる」、
「利用料金や営業面で柔軟な運営を行うことができる」、という企業の事業独立
性が著しく高められるということが理由としてあげられている。但しデメリッ
トとして示されるのが、「比較的高価な利用料金での利用を余儀なくされる可
能性がある」という点である。さらにこれには先に述べたように収益事業とし
ての付帯事業の比率が高まるだろうから、「住民の一般のスポーツの利用は圧
迫される可能性がある」ということを付け加える必要があろう。ではこれに対
して「公設公営」の方はどうだろうか。メリットしてあげられているのは、「安
価な利用料金で施設が利用できる」「公的ニーズ（利用者の平等性、公平性）
に配慮した運営を行う」という点である。逆にデメリットとしてあげられてい
るのは、「公共側に建設に伴うコスト負担が発生する」。「収益施設の整備配置
に制限がある」。「収益施設が少なく収入方向に制限がある」などの点である。
公設民営はこの中間と言える。この対比は非常に率直な評価となっているので
はないかと思える。要するに現在進めてきている公共サービスの市場化は、一
般の住民のスポーツ振興という点では、付帯事業の展開による圧迫や、高価格
化の危惧などにあらわれる収益性の増加への圧力に起因する構造的な問題が含
まれていると言える。大都市圏の一部を除いては、企業自体にとっても収益性
は高いものではなく、投資や SPC への分配圧力のもとでの事業収益リスクの
発生の可能性も存在する。企業にとってメリットとなるのは相対的に安定的な
需要を維持できることや、公とのリスクの分散やそのことによる投資を呼び込
むことが相対的に容易になるという点に見られるが、このような収益性の地域
格差が、市場参入の方向に企業へのインセンティブを高めていっても参入が頭
打ちとなっている原因となっていると思える。とりわけ太田正の指摘するよう
に、投資のリターンを考えると一定額の事業規模が必要であり、事業の独立採
算の規模が必然的に大きくなってきている（太田正, 2019, p.21）。それに従い、
収益率やリスクなど投資の適合性に関して厳しく査定される傾向が強まってい
る。私たちの聞き取りでも参入意欲を持つ企業が収益調査のもとに参入を取り
やめたという事例をいくつか目にした。またスポーツ領域でのモデルとして示
されていた代表的スポーツコンセッションでも、企業参入が不調で、一部を除
き公設公営の事業に変えざるを得ない状況に陥っていると言われている。その
主な理由は、市側が一般の住民のスポーツ活動を構想に入れて進めてきたこと

により、企業側の独立した事業展開への制約が働いたこと。そのために収益見込みが難しいと評価されたことにある、とされている。まさに市場であるからこそ企業側もその論理に従って選択することになるのである。このように市場論理にもとづく公共サービスの展開は、一般の住民のスポーツ活動と相反的な関係を持たざるを得ない構造性をもっており、スポーツ活動を抑圧する傾向を帯びざるを得ない。それでは住民税も払っている住民からして、公共施設とは何かという疑問を生まざるを得ないであろう。

4-4-5. 公共性と住民の自治の問題─企業の意向の優先と住民の「位置」の捉え方

前記の経済的問題と公共性の問題と重なるもう一つの重大な問題は住民自治の問題である。この公共サービスの市場化という政策はそもそも新自由主義的発想の下に成り立っているので、この手法自体の中に住民自治を破壊していくような契機が含まれている。

最もその中心となる問題は、住民には自らの意見を反映する回路がほとんど設けられてはいないことである。これはこれまでの公共サービスの実施方式に対して、決定的な相違点である。それは、これまで幾度となく触れたように、住民が消費者として位置づけられ、そこでの消費選択によって最終判断を示しているという、全くの市場的論理で捉えられていることからである。これはまさしく供給サイド側からの発想であり、公共サービスのフレームは供給と消費という点で設定されている。それゆえ消費者の意見聴取は「満足度調査」としてしか制度的回路としては想定されていないのである。示されているモニタリング・ガイドラインを検討するとその性格が良く理解できる。

公共サービスの市場化の枠組みの中で、主にその状況をつかむ制度的機会として設定されているのはモニタリングであり、その中に満足度調査も位置づけられている。このモニタリングの目的は、あくまで民間事業主体の履行の監視、評価にある。ガイドラインでは次のように書かれている。「モニタリングとは、かかる選定事業者による公共サービスの履行に関し、約定に従い適正かつ確実なサービスの提供の確保がなされているかどうかを確認する重要な手段であり、選定事業の公共施設等の管理者等（以下「管理者等」という）の責任において、選定事業者により提供される公共サービスの水準を監視（測定・評価）する行為をいう。」（「モニタリングに関するガイドライン」2018、下線部引用者）。同じく「満足度調査」についても記されており、「その他として、顧客満足度調査がある。これは、サービスの提供の仕方、接客状況などについて、サービ

ス受益者の満足度を調査するものである。」このように満足度調査も、サービス提供の評価という視点から行われるものであり、自治主体としての住民からの視点を積極的に聴取するという意味は含まれていない。それはあくまで民間事業主体に関しての業務履行をチェックするものであり、それゆえ指定管理者制度などの場合は、一定の質の履行が不十分な場合の委託費の減額措置にまで言及されている[10]。

　しかし他方では、PFI の推進に関しては「企業の意向」を取り入れていくことが強調され、意見聴取の機会を設けるように制度化されてきている。2011年の PFI 法の改正では、民間事業者が事業提案を行うことができるようになり、さらに提案を受けた場合、自治体は「当該提案について検討を加え、遅滞なく、その結果を当該民間事業者に通知しなければならない」と定められるに至っている（加藤聡，2012 も参照）。しかし単に意見を反映させるだけではなく、「国等が、民間提案を受けて実施方針を定めることが適当であると認めるときは、その旨を、当該民間提案を行った民間事業者に通知した後、速やかに、実施方針の策定を行うこと」と、民間事業主体の提案する事業の実施方針の策定に至るまで検討することが義務づけられるようになってきている（閣議決定，2018「民間資金等の活用による公共施設等の整備等に関する事業の実施に関する基本方針の変更について」）。その実質的な受け取り先は首長および首長部局であり、したがって極端に言えば、首長および首長部局と企業との結合によって地方行政が推進される構造が制度的には形成されてきている。これは住民の声を反映することがほとんど行われてきていないこととは対照的である。では、肝心の住民の意見はどのように反映される回路が設けられているのであろうか。これについては答申等々には「住民の意思を反映するものでなければならない」とその重要性を述べているにもかかわらず、具体的な手立てについては企業の意見を直接反映させるシステムとは裏腹に、ほとんど進められてはいない。

　これまでの公共サービスの実施においては、住民の意見反映が常に追求されていたと言える。というのは、たとえば社会教育などにおいてはまさに行政の役割は条件整備に中心を置かれ、その内容は住民と専任職員とで作り上げていくものというフレームで運用されてきたからである。それゆえ住民の意見反映として利用代表者会議などを定期的に開催するなど、住民自らの取り組みが制度的に設定されていた。そこでの住民像は決して一方向的な消費者ではなく、自治の主体者として位置づけられていたと言っても良い。このようなフレームは 60 年代から 70 年代にかけての住民運動やスポーツ運動の中で形成されてき

たものであり、スポーツの領域でも三鷹方式と言われる住民のスポーツ運動は、革新市政と共同してシビルミニマムの作成を試みていたと言われている（尾崎正峰，2012 等参照）。だが私たちの聞き取りでも、このような利用代表者会議もほとんど開かれなくなってきている地域が多くなってきている。公共サービスの市場化は、全て市場論理のもとに、一見技術的に財政効率性を求めて展開されるが、それはこのような住民自治のフレームとの真逆の考え方で進められていると言っても良いのである。

　これに関わり、もう一つ重要な問題は議会へのチェック機能が著しく後退していることである。地方自治システムの基本的制度は二元代表制である。だが他の行政改革と同様、この制度は二つの方向から形骸化されて行っている。一つは企業参入を推進するため、とりわけ独立事業の開放度を高める目的で行われてきている各種規制緩和に伴い、次々と議会審議の機会が外されてきていることである。おそらくそれが現在でもできる最大の点はコンセッションの実施に当たっての実施要項の審議機会が存在すること。また、公共サービスの事業実施の枠組み自体が条例によるものであるから、公共サービスの市場化においての条例化を検討するときのみであろう。但しそれさえも逆に条例によっていくつか特例的に外すことができるのである。すでに利用料金の変更や事業報告自体も議会審議はこの条例による定めがあれば必ずしも必要ではない。ではそれに代わるシステムはどこに置き換えられたかというと首長、および首長部局がその報告先となっている。また国の規制緩和審議会への意見窓口もこの首長、および首長部局に権限が置かれ、議会には置かれていない。このため必ずしもその地方の実情や意見を代表していない規制緩和意見が首長部局から審議会に提出され問題になっている事例が生じている（長尾成次，2019）。まさに新自由主義的管理システムで強調されてきたようなトップダウン式指揮の権限集中が行われるようになっており、地方自治の基本である二元代表制は実質上議会権限が縮小されることによりその機能を制限されるようになってきている。すでに述べたように行政改革の眼目としては地方自治が強調されているが、その意味はしばしば批判されているように、単に分権に応じて地方自治体に責任を押しつけるだけのもの、と言われても否定し得ないであろう。この背景には新自由主義の基本的な考え方となる、個的な自己責任論や受益者負担主義が存在していると考えることができる。

　結局この行政改革が新自由主義的国家への再編として行われる性格を持つことから、公共サービスもこのような市場論理と、住民自治の破壊のもとに推進

されてきているのである。経済的に矛盾した構造とこの住民自治の後退は一体となって公共サービスの市場化の動向を規定していると言い得る。

4-5. 小括

　これらの問題はコンセッション方式に伴う構造的に現れてくる矛盾として考えることができよう。それらをまとめるとまず第一として、このコンセッション方式が独立採算制を基本としているため、その事業展開を行うためにはまず投資を呼び込まなければならない。また SPC への利益配当も必要であり、この事業はその意味では強い投資と分配の圧力のもとに行われることになる。その際投資リスクは自治体のリスク分担と運営権の担保化で低減され得るが、事業リスクの低減は収益率を上げる構想をいかに有効に事業化するかにかかっている。その場合、投資家による事業リスクの査定は一層厳しくなることが予想される。特に事業に限っても地域間の収益格差は大きいと思われるので、このような事業リスクをクリアして、最終的に投資リスクを軽減しうるためには、参入地域の選定が厳しく行われることとなる。それらを考慮するとこのようなコンセッション方式が全国的に展開し得ると予想するのは極めて困難である。それはまさにこの方式による独立事業性と独立採算を成り立たせる事業モデルが、付帯事業の拡大に主要には依拠するという構造的な問題を有しているからである。付帯事業のうち物販などは公共事業の枠内で行われる場合、地域経済との関係で制約が存在する場合が多く、簡単にそれに依拠するわけには行かない。他方、公共サービスに関する投資市場の成立の見通しが見えない現況においては、有力な事業モデルとなるのはイベント等の興行収入の拡大になる。だがそれは地域差が大きいことは容易に理解しえるであろう。そうするとこの独立採算制と独立した事業性を強めたコンセッションは構造的に限定的な地域、大都市でしか成立しえないと予測することができる。

　だがこの予測が現実になったときにはどのような状況になるのであろうか。一つは、指定管理者制度のところで見たように、このまま自治体の職員が減少し、企業参入が行われなかった場合は事業を継続していくことが困難になるということである。実は行政改革の中で公共サービスの市場化の構想が現れたときから一貫して NPO やボランティアというものが重視されてきている。この重視の背景には住民の自己責任制という考えが付随しているが、他方、それはすでにこのような予測が成り立ちうると考えられていたのではないかとも推察される。実はそうなるモデルが 2018 年の「自治体戦略 2040 構想研究会 第二

次報告—人口減少化において満足度の高い生活と人間を尊重する社会をどう構築するか」ではすでに描かれている。少なくともこれが最初のプロトタイプとして登場したのがすでに 2005 年であり（分権型社会に対応した地方行政組織運営の刷新に関する研究会（総務省）『分権型社会における自治体経営の刷新戦略—新しい公共空間の形成を目指して』）、コンセッション方式が新たな PFI 方式のモデルとして登場したときである。そのことは偶然ではなく、このような方向に進むことで顕れる矛盾の存在とその帰結をすでに予想していたとも言える。その説明を見てみよう（図 3）。

このモデルは将来の人口減少にともない現れる、地域間格差のモデルとして示されている。図は大都市圏と地方部が想定されている。大都市圏を想定したモデルでは公共サービスにあたる共通消費は企業が担っていくことが想定されている（左の図、説明上段）。したがってここには購買力格差が発生することも想定されている。東京オリンピックを契機とした東京の都市改造の実態を見ると、確かに東京においても高層住宅の建設が進められているが、非常に高額な住居費となることが予想されている—そのモデル的なものは選手村の再利用である（岩見良太郎, 2017）。その基本プランを見ると、ほとんどの場合スポーツ、健康関連のファッシリティは整備されている。これはサスキア・サッセン

住民同士の関係性が希薄な地域
＝共助の受け皿がない地域（主に大都市部を想定）　共助による支え合いが広く行われている地域
＝共助の受け皿がある地域（主に地方部を想定）

住民同士の関係性が希薄な地域＝共助の受け皿がない地域（主に大都市部を想定）

【私】個々の住民がサービスを購入することでニーズを満たす。ただし、サービス購入できない住民も存在
【共】共助によるサービス提供があまり行われておらず、地域の共通課題への対応は脆弱

共助による支え合いが広く行われている地域＝共助の受け皿がある地域（主に地方部を想定）

【私】人口減少と高齢化が進むことで、住民ニーズに対するサービスの供給がビジネスとして成り立たない可能性
【共】地縁組織などの共助による支え合いが広く存在。ただし、人口減少と高齢化が進むと、活動継続が困難に

図 3 「自治体戦略 2040 構想」における「大都市部」と「地方部」の未来モデル

出典：自治体戦略 2040 構想研究会第二次答申（2018）より作成

が指摘している都市間競争におけるグローバルシティの基本条件でもあるからである（サスキア・サッセン，2008）。したがって住民が個々にニーズに合うサービスを購入して充足することは可能である。但しそこで指摘されているように「サービスが購入できない住民も存在」する。これに対して図 3（説明下段）は、かなり多くの地方都市や地域に当てはまるモデルであり、注目すべきなのは「人口減少と高齢化が進むことで、住民ニーズに対するサービスの供給がビジネスとして成り立たない」と予測されていることである。この見通しはこれまでここで議論してきた構造的矛盾の存在を裏付けるものである。ではどうするのか。この報告書では結局住民を主体とした共助の結びつきを形成していくことが示されるが、その具体例は NPO やボランティアということになる。この報告書では、他方で自治体職員の半減ということも示唆されているが、そうするとこれは公共サービスの崩壊といってもよい状態である。大都市圏で構造的に企業によるサービスが成立する地域ではこれまで述べてきたような事業モデルでの運用は可能であろうが、自治体職員の半減を一律に想定している場合、企業サービスが成立しないのであるから、ほとんどの地方では公共サービスは崩壊する可能性がある。人口減と高齢化でサービス供給がビジネスとして成り立たないとするならば、同じ理由で NPO やボランティアを想定することも困難であるからである。2005 年段階からこのことが想定されているならば、これは人権の実現を定めた憲法違反の政策と言い得るだろう。人権の実現はまさに法の下の平等であり、等しく保障されなければならない。市場化により公共性を置き換えていくことは、仮に財政収支構造を自治体内でいくばくか好転させるとしても、このような帰結を招かざるを得ない。これに関して平岡和久は以下のようにその問題を指摘する。

「しかしこうしたシナリオでは、自治体業務を受託する一部の大手企業等の利益にはなるかもしれないが、21 世紀日本社会が直面する医療、介護、貧困問題、子育て、災害リスク増大等にともなう様々な課題の解決にはならない。それどころか問題をさらに悪化させるおそれが強い。「スマート自治体」化にともない公共部門と公務労働の役割が縮小すれば、住民の人権を守り、公共性を確保するための基盤が弱まるおそれがある。中核都市への行財政権限の集中化は小規模自治体の自治権限と独立性を奪い、農山漁村の独自の発展基盤を失わせるおそれがある。さらに消費増税が加われば、国内消費のさらなる低迷と経済悪化が予想され、そうなれば財政赤字が再び拡大し、社会保障、地方経済などのさらなる削減が行われ、負のスパイラルに陥る危険性がある」（平岡和久，前

掲白藤・岡田所収，2019，p.78）。

　結局この方向では私たちの生活が破壊され、収支構造の改善さえ立ちゆかなくなる。ではどうすべきなのだろうか。

5. では、どうすべきなのだろうか──公共性と民主的規制

　このように、将来の私たちの生活を危うくし、また権利の実現を地域間や住民間の格差を生み出す中で進めていこうとする政策に対する根底的な対抗は、あらためて福祉国家をもう一度再構築していくことが基本となるだろう。なぜならいま進められている改革は、平岡も述べているように税制の改悪も含んでおり、個別の領域だけではその完全な回復の実現は困難であるからである。確かにその意味では後藤道夫らが提起する、さらに未来を見通した形での「新福祉国家構想」はそのモデルとなる。そのことを前提に、しかし一足飛びにそのような転換を起こすことが困難であると考えられる場合、私たちはどのようにこのような新自由主義的改革に対する対抗点を考えるべきであろうか。

　その際私たちは、第一に、対抗点として何を設定すべきなのか、次にそれをだれが担っていくのかという主体の同定が必要となる。その上で、では何を保障していくべきなのかという私たち自身の検討を深める必要がある。これは新しい事業モデルでもあるし、新しい VFM の定義でもあり、私たち自身のミッションの形成でもある。

　ではどうすべきか。限られた紙幅なので問題の焦点を二つの方向に絞りたい。ひとつはこのような状況と見通しに対してどのように対抗していくか、その方向性と戦略を考えていくことである。このことはとりあえず公共性と住民自治の制約の問題を出発点として考えていくことにしたい。もう一つは公共サービスの質の問題である。このことは前者の課題とも重なり合う。尾林芳匡は『自治体民営化と公共サービスの質』という題名でこの質の問題を議論しているが、まさにこの部分はスポーツを研究するものが特に固有に議論し、提起する責任のある問題である（尾林芳匡，2008）。これは長い間議論されてきた「スポーツ権」を現代的状況のもとでどう考えるかという問題でもある。

5-1. 対抗点とその担い手はどのように考えられるのだろうか

　ではまず、より実践的な前者の問題から考えてみたい。ここでの問題の焦点となるのは、住民と自治体職員で作り上げてきた公共サービスが、民間企業が

主体になって行く方向へと転換されてきていること。またそれが住民の側から発するものではなく、その回路を限定した上でますます独立した事業として展開されるようになって来ていることである。ここでは公共性と住民自治の問題が、さらにそれらを介してより根本的には国民の社会権の問題が生じてきている（川口晋一・山下高行，2018）。

　では公共性とはこの場合どのように捉えるべきであろうか。まずこの検討から入りたい。必要な哲学的議論は続巻の議論に任すとして、本稿に即しては、山田良次に従うならば、極めて直裁には公共性とは住民の共通消費でありまたそのための共通消費の手段の共有である（山田良次，2010）。

　スポーツに関して言えば、近代スポーツという文化を行うには、私的所有ではとうていまかないきれないほどの共通消費手段が必要である。また組織も含めて近代原理を反映したその集団的ありようを実現することは、本来私的所有という範囲で収まる性格のものではない。初期には富裕層あるいはその後は、興業主によってもこの共通消費のインフラは排他的に創られていく。一つはクラブ制であり、他方はプロ化である。だがこの共通消費は社会的再生産，あるいはより直裁には軍事的要求と重なり、主要な国家によって「国民」に対して積極的に備えられるようになっていく。一言で言えば「富国強兵」政策であり、多くの国々の場合、第一次大戦後の総力戦体制の形成の中で普遍的に整備されていくようになる。しかしこの契機は、今日では生活する権利として位置付くようになっていく。とりわけ EU や日本において、それは「スポーツ権」という象徴的な名辞によって社会的運動のなかでその確立が進められるが、問題はそのような権利をいかに全ての人々が享受できる共通消費＝権利として実現するかであり、それは憲法で保障された人権の現代的実現でもある。

　だがこの公共消費に関して、それをいかに行うかということは、実質的な企画と管理の決定の問題に帰する。それは資本主義社会の中では「民主的規制」をどのように行っていくかという問題でもある。著名な経済学者置塩信夫の著作の中に「所有と決定」という、このことに関連する重要な補注が含まれている（置塩信夫，1980）。とりわけ「決定」に関わる考察が公共サービスの市場化を考えていく上でも重要な示唆を与えてくれる。

　置塩がまず主張するのは、所有の本質は何かということであり、それは「だれが生産に関する諸決定を握るか」であるとする。「所有とはそのものに関する決定を排他的に握ることである」（置塩信夫，前掲 3 頁）。このことは公共サービスの市場化にあたって、事業の独立性という点からその最新の段階である運

営権方式の性格を考えていく場合極めて有益である。まず運営権方式では、体育館などインフラの法的所有自体は自治体に置かれる。そればかりか、裁判所の事故判例で明確に示されたように、リスクに関しての事業責任は最終的に自治体が免れ得ないものとして示され、その意味では事業自体も「公」の領域に属するものと言える。とはいえ事業の大方の決定は事業独立性を高める性格のために民間事業主体が行うようになる。しかもそこには「物権」という他に譲渡や担保になり得る所有権も発生させているという複雑さを持つ。だが置塩の説を当てはめるならば、この公共サービスの実質的な所有は、事業の物権化とその所有ということ以上に、民間事業主体が主要な決定を排他的に行えるという点に根拠があることになる。たしかに自治体も公共サービスの事業計画にあたりいずれかの面でいくつかの決定を行うことができる。しかし置塩は、生産プロセスの中では複数の主体による決定があり得るが、最終的にだれが最も主要な決定を（排他的に）行えるかが所有の本質にあるとする。

　さてこの公共サービスの決定の場合はどのようになるのだろうか。一つは企業は融資も得て資本投下するから、事業自体で利益を上げなければ投資先に配当することもできなくなるので、経済原理的にこの事業の決定に強い決定権を持つであろう。それが物権として一つの市場商品として組み込まれる意味である。しかし公共サービスは本来住民のための福利を増進するために存在するのであるから、さらに上位の決定権は自治体の方にあるはずである。置塩はこの例を想定して、「Aがそのものの所有者であるとしても、Aが…どんな決定でも勝手に行い得ないという事態」があるとする。たとえば「A以外の人々が…ある種の決定については、それに反対し、抵抗し、避難するということによるAの決定に対する制約、国家権力によるAの決定に対する規制、制約などである。このような制約が強まるにつれてAが物Xの所有者であると言うことの内実は希薄となっていく」とする。入り組んだ説明になって申し訳ないが、つまり原理的にはこの決定を独占させず、住民の意見を明確に反映させることが住民の側の強い対抗点となる。住民の側にスポーツを実質的に取り戻すことが行われなければならない。しかしそれは容易ではない。なぜなら、これまで説明してきたように、排他的決定は企業が独立採算のために事業展開を行うための原理的な核となる部分だからである。そのために一方では個別法で規定されていた、住民のそれぞれの領域での権利実現の方法まで定めてきていた個別法（基本法）を改変し、各種の規制緩和を進めるとともに、その排他性をすすめるために中央集権的な機構―内閣府であり自治体レベルで言えば首長と首長

部局—を作り上げ、他方では地方自治体の基本的な柱であった二元代表制を形骸化するようにしてきたからである。このなかで住民は意見を反映させる機会を制約され、議会からのチェックを行う機会も失っていっている。たとえば、施設の使用料や使用許可などの行政権限に属する施設運営でさえも、基本的に議会のチェックは段階的に外されるようになってきており、実質的に首長部局への報告だけにとどめられるようになってきている。このことから考えるならば、具体的な対抗点、また核心部分であるが、それは、この主要な決定に対する住民の意見反映の回路を制度化させること、同時に議会チェックの権限を回復させることであると言える（大西広, 2007 参照）。

　この事業チェックの主な方法は前節で述べたようにモニタリングという制度によって定められている。だが、あくまでそれは民間事業主体の履行の監視、評価にその本質があり、住民の意見をどう反映するかということは本来対象となっていない。それは、これまでも議論した事業モデルの基本的な考え方からである。これに対してこれまでの公共サービスは、利用者代表会議などが組織され、主に住民と専門職員とによって中身も作り上げられてきたと言える。それゆえ「供給」ではなくて「条件整備」として行政の役割は捉えられていたのである。たとえば文化・芸術の領域に関して小林真理は次のように述べている。「行政が価値の部分に関わらない部分でサポートできる仕組み、組織、財政的担保を整備した上での芸術の専門性と住民の政策決定過程への参加が重要になってくる」。なぜならその内容は供給者ではなく住民自らが専門家などの助力を得てともに考えていくべきものなのであり、そのため「文化という価値判断を伴う分野については、住民との協働と合意形成が不可欠」なのである。たとえば「設置しようとする施設によってどのようなサービスを提供するか、つまり自治体の文化政策の使命をどこに置くかを一から考え」るものだからである（小林真理, 2006, p.11）。これと逆に見られるのは、民間の図書館運営で現実に表れた問題であり、ベストセラーをそろえ、貸出率を高めることでVFMをたかめるという事業モデルである。これは「消費的要求」のみを吸い上げる市場モデルの一例である。これは一例にすぎないが、これまでの基本法では、その事業が公共のサービスとしてどのようなものであらねばならないかが議論され、具体化されてきたが、そのもとで各地域の課題を含めた事業課題が住民の声をもとにして作り上げられてきたと言える。だが公共サービスが市場ベースで行われ、そこに住民の声が反映する回路が失われていくことによって、単にそれは満足度に依拠した消費活動として、逆に言えば供給サイドの企

業の市場活動となってしまうのである。

　このような方向性は一層強まってきている。たとえば決定的なのは 2015 年の自治体法改正で導入された企業の実施計画の提案とその自治体の検討の義務化である。企業提案の制度はすでに存在していたが、ほとんど活用されていなかった。それはそれを提出するために膨大なコストがかかることや提出すること自体へのインセンティブがなかったので、実際はほとんど行われてきていなかったのである。それを推進するために自治体側にその検討の義務化を法制化したのである。そこで驚くのは、企業の提案に基づいて「実施要項」を検討するという表現であり、それは最も基本的な計画を企業が行うことになり得る。これはまさに置塩信夫のいうだれがその主要な決定を行うかという意味での所有であり、岡田知弘の言っていた全てを包括する新しい段階に入ったことを示す一つの指標とみることもできるだろう。他方では、さらに行政の広域化とも関わり、自治体はその地域の将来基本構想を立てる義務を解除されるようにもなってきているのである（2011「地方自治法の一部を改正する法律」基本構想策定義務付規定の廃止。注 9 参照）。

5-2. 対抗点としての「住民の意見を反映させる回路」

　では具体的にどこに対抗点を置くべきか。それについては南学の提案が参考になる。南学は『自治体アウトソーシングの事業者評価』という著書の中でこのモニタリング制度を、より積極的に全体にわたる事業改善の手法として検討し直している。その中で参考となるのは、第一はモニタリング制度と事業ミッションを結びつけること、逆に言えばモニタリングの制度を活用して、この事業が何をやるものであるのかというミッションを確立することを提起している点。第二に、南は長年市行政に直接関わってきたこともあって、指定管理者の評価基準に利用者の代表者会議を行ったか否かという点を含み込んでいることである。南のこの書で示されている自治体アウトソーシングに関する基本的評価は必ずしも賛同できない点がある。しかしこの二点の提起は極めて重要である。それは主要な決定を住民が取り戻し、どのような事業を行うべきかを住民側の意見を反映させる回路の形成となるからである。

　特に南はこの著書の中で、自身も関わる横浜市の指定管理者制度第三者評価制度の「評価マニュアル」を掲載しているが、そこでは施設目的の達成度の判断基準の一つに「地域住民が自主的な活動を行うための支援や交流の場づくりを行っていること」、および「地域センターの働きかけにより、サークル活動

に発展した例がある」などの点が含められている。また利用者会議の開催を評価基準として、その回数だけではなく、住民の意見や課題が反映することを評価の基準としている。この評価の考え方は、市場での供給―需要関係ではなく、住民が事業を作り上げていくことと、それを業務の一つとして自治体が支援していくという考え方が含まれている。このような評価基準の転換は、住民が決定権を取り戻す第一歩である。

　ではそれはどのようにして可能になるのだろうか。まず全ての大枠をあらかじめ決める実施要項の策定にあたり、このような住民の声を反映させる制度的回路を設けることを取り決める必要がある。しかし実施要綱の多くの点は条例の定めに基づくものであるから、まず条例によって住民の声を反映され得る回路を作り上げる必要がある。実はこの点にポイントがあり、条例化運動はすでにいくつか起こっている。（たとえば三野靖，2005；高橋秀行，2004；自治立法研究会，2005 等参照）。

　実施要項自体は現在でも議会の承認が必要である。しかしそれは条例に基いているのでまず条例化運動として、条例において一般の住民の利用を優先し、付帯事業を制限する条項を入れていくこと。さらに住民の意見を業務にきちんと反映することを定める。次にこれらのことを住民が議会と共同して働きかけ実施要項の中に具体的に盛り込むことが必要であろう。繰り返すが自治体は住民の福利の向上を目的としている。したがってこの住民の声を反映させること、さらには実施要項の中でモニタリングの際に事業者は必ず住民の利用者の代表者会議を行うことなどを必須化し、それを評価項目に加えるということには原則的には反対はあり得ないであろう。これが手がかりとなる（この点では「公共サービス改革基本方針」も参照，2016）。

　では次にこのような運動の主体はだれがどのように担うべきであろうか。変えていく主体はどこに求められるであろうか。私はやはりその中心は住民でありその運動の中からあらわれてれてこざるを得ないと考える。しかしスポーツの領域ではそのような経験をすでに私たちは持っている。それは 1990 年初頭のJリーグの創設時に盛んに行われてきたサポーターによる運動である。私たちは最近に至るまでその動向をフォローしてきたが、その動きは現在でも継続されている。この動きは、Jリーグ結成時に打ち立てられたミッションによって方向づけられており、それはドイツ・ブンデスリーグをモデルとした、スポーツ文化が地域に根付く街づくり、子供から老人まで、また障がい者も巻き込んで地域のスポーツ環境をつくりあげていくこと、そのようなホームタウンを形

成していくことを訴えるものであった。その意味では単に一つの新しいプロス
ポーツリーグが誕生したという以上の、社会現象とも言える強いインパクトを
スポーツの領域に与えてきた。とりわけ重要なのはサポーターという新しいス
ポーツのエージェントが登場したことで、初めて一般の市民が日本のスポーツ
の場に一つの担い手として現れてきたことである。「する」「見る」から「ささ
える」というスポーツ参与の形態はまさにその実質化はこのようなサポーター
達が中心となって生み出していったものであり、それはその地域のスポーツ環
境や地域課題を含み込んで市民自らがスポーツによる街づくりを目指してい
く、メルッチに示されるような一種の新しい市民運動であったといっても良い
（アルベルト・メルッチ，1997）。私たちも参加したそれらの年次総会では、そ
の市のスポーツ環境がどのようなものなのか、何を課題とするべきなのかを、
サポーター組織がその地域の他のスポーツ団体、報道機関、行政、Jリーグの
担当者を集め、シンポジウム形式で議論し、フロアからはその要求を政治問題
化できないかとの発言も行われていた。他の地域でもこのような動きは表れて
おり、ある地域のサポーター組織は地方FMを利用して「スポーツ文化を地域
に定着させるには」という番組枠を設け定期的に市民に呼びかけるなど、ス
ポーツを通しての市民運動としての様相を呈していた。さらにそれらは各地の
サポーター組織やたとえば全国組織ではサロン2002というようなHPによる
意見表明や、さらにはそれら相互の交流と意見公開の機会が作られていく。そ
のような経験が存在し、それは今日でも継続されている。この状況については
別項を参照願いたいが（山下，2002；坂，2002；Yamashita & Saka, 2002）この
ような運動が作り上げられ、スポーツ環境が住民の運動の中で作られていく経
験がごく近年に現れてきているのである。

　私はこのような運動の中から、地域を変えていく担い手層が見いだせるので
はないかと思う。但しこのことは必ずしも民間事業主体へ、NPOやボランティ
ア団体等が直接参入すべきと言うことではない。確かにNPOまたはボランティ
ア団体による民間事業主体への応募は一つの可能な選択肢であり、しばしばそ
のような意見も目にする。私もその方向にはある程度賛同する。しかしこれに
関しては自治総研セミナーで興味深い発言が行われている（市川博美「自治体
の現場から見える課題」武藤博巳編，2006，pp.109-118）。ひとつは実際に行っ
ているNPO団体からの発言であり、NPO団体ということでそのまま市民参加
とイコールに結ばれる場合があるが、NPO団体も一つのアソシエーションと
して排他性を持ちうる組織であるという主旨の発言である。もうひとつは実践

的研究者からの評価であるが、現況では NPO 等の組織では専門的力量という点で民間事業主体として公共サービスを担いきれないのではと言う危惧である。ここでは誤解なきように説明しておくと、統計的には指定管理者の比率の中で NPO 団体の割合は増えている。だがそれは、しばしば従前の準直営形式で事業実施していた公共団体が NPO 組織として登録している場合が多く見られ、必ずしも市民が立ち上げた新しい NPO 組織というわけではない場合が多い。そのような市民型の NPO はスポーツの領域では未だ少ないと推測される。ただしその可能性は存在するし、検討すべき意味をもっている。それは市民運動の成長の中で表れて来るかもしれない。ではどのように。

5-3. ボランティア、NPO のネットワーク形成

　このことに関して、後房雄は 2009 年に出版した『NPO は公共サービスを担えるか―次の 10 年の課題と戦略』（後房雄，2009）という著書の中で、この問題を検討している。後房穂は実践的にもこの運動に関わってきているが、アメリカのボランティア団体の経験を参考に多層的なボランティアネットの形成と言うべきものを提唱している。つまりボランティアや NPO 団体を単独のイメージで捉えるのではなく、その脆弱性や専門性の不足、資金力の弱さ、等を踏まえ様々な市民的自治活動との連帯による運営を提起している。後房穂はこの例として、資金集めの団体、技術支援の団体、政策提起の団体など様々な団体によるネットワークが形成され展開されていく北米の例を示している。このことはまさに今後の方向としての可能性を示している。このような例は近似した発想として、海外の中間支援組織としての英国のグラウンドトラストワークなども検討されている（2006 国土交通省 国土審議会第 9 回計画部会「配付資料自立地域社会に関する論点と施策の方向性」）。

　先に述べた、従前は準直営団体であった公共団体が転化した NPO 団体も含め、総合型地域スポーツクラブ、競技団体、サポーター組織、たとえばこれまでスポーツ領域の運動を担ってきた新日本スポーツ連盟のような組織、研究機関がそれぞれの地域やまた全国型のネットワークを形成し、多層的な推進を行うネットを形成することも考えられうるのではないだろうか。実は J リーグの創設時はサポーターサミットとして各地のサポーター組織が年に一度集まり、J リーグのミッションをどのように実現していくかを議論する機会を持っていた。そこではサッカーを中心とした地域のスポーツ状況はどのようになっているのか、あるいは行政体への要求はどのように上げるべきか等々、J リーグか

らも本部のスタッフが参加し、非常に専門的且つ活発な議論が行われていた。このようにネットワークの経験はすでに存在しているのである。また全国的なサッカー考える組織である「サロン2002」では各地のサポーター組織と共同して地域フォーラムを何度も開催し、議論を深める機会を設けてきている。

　ではこのネットワーク形成はだれが行うのか。自治体2040構想ではこのような地域の資源をネットワーク化していくことこそ自治体の仕事であるとしている。それを「公共私のプラット・フォームビルダーへの転換」としている（2018「2040自治体戦略2040構想研究会　第二次報告～人口現象下において満足度の高い人生と人間を尊重する社会をどう構築するか」）。これは自治体職員と住民とで創り出す新たな連係の可能性を持っている。この背景には、人口減少のもとでの少子高齢化という問題が存在し、それゆえ現在の公共サービスの市場化はおそらく大都市圏を除くほとんどの地域で格差的に矛盾を露呈していくと思われる。それは企業の参入が行われないという形で表れるだろう。そのことから考えると、このNPOやボランティアなどのネットワークの形成とそれへの依拠はかなり多くの地域で必然化されざるを得ない。そのときにこそ自治を取り戻す契機が表れて来るのではないか思える。同時にこのような問題が自覚化されていく中から改めて世界で起こってきているReclaiming運動（直営再復帰）が起こりえると言える（岸本聡子・プティジャン，2017）。

　さてこの変動の枠組みはどのような性格のものだろうか。筆者はグローバリゼーションの問題を考えるときにはいつも斉藤日出晴の提起している枠組みを想起する。それはおおよそ次のようなものである。

　グローバル化の進む状況の中では国家主権の相対化と新自由主義経済政策の展開が著しく推進されていく。そのなかで国家の制御能力の衰退と市場が全ての中心として表れてくる。だが市場は本来社会統合機能を持たない。それゆえそれに代わって新しい公共的関係を築こうとする市民社会活動が活発化する。それに依拠した公共領域の政策がつよまる。そこから市場とも政府とも異なる第三の公共性を産み出す可能性が表れる。しかしそれは可能性に留まるもので、その現実化には「連帯と承認」「連帯と責任」のグローバルな市民感覚の成熟、自治の具現化の内容となる「公共圏」の形成が進む必要がある（斉藤日出治，1998，2003，2010、特にこのまとめは1998文献をもとにしている）。

　まさにこのような歴史の弁証法的な転換の契機が大きな枠組みとして表れて来ていると言えるのである。この転換の可能性を背後に見通す必要がある。

5-4. 質というものをどう問うていくべきなのだろうか

　最後に、では私たちが権利として実現する公共サービスの質とは何かについて改めて考えてみたい。この問題はスポーツ研究者や実践者が特有に責任を持って考える必要のあるものである。ここでは紙数の問題もあるのでごく簡単に提起し、この展開は別稿にて本格的に論述することとしたい。

　さて政府文書では、公共サービスを民間事業主体に移行していくメリットしてあげられている理由の第一に、多様な主体の参入による公共サービスの質の向上、多様化ということがあげられている。しかしこの公共サービスの市場化で実質的な基本的ガイドラインとなるとなるモニタリング制度や VFM も、先に述べたように、前者は事業体が一定のサービスの質を履行しているかのチェックにすぎず、他方 VFM は基本的に質を充足する効率性を定量化する指標を示すものとしてのみ使用されていると言って良いだろう。したがってこの二つとも、第一の理由である公共サービスの質や多様性の問題には全く関わらない。たとえば VFM のガイドラインを見ても、質の問題は定量的にも見通すことが困難であるために、事実上これまでの事業内容をそのまま固定しており、それゆえ単にコストの問題に収斂している。しかしここであらためて質の問題を問う必要があるのは、公共サービスの市場化の中で、コストダウン（効率化）が優先され、質の問題は問われなくなるのではないかという危惧があるからである。問われているのはあくまでコスト優先の考え方で、生活の豊かさや地域の豊かな文化ということをトータルに構想されてはいないのではないか。たとえばこれとすぐに対比して思いつくのは、Ｊリーグの打ち立てたスポーツ文化を地域に定着さえるというホームタウンシップの豊かな像である。それはＪリーグが当初よりミッションとして打ち立てたものであり、だからこそサポーターを核にして一種の「スポーツの市民運動」が起こったのである。

　私がスポーツ・ビジネス、とりわけフイットネスクラブを研究してきた中で理解されたのは、基本的にスポーツはコスト的に民間企業の市場ベースでの範疇で行うことは困難であるということである。最終的に私は、現状では「疑似スポーツ」という形で、分節化された身体運動等の商品展開でスポーツの要素が市場商品としてパッケージング化されており、コスト的にはそれでなければ収益性を持ち得ないという結論に至った。というのはスポーツとは何かというそれこそ質の問題であるが、スポーツは単純な身体運動の結合ではないと言うことである。そのことは既にマイネルがそれこそゲシュタルト崩壊に対置されるようにスポーツ運動特有の文化的とも言える連接した流動的特性を明らかに

している。このことは様々な運動形態を否定しているわけではない。スポーツの持つ文化特性とその豊かさの源泉について述べているのであるが、このような文化的連接を基盤に、他方スポーツは関係的プロセスとして、練習→相互の対面するゲーム→自己課題の発見と克服（考えうまくなるプロセス）というごくごく単純化したスパイラルとしての流れによって構成されていると言っても良いだろう。これはたとえ軽微な運動でもそのプロセスに沿うこととなる。しかし中心はやはり現実的であるとともに理念的存在でもあるゲームにあり、その意味は相互の対面のなかで生じる相互承認とそれゆえ自己承認との重要な機会が提供される点にある。それはプレイヤーばかりでなく、観客やその運営に関わるものも含めて生み出されるものである。したがってゲームは一種の再帰的な場でもある。それゆえその意味を持ってホームレス・ワールドカップなどの大会が開催されるのであるし、先日のラグビーＷ杯の感動も現れるのである。これなしでの独立した身体運動の自立化はまた別種のものである。もちろんそれが悪いといっているのではない。そこでも自己承認の重要な機会として現れてくるであろう。

　しかしスポーツの持つこのような文化的豊かさは、収益性と関わったコストの合理化のなかでは十全なものとはならない。それは共通消費としての条件整備の課題があるからであり、施設とその運用コストは、もしコンセッションなどで自立採算事業を行うならば、このスポーツの文化的質を含みこむのは難しいものとなろう。このことはたとえば「野球」などの共通消費手段を想起すれば容易に理解される。しかし「スポーツ」をすると言うことの豊かさはこのようなスパイラルのサイクルを自己自身で経験していくことなのである。

　さて問題はこのように述べた場合、直ちに出てくるのは問題を近代スポーツに限定しすぎており、もっと多様な運動もあるのではという疑問である。その通りである。たとえばつい最近のスポーツ雑誌でも、歩くことの権利が特集されており、また近年ではニュースポーツと言われる様々な形態の運動文化も多様に表れ、その権利の問題も生じてきている（ベリンダ・ウィートン，2019）。そうすると私たちが国民の権利実現の要請として運動論的に使ってきた「スポーツ権」という範疇も再検討が要請されることになる。

　ここで議論を提起したいのは、行政改革が公共サービスの市場化の理由にしている「質の向上や多様性」ということがあるならば、それを私たち住民の立場からどう考えるかである。それがＪリーグのようなミッションとして表われるべきだし、それこそが質の評価の基準となる。実はそれを示していくことこ

そが重要な対抗点となるのである。

　さてそれをどのように考えていくべきだろうか。一つ参考となるのは近年の貧困論の議論である。貧困は最低限の衣食住に関してだけで定義されるのではなく、近年では週に一回近所の人とパーティを行ったか、等、相互承認と自己承認の機会を持つことも含めて、文字通り現代的な文化的な最低限の水準の保証が考えられてきている。それは抽象的なものではなく、すでに 70 年代からPeter Townsend が膨大な調査をもとに項目化してきておりイギリス福祉政策の一つの基盤となっているのである（Peter Townsend, 1979、また志賀信夫，2016も参照）。また多文化主義の課題も関わってインクルージョン、エクスクルージョン（社会的包摂と排除）という考えかたともつながり、幅広い捉え方に変化してきている。このような考えは、個別の「スポーツ権」という単一の文化の名辞を越えて、何が本来保証されなければならないかを考える上で重要である。このことは、他方で政策的に提起されている「健康論」へのスポーツの文化的意味の限定を越えうる提起ともなる。

　私たち「国民」の権利として実現されるべき質とは何か。それはコスト計算の側からではなく、生活の豊かさの側から問わなければならないのである。そこが究極的に「どうつくりあげるか」という自治の問題とともに最も重要な対抗点となるのである。私たち研究者の側は、この質の問題を対峙しうる形で示せるようにするともにその本質的な基軸を打ち立てる必要がある。紙数もとうに尽きこの課題は後日提起するが、それはアマルティア・センやマーサ・ヌスバウムの提起する Capability（潜在能力の保証を可能とする）論が重要な参考となると思われる。特にヌスバウムは今日の貧困論と同じようにこの個々人の持つ能力とその実現において条件整備にあたるような項目を提示しておりきわめて参考となる（アマルティア・セン，1999；マーサ・ヌスバウム，2005）

　この質の問題は将来にわたって最も根幹的な対抗点となるが、残念ながらスポーツの領域では未だこの議論は深められていない。このことを現在の実態と併せていくつかのレベルで深める必要があろう。スポーツの領域では何が人権として保障されなければならないのか、そしてそのための質とはどのように考えるべきなのか、という問題である。

まとめにかえて

　以上見てきたように、この公共サービスの市場化は、私たちの通常の生活が

そこに依拠している割合が極めて大きいだけに、生活自体を大きく変える可能性を持っている。とりわけその性格が全て市場的基準やそれに関わる考え方に依拠しており、そのことから文中で述べたように公共性と自治の問題を惹起しており、憲法で保障されている人権の実現ということがきわめて危ういものとなってきている。先に述べたように私たちスポーツ研究者に求められ、その中でキーともなるのは、果たしてスポーツがどのように私たちの生活の豊かさを切り開くのか、またその保証すべきものはなんなのかについて、「質」の問題を再度問い直すことではないかと思う。そのことがこの領域からの根底的な批判の基準となるだろう。いずれにせよこの政策は、導入期を経ていままさにその本質を前面に出した政策が本格的に展開されはじめていると言え、それにともない本稿で議論してきたような構造的な矛盾も露呈されてくるであろう。現在の時点で見る限り、私自身はこの政策はこの矛盾に突き当たると考えている。それだけに様々な動向が表れてくるであろう。そのことも含め、私たちが改めてこの動向を継続的に凝視しそれを克服していく「運動」として取り組んで行くことが緊急に必要であると感じる。紙数の都合でいくつか重要な論点を落とすこととなった。これらについては私の所属しているスポーツ科学研究所などを中心に表し、今後も議論を投げかけていくこととしたい（注5参照）。

【註】
1) 構造改革の前提としてあげられているのは、少子高齢化や人口減に基づく将来の財政危機の強調である。だがその前にそれは、法人税減税や従来の基本であった累進課税に基づく税体系の変更や、他方で軍事に膨大な経費をかける財政支出政策を絶対的に前提視した上で、将来の財政危機をあおり、改革の必然性を強調するものとなっている。これら財政危機の強調とその浸透は、学会での議論においてもその前提を受け入れたうえで議論が行われている。だがそれは前提とすべきものではないことは言うまでもない（これらは二宮厚美、2012、後藤道夫等々の論考を参照）。問題はそのような緊縮財政を生み出す累進課税を原理としてきた税体系の変更は、基本的に新自由主義的な人間観、所有観、能力観を前提としたものであることである。もし財政構造の逼迫を前提にするならば、またそのうえにたった改革の方法も、社会全体の新自由主義的改革の問題としてみざるを得ないのである。それゆえこの問題は根本的には新自由主義的なあり方に自体を全体的に問う必要があり、問題の基本的文脈はその点にあるということを理解する必要がある。
2) PPP/PFI等の用語の意味については、「特定非営利活動法人日本PPP・PFI協会」ホームページを参照されたい。そこでは用語の解説の他、政策についての解説等も推進側の立場から行われている。http://pfikyokai.or.jp/about/）
3) この例として、2005年市場化テスト法を具体化するに当たって16頁もの分量によってまとめられている各官庁の主な意見およびそれに対する規制改革会議の見解を参照されたい。各官庁の意見は最初の数頁を見るだけでも「民間事業のニーズを優先ではなく、個々の公共サービスの政策目的を踏まえ、税金の負担者、サービスの受益者である国民や企業の観点から検討を行うべきである」など至極もっともと言える意見が多い。これに対しての規制改革会議

の見解はあくまでも実施を大前提とした、強引とも思える論理での返答が目立ち、この権力関係を裏付けるようなやりとりが見て取れる。(『『小さくて効率的な政府』の実現に向けて』〈市場化テスト関連部分（抄）〉2005 年規制改革・民間開放推進会議、「関係府省の主な意見および当会議の見解」)

4) 但しスポーツの場合は 2012 年までは基本法を有していなかったので、どの部署が主管となるのか、つまり根拠法をどこに依拠するか曖昧な面が存在していた．概ね社会教育、生涯学習がその根拠となり、そこでの主管の下にあったが、この曖昧性から総合行政への移行は少なくとも反対の論拠は立てにくく、相対的に容易であったと言える。また 2012 年に成立した「スポーツ基本法」も地域貢献を目的の一つに含んでいるので、総合行政に移管しやすいことは事実である。

5) この中間報告は、『現代スポーツ研究』（新日本スポーツ連盟付属スポーツ科学研究所年報）2021 年第 5 号にてその一部を公表予定である。本書は出版物以外に研究所ホームページにて PDF にて全文が公開されている。http://njsf-aiss.net/

6) これに関して井熊らは次のように述べている。「近年の低金利下では、年金資金など大規模な資金を運用する機関の投資先としてインフラファイナンスが注目されており、コンセッションはその受け皿として期待されている。」(井熊均・石田直美，2018，p.69)

7) 2018 年「PPP/PFI アクションプラン」では四つの類型を上げている。①コンセッション方式（類型 I）、②「収益型事業」（類型 II）③「公的不動産活用事業」（類型 III）④その他の PPP/PFI 事業（類型 IV）であり、類型Ⅳその他はサービス購入型ＰＦＩ事業や指定管理者制度等であり、PPP/PFI 事業の実施経験のない地方公共団体にとっては、PPP/PFI 活用のファーストステップとしての効果が期待できると位置づけられている。このことを見ても焦点は採算型の収益性を高めたモデルであることがわかる。

8) これは基本計画をやめると言うよりも「まち・ひと・しごと創生法」への転換とみることもでき、この焦点は行政計画から住民に責任を求める公共計画への転換にあると言える。参照：三菱 UFJ リサーチ＆コンサルティング株式会社　自治体経営改革室長大塚敬「基本構想策定義務付け廃止から 5 年自治体が工夫をこらした「総合計画」のゆくえ」。(https://www.huffingtonpost.jp/takashi-otsuka/local-overnment_b_16656538.html　2019 年 12 月 20 日参照)

9) 文科省の「文教施設におけるコンセッション事業に関する導入の手引き」（2018）の中にもスポーツ施設に関して次のように記されている（p.17）。「一方、スポーツを「する」ことを主な目的とする体育館やプール、運動場、競技場等については、スタジアム・アリーナと同様の運営方針とはならないことから、それぞれの施設の目的、収益構造や事業運営のポイント等の特徴を理解しながら、PPP/PFI の導入を検討していくこととなる。…このような「する」スポーツ施設についても、コンセッション事業を含めた PPP/PFI 導入を検討する意義は大きい」（下線部引用者）とするが、実際の検討は不明瞭なままである。

10) この点でも独立性を高めているコンセッション方式に関しては次のように示されている。「(2) 独立採算型（公共施設等運営権方式等）の場合における留意事項。独立採算型（公共施設等運営権方式等）の場合、管理者等からのサービス対価の支払いがないため、減額などの経済的なペナルティを課すことはできない。しかし、金銭の徴収という形で当該ペナルティと同じ効果を得ることも考えられる。その場合は、事業の特性（代替性、事業収益性等）を十分踏まえた上で設定する必要がある。」このようにコンセッション方式の方は公的コントロールから距離を生じさせる構造となっていることが示されている。

【主要参考文献】
安達智則、2004、『自治体「構造改革」批判―「NPM 行革―」から市民の自治体へ』旬報社。
アマルティア・セン、1999、『不平等の再検討―潜在能力と自由―』岩波書店。
アルベルト・メルッチ、山之内靖訳、1997、『現在に生きる遊牧民（ノマド）―新しい公共空間の創出に向けて』岩波書店。

ベリンダ・ウィートン、市井吉興・松島剛史・杉浦愛 監修、2019、『サーフィン・スケートボード・パルクール：ライフスタイルスポーツの文化と政治』ナカニシヤ出版。

出井信夫・吉原康一、2006、『指定管理者制度の現場』学用書房。

エスピン・アンデルセン、2001、『福祉資本主義の三つの世界―比較福祉国家の理論と動態―』ミネルヴァ書房。

福原宏幸、2008、『社会的排除／包摂と社会政策』法律文化社。

後藤道夫、2006、『戦後思想ヘゲモニーの終焉と新福祉国家構想』旬報社。

原田宗彦編、2016、『スポーツ産業論6版』杏林書院。

ハートレー・ディーン、福士正博訳、2012、『ニーズとは何か』日本経済評論社。

早川進、2006、「地方行政改革における定員管理」国立国会図書館『調査と情報』第532。

蛭間芳樹、2014、『ホームレス・ワールドカップ日本代表のあきらめない力』PHP研究所。

イアン・ファーガスン、石倉康次、市井吉興（監訳）、2012、『ソーシャルワークの復権―新自由主義への挑戦と社会正義の確立―』クリエイツかもがわ。

井熊均、石田直美、『新たな官民協働事業の進め方』学陽書房。

伊藤恵造、2009、「『スポーツ政策』論の社会学的再検討―「スポーツ権」・「総合型地域スポーツクラブ」をめぐって―」秋田大学教育文化学部研究紀要　自分科学・社会科学部門』64。

伊藤恵造・松村和則、2009、「コミュニティ・スポーツ論の再構成」『体育学研究』54。

岩見良太郎・遠藤哲人、2017、『豊洲新市場・オリンピック村開発の「不都合な真実」』自治体研究者。

岩田正美、2009、『社会的排除―参加の欠如・不確かな帰属』有斐閣。

自治労連・地方自治問題研究機構編、2014、『季刊　自治と分権―特集自治体の市場化・民営化』No.57。

自治労連・地方自治問題研究機構編、2016、『季刊　自治と分権―特集公共サービスの「産業化」を問う』No.65。

自治立法研究会編、2005、『分権時代の市民立法―市民発案と市民決定』公人社。

自治体問題研究所編集部・日本自治体労働組合総連合行財政局、1999、『Q&A分権一括法と地方自治の課題―何が変わったか！どう生かすか！（よくわかる改正地方自治法）』自治体研究社。

自治体アウトソーシング研究会編著、2004、『Q&A自治体アウトソーシング指定管理者制度と地方道区立行政法人の仕組みと問題点』自治体研究社。

事業構想大学院大学出版部、2019、『月刊事業構想―スポーツの新ビジネス』85号。

金子充、2018、『入門貧困論―ささえあう／助け合う社会をつくるために』明石書店。

加藤聡、2012、「改正PFI法における『民間事業者による提案制度』についての考察―フィリピンを中心に海外のUnsolicited Proposalの事例から―」『東洋大学PPP研究センター紀要』No.2。

川口晋一・山下高行、2018、「東京オリンピック・パラリンピックに関する研究プロジェクトの中間報告」『立命館産業社会論集』第54巻第1号。

木前利章・時安邦治・亀山俊朗編著、2012、『葛藤するシチズンシップ―権利と政治』現代書館。

岸本聡子、オリビエ・プティジャン、2017、『再公営化という選択―世界の民営化の失敗からReclaiming Public Services』堀之内出版。

小林真理編著、2006、『指定管理者制度―文化的公共性を支えるのは誰か』時事通信社。

小林繁、2015、「『構造改革』と教育基本法『改正』に抗する社会教育運動」社会教育推進全国協議会編『現代日本の社会教育（増補版）』エイデル研究所。

小松美彦、2004、『自己決定権は幻想である』洋泉社。

クルト・マイネル、金子明友訳、1981、『スポーツ運動学』大修館書店。

マーサ・C・ヌスバウム、池本幸生・田口さつき・坪井ひろみ訳、2005＝2016、『女性と人間開発―潜在能力アプローチ』岩波オンデマンドブックス。

松尾匡・西川芳昭・伊佐淳、2001、『市民参加のまちづくり―NPO・市民・自治体の取り組みから』創成社。

南学、2008、『自治体アウトソーシングの事業者評価―指定管理者制度とモニタリング・第三者評価』

学陽書房。

三野靖、2005、『指定管理者制度―自治体施設を条例で変える』公人社。

宮内義彦、2005、「いま、なぜ官業の民間開放か」『日経グローカル』No.35。

武藤博巳編、2006、『自治総研ブックレット 3 第 20 回自治総研セミナーの記録　自治体行政の「市場化」―行革と指定管理者―』公人社。

長澤成次、2006、『現代生涯学習と社会教育の自由―住民の学習権保障と生涯学習・社会教育方正の課題』学文社。

長澤成次、2019、『公民館はだれのもの II―住民の生涯にわたる学習権保障を求めて』自治体研究社。

中川清・埋橋孝文編、2011、『生活保障と支援の社会政策』明石書店。

仁平典宏、2011、『「ボランティア」の誕生と終焉―〈贈与のパラドックス〉の知識社会学―』名古屋大学出版会。

日本スポーツ法学会、1997、『スポーツの権利性と文化性（日本スポーツ法学会年報）』第四号。

日本スポーツ法学会編、2011、『詳解　スポーツ基本法』成文堂。

日本体育スポーツ経営学会、2004、『テキスト 総合型地域スポーツクラブ（増補版）』、大修館書店。

日本都市センター編、2014、『地域コミュニティと行政の新しい関係づくり～全国八一二都市自治体へのアンケート調査結果と取り組み事例から～』。

野口旭・田中秀臣、2001、『構造改革論の誤解』東洋経済新報社。

日本社会教育学会編、2003、『社会教育関連法制の現代的検討』東洋刊出版。

二宮厚美・田中章史、2011、『福祉国家型地方自治と公務労働』大月書店。

二宮厚美、2012、『新自由主義からの脱出―グローバル化の中の新自由主義 VS. 新福祉国家』新日本出版社。

小笠原正監修、2007、『導入対話によるスポーツ法学（第二版）』不磨書房。

尾林芳匡、2008、『新自治体民営化と公共サービスの質』自治体研究社。

尾林芳匡、2019、「憲法から考える公共性と地方自治体」『月刊全労連』2019.10 月号。

尾林芳匡・入谷貴夫編著、2009、『PFI 神話の崩壊』自治体研究社。

大西広、2007、「成熟社会における企業」碓井敏正、大西広編『格差社会から成熟社会へ』大月書店。

岡田知弘・石崎誠編著、2006、『地域と自治体第 31 集―地域自治組織と住民自治』自治体研究社。

岡田知弘、2019a、「新たな段階に入った公共サービスの『産業化』政策」自治労連・地方自治問題研究機構編『季刊自治と分権』No.76、大月書店。

岡田知弘、2019b、『公共サービスの産業化と地方自治―「Society5.0」戦略家の自治体・地域経済』自治体研究社。

岡本薫、1994、『行政関係者のための入門・生涯学習政策』全日本社会教育連合会。

置塩信雄、1980、『現代資本主義分析の課題』岩波書店。

小野塚知二編著、2009、『自由と公共性―介入的自由主義とその思想的起点』日本経済評論社。

尾崎正峰、2012、「地域スポーツ振興に関わる職員の時代経験―その役割の検証と継承のために―」、『一橋大学スポーツ研究 31』（http://doi.org/10.15057/23272）

太田正、2019、「水道の民営化・広域化の動向と事業構造の改変」日本科学者会議編『日本の科学者』Vol.54, No.8。

Townsend, Peter., 1979, *Poverty in the United Kingdom: A survey of household resources and standards of living*, Pelican Books.

斉藤日出治、1998、『国家を超える市民社会―動因の世紀からノマドの世紀へ』現代企画室。

斎藤日出治、2003、『空間批判と対抗社会―グローバル時代の歴史認識』現代企画室。

斎藤日出治、2010、『グローバル化を超える市民社会―社会的個人とヘゲモニー』新泉社。

坂なつこ、2002、「サッカーファンは社会を変えるか？―調査中間報告：視点と仮説」『立命館大学人文科学研究所紀要 No.79』。

笹川スポーツ財団、2015、『スポーツ振興に関する全自治体調査 2015』。

笹川スポーツ財団、2011、『公共スポーツ施設整備財源に関する研究』。

サスキア・サッセン、伊豫谷登士翁監訳、大井由紀・高橋華生子訳、2008、『グローバルシティー
　　ニューヨーク、ロンドン、東京から世界を読む』筑摩書房。

社会文化学会、2011、『社会文化研究（特集：生存権と社会文化』第 13 号、晃洋書房．

社会文化学会、2012、『社会文化研究（特集：社会権としての社会文化』第 14 号、晃洋書房。

渋谷博史・平岡公一編著、2004、『福祉の市場化を見る眼―資本主義メカニズムとの整合性』ミネ
　　ルヴァ書房。

志賀信夫、2016、『貧困理論の再検討：相対的貧困から社会的排除へ』法律文化社。

新日本スポーツ連盟、2015、『スポーツは万人の権利　新日本スポーツ連盟 50 年の歩み』。

白藤博行・岡田知弘・平岡和久、2019、『「自治体戦略 2040 構想」と地方自治』自治体研究社。

城塚健之・尾林芳匡・森裕之・山口真美編著、2014、『これでいいのか自治体アウトソーシング』
　　自治体研究社。

スマート・ベニュー研究会 日本政策投資銀行地域企画部、2013、「スポーツを核とした街づくりを
　　担う『スマート・ベニュー』〜地域の交流空間としての多機能複合型施設〜』。

高橋弦・竹内章郎編著、2014、『なぜ市場化に違和感をいだくのか―市場の「内」と「外」のせめ
　　ぎ合い』晃洋書房。

高橋秀行、2004、『市民参加条例をつくろう』公人社。

竹内章郎、2001、『平等論哲学への道程』青木書店。

竹内章郎・中西新太郎・後藤道夫・小池直人・吉崎祥司一著、2005、『平等主義が福祉をすくう―脱〈自
　　己責任＝格差社会〉の理論』青木書店。

竹内章郎・吉崎祥司、2017、『社会権―人権を実現するもの』大月書店。

田中拓道、2016、『承認―社会哲学と社会政策の対話』法政大学出版局。

田中利幸、2007、「内閣機能強化の現状と今後の課題」『立法と調査』No.263。

辻井幸宣・堀内匠編、2016、『自治総研ブックレット　第 30 回自治総研セミナーの記録 “地域の民
　　意” と議会』公人社。

通産省産業政策局編、1990、『スポーツビジョン 21』。

後房雄、2009、『NPO は公共サービスを担えるか―次の 10 年の課題と戦略』法律文化社。

渡辺治、2005、『構造改革政治の時代―小泉政権論』花伝社。

山田良次、2010、『私的空間と公共性―資本論から現代をみる』日本経済評論社。

山下高行、1989、「『スポーツの産業化』に関する研究ノート」『立命館大学人文科学研究所紀要』
　　第 6 号。

山下高行、1995、「ポストフォーディズムのもとでのスポーツ・レジャー」、デービッド・ジェリー、
　　清野正義ほか編、1995、『スポーツ・レジャー社会学―オールターナティヴの現在』道話書院。

山下高行・種子田穣、1997、「ピープル：フイットネス・サービスの事業展開」立命館大学経営学会『立
　　命館経営学』第 35 号。

山下高行、2002、「2002FIFA ワールドカップとサッカーサポーター活動」『日本の科学者』vol.37、
　　水曜社。

Yamashita Takayuki, Saka Natsuko, 2002, Another Kick Off；the 2002 World Cup and soccer voluntary
　　groups as a new social movement" John Horne and Wolfman Manzenriter（eds）*Korea, Japan and the
　　FIFA World Cup 2002*, London Routledge.

山下高行、2009、「企業スポーツと日本のスポーツレジーム」日本スポーツ社会学会編『スポーツ
　　社会学研究』17 巻第 2 号、創文企画。

第 5 章

都市設計と
スポーツ・レクリエーションの公共性
―東京とシカゴ市の公園・緑地の設置および保存の歴史的変遷から―

川口晋一

はじめに

　都市の住民が生活にゆとりを持ち、スポーツ・レクリエーション活動を日常的に行い得る環境が保障されているかどうか、それは自由時間の問題であると同時に都市設計による公共空間整備の問題でもある。ここまでの章では、自由時間政策と関わったスポーツ政策やレクリエーション政策については、文部省／文科省・通産省／経産省などの関連政策との関わりで論じられてきたが、本章では建設省／国交省関連の政策・法制などを踏まえた都市の緑地・公園についてスポーツ・レクリエーションの物的基盤整備の問題として論じることとする。それは単に公共空間整備に直接関わった法令や政策の問題だけに留まらず、都市の宅地開発や住環境など、都市のあり方について東京を通して根本から見直し、転換を迫るものでなければならないと筆者は考えている。

　東京は、東京府東京市の時代、帝都であるが故に欧米の近代都市・公園設計を参考にしていた時期もあったが、この 100 年近くの間に経済・土地をめぐる動向に支配され、住民の居住をめぐる問題、そしてコミュニティ形成の問題などを常に抱え、そこでの計画的な都市づくりはなかったと言える。そのことが公的空間の整備と日常のレジャー・レクリエーション、そしてスポーツ生活の充実を極めて厳しい貧困状態に留めてしまった直接的な原因であろう。東京では、住宅開発の状況によって居住区における自治組織が未成熟となり、住・生活環境の整備に対する要求がスポーツ・レクリエーションの物的基盤整備に結

び付いてこなかった点も重要である。一人当たりの都市公園などを面積で比較してみると、ニューヨーク市の 18.6㎡に対して東京都はおよそ 7.3㎡、23 区では 4.4㎡（都市公園以外の公園を含む）、また『世界の都市力比較』（2016）の持続可能性と自然環境に関わる公園面積の指標（30 ポイント満点）においてニューヨークは 25、東京は 6 となっており、大きな開きが見て取れる[1]。一方で同指標が 13 のシカゴ市は、市域面積に対する公園面積の比率がニューヨークのそれに対して 3 割強であるにもかかわらず、レクリエーション・センター、プール、スケートリンク、サイクリング道、テニスコート、そしてグラウンドなどの数においてかなり高い数字を残している[2]。緑地および空地、そして公園に関わって、その生活上の意味や機能、そして必要性や利用実態を単純に比較することはできないが、それらが都市化の過程、特に市街地・コミュニティ形成の発展においてどのような変遷を経てきたかを考察することで、東京の経済優先・開発主義のもたらした特徴を捉え、今後の都市設計、そしてインフラの再整備において重要な点について考えることはできる。本章では、そのような目的意識のもとでシカゴ市の都市的発展とコミュニティ形成、緑地保存や公園設置に関わる自治組織の様態、そして公園行政の歴史的変遷から見えてくるものとの関わりで東京について考えたい。

1. 東京の居住空間の変遷と公共空間

　本来、都市に公共空間を創造していくためには、少なくとも民意を汲んだ確かな政策を立案し、財政的な見通しをもってそれを計画的に進めていかねばならない。そこでは、大規模な土地・施設など都市の局所的な開発や誘導、また規制や整備などを計画的に行うだけでなく、域内のコミュニティと住民の日常的な生活のあり方を念頭に置きながら都市を設計する思想が特に重要となる。それは利用者である住民の声を聞くだけでなく、区画整理も含めた空間の確保など、インフラ整備を伴った住宅地の形成が時間をかけて図られるべきものなのである。公共の利益を導くという点に関して、東京は幾度かの機会を逸してきたといえよう。東京のスポーツ・レクリエーション空間の変遷について、ある程度時代を遡ってその都市的な問題について触れていく。

1-1.「帝都」東京の都市的発展
　江戸時代、城下町としての江戸は身分制度による棲み分けが存在し、大きく

は武家地、町人地、そして寺社地に分かれていた。この様な棲み分けと階級社会の問題は別とし、職住の空間に関わっては武家地が江戸の約70％を占めており、町人町は僅か15％であった。そして大政奉還の1869年、明治政府による上地（収用）命令によって武家地の中でも大名地や幕臣地は官用地とされ、その他の主を失った広大な土地は様々な用途に転用された。しかし、公園に関しては江戸のおよそ15％であった寺社地に、その上地の後に作られることとなった³⁾。

　さて、東京はその近代化、すなわち明治維新後に人口が再流入したが、人口の集中・急増がありながらも住宅問題の顕在化は抑えられていた⁴⁾。それは、旗本屋敷などが華族・政府高官・高級将校の住宅に、そして組屋敷はそれ以下の役人や教師などの住宅にスムーズに転用されており、また旧町人地に関しては少ない土地で高い人口密度のまま存続していたからである⁵⁾。しかしそれ以降、人口がさらに増加して新しい産業労働者の住宅供給が問題となった段階においても住宅・宅地計画と関わった区画整理や都市計画は存在せず、計画的なインフラ整備はオフィス街に関わった道路・交通、そして国有地に作られる公園に限定され、住宅地に関してはゾーニングが存在するのみであった。

　東京市は1889年、「市制・町村制」施行によって東京府から15区が分立し、基礎的自治団体として設置された。さらに1893年、それまで東京府下に置かれていた6郡に加え、新たに神奈川県から三多摩（北多摩郡・南多摩郡・西多摩郡）が編入され、府内9郡と市部から構成される現在の東京都の原形ができ上がった。農地であった三多摩の編入は、田園・緑地帯を外周に配置した都市の膨張を抑制する環境を図らずも手に入れることに繋がった。しかし、東京は市域あるいはその核となった中心部が経済発展するに伴って、これらの田園・緑地帯を食い潰して拡大することとなった。これは、ヨーロッパやアメリカの都市が、その膨張を抑制するために未開発地域である外側の空間に田園を保全し、緑地帯を公園やパークウェイによって設置し、またその関わりで住宅環境をも計画的に整備しようとしていた19世紀後半から20世紀初頭に始まる都市設計の流れと逆行するものであった。

　1895年の段階では、東京府15区と宿場町（品川、内藤新宿、板橋、千住）以外の郡部のほとんどは農村であった。しかし、明治期以降、「帝都」東京は資本主義の発展と共に経済上の地位向上を必要とし、それによる必然的な人口流入が、古来より農地であった土地を急激に宅地化することに繋がり、その生活と経済の矛盾した実態が計画的基盤整備の障害となり、また逆に農民の借家

経営の加速が農業生活の荒廃にも繋がっていくこととなった。

　そのような状況の中においても、1900年代までは市街地内部での人口増加に留まり、外延拡大はなかった。画期となったのは1914年からの第1次世界大戦で、重化学工業の発展がもたらされる中で、企業オフィスは東京に集中し、その近代化が促進された。そして、市街地15区の範囲での大規模な人口増加を伴いながら、特に山手線沿いの狭い地域への人口集中が顕著となった。また、大戦終了後の1919年には経済発展を背景に区画整理や用途地域制が織り込まれた都市計画法と市街地建築物法が公布された（これは当時の大蔵省の反対により、実質的に財源が骨抜きの法律になってしまった）。しかし、1923年の関東大震災により1925年までは実質的にこれらの法が東京において適用・指定

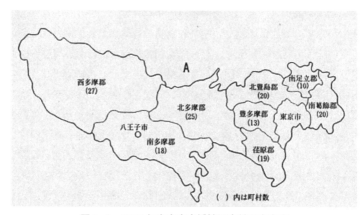

図1-A　1932年東京市市域拡張直前の東京府

図1-B　1943年東京都成立直前の東京府

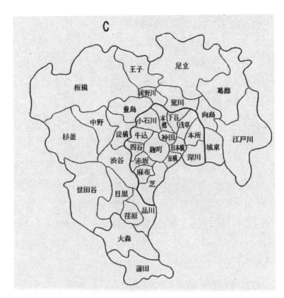

図 1-C：1932 年に 35 区制となった時の東京市
＊東京都公文書館ウェブ資料より転載。

されることはなかった。したがって、そこでは「帝都復興計画」によって復興
事業が進められることとなり、区画整理の中で行われた公共空間の整備もそれ
に影響を受けたものとなった。このことにより、結果的に東京内での地域格差
が大きく現れることとなった。

　関東大震災までに東京府の人口は 400 万人近くにまで到達し、1930 年には
東京市 15 区とその周辺 5 郡の人口は 500 万人に迫っていた。以前より検討さ
れていた区域の拡大計画は、図 1-A に示すように 1932 年中に北多摩郡の一部（2
町村）も含めた 6 郡 84 町村を東京市に編入し、図 1-C に見るように新たに 20
区を設置することで実現し、いわゆる大東京市は合計 35 区制となり、ほぼ現
在の 23 区の区域が図 1-B における東京都の面積と同等になった。

　そして、1943 年に都政が施行されるまでに人口は 700 万人を超えていた。
人口の流入によって 1910 年前後にはすでに市域を拡大することが避けられな
い状況になってはいたが、東京内の格差は中心部の発展に特化した状況を作り
出し、外縁部の都市設計が存在しない中で、その緑地を含んだ広大な農地は、
結果的に虫食い状態にされていった。このことが東京の無秩序な膨張をもたら
すことに繋がっていったといえるが、そこには具体的に民間の不動産会社と鉄

道会社による沿線の宅地開発が大きく関わっていた。

1-2. 鉄道の発達と宅地・別荘地・行楽地の開発

　鉄道事業の活発化はすでに 19 世紀後半から起こっており、1889 年には中央
線（当時は甲武鉄道線：甲府方面との物流路線）が新宿駅－八王子駅間で営業
されるようになり、東京西部への開発が可能になった。また、1894 年には西
武鉄道・西武国分寺線（当時の川越鉄道・川越線：埼玉・川越方面との物流路線）
が国分寺駅で中央線と接続した。ちなみに東京駅は 1914 年に開業し、その後、
丸の内ビジネス街が大きく発展するに至っている。1920 年国勢調査における
東京市内の人口約 217 万人は、すでに住宅が飽和状態になっていたことを示し
ているが、郊外住宅地の開発は、膨大な人口流入を背景にして 1910 年代に入っ
た段階で始められていた。そして、宅地開発が鉄道の敷設と併せて行われるよ
うになると、1910 年代後半には周辺の郡部に人口が流れ出す第 1 次郊外化と
して捉えられる現象が起こっている。鉄道は、京王電鉄（当時は京王電気軌道）
が 1913 年に、東武鉄道（吸収合併された東上鉄道）が 1914 年に、そして西武
鉄道（当時は武蔵野鉄道）が 1915 年に開業し、東京市の北西部と南西部にネッ
トワークが広がりつつあった。

　投機的な宅地化が始まったことで、1920 年代の荏原郡（現在の目黒区や大
田区など）において大幅な人口増加がもたらされている。それは、1918 年に
設立した田園都市株式会社が郡内の洗足地区や多摩川台（現在の田園調布）な
ど、東京市の南西側の土地を買収し、開発目的で子会社の目黒蒲田鉄道（現東
京急行電鉄）を設立した後に 1922 年から洗足地区、1923 年から多摩川台の分
譲を開始した結果である。次に人口流入が多かったのは、中央線が開通してい
た豊多摩郡内（主に現在の中野区や杉並区など）であった。すでに 1921 年に
は新宿・荻窪間の電車が開通し、翌 1922 年には高円寺・阿佐ヶ谷、西荻窪の
三駅が新設され、高学歴のサラリーマンや高級軍人が住み始めていた。

　震災後は市街地を離れた市民 66 万人のうち、ほぼ半分の 31 万人が上記の地
域を含む周辺の 5 郡等に定住するようになったこともあり、外延拡大が飛躍的
に進行している。江面（1987）によると「明治期から大正期の東京における都
市の拡大は、当時すでに宅地になっていたが、実際には空地が残っていて住居
の建っていなかった潜在的住宅地の市街化と、近郊に多く残っていた田畑等の
土地の新たな宅地化によって進められてきたと考えられる [6]」。

　このように、東京市と周辺部との物流を主目的とした鉄道は、府内の農村地

帯を横切り、停車場が設けられた地域から市街化していった。ただし、その誘致は農民に望まれていなかったことも付け加えておくべきであろう。理由は田畑の分断を彼らが望んでいなかったからである。たとえば、新宿と荻窪の中間に位置する高円寺駅と阿佐ヶ谷駅、そして西荻窪駅など、関東大震災の前年に停車場が開業した地域がそうであった。しかし、沿線の宅地化を主目的とした民間による開発は、反対の有無に関わらず通勤圏内に飛び地的に市街地・学園都市を形成していった。堤康次郎氏の箱根土地株式会社（後の国土計画）によって、震災の翌年から 1930 年代初頭にかけて作られたものとしては、東京北部・北豊島郡西部（現在の練馬区）大泉村の「大泉学園町」、北多摩郡小平村（現在の小平市）の「小平学園町」、そして谷保村（現在の国立市）の「国立大学町」があった[7]。

　このように、東京では鉄道の沿線に郊外の住宅地が民間資本によって形成され、その広がり方は農村集落を宅地が虫食うように進行していった。したがって、当時の都市計画法は実質的に新たな空間整備を行うものではなく、耕地整理によるインフラ整備に留まっていたと言える[8]。工業化の進行により農林業離れが進み、土地が部分的に転売されるようになり、従来の共同体は破壊された。一方で、新しいコミュニティ形成においても、公共スペースを含んだ計画的な住宅開発を行うことが東京では難しくなっていった。その点については次項で述べることとする。

　都内近郊の別荘地や行楽地については、土壌などが農業に適さない土地、すなわち生産活動に利用されていなかった「空地」である崖線上の土地に作られていった。具体的には都心から 30 キロ圏の国分寺・小金井地区、調布・成城地区、二子玉川地区などがそうであり、いずれも国分寺崖線（古多摩川東岸部に連なる河岸段丘による高低差約 20 mの崖が約 30 k mにわたって連なっている土地）に形成されている。崖線上からの眺望は江戸時代から風光明媚な名所とされ、明治後期から昭和初期にかけては住宅地としてではなく風景地として位置づけられており、実業家や政治家の別邸が数多く建てられ発展した[9]。また行楽地としての小金井は、桜が植樹されて観桜の名所となり多くの人が訪れていた。これは、後述する「東京緑地計画」に関わった、一時は小金井大緑地として位置づけられていた空間であったが、住宅地として開発されることで、多くの空間が失われていった。

1-3. 分譲住宅と自治組織

　東京における住宅地は、中心から同心円状ではなく、通勤圏の郊外が鉄道路線の延びた方向に、そして開発のために開業した停車場の回りから広がっていった。したがって、当初は郡部農地に浮島のように点在することとなり、中心部に近いところでも高台など狭い区画における部分的な開発がなされた。それぞれ通勤圏のエリート・サラリーマン層、貴族階級や文化人など、社会階層が高い者に住宅が供給されコミュニティ形成が始められている。そして、新しく形成された中産階級以上が移り住んだコミュニティの特徴は、それぞれ開発された時代や土地、住民の構成などによって様々であったが、何らかの形で自治組織が存在するようになり、開発者に公共文化施設を要求し、また公園や施設を自ら管理し、そこでの行事の運営をするなどしていた。

　たとえば豊多摩郡の目白文化村（現在の新宿区中落合）は、1922 年、箱根土地の堤康次郎氏が最初に手がけた住宅地の分譲であった。そこでは翌年の震災を契機に互助会が組織され、箱根土地の残したクラブハウスを利用した様々な文化行事が行われるようになり、テニスコートや公園などの公共文化施設も利用される中で、住民同士の親睦が図られていた [10]。現在の東急の前身である田園都市株式会社が分譲した住宅地は、その名の通り田園都市として自然や小公園・運動場などを重要なものとして売り出していた。そのような中で「洗足会」は主に町内会としての機能を果たし、理想的な田園都市づくりのための活動を行っていた。官吏、陸海軍人、実業家の中堅幹部などが中心となって住人の考えをまとめ、様々な文化的行事を行う一方で、田園都市株式会社に住人の希望を出すなどして町内のインフラ整備に努めていた。また、会社側も購入者側の希望を聞き、自らの意向を伝えたりなどしていたという [11]。

　富裕層が移り住んだ分譲地では、住人の主体的な活動により公共空間および文化活動が整備される動きが活発であった。しかし、これらのコミュニティが民間デベロッパーによる開発であったことはもとより、震災や空襲による街の消失、住民の流出入などにより公共空間のストックを維持することはたいへん難しかったといえるであろう。また、開発当初は空地が多く存在する分譲地だが、住居が増加し密集するにしたがって公共空間の整備が時間とともに困難になるケースが一般的であった。さらに労働者の借家地域ではそのような空間を確保することがそもそも難しかったと言えよう。このように、東京のコミュニティは旧来の共同体に代わる組織が未成熟なまま発展することとなった。

2.　東京の緑地・公園の変遷と住宅問題

　東京は現在、2020 のオリンピック・パラリンピック開催決定を引き金に、それに直接的に関わった施設の準備・整備に留まらず、多くの大規模プロジェクトが動いている [12]。逆にいえば、そういった開発整備によってグローバル都市の機能を整備する目的でオリンピック招致に固執してきたとも言える。そのような状況の中で、さらなる都市的な発展やインフラ再整備に期待する声もあれば、生活に無関係な開発として将来を不安視する住民の声もある。いずれにしても、スポーツイベントが招致されるにもかかわらず、都民のスポーツ・レクリエーション活動の空間・施設の改善に対する要求や期待は前面に現れていないのが実情である。今回のオリンピック・パラリンピック招致の目的には、新自由主義的な大規模開発がその根底にあり、市民の公共的な利益を導くものでないことは半ば明らかとなっている。しかし、そもそも 1964 年の東京オリンピックについても産業基盤の整備と直結した招致であったが故に、東京の住民にとって都市の構造的な部分においてスポーツ・レクリエーションにダメージを与えている「負の遺産」となっているのではないだろうか。当然ながら、それは経済優先の開発が最大の原因であり、スポーツ分野においてもその日常的な参加よりも、むしろ観戦や短期的な利益誘導が優先されることに繋がっていると言えよう。

　このような東京の経済優先都市の現在に至る歩みは、高度成長期やオリンピック前大会時に始まったことではない。関東大震災、またそれ以降の東京大空襲などの戦争被害からの復興過程における都市設計、都市公園の設置と整備、そして宅地開発に関わって、如何に都市としての緑化やレクリエーション・スポーツ施設の土台が構築できずにここに至ったか、以下、節目ごとに見ていきたい。

2-1. 震災復興と小公園

　1923 年の関東大震災以降、東京市の人口が周縁部（城西と多摩地域）へ大きく移動したが、中心部の復興再開発、そして都市設計において特に注目しておきたいのは、防災と関わった公園の確保・設置についてである。1924 年、国施行の三つの大公園に続き、52 の東京市施行の小公園の計画が告示されている。これは行政が取り組むべき課題を明確にした画期的なもので、公園の

配置基準が初めて適用されたものである。具体的には児童数、誘致半径、必要面積などに基づいた配置計画が実施されたことが特筆すべき点であった。陣内（1985）によれば、欧米都市における広場と似た性格を持ち「公園全体の三、四割が樹林や花壇、一割が児童遊戯場にあてられ、残りの大半は広場にあてられた[13]」とされる。主に合衆国シカゴ市の事例から学び、紹介されたという説もある。実際の小公園の設置は、1926年8月の月島第2公園を初めとし、1931年4月に蛎殻町公園他六つが開園して事業は終了している[14]。

　小公園の設計は、小学校と隣接させ、まとまった空間を確保することを理想としていたが、すでに地価の高騰や区画整理の換地計画との関係、公道との関係などで困難を抱え、実際に一体型を実現できたのは34箇所に留まっていた。また、現在の児童公園と異なり、広場主体に設計された小公園は学校の運動場の延長として機能するという教育上の利点を持ちつつも、裏返せば学校による公園の占有化に繋がり、一般市民の利用が限定的になってしまった[15]。

　東京市によって設計・維持管理されてきた小公園は、都政施行に伴ってその管理が区長に委任された後に所在する特別区に委譲・移管されることとなった。その後の小公園は、1965年〜1970年代初頭にかけて学校の敷地拡大要求と関わった都市計画の変更により廃止、移動、面積の増減、また「都市公園」そのものが廃止されるケースもあった。高度経済成長による生活環境の悪化が強く意識される中で公園自体の位置づけが高まり、学校の専有化から市民利用への配慮も生まれるようになったが、その個数・空間面積は人口増との関係で絶対的に不足するようになっていた。

2-2. 戦時期の農村・緑地帯・公園と軍需施設

　防災に関わった公園の設計だけでなく、1920年代は都市の近代化に関わって緑化および美化運動が高まりを見せていた。1924年にはアムステルダムで国際都市計画会議が開催され、日本もそこに参加している。真田（2003）によれば、この時期は「都市計画的な視点とは別に都市生活のあり方という点からも、都市近郊の緑地の重要性がいわれて[16]」おり、アメリカのレクリエーション運動の影響、結核の流行などによって戸外での活動、特にハイキングが推奨されていたという。1932年には内務省都市計画課や都市計画東京地方委員会が中心となって東京緑地計画協議会が発足し、東京駅を中心とする半径50kmの範囲を対象とする公園・緑地の計画、また公開緑地の認定などを含むいわゆる「東京緑地計画」について協議が行われた。そして、1939年には具体的に「環

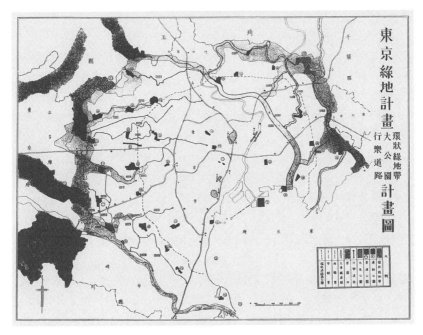

図 2　東京緑地計画（1939 年策定）
＊越沢明、1991、『東京都市計画物語』日本経済評論社、p.169 より転載。

状緑地帯計画」という市街地の外周を緑で囲み、その膨張を抑制しつつ公園その他、緑地不足を補う都市設計が提示されている。

　図 2 においてその策定された計画図を示したが、この東京中心部を緑地で囲むいわゆる「東京緑地計画」は、緑地帯の配置による都市の膨張を押さえようとする西欧の思想・計画に影響を受けたもので、当初の構想は以下のようなものであった [17]。

　環状緑地帯より内側には、大公園と多数の小公園が計画された。その内訳は、10 ヘクタール以上規模の大公園として 19 の普通公園合計面積 615 ヘクタール、同じく 19 の運動公園 626 ヘクタール、2 つの自然公園 440 ヘクタール、全体で 40 の大公園で総面積は 1681 ヘクタールであった。この大公園の配置計画は従来から見られる（の＝ママ）分散配置の形態であった。この他、27 の小公園区を設定して 591 公園を合計約 660 ヘクタールの規模で計画している。これによって計画された緑地の量はほぼ計画対象区域の 1 割であった。

計画が決定された 1939 年当時、東京の人口は 650 万人ほどであり、山の手の事業に関しては計画に基づいて大きな進展がみられ、現在でも当時の遺産が多くみられる。しかし、一方で「環状緑地帯」を計画した区域は、そのほとんどが既存の農家集落や田畑森林などの民有地であり、そこに河川敷や道路などを含めた空間で構想されていたために戦時期の防空および食糧増産目的との関わりで大きく変化した。また、その空間は軍需産業の郊外移転によっても徐々に浸食されていくこととなった。すでに 1931 年の満州事変勃発により年々戦時色が強まっていたが、防空計画、そして農村部への疎開と併せた郡部での軍需工場・軍関連施設およびその住宅の建設が行われたのである。特に 1937 年の日中戦争開戦以降は、武蔵野市北部に中島飛行機、陸軍立川基地に近い場所で昭和飛行機工業（昭島）、日立航空機（東大和）、日本製鋼所および東芝（府中）などの軍需工場とその工員および下請けの住居が作られるようになっていた。実質的に、「環状緑地帯」はこの戦時体制下で「東京防空空地及び空地帯計画」（1943 年)に引き継がれ、その形は大きく変わることとなった。また、レクリエーションに対応した公園や緑地は、1941 年の防空法改正により防空公園に転用されたばかりでなく、用地の買収も行われるようになった。さらに、国民の体力向上および軍事訓練の目的で使用されたり、食糧難を背景にして農作物が栽培されたりなど、その土地は浸食されていった。

　敗戦を迎えると、公園は復員した兵士や引揚者が路上生活を強いられた場合の住居として使われるようになり、期間を定めて簡易住宅も建設された。さらに、農地を強制的に買収して公園・緑地化が行われた土地をめぐって解放運動が起こり、その結果として公園の面積は大幅に減少し、農地が増加した。また、東京都の公園のほとんどが明治憲法下で官地となっていた社寺境内であったことから、新憲法下の政教分離に基づく判断によって土地の譲与や売却など複雑な処理・処分の過程を経て、公共緑地とみなすことができなくなる状況が生まれ、多くの公園が失われていった。結果的に巨大軍事工場が存在した郡部も爆撃の対象となり、第 2 次世界大戦による東京都の住宅や施設の消失は大規模なものとなってしまった。その関わりで緑地帯や河川敷などに仮設住宅が建てられ、不法に占拠されたこともあって公園の機能は失われていった。

　戦後復興の過程で緑化志向が再燃し、1946 年の特別都市計画法や 1956 年の首都圏整備法、1958 年の首都圏整備計画などを経て近郊地帯の「グリーンベルト構想」は一時的に復活している。しかし、その構想は大規模な人口流入に

対応する住宅政策を進める上では障壁となるものでもあった。つまり、首都東京に産業の拠点を集中させる政策と「緑化」は矛盾するものであったということである。戦後の東京にとっては膨張の抑制よりも、むしろ労働者の流入に合わせて住宅を急ピッチで増やすことが焦眉の課題となっていたのだ。

　東京は人口の密集地であるが故に、その土地問題と住宅問題が緑地と公園の設置に大な影響を与えきた。そして、戦争とそこからの復興が緑化および公園の在り方に大きな影響を及ぼしてきたことも事実である。戦後の東京戦災復興計画は、「環状緑地帯計画」で指定されたところと概ね重なる緑地計画を持っており、上で見たようにその内側には公園や運動施設の建設も含まれていたが実現はしなかった。スポーツ・レクリエーション活動に関わる施設と公園の問題は、その日常的な利用の観点から居住・コミュニティとの関係で考えることが必要となるが、東京では戦後・高度成長を迎える以前からその基本的な土台部分において極めて厳しい状況にあったと考えざるを得ない。

2-3. 戦後・高度成長期の緑地・公園と都市公園法

　戦後復興、朝鮮戦争特需などによる急激な経済成長を受けて「東京」は急速に都市化し、飛躍的に拡大した。しかし、すでに見たように関東大震災後に一定程度整備されたスポーツ・レクリエーション空間として見なしうる公園は、環状緑地帯をめぐる動向と関わって、戦時期・戦後を通してむしろその機能を縮小しつつあった。これは全国的な動向でもあり、その状況に対応し、都市公園を保護する目的で一人当たりの面積の標準規定、公園敷地内施設についての基準規定、設置と管理の委任についての規定、国庫補助制度の規定など、細かく定めた都市公園法が1956年に制定された[18]。高度成長期の都市公園は、この法をもって道路・河川、港湾、空港などのインフラと同様に社会資本整備の対象となっており、さらに1964年の東京オリンピック開催が決まり、交通網や上下水道などの整備が急激に行われる中で、都市公園整備に対する公共投資も加速していった。ただし、それは動的なレクリエーションやスポーツ活動に適した、またその高まる欲求に見合った規模・施設を計画的に実現しようとするものではなかった。このようにして、1950年代以降、高度成長期に再郊外化に関わった人口移動が起こったにもかかわらず、新しいコミュニティにおいて上記のような活動を担うべき公共空間としての公園を整備することはできなかった。それは、緑地、空地、公園の問題が東京では常に住宅・土地開発と密接に関連を持っているからである。実際にそのこととの関わりで、いわゆる緑

地帯と見なすことができる公園の 1955 年〜 1964 年にかけての開設数は 23 区の西部に、また、1965 年〜 1974 年にかけての公園整備も 23 区に集中していた[19]。

　都市公園法が制定され、公園は公共財・公共財産として位置づけられるようになったが、コミュニティや住民の要求に合わせてそれが整備されるのではなく、制度上の分類とその利用についての規制が上からなされる側面が強かった。しかし、東京オリンピック（1964 年）開催の翌年、政府機関および民間団体によって「体力つくり国民会議」が組織されて以降は、当時の建設省によりレジャー・スポーツ施設が都市公園の中に「施設整備費」予算をもって位置づけられることとなり、さらに 1972 年の保健体育審議会答申によってスポーツの普及に関わった地域的な施策が大きく転換し、公園がスポーツ等のレクリエーションで使用可能になる可能性が広がった。いわゆる「コミュニティ・スポーツ」は、かくして 1970 年代後半までのところで、一時的にだが都市公園の整備と結び付くこととなったといえるであろう。さらに、環境問題の深刻化やそれに対応する国民の要求の高まりを反映して、1971 年には「都市公園等整備緊急措置法」が制定された。

2-4. 緑地・公園と住宅・スプロール問題

「環状緑地帯計画」の実現には、計画区域の民有地を買収して整備を進める必要があった。しかし、戦後復興および首都を中心とする企業の高度成長政策により計画は完全に破綻したと言える。結果的に多摩地区のベッドタウン化がもたらされるなど、中心部の外延拡大として人口流入が大規模に加速・進行することとなった。都市空間の拡張が計画的なものでなかっただけに、すでに見たように当時そのほとんどを占めていた農地や森林での無秩序な宅地化が行われ、環状緑地帯は住宅で虫食い状態に開発されることとなったのである。このようなスプロール現象が緑地の保全に留まらず、都市設計による公共空間の確保・整備をたいへん難しくしたのが東京の特徴である。住宅に対する公共投資は低く、1960 年代に入って主に民間の不動産業者が農家所有の土地を仲介して個別に宅地化・住宅建設を行うことによってインフラ整備は後追いの一途を辿ることとなり状況は悪化した。農家が切り売りした土地に建てられた住宅にしても、大規模に開発された団地にしても、住宅個数の確保が優先されたこともあって、緑と空地を失った空間はインフラの不備と地域の自然環境破壊を伴って大きな社会問題を生み出すこととなった。緑地計画は特定の地域に住宅

を集中させないことを理想とし、緑地を生活の中にバランス良く配置した、比較的小規模（1 万人程度）の団地・住宅経営に繋がる考え方がその中に含まれていた。しかし、小規模なものに関しては農地の中に高密度な住宅が形成され、一般的に矮小な住宅は日照環境が悪く、自然や空き地など公共空間として利用できる部分も確保できなかったため、自治組織も育ちにくくレクリエーション・スポーツに関わる環境は悪化せざるをえなかった。

　1965 年頃を境に宅地開発に大資本が参入するようになり、増え続ける住宅需要の中で開発の規模も業者の資本に合わせて多様になった。しかし、小・中規模の農村における宅地開発に関わる土地取得やインフラ整備の問題が根強く存在する中で、最終的に大規模なニュータウン構想のような開発に置き換えるしかなくなっていったのである。たとえば 1964 年に審議が始まった「多摩・八王子・町田都市計画　多摩・八王子・町田新住宅市街地開発事業」は、当時すでに郡部の農地買収をめぐる不動産業者の乱開発が始まっており、その手が伸びる前に一挙に公的買収がなされるという経緯・状況にあったのである。このように、無計画な宅地開発は、近郊農業の破壊を招きながら東京の無秩序な拡大と公共空間の物理的喪失の要因となった。そして、住民組織が育ちにくいコミュニティに暮らすことになった人々は、本来あるべき地域の自主的・文化的活動から遠ざかっていくこととなった。

2-5. 鈴木都政以降の民間による公園の開発・管理

　1973 年には人口流入が減り、住宅問題は新たな段階を迎えるが、現在に至るまで都内域での人口流動化・居住移転、また流出入の割合は極めて高く、東京は常にコミュニティの形成とインフラ整備に問題を抱えてきたといえるであろう。そして、1979 年からの「臨調」「行革」を強力に推し進めた鈴木都政においては、都市公園と同様に、東京都の体育・スポーツ施設の管理・運営が民間に委託されるなど、公共性と権利性において問題を孕むこととなった。岸信介第 2 次内閣において官房副長官であった鈴木俊一は、1959 年 5 月に東京オリンピック開催が決定したのち、東龍太郎都新知事の下で 6 月から副知事に就いている（1967 年 4 月まで）。これはオリンピックを 5 年後に控え、当時の内務省－自治省出身である経歴・パイプを生かし、政府・大企業・東京を繋ぐことによって大規模な公共投資を可能にする人事であった [20]。

　その鈴木都政の第 1 期に公約として挙げられていた「マイタウン東京」構想には、「緑と空間の多いまち」「市街地に緑と空間」をつくることが含まれてい

たが、実際は農地および森林が開発によって大幅に失われ、公園もそれ程増えず、実質的に都民の生活環境の水準は大きく低下した。すでに都市公園法は1979年以前から2017年までに4度の改正が行われ、さらに以下の関連する7つの法改正（規制緩和）によって、都市公園における民間事業者の参入が大いに活発化し、公共性が脅かされる状況が作られていた。そして、鈴木都政はそれをさらに悪化させたといえよう。

①1968年の新都市計画法による公共以外の者による都市計画事業制度
②1970年の「レクリエーション都市整備要綱」による民間設置の都市計画公園
③1986年の民活法と1987年のリゾート法成立を背景とした「民間事業者に係る都市計画公園等の整備の方針について」（1987年）
④1999年のPFI法施行により都市公園における民間事業の「適切性」が確立
⑤2003年の地方自治法改正による指定管理者制度の導入：民間事業者による利用料金制も含めた管理代行
⑥2004年の景観緑三法に伴う都市公園法の一部改正：公園の機能・設備を広く解釈し、多様な民間業者の参入を促す
⑦2006年の公共サービス改革法：官民または民間の競争入札を市場化テストとして導入

こういった規制緩和の動向に革新美濃部都政が対抗したのとは違い、鈴木都政ではむしろそれを首都として牽引する形で「臨調」「行革」が推し進められたのである。そして、都市公園は社会資本の整備に関わる民間事業者にとって極めて自由裁量の度合いが高いものとなっていった。

　そもそも、都市公園法および関連する都市計画法（1968）や都市緑地法（1973）など、都市住民の健全で文化的な生活や公共の福祉に関わる法律は、都市公園の設置において民有地の開発を促進させつつ、そこに条件を付けることで管理・規制しようとするものであった。特に都市公園法は、東京の緑と空き地、そして公園の減少を防ぐための法令ではあったが、決して積極的に住民の生活状況に合わせた改善をもたらすものではなかった。そして、大規模なプロジェクト開発を抑制するものともなり得ず、したがって高度成長期に起こった様々な矛盾に対応して一定の効果を持ちつつも、公園管理の基本において民間企業の介入を許し、その後いくたびかの改正によって規制緩和が行われることとなってしまった。

　さて、高度経済成長が生み出す様々なひずみの中で、土地問題が絡む住宅問題の解決は都政において最も困難を伴うものであった。そして、それは 1967 年に誕生した革新自治体のみならず、鈴木都政においても同様であった。ただし、先にも触れたように、他の領域と比べて住宅問題において成果が上げられていなかったことは「美濃部都政」全般の評価を押し下げるものとなっていた。緑地・空き地の確保が難しい中で、スポーツ・レクリエーションにおける整備も当然ながら進まなかったわけであるが、鈴木都政に比して再開発事業に関わる民間デベロッパーの導入に規制が働いていたこと、そして住民本位の都市設計が基本に据えられており、住民組織と東京都の協議が数多く積み重ねられていた点が大きく違っていた。それはすなわち、公園建設などに関わる環境整備において大きな成果が出ていたわけではないが、一定の改善に向かって進んでいたと見ることができる。一方で、鈴木都政においては 1964 年の東京オリンピックの際に企業主導の都市改造が行われたのと同様に、民間デベロッパー主導で「自治体（としての東京＝傍点部筆者）は計画の追認と公共助成によって協力するだけとなり、住民参加はまったく否定されてしまった [21]」。特にその再選 2 期目においては、都市公園の用地取得が半減し、運営・管理の民間委託が加速している。このように、美濃部都政で改善方向にあったものが一気に新自由主義的な道を辿り、公共性を脅かすこととなった。

3.　シカゴにおける公園行政とコミュニティ

　近年のシカゴは、リチャード・M・デイリー前市長（任期：1989 年—2011 年）の主導により、ミシガン湖畔レイクフロント（「シカゴ・プラン」以降に公共の空間として埋め立てられ、拡張・整備されてきた）やダウンタウンの再整備を実行してきた。都市としてのシカゴの顔は、そのツーリズムを中心とする経済政策との関連でここ十数年のうちに大きく変貌してきている。具体的には「庭園・公園都市」のイメージを再構築するために 1991 年に条例が制定（その後 1999 年に重要な条項を付加し厳格な運用がなされる）され、都市美化・緑化が加速した。その最たるものが、1998 年のレイクフロント・ミレニアム・プロジェクトで、最終的に「ミレニアム公園」の再開発に結び付いている [22]。また、そのような流れの中で 2016 年のオリンピック大会に立候補もした。1980 年代以降、ロサンゼルスに人口数で追い抜かれ、生産拠点としての位置づけをも変化させつつあったシカゴであるが、合衆国においてニューヨークに次ぐ経済・

金融の主要な拠点としての地位は保ち、グローバル都市としての存在を保ち続けている。

　東京やロンドン、ニューヨークとはその位置づけが違うが、シカゴもグローバル都市として、大規模プロジェクト、観光・ツーリズムへの投資およびオリンピックなどのメガイベント誘致の道を歩んでいる。しかし、開発による既存施設の設備に対する財政的圧迫などが予想されたことから、市民はオリンピック招致に対して敏感に反応し、反対運動も決して小さいものではなかった[23]。東京は 1964 年に次いで 2 回目のオリンピックを迎えようとしているが、シカゴは過去に 4 度（1904 年、1952 年、1956 年、2016 年）全て招致に失敗している。東京も開催見送りと招致失敗の経験が 1940 年、1960 年、2016 年と 3 回あるが、シカゴでは開催が一度は決まった 1904 年大会をセントルイスに万国博覧会との関わりで譲り渡す形になっており、実際に開催した経験はない。したがって、オリンピックとの関わりにおける都市設計上の影響や被害は東京ほど大きくはないと言える。また、大規模な開発についてはツーリズムのインバウンドを前提とした都市美化運動、特に「ミレニアムパーク」を含むダウンタウンの再開発に限定されており、それはほぼスポンサーの資金と寄付によって実現しているのが実情である[24]。

「公園都市」と呼ばれ、600 箇所以上の公園・レクリエーション・スポーツ施設を持つシカゴは、シカゴ公園局（Chicago Park District）が市から一定程度独立する形で市民のレクリエーション要求を担ってきた長い歴史を持っており、東京と違い豊かなレクリエーション・スポーツ施設を有している[25]。両者を単純に比較することはできないが、その違いを考察することは意味のあることだと考えられる。特に、レクリエーション・公園行政そのものではなく、それを可能にした居住生活、コミュニティ形成という、より根本的な問題を見ていくことが重要ではないだろうか。

3-1. シカゴ市の拡大、都市設計と公園

　シカゴは、江戸時代後期、すでに向島などの「郊外の遊覧地」においてレクリエーション活動が行われるようになっていた頃、つまり 1830 年になった時点でも未だ都市の形さえ持っていなかった。しかし、19 世紀半ばから経済・流通の要衝として、計画的な都市づくりが始められるようになり、20 世紀初頭からその規模を急速に拡大させ、アメリカ第二の都市としての地位を長く保つようになった。1837 年以降は何回かにわたって市の境界線を拡張していっ

たが、東京とは違い周辺空地の売買によって成立していた町を吸収・併合して市域を拡大していった[26]。

　オリンピックの開催経験こそないが、シカゴ市は1893年に万国博覧会を開催し、その会場の整備を通して新興の産業都市を白人文化の象徴としてイメージ付けすることに成功している。さらに、その「ホワイト・シティ」と呼ばれた会場は一方で公共建築と公共空間の一体設計をデザインの根底に持ったもので、都市設計という点に関しても重要な意味を持っていた。そして、特に公園・緑地に関わっては、1880年代に市の周りに境界線として景観を重視する大公園を配置し、それを幹線道路で繋ぐ「ブールヴァード・システム」を確立し、緑化と都市の無秩序な膨張を抑制する思想を体現していた[27]。

　しかし、その後はまた違った意味での設計が必要となった。経済移民を中心に人口が膨張する中で、人々の生活における様々な文化的・社会的な葛藤が生じ、行政的な介入が強く求められるようになっている。シカゴの拡大はヨーロッパからの移民労働者の流入によるものが主であったため、民族のコミュニティが労働環境および社会的な圧力による空間構成によって作られていった。行政区（ワード）が整備される以前に民族コミュニティが形成され、その区域が行政区の前提となっている。多様な移民労働者の増加がコミュニティの数を増加させてモザイクのようになっていったのが一つの特徴である。このような状況に対してシカゴでは緑地や公園などの公共空間が大きな意味を持つことになったといえる。それは、全米に展開した「都市美化運動」と関わった、中・上流階級が求める公共空間としての景観公園の建設、さらに下層の移民に対するレクリエーション（＝労働再生産）やアメリカ化を促進するためのコミュニティづくりと関わった公園と運動広場の建設、またその両者の市域全体での統合による都市的発展においてである[28]。

3-2. シカゴの公園行政区の設立とその特徴

　南北戦争開戦の1861年から1869年までの間、シカゴ市ではまだ近代的なレクリエーション・プログラムはなく、小さな公園が存在するだけであった。それらの公園あるいは広場、また共同墓地は市の公共事業局のもとに1861年につくられた「港湾・公共公園課」の管轄にあった。維持管理にかける予算は極めて限られたもので、球技や遊技などは禁じられており、その罰則規定もあった。当時のシカゴ市では、すでに都市発展の過程において個人の土地取得や事業の展開が活発に行われ、空間的な棲み分けが始まっていた。そして、私的

な寄付・投資などによってコミュニティの居住環境が公園も含めて整備されていた。名目的には環境の悪化からくる健康問題の解決を課題とし、住民要求として自らの公園組織を持つことが訴えられ始めていた。そのような状況の中で展開された運動がもととなり、公園行政区のシステムを作ろうとする試みが1866年に始まり、1869年にサウス公園行政区、ウェスト公園行政区、リンカーン公園行政区というシカゴ市を大きく3分割する三大行政組織が作られ、統括が始められている。この三つは、それぞれが独立しているというだけでなく、市や他の地方政府から完全に独立して組織され、すぐに住民からの徴税を始め、公園システムの整備を開始している[29]。

　その後シカゴは1871年に大火を経験し、公園事業における混沌とした状況がしばらく続いた。1893年には地域社会が主体となり、独立した公園行政区を設立することを可能にする一般州法が立法化され、1895年に公園行政として施行され、翌年1896年にこれを受けてサウス、ウェスト、リンカーン公園行政区以外にも独立した行政区がつくられることとなった。この当時のシカゴ市の発展は急激な空間的拡張が一つの特徴であり、コミュニティが三大公園行政区の境界を越えて成立している。結果的に、すでにサウス公園行政区の範囲に存在した地域がコミュニティを形成し、そこで新たに独自の行政区を設立してサウス公園行政区時代の遺産を引き継いだ例もある。そして、新しく生まれた地域社会がそれぞれ独自の公園構想を持ち、独立した行政機関を求めるようになっていた。それは、都市全体としてのシカゴに必要とされるものを前提とした公園・レクリエーション施設の設置ではなく、近隣の立地条件を住人自らが作り上げていくコミュニティごとの「公共性」を追求したものであったといえる。1903年にシカゴ市は合衆国諸都市のモデルとなる近隣公園のシステムづくりに着手し、1905年には最初の10の公園を市民に向けて開園したが、それを実行に移したサウスとウェスト公園行政区は移民問題を背景としたコミュニティの小公園を念頭に置いていた。

　最終的に、1934年の組織統合によって三大公園行政区と19の小規模な公園行政区、合わせて22の行政区が効率化を理由に一つとなった[30]。

3-3. シカゴ市の公園・プレイグラウンドの公共性

　先に触れた「都市美化運動」であるが、合衆国では19世紀末からの急激な都市化により環境が悪化したことを受けて、中・上流層によって緑化や都市美化が叫ばれるようになり、住民の運動が広がっていた。一方、新移民の労働

力が流入し都市の貧困問題が意識され始める中で、教育哲学者たちによって移
民の子どもたちが遊ぶことの重要性について指摘がなされるようにもなって
いた。特に、シカゴにおいては具体的にスラムの子どもたちのためにプレイグ
ラウンド＝運動広場が必要なものとして考えられるようになったと言えよう。
1898 年には政治経済的なエリート市民たちが適切な空間の確保について独自
に調査を始め、都市公園や運動広場、レクリエーション空間の整備に向けた取
り組みを開始した。また、ハル・ハウスはアメリカ初のプレイグラウンドとさ
れる運動場を 10 年間（それが市に移管される 1904 年まで）自分たちで管理し
ていた。そのプレイグラウンドの土地所有者でありオーナーであった者は、公
的精神を持って 15 年間総ての税金を支払ったという [31]。その後、社会改良主
義者・博愛主義者としての個人、またセツルメントなどの運動・事業が行政と
連携して発展し、私的な空間である運動広場に公的援助が与えられるケースも
増えたが、この段階では本来は「公的」であるべきものが私的な領域で担われ
ていたのが実態で、公的組織化を伴うものではなかった。プレイグラウンド運
動、すなわち運動広場や遊具を普及・発展させようとする運動はその後も発展
していったが、それが「公的」なものとなっていくには、さらなる都市的な発
展を待たねばならなかった。

　シカゴ市議会が 1899 年に特別公園委員会の設立を決めたのは、上記のよう
な動向を受けてのことであった。そして、市長が市内の最も人口が過密な場所
に市営プレイグラウンドを設立するために主導的な役割を担ったのである。当
時のシカゴ市には他の都市に比してレクリエーション・公園施設が十分でない
という意識があり、また実際の遅れもあった。しかし、この行政的な取り組み
によって初めて人口が過密で公共用地が不足していた地域に、先にも触れた「近
隣公園」という小公園のシステムを構築することに繋がったとみることができ
るだろう。そして、特別公園委員会は、教育委員会および既存の三大公園行政
区と協同で学校に隣接するプレイグラウンド造成を促進させ、それぞれの公園
行政区の領域内に新しいプレイグラウンドおよび公園を建設させている。これ
が関東大震災の後に東京に作られた小公園の見本になったのではないかと考え
られる [32]。

3-4. シカゴの無計画なコミュニティ：ブラックベルト

　第 1 次大戦下においてヨーロッパ移民の流入が停止し、また帰国する者もお
り、さらに綿花農場の害虫および洪水被害により、南部黒人が食肉加工業、軍

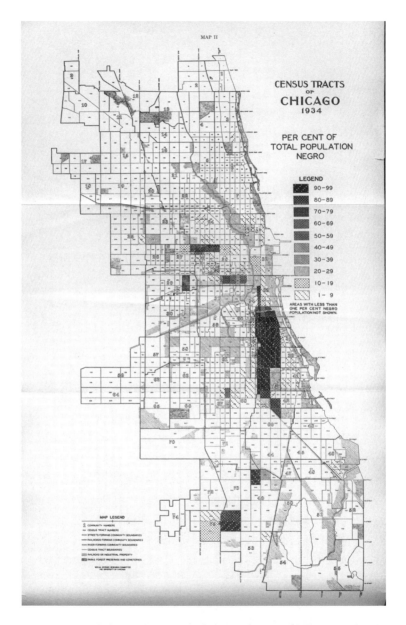

図3 「ブラックベルト」の形成を示す黒人人口密集度（％）

＊Abbott, Edith, *The Tenements of Chicago, 1908-1935*, New York: Arno Press, 1970, p.119（見開き）より転載。

需関連産業に職を求めて流入した。そして、シカゴの黒人人口は 1920 年代には 12 万人であったものが、1930 年には 23 万人を超えるほどにまでなっていた（図 3 に 1934 年統計での、ダウンタウン中心部から南に向けて帯状にでき上がった黒人密集地を示した）。移住した者の中には、高い教育を受け、高度な技術を身に付けていた者もいたが、黒人はヨーロッパ移民とは違い、職業的差別のみならず、仲介不動産業を介した居住可能地域の統制による差別が行なわれており、職業や経済状況に関係なく、いわゆる「ブラックベルト」へ流れ込むしかない状態が作られていた[33]。

　戦後においてもニューヨークとは異なり、南部からの黒人労働者が継続的に流入することにより都市部の黒人は減少せず、「ブラックベルト」は 1950 年代になってさらなる人口増加を経験した[34]。多くの黒人が専門職に進出したにも拘わらず、他の移民と違い差別的な居住区のゾーニングによってそこから出ることができず、「ブラックベルト」はサウスサイドにおいて空間的に拡大していった。他の移民コミュニティは、民族の社会的地位の上昇や後続の貧困層の流入によって中心部から閑静な環境の郊外に移動する傾向が見られたが、それは黒人「ブラックベルト」には当てはまらなかった。

　黒人以外のヨーロッパ移民のコミュニティにおいては、博愛主義者、社会改革家、特にセツルメントが当該のコミュニティに入り、生活・環境の改善に尽力するところから始めたコミュニティ・センターや遊び場・公園などの公共空間創設は、行政との連携を経て行政区（ward）の計画へと発展していき、近隣に必要とされる公共施設が整えられていくことが一般的な流れとなった[35]。また、一方でマシーン政治が自治的な機能を果たし、コミュニティの福利厚生を成立させる側面もあった。しかしブラックベルトは違っていた。

　ブラックベルトのコミュニティは、不動産業者が関わったことで階層的な棲み分け、すなわち居住地区の分離が進み、さらには中産階級と労働者階級の対立が露わになった。また自治組織も機能せず、行政や第三者による計画的な介入もなかったため、労働力需要の増大に伴って人口密度が極めて高くなり、住環境が悪化し、シカゴ市において公共空間の発達が困難な地域となった。

　コミュニティにおける住民の流出入という変動が起こっても（東京の場合はそれが顕著にみられる）、公共空間・施設が旧住民によってインフラ整備がすでに完了している場合、その空間や施設は当然ながら長期にわたって利用されるレガシーとなる。シカゴでは、市域の拡大や住民の移動とコミュニティの形成の過程において 1910 年代と 1920 年代に、そして戦後の郊外化現象の中で公

的な公園施設の増大をみている。この点は中流層以上による、財力を伴った私的な側面が強く現れたものであることに注意する必要がある。しかし、都市秩序を作っていく過程のシカゴでは、「ブラックベルト」を除き、コミュニティ主体の運動による公共空間の整備が重要な原動力となっていたことに変わりはない。一方、東京では「ブラックベルト」と同様に、住環境の悪化に起因して、住民運動と関わった公園・緑地の増加は殆ど見られていない。

おわりに

　関東大震災や大戦後の都市設計・復興計画が経済優先でなく、財源と共に住民生活本位、特に生活を豊かにする住宅供給が計画的に行われ、そしてそこに自主組織が機能するコミュニティが形成されていたならば都市の肥大化は抑制され、環状緑地帯を備えたスポーツ・レクリエーション空間を東京は保有していたかもしれない。また、東京の郡部の農業形態は零細であったが、それを生かしたオープンスペースの確保も可能であったろうし、コミュニティを取り巻く豊かな自然環境を住民の要求のもとに保存することもできたはずである。居住・コミュニティの在り方、そして住民参加による要求の実現は、スポーツ・レクリエーション活動を含む全ての文化活動の公共性を担保する上でたいへん大きな、そして根本的な問題なのである。東京ではそれが長期にわたって疎外されてきたため、シカゴのようにその活動基盤となる日常空間を整えることができていない。

　シカゴについては、これまで公園管理・運営など、その行政システムに目が向けられてきた。しかし、それが市域全体を統括するに至る過程において、小さなコミュニティに公園行政区が作られていったことに注目することが公共性を考える上では重要であろう。階級・階層・人種・民族によって棲み分けが行なわれることそのものの問題は別にして、また、富裕層のコミュニティの住環境保全とスポーツ・レクリエーション要求に基づいて作られた、当初は限定的な公共性しか持たなかったものとはいえ、現在その空間や施設は遺産として共有されるようになっている。さらに、移民のアメリカ化・同化政策として権力によって作られた側面もあるが、スラム街貧困層ための公共福祉に資する公園・施設も現代に息づいている。

　東京は1960年代後半以降、郊外化が再度顕著になった。量産工場の郊外移転と住宅供給、そしてホワイトカラー労働者の東京特別区部への通勤などの傾

向に拍車がかったのである。そして、美濃部都政は最大の困難とも言える住宅
問題に関わっては、大規模な開発である「多摩ニュータウン」を引き継ぐしか
解決の道は残されていなかった。シビル・ミニマムに基づく社会資本の整備が
全般的に進んだが、住宅問題の解決や都市公園およびスポーツ施設の拡充につ
いてはそのようにならなかった。この都市生活における物理的な空間に関連し
た問題を前進させるには根本的・計画的な改革が必要であったと言える。しか
し戦後高度成長期からの東京は、企業の本社が集中し、その利害のもとに都市
開発・都市改造が進められ、人口の密集だけでなく地価の高騰や住環境の悪化
が深刻な問題となってきており、公共部門の中でも空間の拡充が必要とされる
都市計画を持つことは至難の業であっただろう。ただし、美濃部都政では住民
参加・協議を追求する姿勢が大きく評価されており、筆者も住民と行政の協議
に基づいた都市設計がこの問題に対する唯一の道であると考えている。市民の
声を反映させ、市民の日常生活の実態に則し、また欲求・要求に沿う形でのス
ポーツ・レクリエーション活動を踏まえた都市公園整備を求めていくことが必
要である。

【注】
1) プライスウォーターハウスクーパース（PwC）社によって 2007 年から行われている世界 30
　都市の比較調査。ここでは、PwC Global、2016、『Cities of Opportunity 7 世界の都市力比較（翻
　訳サマリー版）』PwC Japan を利用した。
2) 田島夏与、2006、「公共空間としての都市公園と維持管理問題」『立教経済学研究』60(1),
　pp.103-116.
3) このことは日本の公園の興業化とも関わっている。すでに 18 世紀に入って寺社境内で貸地・
　貸屋経営が始められており、門前町が町家として発展するようになり、そこで成立した商業
　的な（町人の消費活動を伴った）余暇空間が公園の原形となっている。松井圭介、2014、「寺
　社分布と機能からみた江戸の宗教空間」『地学雑誌』123 巻 4 号、pp.451-471 参照。
4) 山口廣（編）、1987、『郊外住宅地の系譜 東京の田園ユートピア』鹿島出版会, p.9 参照。
5) 同上書、p.15 参照。
6) 同上書、p.91 で江面がそのように述べている。
7) 詳細については、同上書、pp.221-236 参照。
8) この耕地整理と区画整理の関係や当時の状況については、鶴田佳子・佐藤圭二、1995、「近代
　都市計画初期における 1919 年都市計画法第 12 条認可土地区画整理による市街地開発に関す
　る研究 −東京、大阪、名古屋、神戸の比較を通して−」『日本建築学会計画系論文集』第 470
　号、pp.149-159、および簗瀬範彦、2011、「災害復興と区画整理の制度・技術の発達」『区画整理』
　vol.54、no.8、pp.4-9、を参照されたい。
9) 武蔵野における農業地と別荘地・行楽地との関係については、十代田朗・安島博幸・武井裕之、
　1992、「戦前の武蔵野における別荘の立地とその成立背景に関する研究」『造園雑誌』55(5),
　pp.373-378、を参照されたい。
10) 目白文化村とその互助会については、山口（1987）、前掲書、pp.153-174 を参照されたい。
11) 洗足会については、同上書、pp.175-190 を参照されたい。

12) たとえば、東京駅周辺の超高層ビル、リニアのターミナルとなる品川駅周辺、豊洲など臨海部の再開発などが目覚ましい勢いで進んでいる。

13) 陣内秀信、1985、『東京の空間人類学』筑摩書房、p.276.

14) 安場浩一郎、1998、「震災復興 52 小公園の計画思想に関する研究」『ランドスケープ研究』61(5)、pp.429-432.

15) 石山千代・北沢猛・西村幸夫・窪田亜矢、2001、「震災復興小公園と小学校の関係に関する研究 ―52 箇所の空間構成と利用変遷過程を中心に―」『2001 年度日本都市計画学会学術研究論文集』第 36 回、pp.235-240.

16) 真田純子、2003、「東京緑地計画における環状緑地帯の計画作成過程とその位置づけに関する研究」『都市計画論文集』no.38-3、p.602.

17) 石田頼房（編）、1992、『未完の東京計画 ―実現しなかった計画の計画史』筑摩書房．p.126.

18) しかし、そもそもこの法律が制定されるに至って、都市環境の整備および住民生活の向上だけでなく、その背景に公園の管理運営とその財源の問題があったことを指摘しておく必要があろう。すなわち、国有地を公園の敷地として提供しつつ、その管理財源として公園内の民間収益施設からの土地使用料や売り上げの一部を充てる、という基本的な構造が明治期の太政官公園の成立以来続いていたことである。都市設計に直接的に結び付く、特定の目的を持った公園および小公園の設置に関わる立法には 1873 年の太政官布告、1888 年の東京市区改正条例、1919 年の特別都市計画法、1937 年の防空法、1946 年の特別都市計画法、1955 年の土地区画整理法などがあった。しかし、都市公園法においては、東京におけるコミュニティの個別な実態に合わせることはできず、そこから離れて、一般的に国が上から公園を規定し、その管理・運営を行うしかなかった。

19) 橋詰直道、1980、「東京都における都市公園の発達過程とその分布構造」『地理学評論』53（3）、pp.189-202 参照。

20) 有働正治、1984、『史録 革新都政』新日本出版社、p.239 参照。

21) 有働（1984）、同上書、p.261.

22) 田島夏与、2012、「都心部における新たな公共空間の創出と企業の社会貢献 ―シカゴのミレニアムパークとボストンのローズ・ケネディ・グリーンウェイの 2 つの事例を通じて―」『立教経済学研究』第 65 巻、第 3 号、pp.143-161.

23) たとえば "No Games Chicago" という反対運動の組織は、公金の投入やシカゴ市の各地域や公園の発展を問題としていた。招致をめぐる闘争に関わる問題については、Rundio, Amy and Heere, Bob, 2016, "The battle for the bid : Chicago 2016, No Games Chicago, and the lessons to be learned", *Sport management review*, vol.19, pp.587-598 参照。

24) 田島（2012）、前掲論文を参照されたい。

25) 田島（2006）、前掲論文、および拙稿、2008、「シカゴ市公園研究の問題と視角」『立命館産業社会論集』第 43 巻、第 4 号、pp.47-67、を参照されたい。

26) 拙稿「合衆国における公的レクリエーション運動とその主体―シカゴ市の都市的拡大と市民・行政の多様な実態―」有賀郁敏・山下高行（編）、2011、『現代スポーツ論の射程 歴史・理論・科学』文理閣、pp.296-318 所収、を参照されたい。

27) 長谷川洋・玉置伸伍、1991、「都市美運動の起源と意義―アメリカ都市美運動に関する研究（1）―」『福井大学工学部研究報告』39(2)、pp.171-187；石川幹子、1993、「アメリカ合衆国におけるパークウェイの成立に関する研究」『土木史研究』第 13 巻、pp.105-120；石川幹子、2004、「街路景観と並木道」『IATSS Review』vol.28、no.4、pp.289-297；拙稿、2012、「チャールズ・ズウェブリンとシカゴ・レクリエーション運動の萌芽―社会改良から総合都市計画へ―」『立命館産業社会論集』第 48 巻、第 1 号、pp.155-180、を参照されたい。

28) 拙稿、前掲論文（2008）および（2012）、また、拙稿、2012、「シカゴ・レクリエーション運動におけるアメリカナイゼーション―プロテスタンティズムとセツルメントを中心に―」『立命館産業社会論集』第 48 巻、第 2 号、pp.75-94、を参照されたい。

29）拙稿（2011）、前掲書参照。

30）この公園行政区の設立と統合については、拙稿、同上書（2011）を参照されたい。

31）これらの移民のプレイグラウンドをめぐる動向については一連の拙稿（前掲論文および前掲書）を参照されたい。

32）陣内は前掲書（1985）、p.276においてそのように述べているが、ドイツの公園が見本になったという説もあり、検証する必要がある。

33）竹中興慈、1995、『シカゴ黒人ゲトー成立の社会史』明石書店、参照。

34）こういった一連の現象が黒人労働者のスト破りなどに繋がり、近隣コミュニティのヨーロッパ移民との関係を悪化させる事例も頻発した。そして1960年代以降、黒人人口の割合が増加する中で都市部の雇用は減少し、貧困率が大幅に増加する現象が1990年代まで続くこととなった。

35）こういったシカゴ市の事例については拙稿、前掲書（2011）を参照されたい。

【文献】

浅川達人、2006、「東京圏の構造変容―変化の方向とその論理―」『日本都市社会学会年報』24、pp.57-71。

浅川達人、2010、「東京における社会的つながり」『季刊家計経済研究』no.87、pp.12-21。

文化科学高等研究院、1992、『都市化する力―都市はどのように都市になるか』三交社。

Diamond, Andrew J., 2017, *Chicago on the make: power and inequality in a modern city*, Oakland: University of California Press.

舟引敏明、2016、「都市公園における民間事業者導入制度の展開経緯とその構造に関する研究」『環境情報科学 学術研究論文集』30、pp.213-218。

原田勝正、2000、「通勤・通学の歴史的文化的考察」『国際交通安全学会誌』vol.25、no.3、pp.6-16。

日端康雄・木村光宏、1992、『アメリカの都市再開発』学芸出版社。

平山洋介、2006、『日本の〈現代〉15 東京の果てに』NTT出版。

本間啓、1954、「都市における公園およびその他の公共緑地計画について」『造園雑誌』18（2）、pp.1-9。

飯沼二郎・幡洋三郎（編著）、1993、『日本文化としての公園』八坂書房。

石田頼房（編）、1992、『未完の東京計画―実現しなかった計画の計画史』筑摩書房。

石川幹子、1996、「緑地計画と成長管理」『総合都市研究』第59号、pp.5-20。

片桐悠貴、2017、「都市公園法改正と都市公園へのPPP（官民連携）導入の展望」『NRIパブリックマネジメントレビュー』vol.170、pp.1-10。

川村若菜・榊原浩晃、2018、「1880年代のイギリスにおける都市公園及びレクリエーション・グラウンドの設置状況―各都市部とロンドン都市部（特に人口過密地区）との状況比較―」『福岡教育大学紀要』第67号、第5分冊、pp.49-65。

小林茂・寺門征男・浦野正樹・店田廣文（編著）、1987、『都市化と居住環境の変容』早稲田大学出版部.

小長谷一之、1991、「80年代アメリカの都市構造と都市交通地理学の課題」『東北地理』vol.43、pp.264-275。

越沢明、1991、『東京都市計画物語』日本経済評論社。

Koval, John P. et al. [eds], 2006, *The New Chicago: a social and cultural analysis*, Philadelphia: Temple University Press.

区民生活部管理課、2016、『戦後70年事業 区民の戦争戦災証言記録集』杉並区。

倉沢進・浅川達人（編）、2004、『新編 東京圏の社会地図1975-90』東京大学出版会。

町村敬志（編）、2012、『都市社会学セレクション 第3巻 都市の政治経済学』日本評論社。

町村敬志、1994、『「世界都市」東京の構造転換』東京大学出版会。

丸山宏、1987、「公園と土地収用」『造園雑誌』50(5)、pp.42-47。

丸山宏、1994、『近代日本公園史の研究』思文閣出版。

McDonald, John F., 2015, *Postwar urban America: demography, economics, and social policy*, New York: Routledge.

三村浩史、1968、『地域空間のレクリエーション利用に関する研究』（博士論文）、京都大学。

宮本克己、1984、「市街地形成過程と緑地環境に関する一考察」『造園雑誌』47(5)、pp.281-285。

宮本克己、1994、「東京における緑地地域の変遷に関する一考察」『造園雑誌』57(5)、pp.397-402。

宮本憲一、2008、「都市政策の課題―福祉国家から新自由主義そして地球環境政策へ―」『政策科学』15-3、pp.183-188。

村尾修、2012、「復興を俯瞰する―災害復興の意義と東日本大震災復興計画―」『農村計画学会誌』vol.31、no.1、pp.41-44。

中野耕太郎、2012、「衝撃都市からゾーン都市へ―20世紀シカゴの都市改革再考―」『史林』95巻1号、pp.209-246。

中島伸、2007、「帝都復興事業区画整理地区における街区設計と建築更新の実態に関する研究―旧京橋区東側地域を事例として―」『(社)日本都市計画学会 都市計画論文集』no.42-3、pp.421-426。

中島伸、2016、「帝都復興事業のよる小学校と公園」『建築雑誌』vol.131、no.1683、pp.58-59。

御厨貴（編）、1994、『都政の五十年 ―シリーズ東京を考える①』都市出版。

小野良平、2003、『公園の誕生』吉川弘文館。

大沢昌宏・岸井隆幸、2013、「災害復興土地区画整理事業の施行者に関する基礎的研究―旧都市計画法期における組合施行による復興の実施実態―」『公益法人日本都市計画学会 都市計画論文集』vol.48、no.3、pp.711-716。

大谷幸夫、1988、『都市にとって土地とは何か』筑摩書房。

Putnam, Robert D., 2000, *Bowling Alone: the collapse and revival of American community*, New York: Simon & Schuster.

PwC Global, 2016,『Cities of Opportunity 7 世界の都市力比較（翻訳サマリー版）』PwC Japan.

真田純子、2003、「東京緑地計画における環状緑地帯の計画作成過程とその位置づけに関する研究」『都市計画論文集』no.38-3、pp.601-606。

柴田徳衛、1997、「大都市近郊の発展と土地利用―多摩と海外にみる―」『総合都市研究』第62号、pp.47-61。

柴田徳衛（編著）、2007、『東京問題』かもがわ出版。

史跡武蔵国分寺跡周辺地区まちづくり協議会・国分寺市都市建設部都市計画課・教育委員会教育部ふるさと文化財課、2007、『史跡武蔵国分寺跡周辺地区まちづくり計画』国分寺市。

白幡洋三郎、1995、『近代都市公園史の研究―欧化の系譜―』思文閣出版。

昌子住江、1992、「東京戦災復興計画の緑地計画に関する一考察」『土木史研究』第12号、pp.289-293。

宋泰鈺・白井彦衛、1992、「都市公園の概念と制度の変遷に関する日・韓の比較研究」『造園雑誌』55（5）、pp.13-18。

末松四郎、1981、「明治6年から昭和54年の東京都における公園開設状況と都市計画の関連について」『造園雑誌』45(2)、pp.28-37。

末永錬司、1996、「防災と公園緑地行政」『ランドスケープ研究』60(2)、pp.133-135。

申龍徹、2004、『都市公園政策形成史 協働型社会における緑とオープンスペースの原点』法政大学出版局。

Spirou, Costas and Judd, Dennis R., 2016, *Building the city of spectacle: Mayor Richard M. Daley and the remaking of Chicago*, Ithaca: Cornell University Press.

高橋理喜男、1974、「太政官公園の成立とその実態」『造園雑誌』38(4)、pp.2-8。

竹中興慈、1995、『シカゴ黒人ゲトー成立の社会史』明石書店。

竹内智子・石川幹子、2007、「都市計画箱崎公園を事例とした東京都計画公園緑地の変遷に関する研究」『ランドスケープ研究』70(5)、pp.653-656。

竹内智子・石川幹子、2008、「東京周辺区部における 1950 〜 1960 年代の緑地施策に関する研究」『(社) 日本都市計画学会 都市計画論文集』no.43-3、pp.199-204。

玉野和志・浅川達人（編著）、2009、『東京大都市圏の空間形成とコミュニティ』古今書院.

田中正大、1974、『日本の公園』鹿島出版会。

田中重光、1998、「近代都市計画における公園道路の成立に関する研究―大正から戦前までの東京都市計画案を事例に―」『都市計画論文集』第 33 巻、pp.301-306。

谷謙二、2017、「1930 年代の東京市における郊外化、工業立地および通勤流動の関係」『埼玉大学紀要 教育学部』66(1)、pp.167-177。

東郷尚武（編）、1995、『都市を創る―シリーズ東京を考える⑤』都市出版。

東京都、1971、『東京の住宅問題』東京都住宅局。

内海和雄、2001、「スポーツの権利・公共性と新自由主義＝個人的消費との対抗（1）：70 年代のスポーツ動向と政策」『一橋大学研究年報 人文科学研究』38、pp.3-90。

内海和雄、2002、「スポーツの権利・公共性と新自由主義＝個人的消費との対抗（2）：80 年代のスポーツ動向と政策」『一橋大学研究年報 人文科学研究』39、pp.3-97。

内山正雄、1982、「都市公園法成立経緯管見」『造園雑誌』46(3)、pp.215-220。

渡辺治・進藤兵（編）、2011、『東京をどうするか―福祉と環境の都市構想』岩波書店。

渡辺良雄・武内和彦・中林一樹・小林昭、1980、「東京大都市地域の土地利用変化からみた居住地の形成過程と多摩ニュータウン開発」『総合都市研究』第 10 号、pp.7-28。

山田浩之、1986、「大都市圏の成長と空間構造―都市発展の段階論を中心として―」『地域学研究』17 巻、pp.263-268。

山下令・過外真帆・前田柊・松山桂・蔵並香、2018、「国内におけるスポーツと都市公園の関係：スポーツ参画人口増加に向けて」『ライフデザイン学紀要』13、pp.359-374。

山崎不二夫・森滝健一郎（編）、1978、『現代資本主義叢書 5 現代日本のスプロール問題 下巻』大月書店。

山崎隆三（編）、1978、『現代資本主義叢書 9 両大戦間期の日本資本主義 上巻』大月書店。

第 6 章

「創造的復興」と2020東京オリンピック
─惨事と祝賀が生み出す例外状態と正統化のポリティクス─

市井吉興

はじめに

　オリンピック開催まで 2 年となった 2018 年に、石坂友司・松林秀樹編『1964年東京オリンピックは何を生んだのか』（青弓社，2018 年）が出版された。これまでにも石坂と松林は編者として『「オリンピックの遺産」の社会学：長野オリンピックとその後の十年』（青弓社, 2013 年）、また、石坂は『現代オリンピックの発展と危機 1940-2020：二度目の東京が目指すもの』（人文書院，2018 年）において、精力的なオリンピック研究を発表してきた。今回、石坂と松林が『1964年東京オリンピックは何を生んだのか』の序章冒頭で述べたことは、非常に重要な指摘と言えよう。

　　　新国立競技場の建設やエンブレム問題にまつわる混乱に象徴されるように、招致から準備に至る過程は、オリンピックを開催することの意味、意義が見いだしがたいかたちで推移してきている（石坂・松林，2018，p.11 強調は筆者）。

　事実、2013 年 9 月 7 日（現地時間）にアルゼンチンのブエノスアイレスで開催された第 125 次国際オリンピック委員会（以下「IOC」と称す）総会において 2020 年大会が東京で開催されることが決定してから、「どのようにして 2020 東京オリンピックを迎えるのか」と侃々諤々な議論がなされてきた。そのなかには、東京（日本）へのオリンピック招致、開催に反対する厳しい

議論もある（インパクション，2013；小笠原・山本編，2016；天野・鵜飼編，2019；岡崎・自由スポーツ研究所編，2019；谷口，2019；東京五輪の危険を訴える市民の会，2019）。

その一方で、2020 東京大会に対する漠然とした期待を抱く人も少なくはない。その期待とは、石坂と松林が指摘するように、高度経済成長を経験して戦後復興を果たしていった日本の象徴的なイベントであった 1964 年大会の強烈な成功神話であり、それによって日本が世界に認められる第一歩を踏み出したとする自負の物語である（石坂・松林，2018，p.11）。また、そのような「自負の物語」を求めようとする心性が、1964 年大会がテーマに戦争からの復興を掲げ、2020 年大会が東日本大震災からの復興を掲げたという相同性にあるとも言えよう（石坂・松林，2018，p.11）。

しかし、なぜ、2020 年大会に 1964 年大会の成功体験を復活させる必要があるのか。むしろ、2020 年大会は、1964 年大会のような開発主義型のオリンピックとは違う、成熟した都市「東京」にふさわしいスマートでコンパクトな大会を目指すのであって、1964 年大会の成功体験とは次元の異なる価値を創造し、「レガシー（Legacy）」を残すことを理念として、東京オリンピック・パラリンピック招致委員会は申請ファイルや招致ファイル等に掲げていたのではなかったか。このような状況に対して、石坂と松林は他の執筆者たちとともに、2020 年大会を契機とした日本社会の方向性を探るために、日本にとってのオリンピック成功イメージの出発点となった 1964 年大会とそれにまつわる物語や「レガシー」の検証を進めていく（石坂・松林，2018，p.12）。

本稿の目的は、石坂・松林らの問題意識を共有しながら、2020 東京オリンピック招致のポリティクスを 1990 年代から強力に進められた日本の新自由主義的な構造改革という政治的なプログラムに位置づけ、さらに、オリンピックを機にどのような新自由主義的な構造改革が継続させられていくのかを検討することにある。その際、本稿は 2020 東京オリンピック・パラリンピック招致委員会—招致決定後、「東京オリンピック・パラリンピック組織委員会（以下、2020 東京オリパラ組織委員会と称す）」と改称—が掲げた「復興五輪」というスローガンに示された「復興」という言葉に付与される意味に注目していく。

なかでも、本章では「復興五輪」に示された「復興」とは、1995 年 1 月 17 日に発生した阪神淡路大震災後の復興計画立案にさいして、当時の兵庫県知事貝原俊民によって創出された「創造的復興」と位置づける。事実、2011 年 3 月 11 日に発生した東日本大震災後の政府や経済団体が提案した復興計画に

も「創造的復興」という言葉が躍った[1]。この言葉をめぐる分析は後に譲るが、ひとまず、この言葉の要点を「災害以前の状態に戻るのではなく、政治的・経済的な状況に対応させて、地域社会を再開発すること」とまとめておきたい。

　さらに、本稿は、この「創造的復興」なる言葉を被災地の神戸や「東北」の復興を対象とするだけではなく、この言葉が誕生した 1995 年当時の日本の社会統合様式―企業社会型統合と福祉国家型統合―の再編や 2020 年東京オリンピックを節目とした日本社会の構造的な転換を目指す「新自由主義的な構造改革」との関係にも注目し、分析を試みる。

1.　日本の新自由主義的な構造改革
―2020 東京オリンピック招致の「前哨戦」[2]

　創造的復興とは何か。創造的復興とは、1995 年 1 月 17 日に発生し、甚大な被害をもたらした阪神淡路大震災後の復興政策を象徴する言葉として、当時の兵庫県知事貝原俊民によって作られた。たしかに、貝原はこの言葉を学術用語のように精緻化してはいないが、彼のこれまでの発言を整理すると、この言葉の要点は「災害以前の状態に戻るのではなく、政治的・経済的な状況に対応させて、地域社会を再開発する」とまとめることが出来よう。この点について貝原は 2011 年に開催されたシンポジウムにおいて、創造的復興という言葉を着想した当時を振り返り、「復興が単なる復旧に終わってしまったら、神戸市の衰退傾向は止まらないので、先を見越した対応が必要」（古川，2015，p.22）という趣旨の発言をしている。まさに、創造的復興という言葉は、自然災害が多い日本にとって、被災地域の復興事業のスローガンとして、これからも使い続けられていくであろう。

　たしかに、創造的復興という言葉自体は、悪い言葉とは言えない。この点は、2020 年大会を東京に招致する際に連呼された「オリンピックレガシー（Olympic Legacy）」という言葉にも当てはまるだろう。もちろん、創造的復興のもとで、地域のニーズを中心とした創意工夫に富んだ復興事業はありえる[3]。しかし、結論を先取りするならば、神戸の経験は、創造的復興を「大型プロジェクトによる衰退傾向にある地域社会の再開発である」という理解を定着させた。また、このような創造的復興の実態とこの言葉の理解をもたらした重要な背景がある。おりしも、阪神淡路大震災が発生した 1990 年代の日本社会は、グローバリゼーションへの対応が迫られ、高度経済成長期の 1960 年代に形成された

社会統合様式―企業社会統合と福祉国家統合―を新自由主義的に再編するという課題に直面していた。

上記のことをふまえて、「創造的復興」を解釈し直してみると、単に被災後の地域社会の再開発のみを意味するのではなく、被災地を含めた「日本」の新自由主義的な創造的再編を含意する言葉へと政治的に練り上げられていったとみなすべきではないだろうか。このような解釈の手がかりは、浜口信明が貝原の創造的復興を理論的な精緻化を試みる際、シュムペーター（Joseph Alois Schumpeter）の「創造的破壊（Creative destruction）」を援用したことに求められる。以下の浜口の指摘は、創造的復興が被災地にとどまらず、日本社会の全体をも対象にしたという解釈を可能にする。

> シュムペーターの原義に照らせば、自然災害は内生的な突然変異ではないから、自然災害による破壊は創造的破壊ではないことは明らかである。しかし、従来型の経済社会システムが発展の限界を示していたが自己調整が機能していなかったか、すでに衰退の過程がロックインされていた場合に、破壊からの復興の結果、原状よりも望ましい状態に変異すれば、復興過程は創造的であるいうことができよう（浜口，2016，pp.35-36 強調点は引用者による）。

たしかに、自然災害は、シュムペーターの原義から見ると創造的破壊とは言い難い。また、自然災害を創造的破壊と位置づけ、社会改革の「好機」とすることも、はばかられよう。しかし、浜口が述べた「従来型の経済社会システムが発展の限界を示していたが自己調整が機能していなかったか、すでに衰退の過程がロックインされていた場合」という文章は、非常に示唆的である。つまり、浜口の指摘は、阪神淡路大震災と東日本大震災が発生した1990年代の日本の経済社会システムと2000年代の日本の経済社会システムの限界を解明し、新たなシステムの構想へと私たちを導くことになる。

そこで、本章では、1990年代から進められた日本における新自由主義的な構造改革の要点を整理し、2020東京オリンピック招致を可能にした政治的なコンテクストを明らかにしていく。その際、1990年代型の新自由主義的な構造改革と2000年代型の新自由主義的な構造改革との差異を明確にするためにも、近年の新自由主義研究の到達点である「国家介入型の新自由主義」についても言及する。

1-1. 1990 年代の新自由主義的な構造改革―「創造的復興」誕生の政治的コンテクスト

　日本の社会政策は 1990 年代から大きな転換を成し遂げた。その転換を象徴する言葉が、新自由主義的な視点から進められた「構造改革」であった。これまでにも構造改革という言葉は、現実の政治戦略において、また政治学、経済学、社会学といった学問領域において、多様な用いられ方をされてきた。そのなかでも、この言葉を人々に注目、かつ認知させたのは、イタリア共産党のトリアッティ（Palmiro Togliatti）であろう。周知のように、トリアッティによって構造改革は「高度に発達した資本主義国が社会主義に移行するための政治戦略」として提示された。つまり、社会主義への道は「労働者階級が国家権力を掌握する以前の段階でも大衆運動と議会主義により、独占資本の経済構造を部分的、かつ段階的に変革すること」と位置づけられた。このことから、構造改革は左翼・マルクス主義陣営による社会主義建設のための政治戦略として理解されてきた。

　しかし、1970 年代末から 1980 年代初頭にかけて、「構造改革」はその意味合いを変化させた。それは、いわゆる左翼・マルクス主義陣営の政治戦略から、政治的・イデオロギー的には正反対の立場を掲げる新自由主義や新保守主義陣営の「福祉国家政策批判」という政治戦略となった。その背景には、1973 年のオイルショック後の世界的なスタグフレーションと経済の停滞により、資本主義体制の「自動安定装置（ビルト・イン・スタビライザー）」として位置づけられた福祉制度が、経済活動を停滞、混乱させたことにある。それゆえに、欧米福祉先進国は社会福祉・社会保障の見直しに着手し、従来のケインズ型福祉国家に対するラディカルな政策を試みた。周知のように、1970 年代後半にイギリスではサッチャー保守党政権のもとで福祉予算の大幅削減、規制緩和と官公部門の民営化といった新自由主義的経済政策、いわゆる「サッチャーリズム」が展開され、それはアメリカではレーガン共和党政権の「レーガノミックス」に継承された。また、日本においては、中曾根康弘内閣が進めた「臨調行革路線」という形で進められた。

　このような構造改革の変遷を小括してみると、革新や保守といった政治的・イデオロギー的な差異がありながらも、構造改革とは「これまで支持・選択されてきた国家形態や社会編成に対する抜本的な批判を行う社会改良思想ならびに運動」と言えよう。それゆえに、私たちには「構造改革が何を攻撃の対象とし，またそれに対する正統性を私たちから調達するプロセス、つまりヘゲモニー闘

争を的確に把握すること」が求められる。そのさい、カギとなる概念が、グラムシ（Antonio Gramsci）の「受動的革命（passive revolution）」である。

　グラムシが『獄中ノート』で用いた「受動的革命」という言葉は、19 世紀イタリアのリソルジメント（イタリア統一運動）の過程において、行動党が大衆的人民運動を通じた対抗的なヘゲモニーを組織化できないまま、企業家・大地主によるなし崩し的なヘゲモニーの掌握を許した過程を示すものとして使われてきた。つまり、土佐弘之が端的に整理しているように、受動的革命とは、古い政治社会秩序と根本的に手を切るジャコバン的人民革命とは異なり、古い政治社会秩序を守る「復古」という契機と新しい要請に応える「刷新」という契機を持つ「上からの変革」である（土佐，2008，p.18）。

　1990 年代の日本の新自由主義的な構造改革が議論の俎上に載せられるとき、それは 1996 年の橋本内閣の「橋本行革」から小泉内閣までの諸改革を対象としてきた。しかも、橋本内閣から小泉内閣までの改革を俯瞰してみると、そこには高度に発達した福祉国家政策と福祉国家体制の解体を目指した欧米型の新自由主義的な構造改革とは異なる様相が示される。それでは、日本の新自由主義的な構造改革のねらいはなにか、その要点を『ポリティーク 5』に収録された「座談会」や後藤道夫の諸論考を参照しながら、整理してみたい。

　座談会の冒頭において、後藤は、日本型構造改革が欧米の構造改革と違い、独自の攻撃対象を破壊しながら展開しているとし、その要点を以下のように指摘する。

　　構造改革の破壊対象は①企業社会統合、②自民党型利益政治とそれに照応した国家機構、あるいは政治構造、③脆弱ではあるが、とりわけ 1970 年代以降に発達した福祉国家的要素、④さらに付け加えれば、海外で戦争不可能な軍事小国体制、であったと思います（渡辺・暉峻・進藤・後藤，2002，p.9）。

　2000 年までの構造改革は、日本の国家形態ならびに社会統合の基盤を徹底的に破壊し尽くそうとしている。これを後藤は「大衆社会統合の再収縮」、つまり「企業主義統合と福祉国家統合という日本の大衆社会統合を徹底的に破壊すること」（後藤，2001）と称し、さらに、「開発主義」という概念を用いることによって、日本型構造改革を「戦後政治体制と国家像の変貌」として描き出す。

　　いま、開発主義があらためて問題となるのは、それが、1990 年代からの「構

造改革」の破壊・改編の対象となっているからである。われわれの立場からよ
り正確にいえば、「構造改革」の破壊・改編対象になっているのは「日本型大
衆社会統合」システム全体であり、それは、開発主義国家と企業主義統合から
なっている。国家形態に着目してこの両者を一括すれば、開発主義国家体制と
呼んでもいいのかもしれない（後藤，2002b，pp.86-7）。

　それでは、開発主義とはいかなるものか。後藤は、開発主義を「国民経済成
長を目的とした長期的、系統的、かつ強力な国家介入を備えた資本主義システ
ム」であり、それを担う国家のことを「開発主義国家」（後藤，2002b，p.10）
としている[4]。当然のことながら、この開発主義とは、開発途上国の独裁的な
開発主義国家体制を意味するのではなく、自由民主主義型の政治制度と社会制
度を誕生させた戦後改革を前提とした大衆社会統合を基調としている。
　たしかに、1960 年代の開発主義は高度成長期ということもあり、積極的な
「キャッチアップ型」の国家介入を行い、経済成長を最優先課題とした。しかし、
1990 年代中頃から開始された日本型構造改革の破壊対象は、単なる経済発展
に力点を置いた単線的なキャッチアップ型の開発主義ではない。むしろ、破壊
すべき「本丸」とは、1970 年代を通じて形成された「修正された開発主義」であっ
た。
　なぜ 1970 年代に高度成長期の開発主義は、大きな修正を必要としたのか。
その理由は、1960 年代後半に顕在化した「成長の歪み」や「二重構造」を批
判的に捉え、それを超克しようとする国民のエネルギーに対する政府の危機感
であった。たとえば、「革新自治体の誕生」に象徴されたように、都市問題、
社会保障、公害問題、過疎問題に対する国民の不満は、いたるところで顕在化
した（後藤，2002b，pp.109-111）。それゆえに、政府は、こうした諸矛盾を緩和、
調整するために「周辺的な」階級融和策を織り込んだ開発主義国家政策を構築
した。つまり、ケインズ主義と開発主義の融合がなされ、過剰生産能力と国内
消費のギャップを調整し続けて安定成長を目指すことが、開発主義国家の中心
課題となったのである。結局、このような開発主義は、ある種の階級妥協と公
的需要形成の必要に押し上げられた「大きな国家」、つまり「開発主義的国家
独占資本主義」を成立させた（後藤，2002b，pp.115-119）。
　しかし、階級融和策を進める一方で、土佐は 1975 年 11 月 26 日から 8 日間
にわたって実施された国労・動労のスト権ストに対する国民の反発、その反発
を後押ししたマスメディアによるモラル・ハザード論的な国労批判が、戦闘的

労働運動から正統性をはく奪し、労働運動を分断していくことに注目している（土佐：2008，pp.87-88）。なかでも、土佐が指摘する労働運動の分断は、QC活動やQZ活動に代表されるような「無駄を省く」ことを主眼としたリーン生産方式の普及と浸透を導き、資本の側による受動的な革命を成功させた（土佐，2008，pp.90-92）。

バブル経済崩壊後、先のような開発主義はグローバリゼーションに対応するうえで桎梏となった。当然のことながら、このことは政治の争点にもなり、「旧態依然たる自民党の利益誘導型政治」、「官主導の弊害」、「政官業の癒着」、「業界横並び体質」というマスコミ、識者、財界からの集中砲火は、1993年の総選挙において細川連立政権を誕生させ、「55年体制」と称された戦後日本の政治枠組みの崩壊を導いた。その際、「自民党型ケインズ主義的福祉国家＝大きな国家＝市民的自由の制限」という図式を描くことにより、都市中間層を担う「市民」の自民党政治に対する不満や怒りを増幅させるヘゲモニー闘争が功を奏し、構造改革は「市場と市民社会との本来の自立性を確保するための改革」と強力に印象づけられた。それゆえに、再び政権党の中枢に戻った自民党は、「従来の自民党支持基盤の解体」というリスクを背負いながらも、「小さな政府」や「規制緩和」というスローガンのもと構造改革を断行せざるをえなかった。しかも、1996年1月に経団連は長期ビジョン「魅力ある日本：創造への責任」（通称「豊田ビジョン」）を発表し、菊池信輝はこれを「構造改革を推進する財界の強い意志と団結を表明した」（菊池，2005，p.234）と評した。また、佐々木憲昭は豊田ビジョンを「財界による新自由主義的『改革』路線のターニングポイント」と位置づけ、さらに、その内容が2003年に発表された「活力と魅力あふれる日本をめざして：日本経済団体連合会新ビジョン（通称「奥田ビジョン」）」にも継承されていると指摘する（佐々木編，2007，pp.11-2）。

たしかに、菊池や佐々木の指摘のように、豊田ビジョンが1990年代の構造改革路線と財界による政治への強力なコミットメントの「下敷き」となったことは、疑いえない。しかし、豊田ビジョンが果たした重要な役割とは、「企業が市民社会の中心的な役割を担う」（豊田，1996，p.275）という宣言に象徴されたように、「財界は戦後日本社会の社会統合様式である『企業社会統合』と『福祉国家統合』を完全に改編する、つまり『日本型の新自由主義的な構造改革』を貫徹する」という姿勢を明確にしたことにあろう。

さらに、このようなヘゲモニー闘争は、構造改革を生活者の視点からそれを積極的に受け入れ、日本社会を変えていくチャンスと捉えようとする様々な「構

造改革推進論」を誕生させた。なかでも、（財）社会経済生産性本部（現：日本生産性本部）が呼びかけて 1999 年に発足した「新しい日本をつくる国民会議（以下「21 世紀臨調」と称す）」は、そこに名を連ねる多様な構成員からみても独特な存在感を醸し出している（新しい日本をつくる国民会議編，2002，pp.169-172）。しかも、その前身は、先の細川連立政権誕生の推進役を担った「政治改革推進協議会（民間政治臨調）」であったことも見逃せない点であろう。

　たしかに、ある局面において、市民＝生活者が変革の主体となる場合もあるだろうし、「生活者を主体とした構造改革」は、多くの人々に共感をもたらしうることになろう。しかし、後藤が指摘したように、先の 21 世紀臨調も含めて、構造改革に関する支配的な論調は「開発主義を、福祉国家型国家介入および国民経済バランス維持のための国家介入と一体視し、三者の区別を意識的に塗り込める」（後藤，2001，p.126）という性格を持っている。それゆえに、「開発主義による国家介入と、福祉国家型の国家介入、さらに、農林漁業保護・小零細業者保護を含む国民経済バランス維持のための国家介入は、相互に重なるところはあるけれども、区別して捉える必要がある」（後藤，2001，p.126 強調は引用者による）という後藤の指摘は、新自由主義的な構造改革の争点や対抗軸を明らかにしていくうえでも、重要なポイントとなる。

　ただ、このような後藤の指摘は、この当時、正面から検討されることはなかった。むしろ、新自由主義的な構造改革は、国家が市場から後退する、つまり、国家による市場への規制が緩和され、様々な「主体」が積極的に市場に参入するチャンスとして捉えられた。しかし、このような新自由主義的な構造改革の理解は、明らかに「認識論的誤謬（Epistemological fallacy）」に基づくものであった。

　この「認識論的誤謬」という言葉であるが、これはファーロング（Andy Furlong）とカートメル（Fred Cartmel）によって著された『若者と社会変容：リスク社会を生きる』（2006＝2009）において用いられた（Furlong and Cartmel, 2006＝2009, p.264）。ファーロングとカートメルが分析の対象とした「後期近代（Late modernity）」とは、人々―彼らは若者を主要な分析対象としている―は、古い秩序の縛りから自由になり、主体的にリスクを引き受け、それを乗り越える時代として特徴づけられてきた。しかし、ファーロングとカートメルは後期近代を生きる若者が個人ではコントロールできない社会構造に由来するリスクを、個人の努力によって解決するよう強いられ、それに失敗していることを明らかにした。

そのさい、ファーロングとカートメルは、社会構造に由来し客観的に把握することが可能なリスクは存在し続けているにもかかわらず、集団主義的伝統が弱まり個人主義的な価値が強調されるなかで、社会構造に由来するリスクが見えづらくなったことに注目し、このような状態を「認識論的誤謬」という言葉で表現した。つまり、客観性と主観性との分裂が拡大し、客観的な問題を主観、すなわち個人の問題として認識させることが「認識論的誤謬」であり、ファーロングとカートメルは、ここに後期近代の最大の特徴を見出だした。

まさに、国家による市場への規制が緩和され、様々な「主体」が積極的に市場に参入するチャンスとして新自由主義的な構造改革が人々に理解されたのは、後期近代がもたらした認識論的誤謬の産物であった。しかも、人々に対して「自己責任」、「自助努力」、「応分負担」という市民としてのモラルを獲得させるという新自由主義的な受動的革命は、認識論的誤謬によって成功を収めた。次節では2000年代の日本の新自由主義が1990年代のものとどのような差異を持っているのか、その要点を明確にするためにも、新自由主義の歴史的経過と要点を確認しながら、議論を進めたい。

1-2. レッセフェールから国家介入主義へ─認識論的誤謬の先に見えた新自由主義の「本質」

私たちにとって、これまでの大衆社会統合の破壊後、どのような事態がもたらされるのかは、重要な問題となる。後藤によれば、それは「国民経済成長型の国家介入（＝開発主義）を大幅に削減しつつ、同時に、グローバルに活動する多国籍企業への支援と環境整備に重点をおいた新たな国家介入形態をつくりあげること」（後藤, 2002b, p.88）となる。つまり、日本型構造改革とは、多国籍企業の自由な活動を阻害する旧来の福祉国家統合あるいはその代替物である企業社会統合を破壊し、国家一般の縮小あるいは経済への国家介入一般の縮小を目指すものではない（後藤, 2002a, p.157）。当然のことながら、「国家介入が後退することによって、市場と市民社会との本来の自立性が確保される」という新自由主義ならびに構造改革の支持者の素朴な期待は、大きく裏切られる。むしろ、市場ならびに生活世界への国家介入は、「新自由主義と新保守主義との共闘関係」[5]のもとで強力になされる。したがって、私たちは「安定的な経済成長確保とそのための労働力再生産のコスト削減を目指す社会システムに統合される」という希望を見出しにくいライフコースを、しかも「自己責任の名のもと」に受容させられることになる。それゆえに、後藤は構造改革批判

を開発主義解体論として完結させるのではなく、さらに新たな社会構想に向けた議論へと踏み出すことを私たちに提起する。

> （開発主義が：引用者補足）解体した後、どうするのでしょうか。実は、「構造改革」は開発主義の解体一般ではなく、その後の「ポスト開発主義」国家を新自由主義的に構想する解体路線です。ですから、開発主義解体という点での一致で満足しているわけにはいかず、さらに進んで、開発主義の解体の仕方やポスト開発主義の構想を検討することが必要です（後藤，2002a，p.154）。

では、後藤の提起に対して、日本型の新自由主義的な構造改革に対抗するために、なにが必要となるのか。それは、ブルデュー（Pierre Bourdieu）が『市場独裁主義批判』（1998＝2000）において真摯に訴えた「『国家』の役割」にほかならない。

> 国民国家は今、外からは金融勢力によって、内からはそれら金融勢力の共犯者たち、すなわち金融業界、高等財務官僚などによって、その土台を掘り崩されています。被支配層は国家を、特にその社会的福祉的側面を、擁護しなければならない、と私は考えています。この意味での国家擁護はナショナリズムに発するものではありません。国民国家とたたかうことはあります。しかし、国民国家が果たしている「普遍的な」機能—そして、超国民国家もまた同じく果たしうるであろうような「普遍的な」機能—は擁護しなければなりません（Bourdieu1998＝2000, p.74 強調は引用者による）。

たしかに、ここでブルデューが指摘した「現代国民国家の普遍的な機能」とは、国民生活の安定を目指す「福祉国家」のことにほかならない。しかし、ブルデューの意図は、従来の福祉国家にとどまるものではなかった。むしろ、グローバリゼーションの猛威が生みだした「新しい社会問題（たとえば、社会的排除）」への対応を通じて、旧来の福祉国家が掲げてきた「社会的なもの」、「連帯」、「社会権」を問い直し、それらを再構成することにあった。

しかし、新自由主義を強力に進めたいステークホルダーたちは、ブルデューとは異なる国家の役割を求めた。つまり、グローバリゼーションの進展とともに企業家が期待した国家の役割とは、競争的秩序を構築するために積極的に市場や私たちの生活領域に介入してくる「強い国家」であった。

この「強い国家」とは何か。まさに、「国家」をめぐる問いが、新自由主義の理論と実態把握に関する重要な論点となる。ハーヴェイ（David Harvey）が指摘するように、1980年代と1990年代に実行された規制緩和、民営化、市場化、金融化といった新自由主義的な経済政策に注目するだけでは、新自由主義国家を「小さな政府」と国家の規制から解放された19世紀的な「自由放任」の政策とみなすことになる（Harvey, 2005=2007, pp.94-97）。

　たしかに、「新自由主義」という言葉は、私たちに「小さな政府」という印象を与えてきた。しかも、後期近代を特徴づける「認識論的誤謬」によって、私たちはそのような新自由主義の理解をしてきた。しかし、若森章孝は「（新自由主義は）実際には社会政策や移民統治、治安や国際紛争においてしばしば『強い国家』として介入する」（若森, 2013, p.69 カッコ内筆者補足）と指摘する。ハーヴェイも「理論における新自由主義国家（個人的自由としての市場秩序）」と「実践における新自由主義国家（国家介入による資本の階級的権力の回復）」との「ギャップ」（Harvey, 2005=2007, pp.101-114）、または、新自由主義における小さな政府と強い国家との「ズレ」（若森, 2003, p.69）を指摘し、その「ギャップ」や「ズレ」は理論的に解明されないままになっていた。この点を明らかにするためにも、新自由主義が登場する歴史的背景と要点を確認しておきたい[6]。

　改めて、新自由主義の歴史を振り返ると、その起源は1930年代にまで遡ることが出来る。まず、新自由主義とは、1930年代に自由放任主義を主張する19世紀的な自由主義の危機を背景とし、自由主義再生の方策として誕生した。第1次世界大戦後の主要な資本主義諸国において、政府が進めた緊縮財政によって、労働者たちは雇用創出や失業手当から見放され、大量失業という困難に直面させられた。しかも、緊縮財政は社会政策の停滞と民主主義の抑制を招き、人々は資本主義的な市場経済に背を向け、社会主義（共産主義）やファシズム（全体主義）に自分たちの生活改善の期待を寄せるようになった。

　このような自由主義の危機から脱するために、1938年8月に『世論』（1922）を書いたリップマン（Walter Lippmann）の呼びかけにより、リップマンシンポジウムがパリで開催された。そこでの議題の中心は、自由主義の危機に際して、どのような自由主義国家の介入形態が可能かというものであった。つまり、権上康男らが整理しているように、自由放任主義を信奉する19世紀の自由主義者たちは、自由主義国家が果たすべき積極的役割を軽視し、価格メカニズムと両立しうる国家の介入形態についての研究を怠ってきたため、自由主義の危機を招来したというのである（権上編, 2006, pp.48-49）。まさに、自由放任を是

とする自由主義ではなく、自由主義を守るために国家に役割を与えることこそが、新自由主義にほかならない。このような自由主義国家が果たすべき積極的な役割を明確にするというリップマンシンポジウムの到達は、第 2 次世界大戦終結後の 1947 年 4 月にハイエク（Friedrich August von Hayek）の呼びかけによってジュネーブ郊外で開催されたモンペルラン会議に継承された。

　しかし、若森が指摘するように、モンペルラン会議では、リップマンシンポジウムの争点のひとつになった社会問題への国家の介入とその可能性について、ほとんど議論にならなかった（若森，2003，p.76）。むしろ、ハイエクの基調講演「自由企業と競争的秩序」が提起した「競争的秩序を作り出すために、国家権力をどのように用いるべきか」という論点が、会議の中心に位置づけられ、議論がなされた。そこでハイエクが強調したことは、市場の競争的秩序は、自主的かつ自動的に生まれるものではなく、国家の法的介入を通じて創出されるという点にあった。

　さらに、ハイエクは普通の人々が法の制定や政権選択に参加する政治的自由は、人々に個人的自由の実質を与えるものではないと述べる（Hayek, 1946（1944）=1996, p.296）。若森が指摘するように、ハイエクの主張は、個人の自由の条件としての一般的ルールの意義を指摘したうえで、法の支配は一般的なルールが諸個人にとって適用される結果に無関心であるべきという点にある（若森，2003，p.79）。

　このことは何を意味するのか。たとえば、日本国憲法第 14 条において男女平等が示されているが、現実社会においては、男女間の不平等が存在している。つまり、形式的な平等は法の下で保障されていても、現実社会において、実質的な平等—たとえば、雇用機会の均等など—は実現されていないことがある。それゆえに、人々は実質的な平等を要求して一般的なルールの適用の結果を修正しようと試みる。しかし、このような試みに対して国家／政府が何らかの修正を施すことは、ハイエクにとって、特定の状況や特定の団体の利益を優遇する恣意的なルールであって、個人の自由を侵害することとなる。

　しかし、民主的な政治のもとでは、実質的な平等を求める有権者の政治参加の機会が保証されており、民主的なプロセスを経て実質的な平等を求める多数派が形成される。それゆえに、個人の自由の条件としての法の支配と民主的な政治との間には、対立的な関係が内在されているのである。まさに、個人的自由の条件としての法の支配と政治的自由との対立が生じるのである。それゆえに、このような対立をどのように回避していく—もしくは「取り込む」—のか、

それが新自由主義を進めるうえで、大きなテーマであり、ハイエクにとっては難問として、あり続けた。このような難問への解決としてハイエクが試みたことは、「自由を議論する論法を変え、そのような論法を大衆の日常的意識にまで浸透させること」（若森・植村，2017，pp.15-16）であった。

さて、ハイエクが提案する自由であるが、それは、競争的市場秩序の転変の過程に投げ込まれた諸個人が持ちうる、ささやかな「経済的自由」とされた。つまり、若森が指摘するように、ハイエクが提案する自由とは、「政治的自由の権利を忘れて市場経済の変動に適応する仕方を選択する自由」（若森，2003，p.82）である[7]。つまり、ハイエクは自由を議論する論法を政治的なものから経済的なものに転換しているのである。さらに、この点を強調していくのが、フリードマン（Milton Friedman）であった。

フリードマンもハイエクに倣って、政治領域の縮小による自由の拡大を展開する。なかでも、フリードマンの議論の特徴は「資本主義と自由はイコール」としたうえで、強制、妥協、不満をともなう政治領域が縮小し、政治的自由の影響力がなくなれば、市場領域の拡大と経済的自由（選択の自由）の規制されない行使が、個人的な自由を拡大していくことになる。つまり、若森が指摘しているように、フリードマンにとって、強制は政治領域には存在するが、市場領域には存在しないという想定のもとで、強制や規制のない、企業にとって理想的な純粋資本主義の実現が、自由な社会の達成と等値されている（若森・植村，2017，p.17）。たとえば、この点は、先に紹介した豊田ビジョンに示された「企業が市民社会の中心的な役割を担う」というフレーズを想起させる。

さらに、フリードマンは「強制は政治領域には存在するが、市場領域には存在しないという想定」と述べるが、市場に強制が生じないような仕掛けがある。それが、フリードマンが考える国家／政府の役割である。つまり、若森が整理したように、フリードマンが提案する国家／政府の所轄事項とは、①法と秩序を維持し個人を他者の強制から保護する（法の支配）、②自発的に結ばれた契約の履行の保証、③財産権の定義とその行使の保障、④通貨制度の枠組みの用意という、4項目に最小化される（若森・植村，2017，p.19）。さらに、先に確認したように、フリードマンは国家権力を用いて競争的市場経済の妨げとなる「不純物」を取り除き、公的領域を大企業に開放し、強力な民営化を進めていくことになる。

若森が指摘するように、フリードマンは、カルテルや独占を法の下で規制するハイエクの新自由主義から逸脱し、制約なき経済的自由を手に入れた巨大企

業に、国家そのものと社会保障分野を新しい市場フロンティアとして提供する
シナリオを提言する（若森・植村，2017，p.20）。フリードマンは、強い国家
による競争的秩序の構築、つまり、規制撤廃を掲げるとともに、国家自体の市
場化、つまり、民営化、社会保障費の抑制を求めているのである。このような
フリードマンの新自由主義の解釈と国家の役割をハーヴェイは以下のようにま
とめている。長くなるが、以下に引用したい。

> 新自由主義とは何よりも、強力な私的所有権、自由市場、自由貿易を特徴と
> する制度的枠組みの範囲内で個々人の企業活動の自由とその能力とが無制限に
> 発揮されることによって人類の富と福利が最も増大する、と主張する政治経済
> 的実践の理論である。国家の役割は、こうした実践にふさわしい制度的枠組
> みを創出し維持することである。たとえば国家は、通貨の品質と信頼性を守ら
> なければならない。また国家は私的所有権を保護し、市場の適正な働きを、必
> 要とあらば実力を用いてでも保証するために、軍事的、防衛的、警察的、法
> 的な仕組みや機能をつくりあげなければならない。さらに市場が存在しない
> 場合には（たとえば、土地、水、教育、医療、社会保障、環境汚染といった
> 領域）、市場そのものを創出しなければならない―必要とあらば国家の行為に
> よってでも。だが国家はこうした任務以上のことをしてはならない（Harvey,
> 2005=2007, pp.10-11 強調は引用者）。

　それでは、次節において、若森やハーヴェイが整理した新自由主義の理解を
ふまえ、2000 年代の日本の新自由主義的な構造改革の分析を試みたい。

1-3. 2000 年代の新自由主義的な構造改革―「成長戦略」という国家介入型の新自由主義とポストデモクラシー

　先の若森とハーヴェイの分析をふまえるならば、日本の 1990 年代型の新自
由主義的な構造改革と 2000 年代型の構造改革との差異は、新自由主義的な構
造改革を進めるうえで、国家の介入が必然とされたことにある。その一例とし
て、小泉内閣から始められた「成長戦略」が、2000 年代の新自由主義的な国
家介入と言えよう。

　たしかに、前節で確認したような 1990 年代中頃から加速していく日本の新
自由主義的な構造改革の流れの中で、小泉純一郎は「自民党をぶっ壊す！」と
いうわかりやすい政治的なメッセージを巧みに発しながら、国民の支持を集

め、自民党総裁に上り詰め、内閣を組閣した。しかし、菊池が指摘するように、小泉内閣は1990年代の新自由主義的な構造改革を志向してはいたが、もはや、国家介入なくして、その実現がかなわないことに気づいていた（菊池，2016, p.166）。

　小泉内閣が成長戦略を提起する直前、橋本内閣が提起した行政改革の一環でなされた省庁再編により2001年1月に経済審議会が廃止となった。この経済審議会とは、経済企画庁設置法（14条）に基づき、1952年8月に設置された総理大臣の諮問機関である。主な経済審議会の役割は、たとえば、池田隼人内閣の「所得倍増計画」、宮澤喜一内閣の「生活大国5か年計画」といった長期経済計画の策定にあり、経済審議会は戦後日本経済史の節目を象徴する経済計画を策定してきた。また、経済審議会が策定してきた長期経済計画は、ケインズ型の福祉国家の建設という視点からなされてきた。

　経済審議会廃止後、内閣総理大臣の諮問を受けて、経済財政政策に関する重要事項について調査審議する経済財政諮問会議が内閣府に設置された。この会議の特徴として、民間有識者（民間議員）の数を議員の4割以上確保することが法により定められており、これまでは財界から2名、学界から2名が選ばれた。経済財政諮問会議は、廃止になった経済審議会が掲げたケインズ型の福祉国家的な介入による所得の再配分や雇用創出ではなく、同じ国家介入ではあっても、競争的な市場を形成するための新自由主義的な国家介入の方策を検討することとなった。

　2001年、小泉内閣は「経済財政運営と構造改革に関する基本方針2002（いわゆる「骨太の方針」）」を発表した。その後、小泉内閣から現在の安倍内閣までには、政権交代が起こり、民主党が政権を担った時期もあったが、民主党政権においても「成長戦略」は引き続き、発表されてきた。小泉内閣から現在の安倍政権までに策定された「成長戦略」をまとめたものが表1である。

　やはり、経済審議会の経済計画と小泉内閣から始められた成長戦略との違いは、本稿での議論をふまえるならば、成長戦略とは、政府／国家が制約なき経済的自由を手に入れた巨大企業に対して、国家そのものと社会保障分野を新しい市場フロンティアとして提供するシナリオと言えるだろう。事実、小泉内閣においては、郵政民営化、道路公団民営化が国家による強力な介入によって進められた。

　また、小泉内閣から現在の安倍内閣までには、政権交代が起こり、短命に終わったが民主党が政権を担った。民主党は、2009年8月18日に公示された第

表1　小泉内閣から現在の安倍内閣までに策定された「成長戦略」

内閣	策定年	成長戦略の名称
小泉純一郎	2001	経済財政運営と構造改革に関する基本方針 2002
小泉純一郎	2005	日本 21 世紀ビジョン
小泉純一郎	2006	経済成長戦略大綱
安倍晋三	2007	日本経済の進路と戦略
福田康夫	2008	経済財政改革の基本方針 2008
麻生太郎	2009	未来開拓戦略
鳩山由紀夫	2009	新成長戦略（基本方針）：輝きある日本へ
菅 直人	2010	新成長戦略：「元気な日本」復活のシナリオ
菅 直人	2011	日本再生のための戦略に向けて
野田佳彦	2012	日本再生戦略
安倍晋三	2013	日本再興戦略
安倍晋三	2014	日本再興戦略改訂 2014
安倍晋三	2015	日本再興戦略改訂 2015
安倍晋三	2016	日本再興戦略改訂 2016
安倍晋三	2017	未来投資戦略 2017：Society5.0 の実現に向けた改革
安倍晋三	2018	未来投資戦略 2018：「Society5.0」「データ駆動型社会」への改革

（首相官邸ホームページを参照し、筆者作成）

45 回衆議院議員総選挙において示したマニフェストの中で「官邸機能を強化
し、総理直属の国家戦略局を設置し、官民の優秀な人材を結集して、新時代の
国家ビジョンを創り、政治主導で予算の骨格を策定する」⁸⁾とし、その総選挙
に勝利して政権を獲得して与党となった。これを受けて政権が成立した後、法
改正までの暫定先行組織として、2009 年 9 月 18 日、内閣総理大臣の決裁により、
経済財政諮問会議を廃止し、内閣官房に国家戦略室が設置された。この国家戦
略室が、民主党政権の「成長戦略」作成の拠点となった⁹⁾。しかし、構造改革
批判を掲げ 2009 年の総選挙で自民党を破り、政権交代を成し遂げた民主党で
さえも、「小さな政府」や「規制緩和」という構造改革路線を覆すことが出来
なかった（渡辺・二宮・岡田・後藤，2009）。

　先にも述べたように、民主党は自民党の構造改革への批判より政権の座につ
いた政党であった。まさに、2009 年の総選挙で掲げた「コンクリートから人へ」
というスローガンは、無駄な公共事業を減らして社会保障や子育て支援に財源
を回そうというものであった。しかし、政権交代後に組閣された鳩山由紀夫内

閣が首相自身の金銭問題や沖縄・普天間基地移設問題を巡って政局を混乱させていくなか、2010 年 4 月に経団連は「経団連成長戦略 2010」を発表する。この経団連の成長戦略は、第一に法人税の実効税率引き下げなどによる企業の国際競争力強化、第二に規制緩和などによる内需と成長力の強化、第三に柔軟性のある労働市場の構築を基本的な政策課題として掲げた（合田，2011，p.12）。

　これらの動向に対して、総辞職した鳩山内閣の後継として、2010 年 6 月に発足したばかりの菅直人内閣は経団連の成長戦略を強く意識した「新成長戦略」を提起し、そのスローガンとして「強い経済、強い財政、強い社会保障」を掲げた。2010 年 10 月 28 日に設置された「政府・与党社会保障改革検討本部」は、2011 年 6 月 30 日に「社会保障・税一体改革成案」を決定し、翌 7 月 1 日、閣議に報告した。この「成案」に則って、菅直人内閣を引き継いだ野田内閣は、増税路線を進めていく。この「社会保障・税の一体改革」とは、社会保障給付の財源を確保するだけでなく、同時に財政再建を計るための財源確保と重なり合っており、その財源は消費税の増税に求められた。民主党政権とはいえども、政権と財界との協力関係は、自民党政権と比較しても引けを取らないほど、強化されていった。

　さらに、野田内閣が進めた「社会保障・税の一体改革」によって、構造改革批判に共鳴し民主党を支持した人々の期待は大きく裏切られることとなった。その結果として、2012 年 12 月 16 日の総選挙において、自民党は圧倒的な勝利を収めた。自民党は連立を組む公明党と合わせて 325 議席を獲得し、480 議席の衆議院で「圧倒的多数」を確保した。さらに、2013 年 7 月 21 日の参議院選挙においても、自民党は圧倒的な勝利を収め、連立を組む公明党と合わせて非改選も含めた与党の議席数は過半数を上回る 135 議席となり、「ねじれ国会」を解消させた。

　総選挙後に誕生した安部晋三内閣は、組閣直後、経済再生本部創設を閣議決定し、相互に補強し合う関係にある「三本の矢」（いわゆる「アベノミクス」）を一体として推進し、長期にわたるデフレと景気低迷からの脱却を最優先課題とした。この「三本の矢」という呼称は総選挙前から用いられていたが、その内訳は、「大胆な金融政策（第一の矢）」、「機動的な財政政策（第二の矢）」、「民間投資を喚起する成長戦略（第三の矢）」となっている。さらに、それらの具体的な目標や指標を見てみると、「第一の矢」は企業・家計に定着したデフレマインドを払拭し、2％の物価安定の目標を 2 年程度の期間を念頭に置いてできるだけ早期に実現するという。「第二の矢」は、デフレ脱却をよりスムーズ

に実現するため、有効需要を創出し、持続的成長に貢献する分野に重点を置き、成長戦略へと橋渡しをするという。「第三の矢」は、民間需要を持続的に生み出し、経済を力強い成長軌道に乗せ、投資によって生産性を高め、雇用や報酬という果実を広く国民生活に浸透させるという。この「第三の矢」は、6 月 14 日、安倍内閣が策定した「日本再興戦略」という成長戦略として放たれた。その後、オリンピック招致が決定すると、安倍首相は、早くもオリンピックをアベノミクスの「第四の矢」と位置づけた。さらに、2016 年に発表された成長戦略「日本再興戦略 2016」において、オリンピック開催と関連づけて「スポーツ産業の未来開拓」が提起された。このことに関する詳細かつ批判的な検討は本書の棚山論文（第 1 章）に譲るが、「日本再興戦略 2016」は数値目標として「スポーツ市場規模を 2020 年までに 10 兆円、2025 年までに 15 兆円に拡大する」、「成人の週 1 回以上のスポーツ実施率を、現状の 40.4％から 2021 年までに 65％に向上すること」を示し、「スポーツ産業を我が国の基幹産業へ成長させる」と宣言した [10]。なお、最新の成長戦略は、安倍内閣が提示した「未来投資戦略 2018：『Society5.0』『データ駆動型社会』への変革」であるが、これは先の 2017 年に発表された「未来投資戦略 2017」の IoT、ビッグデータ、人工知能などを産業や生活に取り入れ、様々な社会問題を解決する未来社会「ソサエティー 5.0」を踏襲し、中小・小規模事業者の生産性革命のさらなる強化などの重点分野を掲げている。また、「日本再興戦略 2016」で宣言された「スポーツ産業を我が国の基幹産業へ成長させる」という点も継承されており、2019 年 6 月 21 日には成長戦略実行計画が閣議決定されている。

　たしかに、菊池が指摘したように、民主党政権は結果的に新自由主義の基盤づくりを担ったことになろう（菊池，2016，p.197）。しかし、このように構造改革を批判して支持を伸ばした民主党が、支持者の要求を政治の場で議論し、解決に向けた提案を提示する能力を失ってしまったのだろうか。その疑問に対する解答を試みるうえで、クラウチ（Colin Crouch）が提起する「ポストデモクラシー（Post democracy）」という概念に注目したい。

　クラウチ（2007）によると、ポストデモクラシーとは政府と企業エリートによる市場原理主義への回帰が市民的権利を保証する福祉国家的な再分配政策を弱体化させていくなかで、民主主義の諸制度を支える市民としての能力が喪失させられる状態のことをいう。クラウチはこのようなポストデモクラシーという状態を生み出す様々な背景を整理しているが、本稿との関わりで重要となる彼の分析は、グローバルな市場で活動する大企業やそれが属す財界の政治的な

パワーが大幅に増加するという点にある。

　たとえば、大企業は、生産コスト削減のため、巨額の資金を背景にロビー活動を行い、非正規雇用の拡大を政府に認めさせてきた。また、政府は企業からの支持を求めるあまり、民営化や外部委託で公共サービスを商品化し、質を劣化させてきた。さらに、雇用政策においては、やる気を見せない者を福祉の対象から容赦なく排除し、そのような対処法を「福祉から労働へ」というスローガンのもとに正統化してきた。

　さらに、クラウチは、政府、市民、民営化されたサービス供給者の三者関係に注目したフリーランド（M. R. Freeland）の論稿を参照しながら議論を進め、三者の関係を以下のように整理する。

　　政府は契約法を通じて、民営化された供給者とつながりを持つ。だが市民は供給者に対して、市場や市民的権利を通したつながりをもたず、民営化後はサービス提供について政府に疑問を投げかけることさえままならない。政府はその提供を手放してしまったからだ。結果として、公共サービスはポストデモクラシー的なサービスとなる。もはや政府が民衆に対して負う責任は、大まかな方針であって、実施の詳細は対象にならない（クラウチ，2007，p.152 強調は引用者による）。

　ここでの議論の要点は、市民的諸権利の商品化とは、サービスの劣化を進めるだけでなく、問題が生じたときにそれを解決するための市民的権利の行使が阻害されることにある。つまり、市民は問題を解消しようとして政府に働きかけたとしても、政府は具体的なサービスの提供を手放しているので、政府の責任を追及し、状況を改善させることは非常に困難なものとなる。結局、市民はサービス提供者との「交渉」―場合によっては訴訟―によって問題を解決するか、「自己責任」の名のもとで、問題の負債を甘受せざるをえなくなる。

　それゆえに、クラウチの著書の日本語版を監修した山口二郎が整理したように、クラウチは市民である以上、当然に保持できる権利、またその権利にもとづいて当然に享受できる公共サービスを市民的権利と呼び、その行使のためには、資本の動きや大企業による営利追求にはある程度の枠をはめ、政府が再配分に責任を持つことの重要性を指摘する（クラウチ，2007，p.200）。

　クラウチによるポストデモクラシーの議論は、1990 年代の「政治改革」の一環として導入された小選挙区制、そのもとで「55 年体制」と称されてきた

戦後政治体制を再編し、財界の意向を反映した二大政党制の構築と新自由主義的な構造改革とがリンクしていくコンテクストとともに、非自民連立政権から始まる民主党の歴史を改めて想起させる[11]。当初、菊池が整理したように、民主党は官僚、財界との距離を取ることによって社会民主主義的な政策を展開しようとしていた（菊池，2016，pp.197-198）。

　しかし、民主党政権は官僚を排除し、小泉内閣が創設した経済財政諮問会議を廃止しても、新たな政策決定機構を打ち立てることが出来なかった。しかも、民主党が目指した社会民主主義的な政策とは、従来のケインズ型の福祉国家ではなく、彼らが高らかに掲げた「新しい公共」という名のもとに構想されたサプライサイドに力点を置いた福祉多元主義にほかならなかった。このことが社会民主主義的な国家改編をするにあたり、その財源を所得税や法人税ではなく、消費税に求めるという致命的なミスを民主党にもたらした。結局、福祉多元主義を装った「新しい公共」とは国家権力を動員して形成された競争的環境の一形態とも位置づけられ、この点は以下に紹介するクラウチの指摘とも重なっていると言えよう。

　　企業のロビー活動を見るかぎり、利益の獲得を目的とした国家利用の関心が失われている兆候はない。アメリカの現状が示しているように、こうしたロビイストたちは少なくとも、財政支出を低レベルに抑える不干渉主義の新自由主義国家も、気前よく投資する福祉国家も変わらず厚く取り囲んでいる。実際のところ、国家が庶民の生活への援助から手を引き、一般の政治への関心が薄れれば、それだけ大企業グループは国家を私的な金のなる木としてひそかに利用しやすくなるのである（クラウチ，2007，pp.32-33）。

　小泉内閣以来策定されてきた成長戦略とは新自由主義を基調とし、グローバルに活動する多国籍企業への支援と環境整備に重点をおいた国家介入形態を構築するという国家戦略にほかならない。しかも、この国家戦略は、小泉内閣誕生を機に進行する財界と政府との連携強化を反映したものと言えよう。もちろん、歴代内閣の成長戦略に描かれる新自由主義的な諸政策には、それぞれ濃淡はある。

　たしかに、民主党政権は財界との距離をとった。しかし、新自由主義とは、自由放任を是とする自由主義ではなく、自由主義を守るために国家に役割を与えることにあるので、構造改革を批判して政権を奪取した民主党政権でさえも、

ポストデモクラシー的な状況の下では、国家介入型の新自由主義的な構造改革を継続するしかなかった。

　それでは、1990 年代から進められてきた日本の新自由主義的な構造改革は、どのようにして 2020 年の夏季オリンピックを東京、日本に招致することを可能にしたのであろうか。次章では、オリンピック招致と開催を「正統化」するポリティクスを明らかにすることを試みる。

2.「創造的復興」と 2020 東京オリンピック
　　―東北・東京・日本／ニッポン [12)]

　2013 年 9 月 7 日、アルゼンチンのブエノスアイレスで開催された第 125 次 IOC 総会において、2020 年夏季オリンピックの開催地が東京に決定し、興奮冷めやらぬなか、早くもオリンピックが東京で開催されることの経済効果がまことしやかに語られた。IOC 総会以前にも、2013 年 6 月 8 日に東京オリンピック・パラリンピック招致委員会（以下、「2020 東京オリパラ招致委員会」と称す）の試算が紹介されているが、それによると、オリンピック関連の工事関係費 4554 億円、経済波及効果 2 兆 9600 億円にも上るという [13)]。もちろん、この試算をはるかに上回る経済効果が期待され、提示された [14)]。さらに、IOC 総会で登壇した安倍晋三首相は、招致決定直後に報道番組に出演し「オリンピックがアベノミクスの『第四の矢』になり、経済成長をもたらす」という主旨の発言を行った。また、2013 年 9 月 8 日、2020 年オリンピック・パラリンピックが東京での開催決定について、米倉弘昌経団連会長（当時）は以下のようなコメントを発表した。

　　オリンピック・パラリンピック招致委員会をはじめ、関係者のご尽力により、東京開催が決定したことは大変喜ばしい。1964 年の東京オリンピック開催は戦後の復興に取り組んでいた人々に活力を与え、その後の高度成長につながった。今回の開催決定も、日本国民に元気と明るさをもたらすものである。とりわけ、東日本大震災の被災地の方々には、勇気と希望を届けることになると思う。東京開催が決定されたことで、首都圏の再開発やインフラの整備、外国人観光客の誘致などにも弾みがつく。これらによって、日本経済の回復も一層力強いものとなろう [15)]。

　経団連会長のコメントは、経済界の 2020 年のオリンピックへの関心と期待を非常にわかりやすく述べたものと言えよう。やはり、経済界の関心は、オリンピックを招致する東京のインフラの再整備による「都市再生」によって、経済界にもたらされる経済的な利潤に向けられている。しかし、2020 東京オリンピック招致の大義名分が「震災復興」、「復興五輪」であったので、開催地「東京」だけではなく、被災地「東北」の復興、つまり、創造的復興の実現にも資することが求められていた。

　本節の目的は、2011 年 3 月 11 日に発生した東日本大震災後、様々な震災復興政策で用いられた「創造的復興」という言葉のもと、2020 東京オリンピックを招致し、開催するポリティクスを分析することにある。まず、グローバリゼーションのもとで、オリンピックをはじめとしたメガイベントの政治的な役割について、フォックス・ゴッサム（Kevin Fox Gotham）やボイコフ（Jules Boykoff）の分析を参照にして、その要点を明らかにする。つぎに、創造的復興が求められる被災地「東北」、オリンピックを招致し、開催することでさらなるグローバルシティーとしての成長が求められる「東京」、そして、地政学的リスクとグローバリゼーションへの対応が求められる「日本／ニッポン」とが織りなす相互連関に注目し、2020 東京オリンピックに期待されるポリティクスを分析する。

2-1. グローバリゼーションのもとでのオリンピックに求められる政治的な役割
―フォックス・ゴッサムとボイコフのメガイベント分析を参照に

　町村敬志は「メガ・イベントと都市空間：第二ラウンドの『東京オリンピック』の歴史的意味を考える」（町村，2007）において、オリンピックがメガイベントとして新たに注目を浴びている理由を以下の 4 点に整理している。まず、メガイベントはグローバリゼーションの時代において「都市のランクを表示する象徴的な機会」とみなされるようになっている。つぎに、メガイベントを開催することが、「改革」や「復活」を内外に印象づける「開催都市のアイデンティティ再定義の機会」となる。また、「グローバルシティー」を目指す戦略としてメガイベントの開催が「新たな都市基盤を整備するための機会」として位置づけられている。最後に、「持続的な経済成長の夢が崩れたポスト開発の時代」において、「人びとの一体感を一時的にでも醸成し動員を可能にする」役割を期待されている。

　また、『メガイベントとモダニティ：グローバルカルチャーの展開における

表 2-1　主要なメガイベント 1980-2028

開催年	開催都市 / 開催国	メガイベントの種類
1980	モスクワ（夏季）／レークプラシッド（冬季）	オリンピック
1982	スペイン	ワールドカップ
1984	ロサンゼルス（夏季）／サラエボ（冬季）	オリンピック
1984	ニューオリンズ	万国博覧会（一般博）
1986	メキシコ	ワールドカップ
1986	ヴァンクーバー	万国博覧会（一般博）
1988	ソウル（夏季）／カルガリー（冬季）	オリンピック
1990	イタリア	ワールドカップ
1992	バルセロナ（夏季）／アルベールビル（冬季）[*1]	オリンピック
1992	セビリア	万国博覧会（一般博）
1994	アメリカ	ワールドカップ
1994	リレハンメル[*2]	オリンピック（冬季）
1996	アトランタ	オリンピック（夏季）
1998	フランス	ワールドカップ
1998	長野	オリンピック（冬季）
1998	リスボン	万国博覧会（特別博）
2000	シドニー	オリンピック（夏季）
2000	ハノーバー	万国博覧会（一般博）
2002	日本、韓国	ワールドカップ
2002	ソルトレークシティ	オリンピック（冬季）
2004	アテネ	オリンピック（夏季）
2005	愛知[*3]	万国博覧会（登録博）
2006	ドイツ	ワールドカップ
2006	トリノ	オリンピック（冬季）
2008	北京	オリンピック（夏季）
2010	南アフリカ	ワールドカップ
2010	上海	万国博覧会（登録博）
2010	ヴァンクーバー	オリンピック（冬季）
2012	ロンドン	オリンピック（夏季）
2014	ブラジル	ワールドカップ
2014	ソチ	オリンピック（冬季）
2015	ミラノ	万国博覧会（登録博）
2016	リオデジャネイロ	オリンピック（夏季）
2018	平昌	オリンピック（冬季）

表 2-2　主要なメガイベント 1980-2028

2018	ロシア	ワールドカップ
2020	東京	オリンピック（夏季）
2020	ドバイ	万国博覧会（登録博）
2022	北京	オリンピック（冬季）
2022	カタール	ワールドカップ
2024	パリ	オリンピック（夏季）
2025	大阪	万国博覧会（登録博）
2026	ミラノ、コルティナ・ダンペッツォ	オリンピック（冬季）
2026	アメリカ、カナダ、メキシコ	ワールドカップ
2028	ロサンゼルス	オリンピック（夏季）

本表はロッチェ（Roche:2000, p.2）のものに筆者が追記したものである。
＊1　夏季オリンピックと同年に開催された最後の冬季オリンピックであり、次の 1994 年リレハンメルオリンピック以後は 4 で割り切れない偶数の西暦年（FIFA ワールドカップの開催年）に開かれている。また、スピードスケート競技を屋外スケートリンクで開催した最後の冬季オリンピックでもあった。
＊2　これまでオリンピックは夏冬同じ年に開催していたが、これを 2 年ごとの隔年開催にするために冬季大会の開催を 2 年ずらし、前回の 1992 年アルベールビルオリンピックからわずか 2 年後の開催となった。
＊3　「登録博」は、新条約発効後は 5 年間隔で開催されることになっており、愛知万博の次は 2010 年上海万博であり、新条約のみでの登録博は上海万博が最初となる。

オリンピックと万国博覧会』（2000）を著したロッチェ（Maurice Roche）は、近代に発明されたオリンピックや万国博覧会がグローバリゼーションが進む現代において、どのような位置を獲得しようとしているのかについて、興味深い分析を行っている [16]。ロッチェはオリンピックや万国博覧会といったメガイベントがカレンダーのなかに書き込まれることの重要性を指摘する（Roche, 2000, p.3）。つまり、このことは、周期的に開催されるメガイベントを、あたかも「景気循環」の節目としてみなすことを可能にしている [17]。表 2 に示されたように、1980 年から 2028 年までの開催予定を含めたグローバルな規模で展開されるメガイベントを列挙してみるとオリンピックの夏季大会と冬季大会の各大会が 4 年に 1 度、夏季大会は西暦で 4 の倍数の年、冬季大会は 4 の倍数でない偶数の年で 2 年ずらして開催されるので、2 年に 1 度開催され、サッカーワールドカップも 4 年に 1 度、万国博覧会が 2005 年の日本（愛知）以降、5 年に 1 度の開催となっているが、ほぼ 2 年に 1 度はなんらかの世界的なメガイベントが開催されている [18]。また、表には示していないが、2010 年から開催されているユースオリンピックであるが、IOC はユースオリンピックを冬季大

会と夏季大会との間の奇数年に移行させて開催させるという構想を示した[19]。つまり、この提案に基づくと、2022年以降、毎年「オリンピック」が開催されることになる（シャプレ・原田，2019, p.21）。それでは、メガイベントが周期的に開催され、景気循環の節目として位置づけられようとしている状況は、どのように分析されるべきであろうか。

　近年、オリンピックをはじめとしたメガイベントを招致する都市や国家のポリティクスを分析するさい、シュンペーターによって提示された「創造的破壊」という概念に注目が集まっている。周知のように、シュンペーターは資本主義を駆動させ、発展させる「創造的破壊」を価格競争ではなく、新しい商品、技術、供給源泉、組織に基づく競争がもたらす不断の内発的な技術変化、つまり、イノベーションが引き起こす産業上の突然変異が古いものを破壊し、新しいものを創造する行為と位置づけている（Schumpeter, 1950 (1942) =1995, pp.127-134）。「パンとサーカスを超えて：創造的破壊の実施としてのメガイベント」（2016）において、フォックス・ゴッサム（Kevin Fox Gotham）は、ハーヴェイの『ポストモダニティの条件』（1990=1999）を議論のベースに置きながら、創造的破壊の名のもとで、オリンピックをはじめとするメガイベントが新自由主義的な都市の（再）開発の絶好の機会として利用されていることとを指摘する（Fox Gotham, 2016, p.32）。もはや、オリンピックは単なるスポーツイベントという位置にとどまってはいない。むしろ、都市や国家がオリンピックを招致し、開催することが、都市の（再）開発や周辺の地域との経済的なネットワークを再構築する機会となることへの期待や野心は、未だ衰える気配を見せない。しかも、創造的破壊という言葉が、オリンピックを都市の（再）開発のチャンスとしたいという「あからさまな欲望」を覆い隠す免罪符的な役割を与えられているような印象がある。あえて言うならば、表2で示したように、メガイベントが定期的に開催されていることは、どの都市にとってもイベントの招致と開催による都市の（再）開発の機会が開かれているということでもある。

　たしかに、フォックス・ゴッサムは、創造的破壊が従来の制度を解体し、新しい制度や関係を構築するかのようにみえるが、結局のところ、オリンピックをはじめとするメガイベントにおける創造的破壊とは、新たなイノベーションが発生するように国家によって「お膳立て」をされたものと指摘する（Fox Gotham, 2016, p.40）。しかも、そのお膳立てとは、住民にとって望ましいものではなく、むしろ、財政的な視点から実施される「経費削減」、「民営化」、「産業の規制緩和」である（Fox Gotham, 2016, p.40）。

　たしかに、メガイベントの招致やそれに関連する都市開発は、創造的破壊の名のもとで不均衡かつ政治的には非民主的で権威主義的に進められる。たとえば、強権的な住民の立ち退きが実施され、都市のなかでも（再）開発が重点的に実施される地区と開発から取り残される地区という二極化が生じる。つまり、フォックス・ゴッサムがメガイベント分析に創造的破壊を鍵概念とする理由は、ハーヴェイの影響もあると思われるが、資本主義の発展過程のなかに、オリンピックをはじめとするメガイベントを位置づけ、資本蓄積体制—マルクス（Karl Marx）が『資本論』で展開した「本源的蓄積（国家権力を利用した暴力的な本源的蓄積＝略奪的蓄積）」—の新自由主義的な再編過程を描くことに力点を置くからと言えよう。

　同時に、フォックス・ゴッサムは、このような事態をふまえながら、そこに対抗的な闘争や変容を誕生させる好機を見出だそうとしている（Fox Gotham, 2016, p.42）。つまり、フォックス・ゴッサムの「期待」は、不均衡に進められる都市（再）開発を機に、住民の側から都市（再）開発や都市（再）開発の原因となったメガイベントへの批判がなされることである。つまり、フォックス・ゴッサムの試みは、創造的破壊を都市の（再）開発という側面だけでなく、都市の（再）開発を機に生じる都市生活者の対抗的な側面を捉えることでもあった。

　一方、『祝賀便乗型資本主義とオリンピック』（2014）において、ボイコフは祝賀便乗型資本主義という概念が、クライン（Naomi Klein）の「惨事便乗型資本主義（Disaster capitalism）」から着想を得ていると述べる（Boykoff, 2014, p.3）。さて、クラインの惨事便乗型資本主義という概念であるが、これは彼女の『ショック・ドクトリン：惨事便乗型資本主義』（2007 ＝ 2011）の副題として採用された言葉である。クラインは、惨事便乗型資本主義を「壊滅的な出来事が発生した直後、災害処理をまたとない市場化のチャンスと捉え、公共領域にいっせいに群がるような襲撃行為」（Klein, 2007=2011, pp.5-6）と定義している。さらに、整理するならば、「壊滅的な出来事」とは、武力紛争、クーデター、自然災害、財政破綻であり、これらによって国家が惨事に晒されたとき、既存制度が破壊された空白—「例外状態（state of exception）」—をついて、国家権力の庇護のもとで、新自由主義的な制度が一気に進められる状況を惨事便乗型資本主義と称すことも出来よう。この点は、先にハーヴェイの引用で確認したように、政府の役割を企業の役割に移行させる、つまり、強い国家による競争的秩序の構築、つまり、規制撤廃を掲げるとともに、国家自体の市場化を徹底

することにある。

　また、ボイコフは祝賀型資本主義の特徴を以下の 6 点に整理している（Boykoff, 2014, pp.11-19; 2017=2018, pp.195-202）。第一に、統治機構が法を超越して決定権限を行使する「例外状態」を創出するという点である。第二に、「公民連携（PPP：Public Private Partnership）」のもと、民間の営利活動のリスクを官が負担する構造を作り出すという点である。第三に、洗練されたマーケティング手法の効果的な宣伝による祝祭的な商業主義という点である。第四に、セキュリティ産業の成長という点である。第五に、IOC や招致委員会や各国のオリンピック委員会は、環境と社会との持続可能性を強調する。しかし、すでにこのような試みは、資本による搾取の隠れ蓑となっている。第六に、マスメディアが作り出す政治経済的な一大スペクタクルという点である。

　さて、クラインの惨事便乗型資本主義とボイコフの祝賀型資本主義の関係は、どのように整理できるのであろうか。ボイコフは、『祝賀便乗型資本主義とオリンピック』において、彼自身の概念とクラインの惨事便乗型資本主義との関係を次のように整理している（Boykoff, 2014, p.6）。

　オリンピックでは公民連携のロジックを用いながら、民間が負担するはずだった費用を公共が肩代わりする事態が生じる。これによって公共部門が大きな負債を抱えることになるため、大会後には競技施設や選手村を民営化する方向に圧力が働く。また財政難を抱えた国や自治体は、大会後に社会サービスへの支出を引き締めることになる。結果として、祝賀便乗型資本主義は開催都市の緊縮財政と民営化の推進という、新自由主義的な制度変更に貢献することになる。ボイコフの議論の焦点は、祝賀便乗型資本主義が創り出す「惨事」を、惨事便乗型資本主義が利用する構図—場合によっては、その反対の構図もありうる—に向けられている。つまり、惨事便乗型資本主義と祝賀便乗型資本主義は相次いで登場し、あたかも、私たちは「ワン・ツー・パンチ」を打ち込まれる構図になっている（Boykoff, 2014, p.6）。さらに、『で、オリンピックやめませんか？』（2019）に収録された鵜飼哲の講演において、鵜飼は東日本大震災以降の日本とオリンピックとの関係をボイコフの議論を参照して、以下のように述べている。

　　東日本大震災以降の日本では、まず災害便乗型資本主義が「復興」を名目に展開され、その状況をテコにしてオリンピックが招致され、それからさらに「オリンピック災害」後の便乗型資本主義が用意されているのです。祝賀資本主義

の前後に災害便乗型資本主義が配置されたこの「ワン・ツー・スリー・パンチ」という攻撃に、私たちはさらされています（天野・鵜飼編，2019，p.109）。

　それでは、ボイコフとクラインに共通するキーワードとなっている「例外状態」について、検討を試みたい。まず、クラインは自然災害やクーデターといった人為的な「惨事」という例外状態、さらに、ボイコフは「祝祭的な熱狂」という例外状態のものと、民主主義的なプロセスが損なわれ、政治家や経済界が平時では実現しえない政策、つまり、新自由主義的な政策を展開することに関心を向けている。

　クラインとボイコフによって分析された例外状態とは、先に確認したように、新自由主義的な政策を展開するうえで直面するハイエク的な難問、つまり、法の支配と民主主義（政治的自由）との対立の回避、もしくは取り込みがなされる場面である。若森が指摘しているように、新自由主義が説く法の支配は、潜在的あるいは暗黙のうちに「例外状態」を想定し、民主主義を排除する権威主義によって法の支配と市場経済秩序を守る、という論理を含んでいる（若森，2013，p.82）。なかでも、クラインは、惨事によって生みだされた例外状態のもと、民主主義を排除する権威主義によって法の支配と市場経済秩序を守る様々な試みを分析し、そこに資本主義の矛盾を見出だし、惨事便乗型資本主義が向かう先をフリードマンが主張する純粋資本主義とみなしている。

　しかし、ボイコフは祝賀便乗型資本主義を先に検討したフリードマンに代表される純粋資本主義を目指すものではないと述べている。むしろ、ボイコフは、近年のオリンピックを「オリンピックの新自由主義化」と位置づける傾向にある研究を是正するために、祝賀便乗型資本主義という概念を設定したと述べている。なぜなら、ボイコフによると、オリンピックとは IOC によって開催都市に対して一方的に押しつけられる規則や規制からなる緊縮政策であり、オリンピックの経費の大半を拠出し、細かく管理するのは公であって、自由市場によって決定されないからである（Boykoff, 2017=2018, pp.194-195）。

　たしかに、オリンピックそのものは、根本的には新自由主義的なものではない。しかし、近代オリンピックはいくつか新自由主義的な面を持っている。たとえば、民間資本が企業スポンサーとして存在感を増すにつれて、オリンピックは商業化を進めてきた。たとえば、1984 年のロサンゼルスオリンピックを成功に導いた大会組織委員長ユベロス（Peter Victor Ueberroth）が発明した商業主義的なオリンピックのマネジメントを想起させる。その手法の特徴を手短

に示しておきたい[20]。

　まず、放映権は一括入札を行い、ABC が破格の 2 億 2500 万ドル（その他 7500 万ドルの放送設備費も負担）で独占放映権を獲得した。さらに、スポンサー契約では 1980 年のレークプラシッド冬季オリンピックでは 371 社あったスポンサーを 30 社、1 業種につき 1 社に限定し、その代償として 1 社につき最低 400 万ドルの協賛金を要求した。後に「ユベロス商法」と愛憎入り混じって称されることになるが、結果的には 2 億ドル以上の黒字を生み出した。「オリンピックの救済策」となったユベロスの手法は、現在のオリンピックのマネジメントの礎を築いた。しかも、ユベロスが発明した手法が、新自由主義的なオリンピック・マネジメントとして理解されてきた。

　しかしながら、ボイコフが指摘するように、オリンピックは完全に民営化されておらず、常にコストの大半を一般の人々が「税金」として支払っている。また、スポンサー企業は、将来に渡る契約という特権を持つだけであり、オリンピックへの参入は自由市場に「任せ」られているわけではない。しかも、ボイコフが述べるように、オリンピック事業における公民連携は非常に複雑で、大勢の法律家を必要とするため、比較的小規模な企業は契約獲得競争から脱落し、そこに参入できるのは限られた大企業になってしまう（Boycoff, 2017=2018, p.199）。

　つまり、ボイコフが指摘するオリンピックの公民連携とは、大企業の参入を進めるとは言いながらも、規制緩和ではなく、IOC による厳重な規則と規制体制の構築にある。むしろ、オリンピックは IOC によって規制が強化され、そのブランドイメージや価値を高め、商業化を進め、世界でも有数のグローバル企業をワールドワイドオリンピックパートナーとして承認するだけでしかない。一見すると、オリンピックは、新自由主義的な手法によってマネジメントされているように思われてしまう。それゆえに、ボイコフは、オリンピック閉幕後の混乱を深刻なものにしていく惨事便乗型資本主義を招く IOC 主導の公民連携というマネジメントの構造を祝賀便乗型資本主義として描き出したのである。

　上記のように、ボイコフの分析は、オリンピックを招致、開催する都市における祝賀便乗型資本主義と惨事便乗型資本主義の「共犯関係（ワン・ツー・パンチ）」を鋭く指摘しており、オリンピック招致、開催後の社会状況を考察するうえで有益な視点を提示している。それゆえに、2020 東京オリンピックの分析は、鵜飼が指摘した「ワン・ツー・スリーパンチ」を明らかにするために

も、オリンピックを招致、開催する「東京」における祝賀便乗型資本主義と惨事便乗型資本主義の「共犯関係」のみに焦点を当てるのでは、不十分となろう。

　なぜなら、2020 東京オリンピックとは、2011 年 3 月 11 日に発生した東日本大震災の「創造的復興」の一環として招致され、開催されようとしているからである。この点は、前節で確認したように、創造的復興とは、被災地を含めた「日本」の新自由主義的な再編を含意する言葉である。それゆえに、2020 東京オリンピックの分析とは、創造的復興という言葉のもと、被災地「東北」、オリンピックを招致、開催する「東京」、これらを含めた「日本／ニッポン」とが織りなす相互連関の分析が必要となろう。次節では、この点について分析を進めたい。

2-2. 被災地「東北」―グローバリゼーションと日本のサプライチェーン

　岡田知弘（2012）が指摘するように、東日本大震災の被災地は「東北」だけではなく、北海道から三重県までの 18 都道府県に広がった。また、人的被害が集中したのは宮城県、岩手県、福島県の 3 県で、決して「東北 6 県」ではない。しかし、政府の復興構想会議、経済団体の経団連や経済同友会による諸提言は、被災状況を的確に反映させず、被災地＝東北という言説を意図的に作ろうとしてきた。

　まさに、岡田（2012）が指摘するように、被災地＝東北という言説が作られる理由は、「東北」が日本経済を支える重要なサプライチェーンとして機能してきたからである。歴史的に東北は日本の近代化の過程において「二重構造」に陥り、そこからの脱却が課題とされてきた地域であった。たしかに、日本政府は二重構造の克服のために、様々な施策を試みてきた。しかし、東北は生産や消費の集積地である「東京」を支える労働力、食料、産業、電力を供給し続けるしかなかった。それゆえに、震災直後、被災地＝東北という言説とともに、「東北の復興なくして日本の復興なし」というスローガンが、政府、経済団体による復興政策にいち早く盛り込まれることになった。さらに、先のスローガンと同時に「日本の復興なくして、東北の復興なし」というスローガンが提起されるが、それは TPP、原発再稼働、原発輸出というグローバリゼーションに対応する「日本」というコンテクストにサプライチェーンとして重要な機能を果たす被災地「東北」を取り込む必要があった。つまり、これらのスローガンから明らかになることは、政府や経済団体の復興支援策の政策的な基調は、東北支援というポーズを取ってはいても、グローバリゼーションのもとで、日本

経済の停滞を許さないというスタンスでしかなかった。

　当然のことながら、先のような言説、スローガンは、震災後の東北の復興が、震災前の状況＝原状回復を望むものではなかった。たしかに、塩崎賢明が指摘するように、創造的復興には「原形復旧」に対するアンチテーゼとしての「改良復旧・復興」の意味が込められている（塩崎, 2014, p.4）。また、震災で破壊された公共施設などを地方自治体が復旧する場合、国庫補助があるが、元通りの水準以上の改良復旧には補助が出ないとする規定がある（塩崎, 2014, p.4）。それゆえに、原形復旧主義は、税金の無駄遣いや「焼け太り」を防止する意味では妥当と思える。しかし、機械的に原形復旧主義を適用すると、技術や材料の進歩があるにもかかわらず、わざわざ古い水準で復旧する愚行となる。

　創造的復興にはそういう悪弊を打破する意味があるともみられるが、実際の復興事業はその看板に名を借りた「開発的復興」であった。特に塩崎は、この点を阪神・淡路大震災の復興に投じられた 16 兆 3000 億円の使途に示されているという。事実、阪神淡路大震災後の神戸で展開された復興事業を振り返ると、被災地のニーズに根差した新たな産業、地域社会を目指すとは言いながらも、被災者救済とは直接関係のない住宅の建設などが進められた。

　阪神淡路大震災以降、創造的復興という言葉には、新自由主義的な創造的復興が目指されており、これまでにも検討はされても、住民の抵抗により、なかなか実現にこぎつけられなかった様々な東北復興政策―たとえば、道州制、農業大規模化、漁業権民営化、企業誘致のための「特区制度」の創設、消費税を含む「基幹税」を復興財源とする試みなど―が盛り込まれた。まさに、震災後の復興支援策は、クラインが指摘した震災後のショック状態下で進められようとする惨事便乗型資本主義と言わざるをえない。

　さらに、創造的復興の名のもとに進められる新自由主義的な復興事業は、被災地が歴史的に積み上げてきた社会資本の解体を目指すことでもある。それゆえに、創造的復興が「痛み」をともなう事業であるからこそ、痛みを心理的に「緩和」することが求められる。つまり、「東北」の創造的復興が、共感をもって人々に期待されているという「気分」の醸成が政治的に必要となる。同時に、このことは創造的復興の暴力性を隠蔽することでもある。この点が、「絆」、「がんばろう東北」、「オール東北」などといった情緒的なスローガンの創造とその連呼であり、さらに、「ニッポン復活のためのオリンピック」という信念のもとでスタートしたオリンピック招致活動に連なっていく。たとえば、東日本大震災後、スポーツ界は「こころのプロジェクト」を立ち上げ、アスリートを被

「がんばろう東北」（国土交通省東北運輸局）

災地に派遣する事業を展開した。JOCの竹田恆和会長は2011年6月以降、被災県の知事と会談を繰り返し、東京五輪招致への理解を求めた。このようなアプローチが、政・財・官だけでなく文化、芸能界も巻き込んだ「オールジャパン体制」の発想につながった[21]。

　有元健（2015）は、東京オリンピック・パラリンピック招致委員会が作成した国内向けのポスターとスローガン「今、ニッポンにはこの夢の力が必要だ。」に記された「ニッポン」という記号の使用を情緒的なナショナリズムや情緒的コミュニティ感覚の喚起にあると指摘する。さらに、有本はカルチュラルスタディーズの言説分析を援用しながら、東京／都市のヘゲモニーを考察し、以下のように述べる。

　　2020年大会の招致にあたって「国民的支持」が必要だった東京が用いた戦略は、まさに言説的領域での個別性と全体性の操作だった。つまり、2020年大会招致スローガン「今、ニッポンにはこの夢の力が必要だ。」には、**東京という個別的な都市でのオリンピック・パラリンピック開催をいかに日本という全体性の利益として表象しうるかが賭けられていた**のである（有元, 2015, p.51 強調は筆者による）。

　たしかに、有元が指摘するように、「ニッポン」という記号が「絆でつながる私たち」という情緒的なコミュニティ感覚を醸成し、オリンピック開催が東京という都市の個別的な利益を誘発するのではなく、ニッポンという共感のコミュニティ全体の利益（夢・未来・元気）として受容され、オリンピックに対する国民の支持率上昇に貢献した（有元, 2015, p.51）。

　しかし、招致委員会によって練り上げられた言説的戦略の巧みさとは、創造的復興の暴力性を隠蔽するとともに、震災から9年経っても復興が十分に進ま

ない状況にありながらも、オリンピックの開催こそが被災地の創造的復興に寄与するという「幻想」を人々に浸透させたことではないだろうか。

2-3. 開催地「東京」—グローバルシティーに向けた都市再開発

2016年7月31日に施行された東京都知事選挙の結果、小池百合子が得票数で2位以下の候補を大きく引き離し、女性として初めて東京都知事に当選した。当然のことながら、都知事選挙の争点は多岐にわたるのだが、有権者である東京都民のみならず、オリンピックやパラリンピックに関心を持つ多くの人々にとっても、非常に注目を集めた選挙となった。事実、小池は選挙期間中、オリンピックとパラリンピック関連予算と運営の適正化を公約として掲げたこともあり、都知事就任後に、どのよう公約を具現化していくのか、人々の関心を集めた。

8月2日、小池は都知事就任記者会見を行い、外部の有識者などを委員とする「都政改革本部」を新たに設置し、2020年東京オリンピック・パラリンピックの関連事業や、都や都が出資する団体の業務、予算、組織の総点検に乗り出す方針を明らかにした。また、競技会場の整備などをめぐる国や東京オリンピック・パラリンピック競技大会組織委員会との役割分担についても、妥当性を改めて検証する考えを示した。ついに、小池は9月28日に行われた東京都議会における所信表明演説において、東京都が建設、恒久施設とする「オリンピックアクアティクスセンター」「海の森水上競技場」「有明アリーナ」の3施設についての見直しを表明した。しかし、これらの施設は、すでに入札によって業者の選定も終わっていた。

さらに、小池は会場の見直しを提起する際、2013年9月7日のブエノスアイレスで開催された第125次IOC総会における招致プレゼンテーションでは、声高に主張されなかった「復興五輪」という言葉を用いた。このことは、被災地での競技開催の可能性を示唆し、被災地をにわかに活気づけ、オリンピックへの期待を高め、競技会場見直しの議論に弾みをつけた。

当然のことながら、このような小池の姿勢や人々の受け止めに対して、東京オリンピック・パラリンピック競技大会組織委員会、日本政府、そしてIOCは、「危機感」を抱いた。また、小池が用いた「復興五輪」に対しても、多くの批判が寄せられた。その批判の要点は、2020年大会が東京開催に決定したのは、震災復興のシンボルとしてのオリンピックが評価されたからではなく、東京という都市のポテンシャルが立候補した都市のなかでも最も突出していたからと

いうものであった。

　たしかに、東京招致が決定した 2013 年 9 月の IOC 総会では、震災復興とオリンピックを結びつけるという「語り」は、招致を確実なものとするために、戦略的かつ意図的に外された。事実、オリンピック招致と震災復興をどう絡めるかは、これまでにも議論があった。震災から間もない立候補段階では、オリンピックを「復興のシンボル」と強調したが、招致活動を通じて「地震の恐怖や原発事故を海外に連想させる」との懸念から、2020 年大会招致の大義から被災地復興を外したという経緯があった[22]。たしかに、あまりにもあけすけな理由ではあるが、それでは、東京のポテンシャルとは、いったい何なのか。この点を確認してみたい。

　2020 東京オリンピック招致活動は、前回の 2016 年開催に向けた招致活動の反省のもと、東京都、日本政府、JOC、企業による、まさに「オールジャパン」体制で取り組まれた。しかし、東京への招致活動は、2005 年夏の石原慎太郎都知事（当時）の立候補宣言から始まっており、すでに 8 年もの長い歳月と膨大な資金が費やされてきた。そこで、この 8 年にも及ぶ招致活動を振り返ったとき、先の招致活動から今回の招致活動に継承された「レガシー」が浮かび上がる。つまり、「世界都市間競争に勝ち抜く東京を創造する」という石原都政以来の課題を完遂させるために、オリンピック招致を「テコ」にするという戦略にほかならない。招致委員会は、開催費用の総額 7340 億円のうち約 4 割の 3183 億円に国と東京都の税金を投入するとした[23]。さらに、東京都には 2016 年夏季オリンピックの招致を目指した 2006 年度から 2009 年度の 4 年間に毎年約 1000 億円ずつ積み立てた「開催準備基金」が約 4000 億円あった。

　しかし、招致活動終盤の 2013 年 6 月 25 日に発表された IOC の評価報告書は、東京がオリンピックを開催する意義を明確にしていないと述べた[24]。今振り返っても、この指摘は非常に重要なものであった。なぜなら、2012 年 2 月 13 日に IOC に提出した「申請ファイル」において、招致委員会は被災地復興を 2020 東京大会招致の大義として位置づけていたからである。しかし、有元が分析したように、招致委員会は巧みな言説的戦略によって、東京が日本という全体性の利益を表象し、オリンピックへの国民の支持率の上昇を見届けた後、大きな方針転換を遂げたのである。それが、先に紹介したように、2020 東京大会招致の大義から被災地復興を外し、「東京」の個別的な利益—たとえば、オリンピック開催によって生じる経済波及効果、訪日観光客の増大、東京を国際金融センター化するなど—を最優先したことにある。もちろん、被災地

への配慮は完全に忘れることはなかったにせよ、優先されるべきは世界都市間競争に東京が勝ち抜くことであり、その成果を創造的復興を進める被災地「東北」や地方へとトリクルダウンさせることでしかなかった。このようなあからさまな方向転換後の「立候補ファイル」や招致委員会のプレゼンテーションに対して、最終的に、IOC委員たちは、財政計画と立候補ファイルに記された「オリンピックレガシー」を具体化していく実行能力を高く評価したのである。

やはり、このようなIOCの評価は、IOC、オリンピックムーブメントの「矛盾」を露呈させたとは言えないだろうか。まず、オリンピックを招致可能な都市とは、町村敬志が指摘するように財政が安定した「首都」に絞られつつあるということだ（町村，2007，p.7）。つまり、このことはオリンピックの肥大化と関連しており、招致のコンセプトが「コンパクト五輪」とは言いながらも、巨額な財政の拠出が可能な都市とそれをサポートする国家の存在が欠かせない。また、このような首都は「世界都市」と称され、グローバル資本の国際競争の拠点でもある。しかも、世界都市「東京」は民間資本によるインフラや社会資本の整備を進めるとともに、自己責任論や競争原理に基づいて福祉、教育、市民スポーツなどを切り捨てるという新自由主義的な政策を推進してきた。まさに、新自由主義的な東京都政が、先の開催準備基金の貯蓄を可能にしたわけである。

さらに、小池が用いた「復興五輪」に対する批判であるが、それは完全に的外れである。なぜなら、IOC総会において「復興五輪」を言ったのか否かという問題ではなく、2020年大会の招致活動は、被災地の復興をその大義として掲げたことから開始されたからである[25]。また、大義として掲げられた被災地の「復興」とは、本稿でも繰り返し述べてきたように、創造的復興にほかならない。むしろ、「地震の恐怖や原発事故を海外に連想させる」として、2020年大会招致の大義から被災地復興を外した2020東京オリパラ招致委員会の方針は、かえって創造的復興と2020年大会との強い結びつきを示すことになった。

なぜなら、この方針は、たとえば、オリンピックを開催する「東京」や創造的復興が進められる被災地「東北」への資本の投資や企業の進出、「東京」や周辺地域—当然のことながら、被災地「東北」も含まれる—への外国人観光客の訪問ということを考えれば、「東京」や被災地「東北」を安心、安全で魅力のある空間として描きたいという政治的な判断の反映でしかないからである。もちろん、安心、安全が治安上の意味のみならず、資本の投資先として確実な「利潤」を約束する意味でもある。ただし、「東京」や被災地「東北」が安心、安全で魅力のある空間であるか否かという評価は、現在でも政治的な問題であ

り続けていることを忘れてはなるまい[26]。しかも、政治的な判断こそが、資本蓄積の可能性を拡大し、さらなる投資を呼び込むことに直結してくることも忘れてはなるまい。

2-4. 地政学的リスクと日本／ニッポン——手を携えあう新自由主義と新保守主義

　地政学的リスクとは、特定の地域が抱える政治的・軍事的・社会的緊張の高まりが、経済の行先を不透明にするリスクのことを意味している。代表的な地政学的リスクは、紛争やテロであるが、欧州連合（EU）離脱を決めたイギリスの国民投票やアメリカの大統領選挙といった「政治イベント」も市場においては地政学的リスクとして認識されるようになった。やはり、オリンピック招致決定直後の「日本」にとっての地政学的なリスクは、北朝鮮による弾道ミサイル発射実験であった。さらに、最近では、徴用工訴訟問題に端を発した日韓関係の悪化も地政学的なリスクのひとつとして位置づけられよう[27]。

　たしかに、地政学的リスクを事前に予測するのは難しいことではある。しかし、オリンピック開催を控えた日本にとって、必要不可欠な地政学的リスクへの対応策は、招致が決まった時点から繰り返し述べられてきた北朝鮮と中国の脅威への対応、つまり、「安全保障政策」として検討されてきた。この点は、2015 年 7 月 15 日に強行採決された安保法制（集団的自衛権の容認、PKO における自衛隊の駆けつけ警護、武器使用の容認）であり、2017 年 5 月 23 日に衆院で可決された犯罪を計画段階で処罰する「共謀罪」の構成要件を改め「テロ等準備罪」を新設する組織犯罪処罰法の改正である。

　2017 年 1 月 23 日、組織犯罪処罰法改正をめぐる衆議院での代表質問において、安倍晋三首相は「法改正が実現できなければ、オリンピックの開催は出来ないと言っても過言ではない」と述べた[28]。しかし、2013 年 9 月のブエノスアイレスで開催された IOC 総会におけるプレゼンテーションの冒頭において、安倍首相は「東京は安心、安全な都市」と世界に向けて、高らかに宣言したのではなかったか。さらに、安部首相は改憲派の集会において 2017 年 5 月 3 日に東京オリンピックが開催される 2020 年を「新しい憲法が施行される年にしたい」と述べ、憲法改正への意欲を改めて示した[29]。

　これらの措置は、地政学的リスクとグローバリゼーションへの対応が求められる「日本」にとって、妥当なものと言えるのであろうか。むしろ、これらの措置は周辺・近隣諸国との緊張を生じさせ、最悪のケースを想定すれば、日本の都市がテロの標的となり、それを未然に防ぐことを口実に人々を人権侵害に

抵触する不当な捜査や監視の対象とすることになろう。さらに、別の問いを立てるならば、はたして、このような日本政府、安倍首相の行動は、IOC が禁じているオリンピックの政治利用に該当しないと言えるのであろうか。

たしかに、オリンピック憲章は「スポーツと選手を政治的または商業的に不適切に利用することに反対する」[30] と規定しており、また、東京都と IOC との間で結ばれた開催都市契約においても、「本大会（2020 東京オリンピック：筆者補足）をオリンピックムーブメントの利益以外の目的で使用しない」[31] ということが盛り込まれてはいる。したがって、オリンピック憲章や開催都市契約を鑑みると、日本政府や安倍首相の一連の行動は、IOC が禁じているオリンピックの政治利用に抵触すると言えるのではないだろうか。

しかし、IOC または JOC は、日本政府や安倍首相の行動を批判してこなかった。いや、もうすでに IOC は、オリンピック憲章に立脚して、日本政府や安倍首相の行動を批判することすら出来ない。むしろ、IOC はこの状況を批判していては、オリンピックムーブメントを持続させることが困難になると思っているのではないだろうか。もしくは、批判することが出来ない特別な理由でもあるのであろうか。この点について、ボイコフの議論を手掛かりにして試論を展開したい。

『祝賀便乗型資本主義とオリンピック』や『オリンピック秘史：120 年の覇権と利権』において描かれるオリンピックの歴史は、IOC という国際的な非営利組織がグローバル企業に利益を誘導することで絶大な権限を行使し、それによって「例外状態」を作り出す恒常的な構造を形成していくプロセスとみなせよう（Boykoff, 2014; 2017=2018）。ボイコフが指摘する「例外状態」を作り出す恒常的な構造とは、オリンピックを招致、開催しようとする開催都市よりも、開催国の政府の権限が重要なファクターになるかと思われる。たとえば、東京に 2020 年夏季大会の招致が決定したとき、多くの識者やオリンピック関係者は、異口同音に東京のポテンシャルを「安心」、「安全」、「確実性」と述べた。先にも述べたように、安心、安全が治安上の意味のみならず、資本の投資先として確実な「利潤」を約束する意味でもある。

しかし、これらのキーワードは、安倍首相が IOC 臨時総会の最終プレゼンテーションで東京の安全性を強調し、福島第一原子力発電所問題について「状況はコントロールされている。決して東京にダメージを与えることを許さない」という演説で一気に評価が高まった。先にも述べたように、オリンピックの招致と開催には、巨額な財政の拠出が可能な都市とそれをサポートする国家

の存在が欠かせない。やはり、2020 年夏季大会の招致活動、その後の展開を鑑みると、オリンピックの招致と開催のためには「例外状態」——たとえば、「新国立競技場」と「神宮外苑再開発」をめぐる超法規的対応（Suzuki, Ogawa and Inaba, 2018）——を創出し、民間資本の積極的な投入にお墨付きを与え—たとえば、国家戦略特区の設置—、優良な投資先である「東京」や「日本」の治安上の安全確保のためには強権を発動することを辞さない国家権力の姿が、強力にアピールされたのではないだろうか。

　現在、オリンピックムーブメントはその存続の危機にある。なぜなら、オリンピック招致を試みるも、住民投票によって招致の是非が問われ、否決される事態が続いている。たとえば、2020 東京オリンピック後の 2024 年大会の招致をめぐり、これまでもボストン（アメリカ）、ハンブルク（ドイツ）、ローマ（イタリア）が財政面の不安や市民の反対などを理由に、途中で断念に追い込まれた [32]。最終的には、2017 年 9 月 13 日にペルーのリマで開催された第 131 次 IOC 総会にて、2024 年大会をパリ、2028 年大会をロサンゼルスで開催することを決定した [33]。

　たしかに、IOC は 2014 年 12 月 8 日にモンテカルロのモナコで開催された第 127 次 IOC 総会（臨時総会）にて「オリンピックアジェンダ 2020」を採択し、持続可能なオリンピックムーブメントを構想している。しかし、オリンピックムーブメントを進めていくうえで IOC が求めるパートナーとは、IOC とともに「例外状態」を作り出し、グローバル企業に利益を誘導することに強い意欲を持つ指導者を配する国家というべきか。その点で見れば、現在の日本政府と安倍首相は IOC にとって、重要なパートナーであろう [34]。しかも、開催都市「東京」の都知事—招致活動に奔走した当時の都知事の猪瀬直樹、猪瀬の後任で、オリンピック 3 会場の建設中止表明し予算削減を試みた舛添要一前都知事—は、ともに自身の不祥事によって辞任した。また、舛添前都知事の後任となった小池都知事の競技会場見直しという試みは、豊洲市場移転問題も含めて検討するならば、オリンピック開催に向けて高まりつつある「東京」のブランド価値を守り、「東京」への民間資本の積極的な投入を順調に進めるうえで、IOC と日本政府にとって、阻止すべきものであった。まさに、オリンピックは「日本」にとって、たとえ、オリンピックの政治利用に抵触する危険性があるとしても、地政学的リスクとグローバリゼーションへの対応を強権的に進める絶好の機会となっているのである。

　本節は、この「創造的復興」なる言葉を被災地の神戸や「東北」の復興を対

象とするだけではなく、この言葉が誕生した 1995 年当時の日本の社会統合様式─企業社会型統合と福祉国家型統合─の再編や 2020 年東京オリンピックを節目とした日本社会の構造的な転換をも目指す「新自由主義的な構造改革」との関係性にも注目し、分析を試みてきた。まさに、日本社会は東京オリンピックが開催される2020年を節目として、2011年3月11日の東日本大震災から惨事と祝賀が生み出す例外状態と正統化のポリティクスを繰り広げてきたのである。

　それでは、次節では、これまでの分析をふまえ、ポスト 2020 の日本の社会構想について、言及を試みたい。

3. 企業ファースト化と「休み方」改革
─ポスト 2020 の社会構想と新自由主義型自由時間政策 [35)]

　拙稿（市井，2014）において、オリンピック招致決定から開催までの約 7 年間のうちに、オリンピックを機に政府がどのような「人づくり」政策をオリンピック体制の構築と絡めて成長戦略に盛り込んでいくのかを注視すべきという問題提起をした。

　オリンピック体制とは、オリンピックを成功に導くために政府、財界、スポーツ界を中心に構成されるものである。この体制は、招致活動に始まり、開催までの準備、そしてオリンピック開催期間とその後数年間に維持される。特に、2020 年大会の東京招致は、2016 年大会招致の失敗を反省し、政府の強力なサポート体制を背景に、積極的に進められた経緯がある。また、2020 年大会招致活動はスポーツ基本法成立後に実施されたこともあり、招致成功の背景には、スポーツ基本法の存在を高く評価するものもあった（松瀬，2013） [36)]。

　さて、拙稿が提起した「人づくり」政策とは、1964 年の東京オリンピックを「成功」に導いたオリンピック体制の分析をした関春南（1997）の論考から着想を得ている。関が指摘したように、1964 年に開催された東京オリンピックを「成功」に導くために構築されたオリンピック体制は、岸内閣を退陣に追い込んだ安保闘争によって高揚した国民の政治への関心を鎮静化させ、池田内閣の「所得倍増計画」が導いた高度経済成長期における生産性の向上と国民の中産化を作り出すことによって政治的安定を目指すことと連動していた（関，1997，p.141）。関が指摘するように、経済界が経済成長によって生みだされた矛盾を克服する術とは、生産性向上のための合理化の徹底と天皇中心主義の思想のもとで、「一死報国の思想」、「服従の精神」、「勇気・突進の精神」、「質実勤勉の

精神」といったイデオロギーを国民、勤労者に押しつけるばかりであった（関，1997, p.143）。同時に、オリンピックで活躍するアスリートを経済界が求める「思想」の体現者、国民、勤労者が模範とすべき「ロールモデル」と位置づけることも忘れなかった。

　当然のことながら、現在の日本の経済・社会状況はその当時とは異なっている。しかし、オリンピック体制の構築と「人づくり」政策とを関連づけて考察させるならば、以下に引用する関の指摘は、ポスト2020の社会構想を考察するうえで、非常に示唆的である。

　　「人づくり」政策を内面から支える**新しい国民意識・思想**の形成が急迫した政治的課題となってきた。すなわち、独占資本が諸矛盾の解決をみずからの犠牲においてではなく、**輸出増強＝帝国主義的膨脹**によってはかろうとする以上、独占資本は国民大衆に賃金抑制その他の犠牲を強いる政策と、それを大衆に甘んじさせるイデオロギーとを不可避的に必要としたのである（関，1997, pp.142-143 強調点は引用者による）。

　それでは、2020東京オリンピック体制下での「人づくり」は、どのように進められてきたのであろうか。しかも、ボイコフが示したように、惨事便乗型資本主義と祝賀便乗型資本主義が相次いで登場し、あたかも、私たちに「ワン・ツー・パンチ（鵜飼によれば、ワン・ツー・スリー・パンチ）」を見舞う構図になっているので、オリンピック閉幕後の経済的停滞とその状況に耐えうる制度づくりが政府／国家にとって急務となる[37]。

　そこで本章では、関とボイコフの指摘をふまえ、オリンピック招致決定以降に議論が急速に進められた「働き方改革」とその裏側で進められた「休み方改革」に注目し、その論点の整理を通じて、「人づくり」政策の分析を試みる。そのさい、「働き方改革」と「休み方改革」との関係を理解するためにも、拙稿（市井，2007）で提示した「新自由主義型自由時間政策」という「補助線」を引きながら、議論を進めたい。

3-1. 息を吹き返したホワイトカラーエグゼンプション─暴かれた働き方改革の「本質」

　2018年6月29日、「働き方改革を推進するための関係法律の整備に関する法律（通称「働き方改革関連法」。以下、通称を用いる）」が、参議院本会議で

与党などの賛成多数で可決、成立した。しかし、働き方改革関連法とは、2007年2月15日に開催された参議院厚生労働委員会において、第一次安倍内閣が通常国会での法案提出を見送った「ホワイトカラーエグゼンプション」に他ならない。あえていうならば、働き方改革関連法の成立は、苦節十数年を経て、財界の執念を実らせたものと言っても過言ではないだろう。

さて、経団連などが要望したホワイトカラーエグゼンプションであるが、これは2006年末から2007年初めにかけて、厚生労働省の審議会などで議論された。提案当初、この法案が目指したことは、労働時間法制の緩和として年収900万円以上の労働者を対象に、労働時間規制の適用除外とするものであった。別の言い方をすれば、この法案は、労働時間で成果をはかることが難しい業務などにおいて、自己責任で労働時間を調整し、効率的に仕事をしてもらうことを目的としていた。つまり、財界や企業からすれば、日本の労働基準法の下では、労働時間の上限を1日8時間、週40時間と定めており、これを超えると、企業は残業代を支払わねばならず、経営を圧迫することになりかねない。

まさに、ホワイトカラーエグゼンプションは、単なる残業代カットにとどまることなく、財界の政策理念と社会改革理念を露骨に表明したものであり、この施策がもたらす「危険性」—その一方で、危険性を和らげる狙いか、「労働者保護」という名目で年104日の休日を設けるとしていたが—は、労働者のなかに危機感と緊張をもたらした。なかでも、メディアがこの法案をその本質を批判することなく「残業代ゼロ法案」とセンセーショナルに報道したことにより、多くの人々の反発を招いた。やはり、過労死が社会問題であり続け、その解決が進まないなか、労働者や家族、過労死で家族を失った遺族がホワイトカラーエグゼンプションに強く抵抗したのは、残業代がピンハネされること以上に、自分や家族の命や健康が真っ先に危険にさらされるからであった（市井，2007，p.276）。

しかし、法案提出を見送ってからも、使用者側である財界は、ホワイトカラーエグゼンプションの法制化を求め続け、実現の機会を虎視眈々と狙っていた。ついに、2014年5月24日、日本経済再生本部の下で開催された「産業競争力会議」[37]において、民間議員の長谷川閑史（当時：経済同友会代表幹事）の提案により、ホワイトカラーエグゼンプションは露骨な「残業代ゼロ制度」として息を吹き返し、瞬く間に「働き方改革関連法」へと収斂していった。

これまでの政府の諸々の見解を整理すると、働き方改革関連法の趣旨は、労働者がそれぞれの事情に応じた多様な働き方を選択できる社会を実現する働き

方改革を総合的に推進するため、長時間労働の是正、多様で柔軟な働き方の実現、雇用形態にかかわらない公正な待遇の確保等のための措置を講じたものである。

しかし、この法律が審議される過程で明らかになったことは、労働基準法に基づく労働時間規制を全て外してしまい、使用者が対象労働者に対して際限のない長時間労働をさせることを可能にさせる「高度プロフェッショナル制度（略称「高プロ」。以下、略称を用いる）」の創設を認めていた。それゆえに、過労死で家族を亡くした遺族の方々や法律家たちは、高プロ制度は「長時間労働を助長し、過労死を増加させる危険が高い」と批判し、労働者は「定額の固定賃金で働かされ放題になる」と批判してきた。つまり、働き方改革関連法は政府が説明するような「労働者が自らの意思で柔軟な働き方を選択できる」制度ではなく、「時間ではなく成果で評価され賃金が支払われる」制度でもない。まさに、政府が働き方改革関連法案で掲げる長時間労働の是正の目的と高プロ制度の本質は完全に矛盾しており、「労働者の命と健康を危険にさらす」法律でしかない。

また、竹信三恵子がいみじくも指摘したように、働き方改革とは「働き手のための政策」という一般のイメージとは異なり、戦後社会の一応の基本とされてきた「労働権や生存権を保証するための労働政策」から、「企業の生産性と国力増強のための労働政策」へ向けた転換装置でしかない（竹信, 2019, p.160）。さらに、竹信はこのような政策転換を「企業ファースト化する日本」、つまり、グローバル企業とこれを支える国家という頂点へ向けて人々の力を吸い上げていくことと指摘する（竹信, 2019, p.160）。

竹信は働き方改革の形成過程を批判的に分析しながら「企業ファースト化」を論じているが、本節では竹信が追求する企業ファースト化を働き方改革の「裏面」である休み方改革から分析してみたい。結論を先取りするならば、休み方改革とは 2020 年に開催される東京オリンピックを「節目」として構想されたポスト 2020 の新自由主義型自由時間政策であり、また、ポスト 2020 のオリンピックレガシーの具体化の「桎梏」となろう。それでは、「働き方」改革と「休み方」改革とを架橋する新自由主義型自由時間政策を再論する。

3-2. 新自由主義型自由時間政策再論─「働き方」改革と「休み方」改革を架橋する

新自由主義型自由時間政策とは、拙稿「人間の安全保障としてのレジャー：

新自由主義型自由時間政策『序説』」（市井，2007）で提示したものである。拙稿を執筆時、1992 年に時限立法として制定された「労働時間の短縮の促進に関する臨時措置法（通称「時短促進法」。以下、通称を用いる）」が 2006 年 3 月末をもって失効し、同年 4 月から「労働時間等設定改善法」が施行された。このことにより、労働時間問題は、確実に政府の責任を後退させた。このような状況のなかで、国会では「ホワイトカラーエグゼンプション」の導入が、審議されていた。

　事実、ホワイトカラーエグゼンプション導入の議論とは、1995 年に日経連（正式名称：日本経営者団体連盟。現在、経団連に統合）による「新時代の日本的経営：挑戦すべき方向とその具体策」において提示された雇用調整と賃金の高止まりへの対応を継承するものとみるべきであろう。周知のように、日経連は、長期雇用と短期雇用を組み合わせた雇用ポートフォリオを提起したが、短期雇用の雇用柔軟型グループが著しく増加したことから、正社員と非正規の処遇格差が深刻な社会問題となった（中西，2008）。

　まさに、ホワイトカラーエグゼンプションとは、正社員を対象とした雇用調整と賃金の高止まりを目指すものであった。しかも、ホワイトカラーエグゼンプション導入論が、時短促進法の廃止と軌を一にしていることに、疑いのまなざしを向けざるをえない。その疑惑の原因、つまり、ホワイトカラーエグゼンプション導入論と時短促進法廃止を結びつける根拠は、1999 年に余暇開発センターが発表した『時間とは幸せとは：自由時間政策ビジョン（以下『時間とは幸せとは』と称す）』に示されていた。

　この『時間とは幸せとは』に課せられた中心的な役割は、新たな自由時間論を通じて日本型大衆社会を攻撃することにあった。『時間とは幸せとは』は、自由時間を余暇・レジャーに限定されない「生活に組み込まれた必需的時間」と位置づけ、私たちに「個人の主体的な時間管理と社会参加」を求めた経済企画庁国民生活局が 1977 年に発表した『これからの自由時間：その現状と対策の方向』の路線を継承する。そのうえで、「新たな自由時間論」を提示するのだが、これまでの自由時間論のアジェンダ―「労働時間が短縮されれば、自由時間や余暇・レジャー時間が量的・質的に拡充する」という考え方―は、当然、再検討の対象となり、福祉国家的な余暇・レジャー政策を「上から」牽引してきた余暇開発センターの解散も含まれていた。

　『時間とは幸せとは』は、「（私たちは）20 世紀型の管理社会もとで単線的なライフコースを歩んできた」（余暇開発センター，1999，p.5 括弧内は引用者に

よる補足）という批判によって攻撃の狼煙を上げる。つまり、この攻撃のポイントは、「管理社会は自由度が低い社会であり、多様なライフスタイルを求める国民の要求に対応できない」というロジックを用いることにあった。しかも、この「管理社会」として想定されたのが、企業社会統合と福祉国家統合からなる日本型大衆社会であり、また「単線的なライフコース」とは企業社会や福祉国家に依存するライフコースのことにほかならない。このことは、以下に示す引用文に明確に現れている。

> わが国のこれまでの経済の高い成長を前提にして年功型賃金体系や企業依存型ライフスタイルが成立し、単線型ライフコースの成立基盤となってきたが、これからの低成長を前提とした時代ではこうした方式の延長線上での解決には無理が生じている。福祉国家の危機の背景には、高齢化に伴う財政的困難があるが、これも単線的ライフスタイルを前提とした福祉概念からの転換が求められているあらわれであると捉えることができる（余暇開発センター編，1999，p.24）。

それでは、『時間とは幸せとは』は、どのような社会構想を提示するのであろうか。簡潔に言えば、「管理社会」とは正反対の社会となるのだが、それは「自由度が高く、多様なライフスタイルを実現することを可能とする複線的で複合的な社会」（余暇開発センター編，1999，p.24）とされた。

たとえば、まず、働き方については、「就職・定年といった型にはまった労働生涯に画一化されず、毎日の労働も個人の自由裁量が拡大するワークスタイル」（余暇開発センター編，1999，p.7）が提起される。つぎに、社会福祉・社会保障については、「高齢者は、受動的に年金や福祉を受けて生活したいのではなく、普通に生活し、働き、社会参加し、生き甲斐を得ること」（余暇開発センター編，1999，p.24）が提起される。

やはり、バブル経済崩壊後の低成長に喘いでいた日本経済にとって「パイの拡大」、つまり、雇用や賃金の拡大、福祉予算や福祉サービスの拡大は困難を極めていた。それゆえに、先の提起を実現するための「財源」に代わる資源の調達が問題となる。そこで、資源として注目されたのが「時間」であり、この時間を最大限に調達し、利用することを可能とする社会構想が必要となる。この社会構想とは渋谷望が指摘したように、「社会参加」と「自己実現」（もしくは「生きがい」）という言葉を接合して「労働」と「社会参加」との境界を曖

味化することにより、「フレキシブルな労働」と「フレキシブルな福祉供給」とが同一の平面で語られることを可能とする「アクティブ・ソサエティ」の提起であった（渋谷, 2003, pp.56-60）。この「アクティブ・ソサエティ」の特徴は、積極的な社会参加―労働でも労働以外のものでもかまわない―を通じて各人が自己実現を成し遂げていくことであるが、このようなことは、フーコーが『生政治の誕生』（2004=2008）で述べた「社会政策の個人化」（Foucault, 2004=2008, p.178）と言ったら言い過ぎであろうか。つまり、社会政策の個人化とは、働き方、休み方、ケアのあり方が、国家／政府によって保障されるものではなく、個々人がそれぞれのやり方を選択し、実施していくことである。このような「社会政策の個人化」を担保するものが、「自由時間」もしくは「生活時間の自由時間化」となる。

　しかも、このような社会構想において、自由時間のあり方とそのもとでの自己実現のあり方は、従来の余暇・レジャー論と同列のものであることは許されない。たとえば、従来の余暇・レジャー論で議論された「自己実現」とは、所得・消費水準の向上といった経済成長の成果を享受するかたちでの「豊かさ」の追求にほかならず、「利己的余暇」（瀬沼, 2005）として批判される。そこで、新たな自由時間論が求める「自己実現」とは、ひとりよがりの自己実現ではなく、自他共生を追求する「利他的余暇」もしくは「社会参加型余暇」を通じて「幸せ」を獲得することとなる（瀬沼, 2005）。

　つまり、『時間とは幸せとは』が私たちに提示した新しい自由時間論と社会構想の要点をまとめると、「自由時間を手段として従来の個人と社会・組織との関係を再構成し、キャッチアップ型の国家介入を排除することにより、自己責任のもとで積極的な社会参加を行い、各自のライフスタイルをデザインすること」となる。しかも、『時間とは幸せとは』は、「自由時間を労働に代表されるような義務的、拘束的な活動から自由になる時間、つまり余暇として位置づけるのではなく、生活時間全体を自由時間と捉える」ことを求め、「労働時間短縮が、自由時間・レジャー時間の量的・質的な拡充を保障する」という従来の議論のアジェンダを破棄させる政治的な目的を持っていた。

　さらに、このような議論を追求したものが、「生活領域の自由時間化」という提起である。この生活領域の自由時間化とは、余暇・レジャーだけでなく、労働を含めた生活時間全体を自由時間として捉えようとする。たとえば、「労働時間の自由時間化」とは、「労働時間の一層のフレックス化や労働時間の複数制など雇用面から個人の自律と自由裁量を拡大するとともに、ビジネス進行

を同時に推進して国民の働き方を全体として自由時間化する」という。つぎに、「教育・学習時間の自由時間化」とは、「労働や家事・ケアなどと両立できるような教育・学習機会の拡大を促進するとともに、労働や家事・ケアとの自由な退出入を確保できるような広い意味でのリカレント教育を推進する」という。さらに、「家事・ケア時間の自由時間化」とは、「家事・ケアの男女分担を見直し、国民全体が家事・ケア時間と労働、学習、レジャーの時間との両立が可能となるような環境整備をする」という。最後に、「余暇・レジャー時間の自由時間化」とは、「これまでの単なる遊びのためのレジャーから自己発見、自己実現、他者との共生、癒し、研究など多彩なレジャー活動を促進する」という。

　結局のところ、『時間とは幸せとは』が私たちに求めたことは、労働・雇用問題や社会保障・社会福祉において「個人の主体的な時間管理によるフレキシブルな対応」である。しかも、そこで想定された私たちのライフスタイルとは、「私たちは平等に時間を持っている―事実、金持ちも貧乏人も、男性も女性も、老いも若きも、健常者も障害者も 1 日＝ 24 時間という時間だけは、平等に与えられている―から、あとは、それを自己責任のもと、自由に、かつ有効に使って自己実現を成し遂げる」（市井，2007，p.268）ということとなる。

　『時間とは幸せとは』が発表されてから、約 20 年の月日が流れた。しかも、この政策文書は、休み方だけではなく、働き方にも言及したという点で、日本のレジャー政策において、特筆すべきものとなった。それでは、「働き方」改革の裏側、つまり、休暇やレジャーのあり方は、どのような改革がなされようとしているのであろうか。

3-3. 企業ファースト化する社会と「休み方」改革―オリンピックレガシー具体化の「桎梏」

　2014 年 5 月 24 日に日本経済再生本部の下で開催された「産業競争力会議」において、2007 年 2 月に法案提出が見送られたホワイトカラーエグゼンプションが「残業代ゼロ制度」として息を吹き返すとともに、内閣府は 2014 年 9 月 26 日、経済財政諮問会議の専門調査会として「休み方改革ワーキンググループ」の第 1 回目の会合を開催した。このワーキンググループの討議課題は、有給休暇の取得率向上や秋の大型連休実現を中心とし、10 月 26 日までに 4 回の討議が実施された。討議の到達点は、ライフスタイル・ワークスタイル変革のための第一歩として、「プラスワン休暇」（企業の取り組み）、「ふるさと休日」（地域の取り組み）を実施するというものであり、これらをふまえて、政府は様々

な休み方を提案していった[39)]。

　たとえば、厚生労働省は 2014 年から翌年度の年次有給休暇の計画的付与について労使で話し合いを始める前の 10 月を「年次有給休暇取得促進期間」と位置づけ、ホームページやポスターでの広報、労使団体への呼びかけなどを通じて、年次有給休暇取得の推進をしている[40)]。また、厚生労働省は 2015 年 6 月から夏季休暇や土日に有給休暇を組み合わせて、連続休暇を取得する「プラスワン休暇」を推進している。このプラスワン休暇が目指すことは、「ワークライフバランスのために、労使一体となって計画的に有給休暇を取得する」ことや、「休み方を変え、働き方を変える」ことにある[41)]。

　さらに、2017 年 2 月から経済産業省と経団連が連携して導入してきた施策が、「プレミアムフライデー」である。この施策は、個人が幸せや楽しさを感じられる体験（買物や家族との外食、観光等）や、そのための時間の創出を促すことで、①充実感・満足感を実感できる生活スタイルの変革への機会になる、②地域等のコミュニティ機能強化や一体感の醸成につながる、③（単なる安売りではなく）デフレ的傾向を変えていくきっかけとなる、といった効果につなげていく取り組みと位置づけている[42)]。

　しかし、このような取り組みが進められる一方で、息を吹き返したホワイトカラーエグゼンプションは、2015 年 4 月 3 日、時間外労働割増賃金の削減、労働基準法等改正案（年次有給休暇の確実な取得、フレックスタイム制見直し、企画業務型裁量労働制見直し、高度プロフェッショナル制度創設などを含む）の働き方改革関連法案としてまとめられ、第 189 回国会に提出された。その後、2016 年 9 月 26 日、「働き方改革実現会議」[43)] が発足し、2017 年 3 月 28 日、第 10 回同会議において「働き方改革実行計画」が決定されることにより、国会での論戦はますます熾烈を極めていった[44)]。

　このようななか、2017 年 6 月に政府は「休み方改革官民総合推進会議」[45)] の新設を発表し、さらなる「休み方改革」に着手する。日本経済新聞の報道（2017 年 6 月 6 日）によると、政府の狙いは、長時間労働の是正など「働き方改革」の考え方が浸透していることを踏まえ、その成果として生まれた休暇の時間を社会的にどう有効活用するかという点にある。なかでも、親子が共に過ごす時間を増やして交流を深めるとともに、旅行などを通じた消費拡大にもつなげることに力点を置いている。その具体化には、学校の休暇分散と企業への有休取得促進をセットで進め、親子ともに柔軟に休める環境づくりに向けて、各省は関連施策を 2018 年度予算案の概算要求に反映させたいとのことであった。

　この報道後、2017 年 7 月 5 日、政府は大人と子供が向き合う時間を確保するため、地域ごとに「キッズウィーク」を設定し、学校休業日の分散化、有給休暇取得の促進、休日における多様な活動機会の確保の取組を官民一体として推進することを目的し、仮称であった「休み方改革官民総合推進会議」は「大人と子供が向き合い休み方改革を進めるための『キッズウィーク』総合推進会議（以下「推進会議」と称す）」となった。これまでにも、キッズウィークについては、2017 年 6 月にまとめられた「教育再生実行会議（第十次提言）」や、同月に閣議決定された「経済財政運営と改革の基本方針 2017」および「未来投資戦略 2017」においても言及されてきた。

　第 1 回目の推進会議は 2017 年 7 月 18 日に開催され、そこにおいて 2018 年度から学校の休暇を分散させて新たな連休をつくる「キッズウィーク」を導入する方針が提示された。夏休みの最終週を授業日に振り替え、他の祝日と合わせた大型連休を作る案や、横浜の開港記念日など地域ごとに存在する祝日の前後 2 日程度を休みにする小幅の実施案が挙がっている。また、政府は近く、全国の学校に休暇日程の変更を要請し、2018 年度のカリキュラムに反映することを促している。さらに、企業への有休取得促進では、政府は 2016 年に発表した「明日の日本を支える観光ビジョン」に「子どもの休みに合わせて年次有休取得 3 日増を目指す」と記し、2018 年度の有休日数を 2017 年度比で 3 日増やす目標を掲げている。その後、文部科学省は「学校教育法施行令の一部を改正する政令等の施行について（通知）」を出し、キッズウィークの実現に向けた学校教育の日程調整を求めた。その大義名分として、以下のような文言が通知のなかで述べられた。

　　自己肯定感を高め、自らの手で未来を切り拓く子供を育む教育の実現に向けた、学校、家庭、地域の教育力の向上（第十次提言）」（平成 29 年 6 月 1 日教育再生実行会議）等において、大人と子供が触れ合いながら充実した時間を過ごすことができるよう、学校の休業日の分散化等に取り組むことが盛り込まれたことを踏まえ、家庭や地域における体験的な学習活動等多様な活動の充実を図るために、大学を除く公立の学校の休業日として、家庭及び地域における体験的な学習活動等のための休業日を定めること等を規定するものです[46]。

　この通知の「効果」なのか、2018 年 4 月 24 日、推進会議は、全国の教育委員会への調査結果として、夏休みなど学校の長期休暇の一部を別の時期に移し、

親と共に休みを取りやすくする「キッズウィーク」を導入済みか、導入予定の自治体が都道府県の約6割、市町村の約4割と発表した[47]。その一方で、これらの施策に掲げられた目標値―たとえば、有給休暇取得率の上昇（日本は年次有給休暇の取得率が50％を割り込んでおり、政府は2020年までに70％に引き上げる）―の達成時期が2020年、つまり、東京オリンピックが開催される年に設定されていることは非常に恣意的であると言わざるを得ない。しかも、キッズウィークが目標値を達成する重要な手立てとして位置づけられていることは、明らかである。

これまでの経過をふまえると、2014年から本格化したホワイトカラーエグゼンプションの導入という働き方改革とともに進められた休み方改革は、働き方改革とどのような関係を持つというのであろうか。まず、働き方改革の目的とは、「柔軟な働き方の推進」、「長時間労働の是正」、「労働生産性の向上」にある。その背景には、高齢化社会による日本の労働人口減少の問題が控えている。たとえば、総務省が発表したデータによると、2060年には2.5人に1人が高齢者になると予測されている。このように、減少する労働人口を補うためには、一人の生産性の向上と業務効率化が求められており、女性の活躍や外国人労働者の受け入れなどの「ダイバーシティ経営」が求められる。しかし、依然として長時間労働をすれば業績が上がるという思い込みやと長時間労働を美徳とする文化が根付いている企業も多いのが現実でもある。それゆえに、柔軟な働き方を浸透させ、労働生産性を向上し、上記の課題を解決することが働き方改革の主な目的と位置づけられる。

一方、休み方改革の目的とは、「ワークライフバランスの推進」、「生産性向上」、「地域活性化の観点から日本人の働き方を見直すこと」にある。この点は、先の働き方改革の目的とも共通する問題意識である。しかも、日本の有給休暇取得率は世界的に見ても低い水準にある。このような現状を改善するために、しっかりと休暇をとり、仕事に対するモチベーションを維持することで、より生産性を向上することが「休み方改革」である。その具体化として、政府が重視する働き方改革の要点が、お盆、ゴールデンウィークに休日が集中化している現状を変えること、つまり、休み方改革とは「休日の分散化」に力点が置かれているのである。

一見すると、働き方改革と休み方改革はコインの表裏の関係のように見える。しかし、両者を検討してみると、働き方改革と休み方改革の関係は主従関係、つまり、休み方改革は働き方改革に従属するものと位置づけられている。たし

かに、働き方改革において、長時間労働の是正として労働基準法の改正を行い、①時間外労働の上限規制の導入、②中小企業における月 60 時間超の時間外労働に対する割増賃金の見直し、③一定日数の年次有給休暇の確実な取得を提起し、これらを守らない企業に対して厳しい罰則を設ける、としている。

　しかし、これらの規制が労働者を守るものにならないことは、いくら残業時間に上限を設けたとしても、高プロ制度の存在を指摘するのみで十分であろう。また、中小企業に与えられてきた時間外労働に係る割増賃金率の猶予措置を廃止することは、中小企業の経営を圧迫し、リストラや合理化を導きかねない [47]。それゆえに、労働者の生命や健康を守るという点から見て、一定日数の年次有給休暇の確実な取得が、労働者の生命や休息の問題を解決すると、誰が信じるというのであろうか。しかも、拙稿（市井，2006）で指摘したが、日本の休暇取得推進政策は労働者が主体的に休む、または休むことを権利として保証する社会権としての休養権という発想は皆無である。なぜなら、日本の休暇政策・レジャー政策が衰退していくのは、福祉国家的な政策の衰退と社会政策の個人化が進むことと軌を一にしていたからである。

　それゆえに、このような状況下では、招致ファイルが掲げたオリンピックレガシーの具体化、さらには、成長戦略「日本再興戦略 2016」が掲げた数値目標「スポーツ市場規模を 2020 年までに 10 兆円、2025 年までに 15 兆円に拡大する」、「成人の週 1 回以上のスポーツ実施率を、現状の 40.4％から 2021 年までに 65％に向上すること」を具体化し、「スポーツ産業を我が国の基幹産業へ成長させる」という宣言も実現不可能なものになると予測できよう。

まとめにかえて

　2019 年 10 月 16 日、東京オリンピックのマラソンと競歩のコースが札幌に変更されることが IOC より、突如、発表された [49]。IOC が強調したコース変更の理由は、9 月下旬にドーハで開催された世界陸上競技選手権大会の女子マラソンで、高温多湿の影響により棄権者が続出したからであった。ただ、このコース変更は、東京オリンピック組織委員会、東京都には事前に伝えられておらず、まさに、小池知事の言葉を借りれば「青天の霹靂」という事態であった。その後、変更をめぐって様々な憶測、メディアでの評論が繰り返された [50]。最終的には、11 月 1 日に開催された、IOC と日本政府、東京都、2020 東京オリパラ組織委員会の 4 者のトップ会談において札幌でのマラソンと競歩の実施

が決定し、この事態に対して、小池知事は「合意なき決定」と述べるしかなかった。

　しかし、2013年9月13日、2020年夏季大会の東京への招致を決定したIOC総会において、2020東京オリパラ招致委員会、東京都、JOC、日本政府が最終プレゼンテーションで述べたことは、なんであったのか。また、2020年夏季大会の開催時期を「7月15日〜8月31日」に設定したのは、IOCではなかったのか。これ以上、この件について、IOC、日本政府、東京都、2020東京オリパラ組織委員会、または、招致のプランを練り上げた2020東京オリパラ招致委員会の「瑕疵」をここであげつらうつもりはない。

　ただ、今回の件は、ボイコフの祝賀便乗型資本主義の「課題」を浮かび上がらせた。ボイコフは「オリンピックはIOC主導の公民連携であって新自由主義ではない」と繰り返し述べてきたが、その主張に対して、筆者は「疑問」を抱いていた。なぜなら、オリンピックという祝賀が生みだす例外状態のもとで進められる祝賀便乗型資本主義も、国家介入を基本とする新自由主義的な統治と同様に、民主主義を排除する権威主義によって法の支配と市場経済秩序を守ることであるからだ。

　それゆえに、祝賀が生みだした例外状態の正統化のポリティクスに対して、ボイコフは『オリンピックとアクティビズム：バンクーバーとロンドンでのオリンピックへの異議申し立て』（2014）において、オリンピックに反対する様々な市民運動とそれに対する権威主義的な弾圧を分析してきた。もちろん、オリンピック反対運動が劇的な勝利—たとえば、1976年に開催が予定されていたデンバー冬季オリンピックの返上を成し遂げた1972年のデンバーにおけるオリンピック反対運動のように—を勝ち取ってはいない。しかし、オリンピックに反対する様々な市民運動は、散発的で組織化されていなくとも、オリンピックが都市や開催地の生活者にとって「迷惑なイベント」、「経済波及効果が期待できない」という認識を浸透させてきた[51]。

　そのうえで、ボイコフが祝賀便乗型資本主義を論じながら真摯に訴えたことは、IOC主導の公民連携で進められるオリンピックは、祝賀の「負債」を開催都市の生活者もしくは国民に押し付けるという「祝賀便乗型資本主義と惨事便乗型資本主義が織りなすワン・ツー・パンチ」という構図から抜け出すためには、IOC自身が持続可能なオリンピックムーブメントに向けた抜本的な改革をすべきということであった（Boykoff, 2017=2018, pp.291-300）。

　たしかに、ボイコフのIOCへの改革の提案は、傾聴すべきものが多々ある。

しかし、本章でも論じたように、IOC は自身の抜本的な改革よりも、オリンピックムーブメントを進める強力な「パートナー」を探すことに力点を置いているように思われる。もちろん、IOC は「パートナー」がオリンピックを機にどのような社会構想を描くのか、オリンピック後の「負債」をどのように回収するのかということには、一切、関心を持たないし、関心を向けるつもりもない。それゆえに、招致を望む側からすれば、ボイコフが指摘したように IOC がブランドイメージを守るために要求する様々な制約はあるにせよ、オリンピックという祝賀が生みだす例外状態、さらに祝賀の負債を回収するために想定される例外状態のもとで、民主主義を排除する権威主義によって法の支配と市場経済秩序を守ることが優先され、一部の者にとっては莫大な利潤を獲得するチャンスが保証されることが、政治的にも経済的にも魅力となっている。

　本章は、この「創造的復興」なる言葉を被災地の神戸や「東北」の復興を対象とするだけではなく、この言葉が誕生した 1995 年当時の日本の社会統合様式─企業社会型統合と福祉国家型統合─の再編や 2020 年東京オリンピックを節目とした日本社会の構造的な転換を目指す「新自由主義的な構造改革」との関係性にも注目し、分析を試みてきた。本章の分析を通じて明らかになったことは、日本社会は東京オリンピックが開催される 2020 年を節目として、2011年 3 月 11 日の東日本大震災以降の「惨事」と「祝賀」が生み出す例外状態と正統化のポリティクスを繰り広げてきたということである。

　また、オリンピック招致は、新自由主義的な言説と新保守主義的な言説とが手を携えて、さらなる日本の新自由主義的な構造改革を加速させることを「成功」させた。つまり、菊池（2016）が指摘するように、1990 年代から本格化した日本の新自由主義的な構造改革は、日本社会の安定化をもたらしてきた社会統合様式─企業社会型統合と福祉国家型統合─を解体、もしくは、それへの揺さぶりをかけることであったがゆえに、国民に与えるショックも大きかった。それゆえに、タカ派的で新保守主義的な言説、たとえば安全保障上の観点から述べられる中国、北朝鮮、韓国を非難する政府の見解や福祉依存への抑制を意図して振り撒かれる復古的な家族観や道徳観などは、新自由主義的な構造改革が国民に与えたショックを癒す役割を一定程度、担った。

　たしかに、このような新保守主義的な言説は、新自由主義的な構造改革を一時的にストップさせるというジレンマに陥っていた。つまり、ハーヴェイが指摘するように、イギリス・サッチャー政権とアメリカ・レーガン政権は、新自由主義的な構造改革を新保守主義的な言説を巧みに操りながら進めたが（Harvey, 2005=2007, pp36-37, pp.115-121)、日本ではそのようにはならなかった。しかし、本章で分析したように、震災復興を大義名分に掲げて開始されたオリンピック招致は、震災後の創造的復興の名のもとの新自由主義的な資本蓄積体制の再編を新保守主義的な言説を巧みに操りながら進められた。改めて、本章で分析したそのプロセスを確認し、本章を終えたい。

まず、創造的復興のもとに、TPP、原発再稼働、原発輸出というグローバリゼーションに対応する「日本」というコンテクストにサプライチェーンとして重要な機能を果たす被災地「東北」を取り込むことにある。

つぎに、「東京」をさらなるグローバルシティーへの発展を目指すために、オリンピックを招致し、東京のブランド価値を高め、東京への民間資本の積極的な投入を順調に進める。また、オリンピック招致に際しては、有元が指摘したように、東京という個別的な都市でのオリンピック・パラリンピック開催をいかに日本という全体性の利益として表象しうる言説的戦略を立て、情緒的なナショナリズムや情緒的コミュニティ感覚を喚起する。そのことにより、「痛み」をともなう被災地「東北」の創造的復興に対する人々の心理的な「ケア」を重視する。

さらに、地政学的リスクとグローバリゼーションへの対応が迫られる「日本」は、オリンピックを開催する「東京」や創造的復興が進められる被災地「東北」への資本の投資や企業の進出にとって、安心、安全が治安上の意味のみならず、資本の投資先として確実な「利潤」を約束する社会空間の形成と管理に責任を持つ。そのために、地政学的リスクへの対応という観点から、安全保障政策を強化し、テロ対策を口実としているものの、その実態は「思想の処罰と監視」という「共謀罪」によって、国民をオリンピック体制に動員してきた。

最後に、オリンピック閉幕後も、強力な国家権力のもとで実施された新自由主義的な「働き方」改革と「休み方」改革によって、私たちの「生」は、さらなる資本蓄積体制のもとに再編されようとしている。まさに、惨事と祝賀が生み出す例外状態と正統化のポリティクスは、オリンピック開幕前から、熾烈な様相を提示している。

【註】
1) 代表的なものとして、東日本大震災復興構想会議が2012年6月25日に発表した「復興への提言：悲惨のなかの希望」（https：//www.cas.go.jp/jp/fukkou/pdf/kousou12/teigen.pdf　最終閲覧日2018年11月1日）がある。
2) 本節は拙稿（市井，2006；2014）の一部を底本とし、大幅な加筆修正を施している。

3) 古川は『東北ショック・ドクトリン』（2015）の「第 9 章 社会的共通資本としての商店街：『まち』と『消費地』」において、興味深い取り組みを紹介している。

4) 後藤は彼自身が提起する「開発主義」を経済学者の村上泰亮のそれを踏まえている。村上によれば、「開発主義」とは、経済成長それ自体を目的として国家が長期的に市場に介入するもので、成長力の高い産業の選定、輸入制限・関税・低利融資などによる国内企業の保護、業界の育成と情報提供・指導、過当競争の排除のための行政指導などが行われ、そのもとで企業どうしが「仕切られた競争」をおこなうことである（後藤、2002b、p.89）。

5) この点は、構造改革と平行して進行する軍事大国化の動きに現れた。このような動きは橋本内閣の「新ガイドライン」により自衛隊の海外派兵への布石が打たれ、2001 年 9 月 11 日のアメリカでの同時多発テロ以降、その勢いは加速度を増していった。さらに、このような動きの頂点に位置づけられるのが「憲法改正」であり、またそれを援護する役割を担うものとして教育基本法の「改正」や「新しい歴史教科書をつくる会」による中学校歴史・公民教科書の教科書検定での採択が進められた。このような動きは、戦後日本社会が築きあげてきた民主主義、人権意識に対する攻撃にほかならないが、2000 年代に入り、現在の安倍内閣のもとでも継続している。しかも、後に述べるように、オリンピック招致を機に、新自由主義と新保守主義との関係は強化されている。

6) 新自由主義の歴史を整理するにあたり、多くの先行研究を参考にした。なかでも、新自由主義の歴史、理論に関する本稿での言及は、若森（2013）、若森・植村（2017）、権上［編］（2006）、ハーヴェイ（2007）に依拠している。

7) 若森はハイエクの自由の特徴を的確に整理しているが、ここには 2000 年代に入って強調されるようになった「アントレプレナーシップ（entrepreneurship）」という考え方の重要な特徴が示されている。

8) 民主党マニュフェスト（http://archive.dpj.or.jp/policy/manifesto/ 最終閲覧日 2019 年 11 月 25 日）より。強調は引用者による。

9) ただ、野田内閣の時に国家戦略会議が設置されるも、野田首相の退陣、民主党政権崩壊により国家戦略会議は廃止され、経済財政諮問会議が復活する。

10) 日本再興戦略 2016（https://www.kantei.go.jp/jp/singi/keizaisaisei/pdf/2016_zentaihombun.pdf 最終閲覧日 2019 年 11 月 3 日）

11) クラウチのポストデモクラシー論は、イギリスのニューレイバー批判に力点を置いている。ニューレイバーとは、イギリス労働党がこれまで掲げてきた社会民主主義でもなく、政敵である保守党が掲げている自由主義でもない、その中間に位置づく社会政策を「第 3 の道」とし、その実現を目指す政党として、1997 年の労働党党大会においてブレア党首（後にイギリス首相）が掲げた新しい労働党のビジョンであった。このようなイギリス労働党の「第 3 の道」は、ヨーロッパの社会民主主義政党、さらには、日本の民主党にも影響を与え、自民党に対抗した。しかし、日本の民主党に限らず、「第 3 の道」は、福祉国家的な国家介入による生活保障の安定化を放棄し、新自由主義的な国家介入によって生活保障の市場化、もしくは、社会政策の個人化を進め、経済的な格差の広がりを助長し、社会の分断を進めることに貢献したと言えよう。まさに、クラウチのポストデモクラシー論は、「第 3 の道」以降のヨーロッパ諸国の社会民主主義政党とその社会政策のみならず、日本の民主党とその政権が担った社会政策への批判的な分析にも示唆を与えてくれる。

12) 本節は拙稿（Ichii, 2019）を底本とし、大幅な加筆修正を施している。

13) 東京オリンピック・パラリンピック招致委員会「2020 年オリンピック・パラリンピック開催に伴う経済波及効果を試算」（https://tokyo2020.org/jp/news/bid/20120608-02.html 最終閲覧日 2013 年 9 月 29 日）

14) 竹中平蔵「東京五輪で世界に通じない理屈は淘汰され、国内改革が進む」（http://www.nikkeibp.co.jp/article/column/20130924/366380/?ST=mobile&P=4# 最終閲覧日 2013 年 9 月 29 日）

15) 経団連「2020 年オリンピック・パラリンピック東京開催決定に関する米倉会長コメント」（https:

//www.keidanren.or.jp/speech/comment/2013/0908.html 最終閲覧日 2013 年 9 月 29 日 強調は引用者による）

16）吉見俊哉が『博覧会の政治学：まなざしの近代』（1992）で示したように、万国博覧会やオリンピックとは「近代の規律・訓練的なまなざしの娯楽的な日常生活領域への浸透」（吉見, 1992, p.258）にとって、重要な文化的な装置であった。吉見はフーコー（Michel Foucault）の権力論に依拠し、博覧会という空間の「系譜学」を辿りながら、まなざしの制度としての「近代」が、国家や企業といった社会諸組織による演出意図と結びつき、そこに観客として集まる人々のどのような身体感覚において受容されていったのかを明らかにした。また、吉見は、オリンピックにも博覧会と同様の役割があることを指摘した。

17）景気循環の代表的なものとして、「チキン循環（約 40 ヶ月の比較的短い周期の循環で、短期波動とも呼ばれる。在庫循環）」、「ジュグラー循環（約 10 年の周期の循環で、中期波動とも呼ばれる。企業の設備投資に起因する）」、「クズネッツ循環（約 20 年の周期の循環で、住宅や商工業施設の建て替えまでの期間に相当することから、建設需要に起因する）」、「コンドラチェフ循環（約 50 年の周期の循環で、長期波動とも呼ばれる）」というものがある。

18）もちろん、表 2 に示したオリンピック、男子サッカーのワールドカップだけが、グローバルな規模で実施されるスポーツ・メガイベントではない。たとえば、女子サッカーのワールドカップ、パラリンピック、世界陸上、世界水泳、F1 レース、ラグビーワールドカップは、グローバルなスポーツイベントとして認識されている。なお、日本は 2019 年にラグビーワールドカップ、2020 年に東京オリンピック・パラリンピック、2021 年にワールドマスターズゲーム関西と世界的なスポーツイベントが 3 年連続で開催される。間野義之はこの 3 年間を「ゴールデン・スポーツイヤー」（間野, 2015）と称し、スポーツビジネスを発展させる千載一遇のチャンスと説いている。

19）2018 年 10 月にアルゼンチンのブエノスアイレスで開催された第 133 次 IOC 総会において、2022 年のユースオリンピック大会の開催地をセネガルのダカールに決定した。アフリカ大陸で「オリンピック」が付けられた大会の開催は初めてとなる。

20）1964 年の東京オリンピック以降、オリンピックムーブメントは、オリンピック開催ごとに危機に直面させられた。1968 年のメキシコオリンピックでは、オリンピックに反対する市民に対し、メキシコ政府が武力的な弾圧を行った。1972 年のミュンヘンオリンピックでは、選手村がパレスチナゲリラに襲撃され、イスラエルの選手とコーチが犠牲となった。同年には、1976 年にデンバー冬季オリンピックが住民の反対運動によって招致が白紙撤回されるという前代未聞の事態が起こった。1976 年のモントリオールオリンピックは、メインスタジアムが未完成のまま開幕を迎え、オリンピックのためのインフラ整備に投資された莫大な費用は開催後も 30 年にわたり、モントリオール市の財政を圧迫した。さらに、1980 年のモスクワオリンピックでは、ソビエトのアフガニスタン侵攻への非難の意思表明としてのボイコットがなされた。それゆえに、ロサンゼルスオリンピックがどのように開催され、どのような成果を収めるかが、オリンピックに関わるステークホルダーのみならず、広範な人々にとって、非常に高い関心事となった。

21）スポーツニッポン「56 年ぶりの東京開催決定！その 2 つの勝因とは」（https：//www.sponichi.co.jp/sports/news/2013/09/09/kiji/K20130909006579470.html 最終閲覧日 2017 年 7 月 26 日）

22）東京新聞「震災復興　東京五輪の基本方針決定　被災地の姿　全世界へ発信」（https：//dbs.g-search.or.jp/aps/QTKO/main.jsp?ssid=20191125235552494gsh-ap01 最終閲覧日 2019 年 11 月 25 日）

23）本章で記された予算額については、招致段階のものである。

24）朝日新聞「五輪招致、3 都市つばぜり合い　東京、マイナス点覆す」（http://www.asahi.com/olympics/articles/TKY201306250489.html/ 最終閲覧日 2017 年 7 月 21 日）

25）招致委員会は、IOC 総会において、ネガティブに受けとめられるかもしれない震災関連の話を出来るだけ避ける方針を決めていた。しかし、プレゼンターのトップバッターを務めたパラリンピアンの佐藤真海（現・谷真海）は、彼女自身の被災経験とスポーツの力に対

する彼女の信念を力強く語り、IOC 委員に感動を与えた（「佐藤真海　五輪招致プレゼンでの震災言及は自ら書き加えた」『News ポストセブン』http：//www.news-postseven.com/archives/20130914_211399.html　最終閲覧日 2017 年 7 月 26 日）。

26）この問題を象徴するものが、2013 年 9 月の IOC 臨時総会におけるプレゼンテーションにおいて、福島第一原発事故について安倍晋三首相が語った「アンダーコントロール」発言である。また、ジェントリフィケーションとして進行する都市開発も、この問題と関連する。

27）2018 年 10 月 30 日、韓国の最高裁にあたる大法院は、新日本製鉄（現日本製鉄）に対し韓国人 4 人へ 1 人あたり 1 億ウォン（約 1000 万円）の損害賠償を命じた。日本の徴用工への補償について、韓国政府は 1965 年の日韓請求権協定で「解決済み」としてきた。しかし、大法院は日韓請求権協定で個人の請求権は消滅していないとしたため、日本政府は日韓関係の「法的基盤を根本から覆すもの」だとして強く反発した。その後、日本政府は韓国を「ホワイト国」から除外し、2019 年 8 月 28 日から輸出規制を課した。

28）日本経済新聞「「共謀罪」整備 首相が意欲 東京五輪へ「条約不可欠」（https：//www.nikkei.com/article/DGKKASFS23H4W_T20C17A1PP8000/ 最終閲覧日 2017 年 1 月 24 日）

29）日本経済新聞「憲法改正に関する首相メッセージ全文」（https：//www.nikkei.com/article/DGXLASFK03H16_T00C17A5000000/ 最終閲覧日 2017 年 7 月 26 日）安倍首相をはじめとする改憲派の「本懐」は憲法 9 条の改正であるが、それ以外にも個人の人権を制限する改正案も検討されている。

30）オリンピック憲章（https：//www.joc.or.jp/olympism/charter/pdf/olympiccharter2017.pdf 最終閲覧日 2017 年 7 月 21 日）

31）開催都市契約（https：//tokyo2020.org/jp/games/plan/data/hostcitycontract-JP.pdf 最終閲覧日 2017 年 7 月 21 日）

32）日本経済新聞「20 年東京五輪に期待される重すぎる役割」（https：//www.nikkei.com/article/DGXMZO13567000S7A300C1000000/ 最終閲覧日 2019 年 11 月 1 日）

33）日本経済新聞「IOC、五輪開催を 24 年パリ、28 年ロスで承認：異例の同時決定、辞退相次ぎ」（https：//www.nikkei.com/article/DGXLASGN13H29_T10C17A9000000/ 最終閲覧日 2019 年 11 月 1 日）

34）自民党は 5 日、東京都内で党大会を開き、総裁任期を現行の「連続 2 期 6 年」から「連続 3 期 9 年」に延長する党則改正を正式に決めた。2018 年に連続 2 期の任期満了を迎える安倍晋三首相（総裁）が 3 選に向けて立候補できる環境が整った。国政選挙で勝利することを前提にすれば、安倍首相が来年の総裁選で 3 選を果たすと、最長で 2021 年 9 月まで続投が可能になる（「朝日新聞」2017 年 3 月 5 日）。つまり、2020 東京オリンピック開催まで首相として国政を担うことになる。まさに、このような自民党の決定は、IOC にとって、非常に歓迎すべきことであろう。

35）本節は拙稿（市井，2007）を一部用いているが、大幅な加筆修正を施している。

36）その評価のポイントは、スポーツ基本法のもとで、政府、財界、スポーツ界が一丸となってオリンピック招致活動に奮闘し、招致成功を勝ち取ったというものである 。そのエビデンスとなったのが、スポーツ基本法「前文」後半の文章にある。

　　このような国民生活における多面にわたるスポーツの果たす役割の重要性に鑑み、スポーツ立国を実現することは、二十一世紀の我が国の発展のために不可欠な重要課題である。ここに、スポーツ立国の実現を目指し、国家戦略として、スポーツに関する施策を総合的かつ計画的に推進するため、この法律を制定する。

　しかし、スポーツ界やスポーツ愛好者たちがスポーツ基本法に求めたことは、社会権としてのスポーツ権の確立であり、その権利行使にともなう行政のサポートであった。あえて言うならば、人々は政府がオリンピック招致やトップアスリート養成に最大限のサポートを約

束することをスポーツ基本法の名のもとに求めたわけではない。

37) 周知のように、1964 東京オリンピック閉幕後、1965 年と 1966 年は「オリンピック不況（「40 年不況」とも称される）」に見舞われた。やはり、オリンピックへの投資、オリンピックという「特需」の消失が不況の原因であった。たとえば、倒産企業数は開幕前年の 1738 社から 6141 社に急増し、経済成長率は 1963 年度の 10.4％から 1965 年度の 6.2％へと落ち込んだ。政府は景気対策の財源として戦後初の赤字国債の発行に踏み切り、現在まで続く国の借金依存に道を開く形となった（時事ドットコム「64 年大会後は倒産 3 倍、『五輪不況』の回避焦点＝前回との比較・五輪あと 1 年」https：//www.jiji.com/jc/article?k=2019072700250&g=eco 最終閲覧日 2019 年 11 月 1 日）。それゆえに、2020 東京オリンピックを迎えようとしている現時点でも「2020 東京オリンピック後、日本の経済はどうなるのか？その対策は？」をテーマにした書籍やシンクタンクの報告書が、数多く発表されている（ジンバリスト，2016；白井，2017；岸，2018）。

38) 2016 年 9 月 9 日、未来投資会議の新設に伴い、廃止された。

39) 地域の取り組みとして提案された「ふるさと休日」とは、伝統行事・イベントのある市町村を中心に休日を設定し、地域に暮らす人々に加え、地域外の人々（出身者、リピーター等）も有給休暇を取得して参加しやすい雰囲気を創出することにある。

40) 厚生労働省（https：//www.mhlw.go.jp/stf/houdou/0000059344.html 最終閲覧日 2019 年 9 月 1 日）

41) 厚生労働省（https：//www.mhlw.go.jp/seisakunitsuite/bunya/koyou_roudou/roudoukijun/jikan/dl/yukyu_poster6-00.pdf 最終閲覧日 2019 年 9 月 1 日）2015 年には「働き方・休み方改善ポータルサイト」を厚労省が開設して、「休み方改革」を進めている。

42) 経済産業省（http：//www.meti.go.jp/policy/mono_info_service/service/premium-friday/ 最終閲覧日 2019 年 9 月 1 日）なお、この施策が、官民で連携し、全国的・継続的な取組となるよう、この取組を推進するための「プレミアムフライデー推進協議会」が設立された。

43) 法案成立後、解散し、働き方改革フォローアップ会合と再編された。

44) 先の法案は「サービス残業や過労死を助長する」などの反対があって、一度も審議されないまま 2 年以上に渡り継続審議の状態が続いていたが、2017 年 9 月 28 日の衆議院解散により審議末了、廃案となった。

45) この推進会議には文部科学省、経済産業省、観光庁など関係省庁のほか、教育・観光関係者が参加している。また、各地で学校関係者や商工会でつくる「地域における休み方協議会（仮称）」の設置も促し、宿泊施設の受け皿作りなどの議論を始めてもらう方針だという。

46) 文部科学省（http：//www.mext.go.jp/b_menu/hakusho/nc/1396748.htm 最終閲覧日 2019 年 9 月 1 日）

47) 日本経済新聞「キッズウイーク、都道府県の 6 割が『導入』」（https：//www.nikkei.com/article/DGXMZO29776560U8A420C1PP8000/ 最終閲覧日 2019 年 9 月 1 日）

48) たしかに、改正された労働基準法の適応は 2019 年 4 月からであり、それまでに中小企業の経営の見直しを求める意見もあろう。しかし、コンプライアンスという点からすれば、労働者の保護は、企業の規模に関わらず、企業任せには出来ない重要な課題ではないだろうか。

49) 日本経済新聞「小池知事『突然で驚き』五輪マラソン札幌開催検討で」（https：//www.nikkei.com/article/DGXMZO51065030W9A011C1CR0000/ 最終閲覧日 2019 年 10 月 17 日）

50) マラソン・競歩コースの札幌への変更の裏側を探ろうとする記事のなかでも、「札幌移転の「マラソン・競歩」はカジノの犠牲にされた：動く巨大利権」と題された『週刊新潮（2019 年 11 月 7 日号）』の記事は、非常にインパクトがあった。記事の内容を手短にまとめると、「カジノ誘致に踏み切りをつけられずにいる鈴木直道北海道知事に対して、彼の後見人的存在である菅義偉官房長官が札幌でのマラソン・競歩開催の代わりに北海道にカジノ誘致の決断を迫った」というものである。やはり、政府が 2020 年 1 月 7 日にカジノ運営を監視する「カジノ管理委員会」を設置し、オリンピックが開催される 2020 年度内にも最大 3 カ所のカジノ開設地を決めることを予定しているゆえに、非常に興味深い記事であった。

51) オリンピックに対する認識の変化は、アスリートにも表れている。2020 東京オリンピックでは、

ライフスタイルスポーツというカテゴリーに位置づけられるスポーツ—サーフィン、スケートボード、スポーツクライミング、BMX—が公式競技として採用された。しかし、これらのスポーツがオリンピックに採用されることで、スポーツの本質やスポーツのあり方が大きく変更されること危惧しているアスリートも多い（Wheaton, 2013 ＝ 2019）。

【引用・参考文献】

合田寛、2011、『格差社会と大増税：税の本質と負担のあり方を考える』学習の友社。

藍原寛子、2019、「『復興五輪』の看板に偽りあり」『週刊金曜日』1245号、43-45。

天野恵一編、1998、『君はオリンピックを見たか』社会評論社。

天野恵一・鵜飼哲編、2019、『で、やめませんかオリンピック？』亜紀書房。

有元健、2015、「『夢の力』に抗する：2020年東京オリンピック・パラリンピックと都市のヘゲモニー」日本スポーツ社会学会『スポーツ社会学研究』23（2）、45-60。

Bale, John and Mette Krogh Christensen(eds),2004, *Post-Olympism ?: Questioning Sport in the Twenty-first Century*, Oxford, Berg.

Boykoff, Jules ,2014, *Celebration Capitalism and the Olympic Games*. London: Routledge.

Boykoff, Jules, 2014, *Activism and the Olympics: Dissent at the Games in Vancouver and London*, University Press.

Boykoff, Jules, 2016, *Power Games: A Political History of the Olympics*, Verso Books,（＝中島由華訳、2018、『オリンピック秘史：120年の覇権と利権』早川書房）

ボイコフ、シュールズ、井谷聡子訳、2018、「オリンピック・祝賀資本主義・活動家の応答」日本スポーツとジェンダー学会『スポーツとジェンダー研究』16、62-84。

ブルデュー、ピエール、加藤晴久訳、2000、『市場独裁主義批判（シリーズ社会批判）』藤原書店。

シャプレ、ジャン・ルー、原田宗彦、2019、『オリンピックマネジメント：世界最大のスポーツイベントを読み解く』大修館書店。

クラウチ、コリン、2007、山口二郎監修・近藤隆文訳『ポスト・デモクラシー：格差拡大の政策を生む政治構造』青灯社。

Darnell, Simon and Rob Millington, 2016, Modernization, neoliberalism, and sports mega-events: evolving discourses in Latin America. In Richard Gruneau and John Horne (eds) *Mega-Events and Globalization: Capital and spectacle in a changing world order*. London: Routledge, pp. 65-80.

Foucault, Michel, 2004, *Naissance de la biopolitique: cours au Collège de France. 1978-1979*, Paris, Gallimard.（＝慎改康之、2008、『生政治の誕生：コレージュ・ド・フランス講義1978-1979年度』筑摩書房）

Fox Gotham, Kevin, 2016, Beyond bread and circuses. Mega-events as forces of creative destruction. In Richard Gruneau and John Horne (eds), *Mega-Events and Globalization: Capital and spectacle in a changing world order*. London: Routledge, pp. 31-47.

Freedman, Milton, *Capitalism and freedom*, Chicago, University of Chicago Press.（＝熊谷尚夫ほか共訳、1975、『資本主義と自由』マグロウヒル好学社）

古川美穂、2015、『東北ショック・ドクトリン』岩波書店。

権上康男編、2006、『新自由主義と戦後資本主義：欧米における歴史的経験』日本経済評論社。

後藤道夫、2002、「開発主義国家体制」『ポリティーク5特集：開発主義国家と「構造改革」』旬報社。

Gruneau, Richard and John Horne (eds) *Mega-Events and Globalization: Capital and spectacle in a changing world order*. London: Routledge.

浜口伸明、2013、「創造的復興について」『国民経済雑誌』207（4）、35-46。

Harvey, David, 1990, *The condition of postmodernity: an enquiry into the origins of cultural change*, Cambridge, Blackwell.（＝吉原直樹監訳、1999、『ポストモダニティの条件』青木書店）

Harvey, David, 2005, *A brief history of neoliberalism*. Oxford: Oxford University Press.（＝森田成也ほか訳、2007、『新自由主義：その歴史的展開と現在』作品社）

Harvey, David, 2012, *Rebel cities: from the right to the city to the urban revolution*. London: Verso.（＝森田成

也ほか訳、2013、『反乱する都市：資本のアーバナイゼーションと都市の再創造』作品社)

Hayek, Friedrich August. von, 1946(1944), The road to serfdom, London: G. Routledge. (＝西山千明訳、1992、『隷属への道』春秋社)

日高六郎・佐藤毅編、1964、『にっぽん診断』三一書房。

Horne, John and Garry Whannel, 2014, Understanding the Olympics. 1st edition, London: Routledge.

Horne, John and Garry Whannel, 2016, Understanding the Olympics. 2nd edition. London: Routledge.

Ichii, Yoshifusa, 2019, "Creative Reconstruction" and the 2020 Tokyo Olympic Games: How Does the 2020 Tokyo Olympic Games Influence Japan's Neoliberal Social Reform?, International Journal of Japanese Sociology, 28, 96-109.

市井吉興、2005、「戦後日本社会の社会統合と『レジャー』：レジャー政策から自由時間政策への転換とその意図」『立命館産業社会論集』42（3）、67-86。

市井吉興、2007、「人間の安全保障としての『レジャー』をめざして：『新自由主義型自由時間政策批判』序説」唯物論研究協会編『唯物論研究年誌』12、257-280。

市井吉興、2011、「新自由主義型自由時間政策の現在：政権交代・生活サポート型レジャー・休日分散化」草深直臣・金井淳二（監修）有賀郁敏・山下高行（編著）『現代スポーツ論の射程：歴史・理論・科学』文理閣、319-335。

市井吉興、2013、「東京への五輪・パラリンピック招致をどう見るか：世界都市への成長戦略とスポーツ本質論」自治体問題研究所『住民と自治』12月号、34-35。

市井吉興、2014、「成長戦略とスポーツ政策：観光立国・スポーツ立国・新自由主義型自由時間政策成長」『立命館言語文化研究』25（4）、63-76。

市井吉興、2015、「カジノ・ポリティクス試論：カジノ合法化をめぐる『政治』の把握に向けて」『立命館産業社会論集』50（4）、39-52。

市井吉興、2019、「『アーバンスポーツ』と2020東京オリンピック：国際オリンピック委員会が期待する『スポーツの都市化』とは何か？」唯物論研究協会編『唯物論研究年誌』24、170-182。

市井吉興・山下高行、2011、「マルクス主義的スポーツ研究の課題と展望：日本とイギリスの研究からその変遷と課題を素描する」日本スポーツ社会学会『スポーツ社会学研究』19（1）、55-72。

インパクト出版会編、2014、『インパクション〈194〉特集 返上有理！2020東京オリンピック徹底批判』インパクト出版会。

石川康宏、2011、『人間の復興か、資本の論理か：3.11後の日本』自治体問題研究所。

石坂友司、2018、『現代オリンピックの発展と危機 1940-2020：二度目の東京が目指すもの』人文書院。

石坂友司・松林秀樹編、2018、『1964年東京オリンピックは何を生んだのか』青弓社。

石坂友司・松林秀樹編、2013、『「オリンピックの遺産」の社会学：長野オリンピックとその後の十年』青弓社。

石坂友司・小澤考人編、2015、『オリンピックが生み出す愛国心：スポーツ・ナショナリズムへの視点』かもがわ出版。

岩見良太郎・遠藤哲人、2017、『豊洲新市場・オリンピック村開発の「不都合な真実」：東京都政が見えなくしているもの』自治体研究社。

影山健・自由すぽーつ研究書編、2017、『批判的スポーツ社会学の論理：その神話と犯罪性をつく』ゆいぽおと。

影山健・岡崎勝・水田洋編、1981、『反オリンピック宣言：その神話と犯罪性をつく』風媒社。

郭洋春、2014、「異形の経済制度：国家戦略特区」『世界』859、79-88。

菊池信輝、2005、『財界とは何か』平凡社。

菊池信輝、2016、『日本型新自由主義とは何か：占領期からアベノミクスアまで』岩波書店。

岸博幸、2018、『オリンピック恐慌』幻冬舎。

Klein, Naomi, 2007, The shock doctrine: the rise of disaster capitalism. New York, Metropolitan Books/Henry Holt. (＝幾島幸子、村上由見子訳、2011、『ショック・ドクトリン：惨事便乗型資本主義の正

体を暴く（上・下）』岩波書店）

経済企画庁総合計画局編、1989、『1800 労働時間社会の創造：時短が変える、時短で変える、経済・意識・生活』大蔵省印刷局。

Lenskyl, Helen Jefferson and Stephen Wagg, 2012, *The Palgrave Handbook of Olympic Studies*, Basingstoke, Palgrave Macmillan.

Llewellyn, Matthew, John Gleaves, Wayne Wilson (eds.), 2017, *The 1984 Los Angeles Olympic Games: Assessing the 30-Year Legacy*, London: Routledge.

町村敬志、2007、「メガ・イベントと都市空間：第二ラウンドの『東京オリンピック』の歴史的意味を考える」日本スポーツ社会学会『スポーツ社会学研究』15、3-16。

松瀬学、2013、『なぜ東京五輪招致は成功したのか？』扶桑社。

松原隆一郎、2011、『ケインズとハイエク：貨幣と市場への問い』講談社。

間野義之、2015、『奇跡の 3 年 2019・2020・2021 ゴールデン・スポーツイヤーズが地方を変える』徳間書店。

森貴信、2019、『スポーツビジネス 15 兆円時代の到来』平凡社。

森岡孝二、1995、『企業中心社会の時間構造：生活摩擦の経済学』青木書店。

森岡孝二、2005、『働きすぎの時代』岩波書店。

中島徹、2014、「憲法からみた『国家戦略特区』：経済成長の必要性を問い直す」『世界』859、70-77。

中西新太郎編、2008、『1995 年：未了の問題圏』大月書店。

中山智香子、2013、『経済ジェノサイド：フリードマンと世界経済の半世紀』平凡社。

二宮厚美、2005、『憲法 25 条＋ 9 条の新福祉国家』かもがわ出版。

日本経済団体連合会、2003、『活力と魅力溢れる日本をめざして：日本経済団体連合会新ビジョン』日本経団連出版。

農山漁村文化協会編、2011、『復興の大義―被災者の尊厳を踏みにじる新自由主義的復興論批判（農文協ブックレット）』農山漁村文化協会。

老川慶喜、2009、『東京オリンピックの社会経済史』日本経済新聞社。

岡崎勝他・自由すぽーつ研究書編、2018、『親子で読む！東京オリンピック ただし、アンチ（おそい・はやい・ひくい・たかい）』ジャパンマシニスト社。

小笠原博毅、2019、「『どうせやるなら』という暴力」『週刊金曜日』1245 号、46-47。

小笠原博毅・山本敦久、2019、『やっぱりいらない東京オリンピック（岩波ブックレット No.993）』岩波書店。

小笠原博毅・山本敦久編、2016、『反東京オリンピック宣言』航思社。

Roche, Mauric, 2017, *Mega-events and social change: spectacle, legacy and public culture*, Manchester, Manchester University Press.

Roche, Mauric, 2000, *Mega-events and modernity: Olympics and expos in the growth of global culture*, London, Routledge.

佐々木憲昭編、2007、『変貌する財界：日本経団連の分析』新日本出版社。

Schumpeter, Joseph Aloism 1950(1942), *Capitalism, socialism, and democracy*, London, George Allen & Unwin（＝中山伊知郎・東畑精一訳、1995、『資本主義・社会主義・民主主義』東洋経済新報社）

関春南、1997、『戦後日本のスポーツ政策：その構造と展望』大修館書店。

瀬沼克彰、2000、『21 世紀余暇の創造：利他的活動の増大』遊戯社。

瀬沼克彰、2003、『余暇事業の戦後史：昭和 20 年から平成 15 年まで』学文社。

Silk, Michael L. and David L. Andrews (eds), 2012, *Sport and Neoliberalism: Politics, Consumption, and Culture*, Philadelphia, Temple University Press.

渋谷望、2003、『魂の労働：ネオリベラリズムの権力論』青土社。

清水諭編、2004、『オリンピックスタディーズ：複数の経験・複数の政治』せりか書房。

塩崎賢明、2014、『復興〈災害〉：阪神・淡路大震災と東日本大震災』岩波書店。

白井さゆり、2017、『東京五輪後の日本経済：元日銀審議委員だから言える』小学館。

Suzuki, Naofumi, Tetsuo Ogawa and Nanako Inaba, 2018, "The right to adequate housing: evictions of the homeless and the elderly caused by the 2020 Summer Olympics in Tokyo", *Leisure Studies*, 37(1), 89-96.

鈴木直文、2015、「図書紹介：Jules Boykoff 著『Celebration Capitalism and the Olympic Games』」『一橋大学スポーツ研究』34、60-70。

鈴木直文・中村英仁・Gonzalez Grace・束原文郎・町村敬志、2016、「オリンピックと社会正義」『一橋大学スポーツ研究』35、74-98。

週刊新潮、2019、「札幌移転の『マラソン・競歩』はカジノの犠牲にされた：動く巨大利権」『週刊新潮（2019 年 11 月 7 日号）』新潮社、24-26。

竹信三恵子、2018、『企業ファースト化する日本：虚妄の「働き方改革」を問う』岩波書店。

谷口源太郎、2019、『オリンピックの終わりの始まり』コモンズ。

東京五輪の危険を訴える市民の会、2019、『東京五輪がもたらす危険』緑風出版。

土佐弘之、2008、「ネオリベラルな受動的革命の始動：リーン生産方式的思考様式の全面化」岩崎稔・上野千鶴子他編『戦後日本スタディーズ③ 80・90 年代』紀伊國屋書店、81-94。

豊田章一郎、1996、『「魅力ある日本」の創造』東洋経済新報社。

余暇開発センター編、1999、『時間とは幸せとは：自由時間政策ビジョン』通商産業調査会出版部.

吉見俊哉、1992、『博覧会の政治学：まなざしの近代』中央公論社。

植村邦彦、2019、『隠された奴隷制』集英社。

若森章孝、2013、『新自由主義・国家・フレキシキュリティの最前線：グローバル化時代の政治経済学』晃洋書房。

若森章孝・植村邦彦、2017、『壊れゆく資本主義をどう生きるか：人種・国民・階級 2.0』唯学書房。

渡辺治、2018、『戦後史のなかの安倍改憲：安倍政権のめざす日本から憲法の生きる日本へ』新日本出版社。

渡辺治・暉峻衆三・進藤兵・後藤道夫、2002、「座談会：戦後開発主義国家」『ポリティーク 5 特集：開発主義国家と「構造改革」』旬報社。

渡辺治・二宮厚美・岡田知弘・後藤道夫、2009、『新自由主義か新福祉国家か：民主党政権下の日本の行方』旬報社。

Wheaton, Belinda, 2013, *The Cultural Politics of Lifestyle sports*, London, Routledge（＝市井吉興・松島剛史・杉浦愛監訳、2019、『サーフィン・スケートボード・パルクール：ライフスタイルスポーツの文化と政治』ナカニシヤ出版）

ジンバリスト、アンドリュー、田端優訳、2016、『オリンピック経済幻想論：2020 年東京五輪で日本が失うもの』ブックマン社。

あとがき

　本書は「スポーツ科学の民主的発展と基礎的研究の推進」を掲げ 2014 年に 33 年間の活動を終えた「現代スポーツ研究会」、そしてその発展的継承を目指し同年発足した「新日本スポーツ連盟附属スポーツ科学研究所」（以下、「スポーツ科学研究所」）の周辺に集結した社会学系研究者によって著された。また、編者の一人、山下高行立命館大学名誉教授の退官を記念する趣旨も兼ねている。

　本書が企画された契機は 13 年に東京オリンピック・パラリンピック（以下、東京オリ・パラ）の招致が決定し、特に 15 年のスポーツ庁発足以降のスポーツ政策の急激な展開を見たときに、これらの動向に対するスポーツ研究者からの批判的分析があまりにも少ないことに、山下をはじめとする編者が危機感を持ったことによる。もちろん、東京オリ・パラへの異論が許されない「空気感」に掉さす意図もあった。

　以降、スポーツ科学研究所を含む年 1 ～ 2 回の研究会を経て、ぎりぎり何とか東京オリ・パラの開会に合わせて出版することができた。企画から出版まで 4 年ほどかかり、執筆者一同置かれた状況の中でベストを尽くしたにも関わらず論じ残した点も多く、今日の新自由主義的スポーツ政策について検討すべき課題が多いことを痛感している。

　なお、本書では「新自由主義」が経済過程に限られるのか、あるいは政治過程、社会過程にわたるのか等、その理解が多義的であるため、あえて著者各々の解釈にゆだねている。ただ、我々の立場からの新自由主義の本質的究明については人文・社会哲学系の研究者による本書の続巻が予定されている。

　話は変わるが、今日のスポーツ界と大学の政策的立場はよく似ている。スポーツ界も大学も「自治」が重要であり、自治が活きるサポートが国には期待されているはずである。しかし、現在国から行われていることはともに補助金・助成金をエサにした政策誘導＝自治への介入であり、それも潤沢に提供されているわけではない。さらに、選別・淘汰を推し進めようとする傾向も共通している。本書を執筆中、編者のうち 2 名は私立大学の教職員組合連合の主要役職を務めていたが、大学自治破壊や私大の選別・淘汰の道とたたかううちに、スポーツ界も同じ方向に向かっていることを何度も話し合ったものである。現在

の国政のあらゆる分野に新自由主義的発想が蔓延していることを実感するとともに、本書がそのようなプロセスを経て成立したことについては喜ばしく思っている。

東京オリ・パラをてこにしたスポーツ政策は依然として展開途上にあり、オリ・パラ後にいかなる「レガシー」が残されるのか、「スポーツ市場15兆円」は達成されるのか、スポーツ界の「ガバナンス」強化がいかなる影響を与えるのか、「ストック適正化」により地域スポーツがいかなる消長をたどるのか等々は全く予断を許さない。何より、酷暑と新型コロナウイルスの世界的流行のなかで、東京オリ・パラの開催自体に暗雲が漂っている。

これらの政策の本質と顛末は東京オリ・パラ後に現れてくるというのが編者の共通認識であり、本書で展開した論点を踏まえて、オリ・パラの余韻が収まるであろう25年をめどに検証の編著書を世に問いたいと考えている。

最後に、出版事情の厳しい中お引き受け下さり、辛抱強く執筆を待って下さった創文企画の鴨門裕明様、鴨門義夫様に心より御礼申し上げたい。ありがとうございました。

2020年2月　東京オリンピック・パラリンピック開催の5カ月前に

編者を代表して

棚山　研

〈追記〉

本書の校正作業を終えつつあった2020年3月30日、新型コロナウィルス感染症の世界的大流行をうけ、IOC、日本政府、東京都、大会組織委員会は、東京オリンピックを1年後の2021年7月23日―パラリンピックは8月24日―に延期することで合意した。近代オリンピック史上初の「延期」である。しかし、3月12日にWHOがパンデミックを宣言したにもかかわらず、IOC等はしばらく予定通りの開催を主張していた。今回の延期にいかなる政治経済的意図があるのか、延期の1年間に何が起こるのかについては、本書の検証においても重要なテーマになると考えている。

（2020年3月31日）

著者紹介

山下　高行（やました・たかゆき）――編者、「はじめに」、第4章担当

立命館大学名誉教授、新日本スポーツ連盟附属スポーツ科学研究所副所長
【主要論文等】
著書　『スポーツ・レジャー社会学―オールターナティヴの現在―』（共編著）
　　　道和書院、1995年
　　　『近代ヨーロッパの探求⑧スポーツ』（共著）（執筆担当論文「グローバ
　　　リゼーションとスポーツ―ノルベルト・エリアス、ジョセフ・マグワィ
　　　アの描く像―」）ミネルヴァ書房、2002年
　　　Japan, Sport and Society: Tradition and Change in a Globalizing World, Joseph
　　　Maguire and Masayoshi Nakayama(eds.),（"The changing Japanese field of
　　　Sport"）Routledge, 2006
論文　"Indeterminate nationalism represented in the last twentieth century Olympic
　　　Games, the 1998 Nagano Winter Olympics", *The International Journal of the
　　　History of Sport* , 28(16), 2011 など

棚山　研（たなやま・けん）――編者、第1章、「おわりに」担当

羽衣国際大学教授、新日本スポーツ連盟附属スポーツ科学研究所運営委員
【主要論文等】
論文　「スポーツクラブと都市マーケティング―日本がドイツに学ぶこと―」
　　　羽衣国際大学産業社会学会『産業・社会・人間』8、2006年
　　　「ドイツのスポーツクラブ活性化策と地域連携―ケルン市『大都市にお
　　　けるスポーツ』プロジェクトをめぐって―」羽衣国際大学産業社会学会
　　　『産業・社会・人間』12、2008年
　　　「ドイツにおけるスポーツクラブと地域社会の新事情―ケルン市のケー
　　　スから―」創文企画『現代スポーツ評論』25、2011年 など

市井　吉興（いちい・よしふさ）──編者、「はじめに」、第 6 章担当

立命館大学大学院教授

【主要論文等】

訳書　ベリンダ・ウィートン『サーフィン・スケートボード・パルクール─ライフスタイルスポーツの文化と政治─』（監訳）ナカニシヤ出版、2019 年

論文　""Creative Reconstruction" and the 2020 Tokyo Olympic Games: How Does the 2020 Tokyo Olympic Games Influence Japan's Neoliberal Social Reform?", *The International Journal of Japanese Sociology*, 28, 2019

「『アーバンスポーツ』と 2020 東京オリンピック─国際オリンピック委員会が期待する『スポーツの都市化』とは何か？─」唯物論研究協会編『唯物論研究年誌』24、2019 年

「『ニュースポーツ』とスポーツツーリズム─スポーツツーリズムの資源としての『ニュースポーツ』の可能性とは？─」観光学術学会『観光学評論』8（1）、2020 年 など

笹生　心太（ささお・しんた）──第 2 章担当

東京女子体育大学准教授

【主要論文等】

著書　『ボウリングの社会学─「スポーツ」と「レジャー」の狭間で─』（単著）青弓社、2017 年

『スポーツまちづくりの教科書』（共著）（執筆担当論文「地域密着型ボウリング場の挑戦─宮城県気仙沼市の事例─」）青弓社、2019 年

『2020 東京オリンピック・パラリンピックを社会学する─日本のスポーツ文化は変わるのか─』（共著）（執筆担当論文「被災地から見た『復興五輪』─地方紙の記事分析から─」）創文企画、2020 年

論文　「社会的企業によるスポーツを通じた地域課題の解決─社会関係の構築を目指す民間ボウリング場に着目して─」日本スポーツ社会学会『スポーツ社会学研究』28（1）、2020 年 など

青野　桃子（あおの・ももこ）──第 3 章担当

一橋大学大学院博士後期課程

【主要論文等】

著書　『ジェンダー研究を継承する（一橋大学大学院社会学研究科先端課題研究叢書）』（共著）（執筆担当章「第 16 章　宮城晴美」、「第 17 章　金富子」）人文書院、2017 年

論文　「余暇研究におけるレクリエーションとレジャーの関係─『余暇善用論』の視点から─」一橋大学スポーツ科学研究室『一橋大学スポーツ研究』33、2014 年

「自由時間研究における余暇善用の視角と課題」余暇ツーリズム学会『余暇ツーリズム学会誌』3、2016 年

「ウォーキングをめぐる研究の状況─『フットパス』と『歩く権利』─」新日本スポーツ連盟附属スポーツ科学研究所『現代スポーツ研究』2、2017 年など

川口　晋一（かわぐち・しんいち）──第 5 章担当

立命館大学大学院教授

【主要論文等】

著書　『現代スポーツ論の射程─歴史・理論・科学─』（共著）（執筆担当論文「合衆国における公的レクリエーション運動とその主体─シカゴ市の都市的拡大と市民・行政の多様な実態─」）文理閣、2011 年

論文　「シカゴ市公園研究の問題と視角」立命館大学産業社会学会『立命館産業社会論集』43（4）、2008 年

「チャールズ・ズゥエブリンとシカゴ・レクリエーション運動の萌芽─社会改良から総合都市計画へ─」立命館大学産業社会学会『立命館産業社会論集』48（1）、2012 年

「シカゴ・レクリエーション運動におけるアメリカナイゼーション─プロテスタンティズムとセツルメントを中心に─」立命館大学産業社会学会『立命館産業社会論集』48（2）、2012 年、など

変容するスポーツ政策と対抗点　―新自由主義国家とスポーツ―

2020 年 6 月 25 日　第 1 刷発行

編　　　者　　棚山研・市井吉興・山下高行
発　行　者　　鴨門裕明
発　行　所　　㈲創文企画
　　　　　　　〒 101- 0061　東京都千代田区神田三崎町 3 － 10 － 16　田島ビル 2F
　　　　　　　TEL：03-6261-2855　FAX：03-6261-2856　http://www.soubun-kikaku.co.jp
カバー・表紙デザイン　黒岩知里
装　　　丁　　オセロ
印刷・製本　　壮光舎印刷㈱